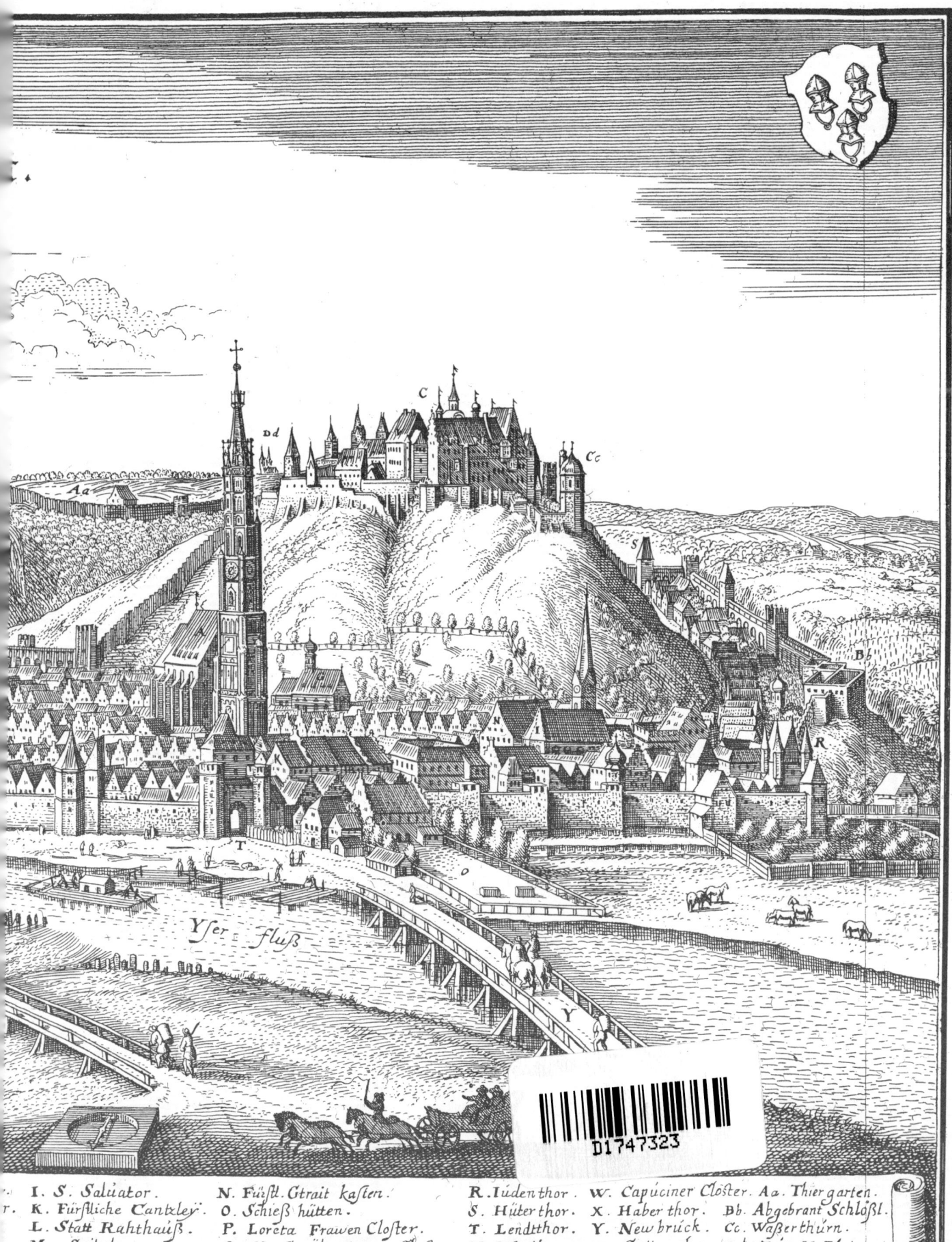

I. S. Saluator.	N. Fürstl. Gtrait kasten.	R. Iüdenthor.	W. Capuciner Closter. Aa. Thiergarten.
K. Fürstliche Cantzley.	O. Schieß hütten.	S. Hüterthor.	X. Haberthor. Bb. Abgebrant Schlößl.
L. Statt Rahthauß.	P. Loreta Frawen Closter.	T. Lendtthor.	Y. New brück. Cc. Waßerthurn.
M. Spital.	Q. H. Creütz Frawen Closter.	V. Yserthor.	Z. Gottsacker. Dd. Zum H. Blut.

Denkmäler in Bayern
Stadt Landshut

Denkmäler in Bayern

herausgegeben von
Generalkonservator Prof. Dr. Michael Petzet,
Bayerisches Landesamt für Denkmalpflege.

Die kreisfreien Städte und Landkreise in Bayern (Publikationsplan)

I OBERBAYERN
Kreisfreie Städte
1 Ingolstadt
2 München
3 Rosenheim
Landkreise
4 Altötting
5 Bad Tölz-Wolfratshausen
6 Berchtesgadener Land
7 Dachau
8 Ebersberg
9 Eichstätt
10 Erding
11 Freising
12 Fürstenfeldbruck
13 Garmisch-Partenkirchen
14 Landsberg a. Lech
15 Miesbach
16 Mühldorf a. Inn
17 München
18 Neuburg-Schrobenhausen
19 Pfaffenhofen a. d. Ilm
20 Rosenheim
21 Starnberg
22 Traunstein
23 Weilheim-Schongau

II NIEDERBAYERN
Kreisfreie Städte
24 Landshut
25 Passau
26 Straubing
Landkreise
27 Deggendorf
28 Dingolfing-Landau
29 Freyung-Grafenau
30 Kelheim
31 Landshut
32 Passau
33 Regen
34 Rottal-Inn
35 Straubing-Bogen

III OBERPFALZ
Kreisfreie Städte
36 Amberg
37 Regensburg
38 Weiden i. d. OPf.
Landkreise
39 Amberg-Sulzbach
40 Cham
41 Neumarkt i. d. OPf.
42 Neustadt a. d. Waldnaab
43 Regensburg
44 Schwandorf
45 Tirschenreuth

IV OBERFRANKEN
Kreisfreie Städte
46 Bamberg
47 Bayreuth
48 Coburg
49 Hof
Landkreise
50 Bamberg
51 Bayreuth
52 Coburg
53 Forchheim
54 Hof
55 Kronach
56 Kulmbach
57 Lichtenfels
58 Wunsiedel i. Fichtelgebirge

V MITTELFRANKEN
Kreisfreie Städte
59 Ansbach
60 Erlangen
61 Fürth
62 Nürnberg
63 Schwabach

Landkreise
64 Ansbach
65 Erlangen-Höchstadt
66 Fürth
67 Neustadt a. d. Aisch-Bad Windsheim
68 Nürnberger Land
69 Roth
70 Weißenburg-Gunzenhausen

VI UNTERFRANKEN
Kreisfreie Städte
71 Aschaffenburg
72 Schweinfurt
73 Würzburg
Landkreise
74 Aschaffenburg
75 Bad Kissingen
76 Haßberge
77 Kitzingen
78 Main-Spessart
79 Miltenberg
80 Rhön-Grabfeld
81 Schweinfurt
82 Würzburg

VII SCHWABEN
Kreisfreie Städte
83 Augsburg
84 Kaufbeuren
85 Kempten (Allgäu)
86 Memmingen
Landkreise
87 Aichach-Friedberg
88 Augsburg
89 Dillingen a. d. Donau
90 Donau-Ries
91 Günzburg
92 Lindau (Bodensee)
93 Neu-Ulm
94 Oberallgäu
95 Ostallgäu
96 Unterallgäu

Denkmäler in Bayern
Band II.24

Volker Liedke

Stadt Landshut

Ensembles · Baudenkmäler ·
Archäologische Geländedenkmäler

Aufnahmen von Joachim Sowieja

Verlag Schnell & Steiner München · Zürich

*Die Drucklegung dieses Bandes
wurde durch die Bereitstellung von Mitteln
aus der Städtebauförderung des Bundes,
des Freistaates Bayern und der Stadt Landshut
ermöglicht*

Titelabbildung: Blick auf die Altstadt mit der Martinskirche und die Burg Trausnitz
(Foto: Bayer. Landesamt für Denkmalpflege, Joachim Sowieja)

Einbandrückseite: Rosenkranzmadonna in der Martinskirche, ein Hauptwerk des Landshuter Bildschnitzers Hans Leinberger, um 1520

Vorsatz vorne: Ansicht der Stadt Landshut, Kupferstich aus der Topographia Germaniae von Matthäus Merian, 1657

Vorsatz hinten: Verwaltungskarte von Bayern, Stadtgebiet von Landshut (mit freundlicher Genehmigung des Bayerischen Vermessungsamtes)

Erstfassung zum Entwurf der Denkmalliste der Stadt Landshut: Volker Liedke, 1973/74

Redaktion und Layout: Michael Petzet, Volker Liedke und York Langenstein

© 1988 Verlag Schnell & Steiner GmbH München · Zürich
Alle Rechte vorbehalten
Reproduktionen: Foto-Lito Longo, Frangart/Südtirol
Druck: Erhardi Druck GmbH, Regensburg
Printed in Germany

ISBN 3-7954-1004-5

Inhalt

Geleitworte VII

Vorwort X

Zur Geschichte, Stadtbaukunst und Denkmalpflege von Landshut:

    Hans Bleibrunner, Zur Stadtgeschichte von Landshut XIII

    Volker Liedke, Das Stadtmodell von Landshut XXI

    Georg Spitzlberger, Landshuter Stadtbildpflege XXIX

Ensembles und Einzeldenkmäler 1

    Stadt Landshut 3

    Ortsteile von Landshut 243

        Achdorf 244
        Berg ob Landshut 246
        Buchenthal 272
        Eisgrub 272
        Frauenberg 274
        Gretlsmühle 276
        Moniberg 276
        Münchnerau 276
        Salzdorf 278
        Schönbrunn 278
        Schweinbach 280
        Seethal 280
        Siebensee 282
        Vogelherd 282
        Wolfstein 282
        Wolfsteinerau 282

Archäologische Geländedenkmäler 285

Register 291

    Verzeichnis der Künstler, Bau- und Kunsthandwerker 293

    Personenverzeichnis 294

    Sachverzeichnis 296

Anhang 301

    Literaturverzeichnis 303

    Abbildungsnachweis 304

    Kartenteil 305

VI

Blick vom Dreifaltigkeitsplatz auf den Turm der Martinskirche und die Bürgerhäuser der Altstadt von Landshut

Geleitwort

Denkmalschutz und Denkmalpflege sollen zur Standortbestimmung eines jeden von uns in einer immer komplexeren Welt, angesichts einer vielfach ungewissen Zukunft, beitragen. Sie erschöpfen sich also nicht in Nostalgie. Sie lassen sich auch nicht auf einen liebenswert-humanen Beitrag zu einer lebenswerten Umwelt beschränken, und man wird sie wohl kaum mit dem Hinweis auf ein wie auch immer verstandenes «Grundrecht auf Erinnerung» inhaltlich ausreichend erfassen und rechtfertigen können. Denkmalschutz und Denkmalpflege gewinnen ihr gesellschaftspolitisches Gewicht vielmehr aus der von ihnen ausgehenden, ständigen Aufforderung, durch Nachdenken nach der eigenen Identität zu suchen. Dieser Imperativ – in dem Wort «Denkmal» unüberhörbar enthalten – scheint mit der wichtigste Grund für jene Faszination zu sein, die von Denkmalschutz und Denkmalpflege ausgeht, Grund für die seit dem Europäischen Denkmalschutzjahr 1975 unverminderte Aktualität eines Themas, das im Rahmen der modernen Kulturpolitik heute seinen besonderen Stellenwert hat.

Selbstverständliches Anliegen von Denkmalschutz und Denkmalpflege war schon immer die Bewahrung unseres «historischen Erbes», zu dem in gleicher Weise die unter der Erde verborgenen Spuren menschlicher Geschichte wie die sichtbaren authentischen Zeugnisse menschlicher Kultur, also die Fülle der Bodendenkmäler wie der Baudenkmäler, gehören. Denkmäler sind mit all den Veränderungen, die sie im Lauf der Geschichte erfahren haben, Geschichtsdokumente, ja sie können die einzige Quelle für Jahrtausende menschlicher Geschichte sein, aus denen es keinerlei schriftliche Zeugnisse gibt. Ein Gegenstand ist auch nur dann Denkmal, wenn er für den Imperativ, nachzudenken, nachdenklich zu werden, etwas hergibt. Folgerichtig versteht sich die moderne Denkmalpflege auch als eine Art angewandter Geschichtswissenschaft.

Die hier nur angedeutete Spannweite von Denkmalschutz und Denkmalpflege wird an den Objekten deutlich, die nach dem Bayerischen Denkmalschutzgesetz von 1973 in den Denkmallisten zu erfassen waren, ca. 110000 Baudenkmäler und ca. 10000 archäologische Geländedenkmäler, außerdem ca. 900 Ensembles, mit denen historische Baugruppen, ja ganze Altstadtbereiche, erfaßt werden, insgesamt nicht nur die «klassischen» Denkmäler wie Kirchen und Klöster, Burgen und Schlösser, Rathäuser und Stadtmauern, sondern das weite Feld historischer Wohnbauten, Denkmäler der Technikgeschichte, volkskundliche Zeugnisse usw.

Die Erstellung der Denkmallisten in dem Jahrzehnt nach dem Erlaß des Denkmalschutzgesetzes erfolgte in enger Kooperation mit den Gemeinden und den als Untere Denkmalschutzbehörden tätigen Landkreisen und kreisfreien Städten. Die Denkmallisten waren und sind Thema von Bürgermeisterbesprechungen, Stadtratssitzungen und Bürgerversammlungen, Thema unzähliger Einzelgespräche mit Denkmaleigentümern und Gemeindevertretern, damit im weitesten Sinn auch Öffentlichkeitsarbeit im Interesse des in den vergangenen Jahren zweifellos gewachsenen Verständnisses für Denkmalschutz und Denkmalpflege. Darüber hinaus ist die Erstellung der bayerischen Denkmallisten eine enorme wissenschaftliche Leistung, wie sie nur von dem seit Jahrzehnten auch mit der Inventarisation unserer Kunst- und Geschichtsdenkmäler und der archäologischen Denkmäler beauftragten Bayerischen Landesamt für Denkmalpflege zu erbringen war, dem ehemaligen Kgl. Bayer. Generalkonservatorium, das seit seiner Neuorganisation 1908 die zentrale Fachbehörde für alle Fragen des Denkmalschutzes und der Denkmalpflege ist.

So konnte Bayern mit den 1985/86 in rascher Folge erschienenen Bänden I bis VII der Reihe «Denkmäler in Bayern» als erstes Land der Bundesrepublik ein Gesamtverzeichnis seiner Kulturdenkmäler vorlegen, das alle als Denkmäler erkannten Geschichtszeugnisse wenigstens in knapper Form benennt, mit Ausnahme der unter der Erde verborgenen archäologischen Geschichtszeugnisse, zu deren Inventarisierung noch weitere Anstrengungen notwendig sind. Daß es sich dabei um «offene» Verzeichnisse handelt, die jederzeit ergänzt und korrigiert, zu gegebener Zeit auch einem sich in Zukunft vielleicht wandelnden Denkmalverständnis angepaßt werden können – also um nachrichtliche, nicht konstitutive Denkmallisten –, hat sich ebenso bewährt wie die auf der Grundlage der Denkmallisten längst zu einer Selbstverständlichkeit gewordene gute Zusammenarbeit zwischen den Denkmalschutzbehörden und dem Bayerischen Landesamt für Denkmalpflege.

Mit den in den kommenden Jahren geplanten zusätzlichen Bänden der Reihe «Denkmäler in Bayern» ergibt sich nun nicht nur die Möglichkeit, die Denkmallisten im einzelnen zu überprüfen und zu ergänzen: Ganz im Sinn einer bürgernahen Verwaltungspraxis wie im Sinn einer umfassenden Öffentlichkeitsarbeit für die Rettung unseres historischen Erbes können hier die Denkmäler einzelner Städte und Landkreise erstmals mit umfangreichen Bilddokumentationen und zusätzlichen Kommentaren vorgestellt werden. Bayern leistet auf diese Weise seinen Beitrag im Rahmen der «Denkmaltopographie Bundesrepublik Deutschland». Ich bin sicher, daß die neuen Bände vor allem bei allen Freunden unserer bayerischen Heimat und insbesondere bei den Denkmaleigentümern großes Interesse finden werden. Die Reihe «Denkmäler in Bayern» soll damit auch weiterhin eine umfassende Grundlage für alle Bemühungen um die Bewahrung der bayerischen Kulturdenkmäler sein.

(Professor Dr. Wolfgang Wild)
Bayerischer Staatsminister
für Wissenschaft und Kunst

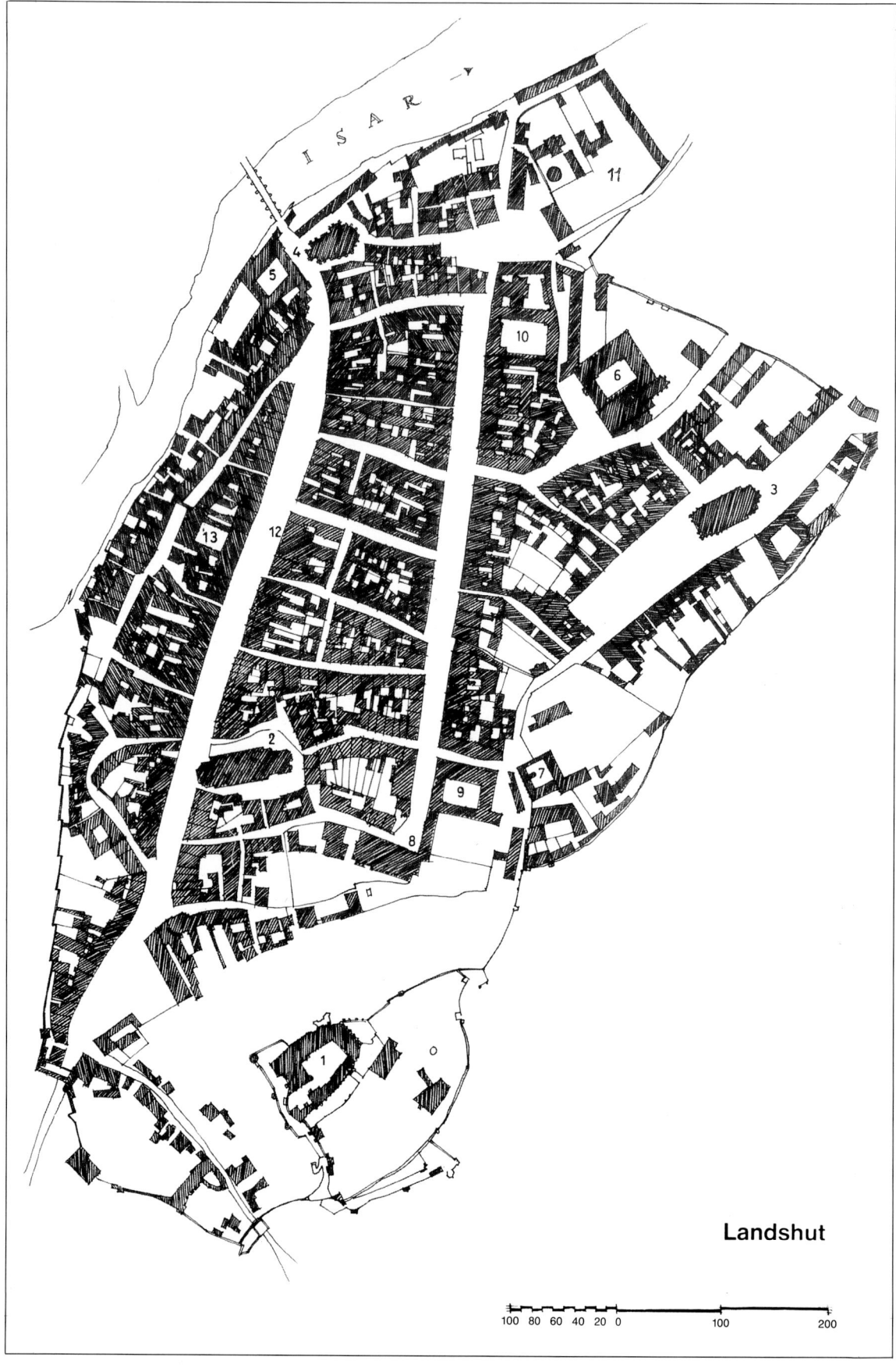

Plan der Stadt Landshut. – Zeichenerklärung: 1 Burg Trausnitz. – 2 Kath. Stadtpfarr- und Stiftskirche St. Martin und Kastulus. – 3 Kath. Stadtpfarrkirche St. Jodok. – 4 Heiliggeist-Spitalkirche. – 5 Heiliggeist-Spital. – 6 Ehem. Dominikanerkloster. – 7 Ehem. Franziskanerkloster. – 8 Ehem. Jesuitenkirche. – 9 Ehem. Jesuitenkloster. – 10 Ursulinenkloster. – 11 Ehem. Kapuzinerkloster. – 12 Rathaus – 13 Ehem. Stadtresidenz

Landshut, Blick auf die Altstadt mit der Martinskirche und der Burg Trausnitz

Geleitwort

Das Bayerische Denkmalschutzgesetz hat mit dem Instrument der Denkmalliste eine gut handhabbare Einrichtung geschaffen. Die Aufstellung durch das Landesamt einerseits und die Form der Liste andererseits, die zunächst nur festhält: Im Baufall ist über dieses Objekt zu reden! stellen ein sehr begrüßenswertes Gleichgewicht her. Hier die unvoreingenommene Einschätzung des Wertes und dort die Möglichkeit, über das Objekt und seine Behandlung offen zu reden. Daß dabei die Beteiligten und ihre Fähigkeit zur Diskussion und ein gutes Maß an Phantasie und Beweglichkeit vorausgesetzt werden, ist zunächst kein Schaden. In Landshut haben wir eigentlich gute Erfahrungen mit der Denkmalliste gemacht; sie hat in der Zwischenzeit auch eine Reihe von Ergänzungen und Abstrichen erfahren. Ergänzungen, weil es in der Zwischenzeit in vielen Fällen nicht mehr ganz uninteressant ist, ein Denkmal im Eigentum zu haben. Nicht nur die steuerlichen Möglichkeiten sind hier gemeint, sondern auch die alte Neuigkeit, daß ein altes Haus sehr anpassungsfähig ist und manche Qualität hat, die ein Neubau kaum mehr mitbringt. Abstriche, weil manches Haus auch mit dem besten Willen nicht mehr zu halten ist. Ein Problem, das in Landshut seinen besonderen Grund hat. Über Jahrhunderte hinweg war Landshut zur Bedeutungslosigkeit verurteilt und so hat sich auch kaum etwas getan. Die in der Substanz schon einfachen Häuser wurden zahllose Male umgebaut, ergänzt bzw. angeflickt, und wenn man da hinlangt, dann kommt einem meist mehr entgegen als zunächst beabsichtigt war. Neubauten sind wenige dazugekommen.

So ist die Denkmalliste ein Arbeitsinstrument, das den wechselnden Anforderungen im großen und ganzen gerecht wird, auch wenn nicht immer alle zufrieden sind. Sie ist eine Meßlatte, die notwendig ist, wenn man im Trubel des täglichen Hin und Her am Ende nicht die Orientierung verlieren will. Ich hoffe und wünsche, daß das so bleiben wird und der Grundkonsens in Sachen Denkmalpflege, der uns hier in Landshut geschenkt ist, auch in der Zukunft erhalten bleibt.

Josef Deimer
Oberbürgermeister, MdS

Vorwort

Der Freistaat Bayern hat mit der Publikation der Denkmallisten 1985/86 in den Bänden I–VII der Reihe «Denkmäler in Bayern» als erstes deutsches Bundesland ein umfassendes Verzeichnis seiner Kulturdenkmäler vorgelegt. Auf dieser Grundlage können in den kommenden Jahren die Denkmallisten der Landkreise und Städte in zusätzlichen Einzelbänden mit Kommentaren, Karten und einer umfassenden Bilddokumentation dargestellt werden. Die Einteilung dieser nach Bedarf jeweils in enger Zusammenarbeit mit den kommunalen Gebietskörperschaften geplanten Bände hält sich an das bereits für die Sammelbände I–VII entwickelte System mit der Numerierung 1–96 für die bayerischen kreisfreien Städte und Landkreise. Diese zusätzlichen Bände der Reihe «Denkmäler in Bayern», von denen nach dem Band «Landkreis Miesbach» nun der Band «Stadt Landshut» vorgestellt wird, sind zugleich ein bayerischer Beitrag zur Reihe «Denkmaltopographie Bundesrepublik Deutschland», deren Grundsätze von einer Arbeitsgruppe der Vereinigung der Landesdenkmalpfleger entwickelt wurden. Bereits die 1978 erschienenen Veröffentlichungen über den Landkreis Fürstenfeldbruck und die Stadt Schwabach (Baudenkmäler in Bayern, Band 12 und Band 63) haben hier als erste Versuche in dieser Richtung eine gewisse Vorarbeit geleistet.

Mit dem Inkrafttreten des bayerischen Denkmalschutzgesetzes 1973 wurden Denkmalschutz und Denkmalpflege im Freistaat Bayern auf eine neue rechtliche Grundlage gestellt. Um einen für den Bürger und die Behörden überschaubaren praktischen Vollzug zu gewährleisten, gibt das Denkmalschutzgesetz nicht nur eine Definition der Denkmäler, die in seinen Geltungsbereich fallen, sondern es enthält darüberhinaus den Auftrag, eine Denkmalliste zu erstellen. In dieses Verzeichnis sind nach Begutachtung durch das Bayerische Landesamt für Denkmalpflege «von Menschen geschaffene Sachen aus vergangener Zeit, deren Erhaltung wegen ihrer geschichtlichen, künstlerischen, städtebaulichen, wissenschaftlichen oder volkskundlichen Bedeutung im Interesse der Allgemeinheit liegt», als Denkmäler einzutragen. Das Denkmalschutzgesetz wird damit einem modernen Denkmalbegriff gerecht, der sich im weitesten Sinn auf Zeugnisse der Geschichte bezieht und – im Gegensatz zu anderen Denkmalschutzgesetzen – keine Denkmäler erster, zweiter oder dritter Klasse kennt, eine «Klassierung», die sich nicht selten als geradezu lebensgefährlich für den Denkmälerbestand erwiesen hat, weil dann letztlich nur Denkmäler «erster Klasse» erhalten werden. Auch mit der Einbeziehung des Ensembleschutzes entspricht das bayerische Denkmalschutzgesetz den gewandelten Leitvorstellungen moderner Denkmalpflege.

Die bayerischen Denkmallisten, die dank der umfangreichen Photodokumentationen der geplanten zusätzlichen Bände der Reihe «Denkmäler in Bayern» nun erstmals auch im Bild vorgestellt werden können, haben den Charakter eines nachrichtlichen Verzeichnisses: Die Eintragung wirkt nicht konstitutiv, hat also keine rechtsgestaltende Wirkung. So kann ein Objekt durchaus die Eigenschaften eines Denkmals haben und den Schutz des Gesetzes genießen, auch wenn es nicht in die Liste eingetragen ist. In diesem Sinn sind die Denkmallisten offen für fortlaufende Ergänzungen und Berichtigungen, wobei auch neue Erkenntnisse und Wandlungen des Denkmalverständnisses Anlaß zur Neuaufnahme oder Streichung von Objekten geben können. Durch dieses hohe Maß an Aktualisierbarkeit und Anpassungsfähigkeit ist eine sinnvolle Fortschreibung gewährleistet. Damit verfügen die beteiligten Behörden immer über eine zuverlässige Grundlage für den Vollzug des Denkmalschutzgesetzes. Man kann davon ausgehen, daß Veränderungen oder die Beseitigung von in der Liste verzeichneten Objekten der Erlaubnis der Unteren Denkmalschutzbehörde oder einer Baugenehmigung bedürfen. Im Rahmen dieser Verfahren erfolgt dann eine angemessene Abwägung der verschiedenen privaten und öffentlichen Interessen mit den Belangen des Denkmalschutzes.

Als Verwaltungsinstrumente sind Denkmallisten in Bayern schon aufgrund von Verordnungen in den Jahren 1882, 1904 und 1908 angelegt worden. Auch die Erfassung der ca. 110000 Baudenkmäler in den vergangenen Jahren mußte nicht vom Nullpunkt anfangen, sondern fußt auf der seit den neunziger Jahren des vorigen Jahrhunderts vom «Kgl. Generalkonservatorium der Kunstdenkmale und Altertümer Bayerns» (seit 1917 «Landesamt für Denkmalpflege») geleisteten Inventarisationsarbeit, vor allem der mehr als hundert Bände umfassenden Großinventarreihe «Die Kunstdenkmäler von Bayern», die inzwischen wieder als Nachdruck vorliegt und auch mit neuen Bänden – in Bearbeitung ist u. a. die Stadt Bamberg – weitergeführt werden soll. Dazu kommt die in der Nachkriegszeit erschienene und inzwischen abgeschlossene Reihe der Kurzinventare von Mittelfranken, Oberfranken und Schwaben, die in der Reihe «Bayerische Kunstdenkmale» erschienen sind. 1978 waren sämtliche Denkmallisten der 96 kreisfreien Städte und Landkreise Bayerns im Entwurf abgeschlossen. Soweit die nötigen Stellungnahmen der Städte und Gemeinden vorlagen, mußte dann das Landesamt für Denkmalpflege entsprechend den Landtagsbeschlüssen vom 11. Juli und 20. September 1978 unter Beteiligung der Kreisverwaltungsbehörden versuchen, sich mit den Gemeinden zu einigen und die dann noch strittigen Fälle dem Landesdenkmalrat vorlegen; ein vielleicht etwas kompliziertes Verfahren, das aber dank des überall im Land geführten intensiven Gesprächs anfängliche Vorbehalte gegen die Denkmallisten abbauen konnte. Vor allem wurden die Listen in enger Zusammenarbeit mit den Gemeinden, die neben Streichungen auch viele wichtige Ergänzungen in Vorschlag brachten, ständig weiter verbessert. In der Diskussion mit den beteiligten Gemeinden hat sich aber auch erwiesen, daß trotz gelegentlicher Meinungsverschiedenheiten in der überwältigenden Mehrzahl der Fälle die fachliche Beurteilung des Landesamtes für Denkmalpflege als sachgerecht anerkannt worden ist.

Denkmäler und Ensembles, bei denen das Eintragungsverfahren noch nicht förmlich abgeschlossen ist, sind in den Bänden mit den Listen der Regierungsbezirke (Denkmäler in Bayern I–VII) durch das Symbol □ gekennzeichnet. Dort sind auch die in den bebilderten Einzelbänden weggelassenen Flurnummern der Objekte angegeben. In den durch

Blick auf die Altstadt mit St. Martin, der Stadtresidenz und der Heiliggeist-Spitalkirche

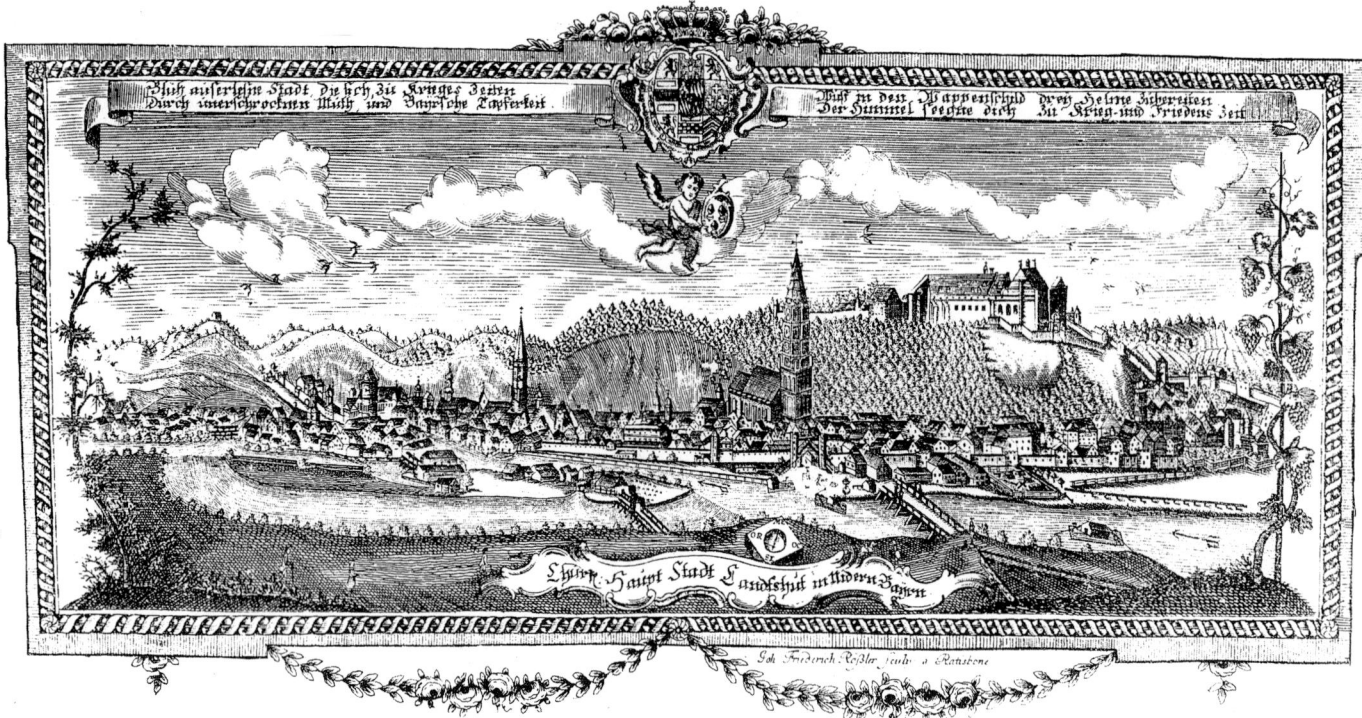

Ansicht der Stadt Landshut von Westen, als Kopf eines Handwerkerbriefes, Kupferstich von Johann Friedrich Rößler, um 1790

Kommentare zu einzelnen Denkmälern erweiterten Bänden der verschiedenen Landkreise und Städte stehen sich jeweils Text und Bilddokumentation gegenüber. Davon abgesehen bleibt die Reihenfolge der Denkmallisten die gleiche. Die Darstellung ist jeweils nach den in alphabetischer Folge aufgeführten kreisangehörigen Gemeinden geordnet. Bei den einzelnen Gemeinden erfolgt eine weitere Untergliederung nach Gemeindeteilen, denn viele Ortschaften, die als selbständige, historisch gewachsene Einheiten anzusehen sind, wurden im Lauf der Zeit in größere Gemeinden eingegliedert, insbesondere durch die Gebietsreform des Jahres 1972. Am Ende jedes Bandes der Reihe «Denkmäler in Bayern» folgt ein Ortsverzeichnis mit eingearbeiteter Konkordanz zu den Inventarreihen «Die Kunstdenkmäler von Bayern» und «Bayerische Kunstdenkmale». Damit soll die gleichzeitige Arbeit mit Denkmalliste und Inventaren erleichtert werden. Ein Personenregister bietet zusätzliche Nachschlagemöglichkeiten.

Der Band «Stadt Landshut» ist auch ein Zeichen der hervorragenden Zusammenarbeit mit der Unteren Denkmalschutzbehörde, der Stadt Landshut. Mein besonderer Dank gilt Herrn Oberbürgermeister Josef Deimer MdS, der sich in denkmalpflegerischen Fragen immer wieder in vorbildlicher Weise engagiert und das Erscheinen des vorliegenden Bandes entscheidend gefördert hat. Ferner möchte ich Herrn Stadtbaurat a. D. Wolfgang Schwaiger-Herrschmann, Herrn Stadtbaumeister a. D. Thierer, Herrn Baudirektor Burger sowie besonders auch Herrn Museumsdirektor und Stadtheimatpfleger Dr. Georg Spitzlberger für zahlreiche Hinweise zu den Denkmallisten danken.

Mein Dank gilt ebenso Herrn Bezirksheimatpfleger Dr. Hans Bleibrunner, der dem Landesamt für Denkmalpflege aufgrund seiner profunden Kenntnis der niederbayerischen Baudenkmäler in allen Fragen der praktischen Denkmalpflege stets mit Rat und Tat zur Seite steht.

Auch von seiten des Erzbischöflichen Ordinariats München wurde unsere Arbeit an der Denkmaltopographie stets wohlwollend gefördert. Wir danken hier insbesondere Herrn Generalvikar und Domkapitular Prälat Dr. Gerhard Gruber, Herrn Diözesanjustitiar Dr. Hein Ulrich Röder, Herrn Stadtpfarrer und Stiftspropst Prälat Heinrich Fischer (Landshut-St. Martin), Herrn Stadtpfarrer Alfred Rössler (Landshut-St. Jodok) und Herrn Stadtpfarrer Martin Atzenhofer (Landshut-Berg-Hl. Blut). Außerordentlich hilfreich war für uns darüber hinaus das große Entgegenkommen der Zisterzienserinnenabtei Seligenthal. Wir schulden der Ew. Frau Äbtissin und der Hw. Frau Priorin unseren aufrichtigen Dank, ebenso der Frau Oberin des Heiliggeist-Spitals.

Die Arbeit an den Entwürfen zur Denkmalliste der Stadt Landshut wurde bereits 1973/74 durch Oberkonservator Dr. Volker Liedke begonnen, der auch im vorliegenden Band die Texte bzw. Kommentare zu den einzelnen Denkmälern verfaßt hat. Die photographischen Aufnahmen fertigte wiederum unser Amtsphotograph Joachim Sowieja, die Luftaufnahmen Otto Braasch. Herr Oberkonservator Dr. Bernd Engelhardt, Leiter der Außenstelle Landshut des Landesamtes für Denkmalpflege, hat die Texte zu den archäologischen Geländedenkmälern beigetragen.

Prof. Dr. Michael Petzet
Generalkonservator

Zur Stadtgeschichte von Landshut

Von Hans Bleibrunner

«MCCIIII ... Lvdwicus dux Bawariae castrum et oppidum in Lantshvt construere cepit» – im Jahr 1204 begann Ludwig, der Herzog von Bayern, Burg und Stadt in Landshut zu bauen. Diesem Eintrag des Geschichtsschreibers Hermann, Abt des Klosters Niederaltaich von 1242 bis 1273, in seinen Jahrbüchern zur Zeitgeschichte verdanken wir die Kenntnis über das Gründungsjahr der Stadt Landshut.

Die Stadt entstand am Kreuzungspunkt mehrerer alter Straßen. Kurz zuvor war es zu einer Auseinandersetzung zwischen Herzog Ludwig und dem Bischof von Regensburg gekommen. Der Herzog zerstörte die dem Bischof gehörige «Straßburg» einige Kilometer isarabwärts, die möglicherweise bereits eine Brücke beschützte. Dann baute er Burg und Stadt Landshut an der Stelle, wo sich die Isar in zwei Arme teilt, und mit zwei Brücken ein dem Heiligen Geist geweihtes Spital. Darin konnten die Reisenden Rast machen.

So bestand das frühe Landshut aus drei Siedlungskernen, die zunächst noch voneinander getrennt waren. Auf dem Berg lag die «Landeshut». Ihr zu Füßen, im Umkreis um die Vorläuferin der heutigen Martinskirche, siedelten sich Handwerker und Kleinkaufleute an. Es sollte sich daraus eine wehr- und steuerkräftige Bürgerschaft entwickeln. Auch mußte sie die am herzoglichen Hof benötigten Güter liefern.

Jenseits der beiden Isararme stiftete Ludmilla, die Gemahlin des Städtegründers, nach der Ermordung ihres Gatten das Zisterzienserinnenkloster Seligenthal.

Ludwig und Ludmilla hatten einen Sohn, Otto den Erlauchten. Dessen beide Söhne teilten im Jahr 1255 das Land: Ludwig der Strenge nahm das Oberland, Heinrich der Ältere das Unterland. Durch diese erste Teilung Bayerns wurde Landshut, das bisher Mittelpunkt des gesamten wittelsbachischen Herzogtums war, auf die Funktion einer Hauptstadt für Niederbayern beschränkt. Trotzdem erlebte die Stadt einen glanzvollen Aufstieg, der sie bis zum Ausgang des 15. Jahrhunderts an die Spitze aller altbayerischen Städte führte.

Schon im ersten Jahrhundert ihres Bestehens hatte sich die Stadt kräftig entwickelt. Die bürgerliche Altstadt reichte vom «alten Judentor» bis zum «Spitaltor». Das Alte Judentor schloß die obere Altstadt dort ab, wo die Laubengänge enden. Nahe diesem Tor, am «Nahensteig», wohnten im Mittelalter die Juden, bis sie 1450 Herzog Ludwig der Reiche aus Stadt und Land vertrieb. Das Spitaltor verband einst die zwei gegenüberliegenden Häuser der unteren Altstadt, die stadteinwärts an die Spitalkirche und an das Spital angrenzen. Es bildete die nördliche Grenze der Stadt, seitdem die

Stadtansicht von Landshut mit der Burg Trausnitz, Fresko des Hofmalers Hans Donauer im Antiquarium der Münchner Residenz, um 1590

Bismarckplatz 14, Zisterzienserinnenabteikirche Seligenthal, Inneres

Altstadt 219, Kath. Stadtpfarr- und Stiftskirche St. Martin und Kastulus, Inneres

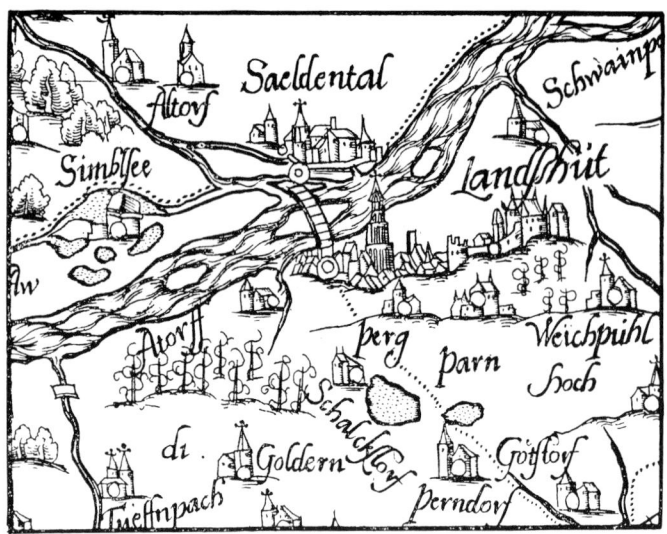

Landshut und Umgebung, Ausschnitt aus der Landkarte des Philipp Apian, um 1560

Altstadt im Zuge einer ersten Erweiterung noch im 13. Jahrhundert von der Steckengasse bis zum Spital verlängert worden war. 1771 wurde das Spitaltor abgebrochen.

Zur Isar hin bildeten die Ländgasse und das «Ländtor» den Abschluß. Die östliche Grenze der ältesten Stadt ist noch heute durch die mit Alt- und Neustadt in gleicher Richtung laufenden Quergäßchen ersichtlich. Schon um die Mitte des 13. Jahrhunderts war auch die Neustadt als breiter, der Altstadt gleichlaufender Straßenzug angelegt worden.

Vor den Mauern östlich der Stadt, zwischen der Neustadt und dem Steilhang der Isar, entstanden zwei große Klöster der neuen, vornehmlich städtisch orientierten Orden. In der «Froschau» siedelten sich 1271 die Dominikaner an. 1280 schenkte Herzog Heinrich der Ältere den Franziskanern am Fuß des Hofbergs unterhalb der Burg einen großen Bauplatz. Auch dieses Kloster gedieh rasch unter der spendefreudigen Anteilnahme des herzoglichen Hofes und der Bürgerschaft.

Zu Beginn des 14. Jahrhunderts verlängerte man die Altstadt nach Süden. Ein Stück außerhalb des «Alten Judentores» wurde das «Neue Judentor» erbaut, das später den Namen «Münchner Tor» erhielt. Es sperrte die aus München kommende Straße. Damit war der heutige Dreifaltigkeitsplatz in die Stadt einbezogen, und ihr Verteidigungsgürtel verschmolz mit jenem der Burg. Im Jahr 1338 wurde der östliche Stadtteil gegründet, die Freyung. In ihrer Mitte entstand die frühgotische Pfarrkirche St. Jodok. Der Name Freyung erinnert an die zehnjährige Steuerfreiheit, die der Herzog hier jedem Neusiedler gewährte. Die neuen Stadtteile wurden durch mehrere Straßen mit der Altstadt verbunden. Eine neue Stadtmauer, der ein künstlich angelegter Wassergraben vorgelagert war, schützte nun mit der Freyung auch das Dominikanerkloster und das Franziskanerkloster. Eben zur selben Zeit, um das Jahr 1350, wurde noch der Bereich des heutigen Bischof-Sailer-Platzes in die Stadt einbezogen und durch zwei neue Tore geschützt: Ein Stück außerhalb des Spitalertores, hart am Ufer der Isar, entstand das «innere Isartor», auch «Blauer Turm» geheißen; die heutige Bauhofstraße wurde kurz vor dem jetzigen Maxwehr durch das «Zerrertor» abgesperrt.

So war das 14. Jahrhundert entscheidend für die Entwicklung der Stadt. Die Bürger gelangten zu Wohlstand, ja zu Reichtum. Zog sich auch der innere Ausbau noch bis zum Ende des 15. Jahrhunderts hin: Um das Jahr 1350 hatte die mittelalterliche Stadt ihren größten Umfang erreicht. Erst im 19. Jahrhundert ist die Stadt Landshut über die Grenzen hinausgewachsen, die ihr im Mittelalter gesetzt wurden. Der Stadtbrand von 1342 und der erste verheerende Ausbruch der Pest in den Jahren 1348/49 brachten einen schweren Rückschlag für die aufstrebende Stadt. Doch kaum hatten

Landshut, Ansicht von Nordwesten, Kupferstich von Michael Wening, 1723

sich die Bürger von diesen Heimsuchungen erholt, ließen sie ihre alte romanische Martinskirche abtragen und die heutige Kirche beginnen. Als Meister Hans im Jahr 1432 starb, waren Altarraum und Langhaus schon weit gediehen. Der Turm wurde indes erst im Jahr 1444 gegründet und in den folgenden Jahrzehnten in die Höhe geführt. Andere Baumeister führten das Werk fort, und um das Jahr 1500 war das überragende Bauwerk vollendet. Am unteren Ende der Altstadt erbaute Meister Hans als Gegenstück zur Martinskirche die Heilig-Geist-Spital-Kirche, ein herrliches Werk später Gotik. Neben der Jodokskirche entstand um 1460 das Franziskanerinnenkloster Heilig Kreuz.

Zwischen den beiden Isararmen hatten sich schon in früher Zeit Handwerker angesiedelt. Dieser Stadtteil «Zwischen den Brücken» war nicht in die Stadtbefestigung einbezogen, doch sorgte das «Äußere Isartor» dafür, daß des Nachts niemand über die Kleine Isar in die Zweibrückenstraße gelangen konnte. Gegen Ende des 15. Jahrhunderts erhielt dieser Stadtteil eine eigene Kirche, die Sebastianikirche. Ein Stück außerhalb der Stadt, hinter dem Kloster Seligenthal, trat damals ein gotischer Neubau an die Stelle der romanischen Vorortskirche St. Nikola.

Auf dem Hofberg, hinter der Burg Trausnitz, baute man die Kirche Heilig Blut mit ihren zwei eigenartigen Rundtürmen. Die Burg Trausnitz und die Wirtschaftsgebäude der Vorburg erreichten den Umfang, den uns das Modell der Stadt Landshut aufzeigt, das der Straubinger Drechslermeister Jakob Sandner um das Jahr 1570 gefertigt hat. Die ganze Stadt war mit einer hohen Mauer umgeben. Acht Stadttore gewährten tagsüber Einlaß. So hatte der innere Ausbau der gotischen Stadt um das Jahr 1500 sein Ende gefunden. Eine der großartigsten mittelalterlichen Stadtanlagen in Deutschland war damit vollendet.

Landshut war im späten Mittelalter eine gewerbereiche Stadt und eine Stadt des Kunsthandwerks. Zu ihren großen Künstlern zählen der Maler und Stecher «Mair von Lands-

Porträt Herzog Ludwigs X. von Bayern, von Hans Wertinger, 1516 (Bayerisches Nationalmuseum, München)

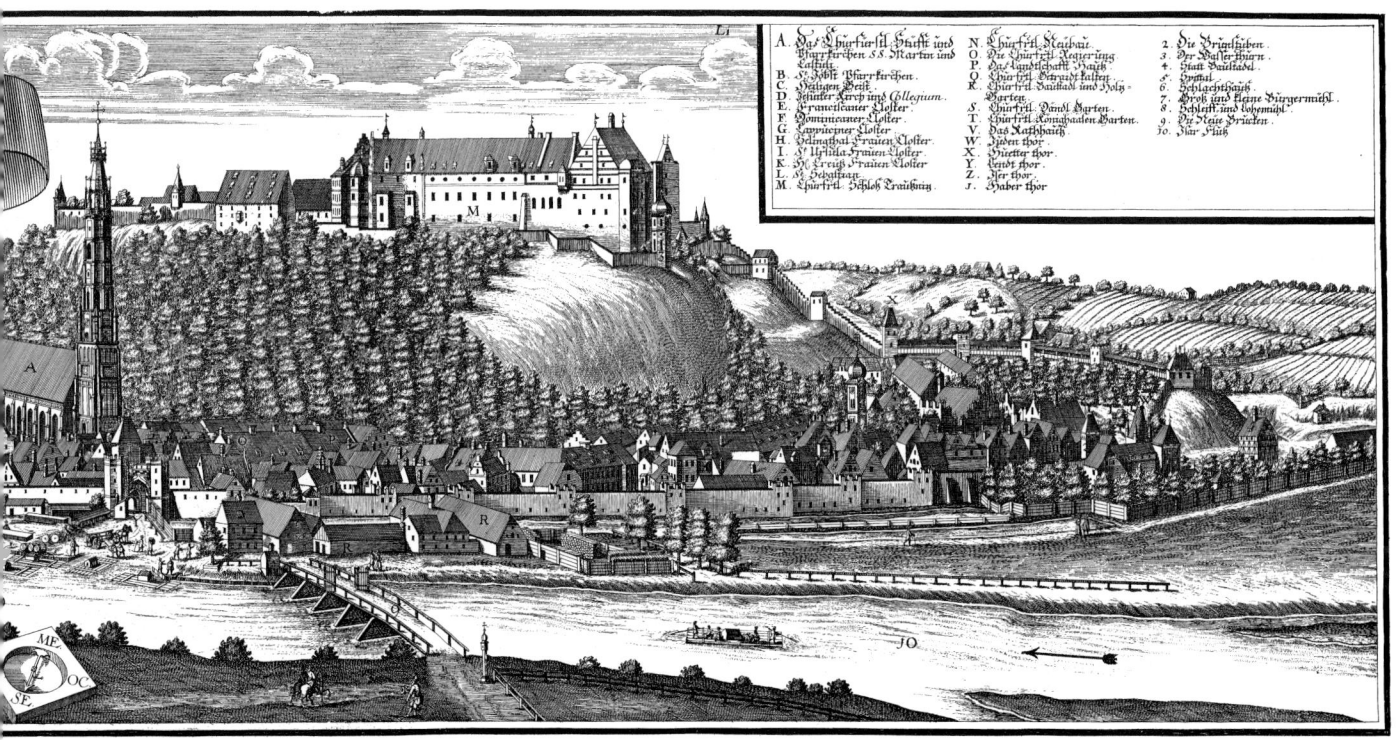

hut», der hier um 1500 tätig war, und der Hofmaler Hans Wertinger, der seit 1491 eine eigene Werkstatt unterhielt. Die größten aber waren der Baumeister Hans von Burghausen und der Bildhauer Hans Leinberger. Dieser begründete um 1510 eine Meisterwerkstätte in Landshut und arbeitete für viele Kirchen und für den herzoglichen Hof.

Das 14. Jahrhundert war die Zeit des bürgerlichen Wohlstands; das 15. Jahrhundert, das mit blutigen Auseinandersetzungen zwischen Bürgerschaft und Herzog in den Jahren 1408 und 1410 begann, wurde für Landshut unter den drei «reichen» Herzögen Heinrich, Ludwig und Georg zum Jahrhundert des fürstlichen und damit des landesweit ausstrahlenden Reichtums. Dieses Jahrhundert war für die Hauptstadt Niederbayerns eine Zeit wirtschaftlichen und kulturellen Aufschwungs und großer Feste. Man hielt Turniere, Schützenfeste, Tanzfeste und prunkvolle Hochzeiten. Acht Tage lang dauerten die Feierlichkeiten, als sich Herzog Ludwig der Reiche im Jahr 1452 mit der Prinzessin Amalie von Sachsen vermählte. Noch viel glanzvoller verlief die Vermählung seines Sohnes Georg mit Hedwig, der Tochter des Königs Kasimir IV. von Polen, im Jahr 1475. Dies war die große «Landshuter Hochzeit», die für die Stadt Landshut seit 1903 Gegenstand eines großen historischen Dokumentarspiels bildet, das alle paar Jahre aufgeführt wird.

Doch die glanzvolle Zeit fand ein schreckliches Ende mit dem «Landshuter Erbfolgekrieg», den Herzog Georg heraufbeschwor, weil er – entgegen bestehender Verträge – seine Tochter Elisabeth zur Erbin eingesetzt hatte. 1503 starb Herzog Georg der Reiche und mit ihm versank der Glanz Landshuts. Nur vorübergehend kehrte noch einmal eine fürstliche Hofhaltung zurück, als Herzog Ludwig X. seinem Bruder Wilhelm IV. das Recht der Mitregierung abtrotzte und 1516 nach Landshut zog. Fürstliche Hofhaltung bedeutete in erster Linie Förderung der Künste. Ludwig X. war ein Herzog – die Künste pflegte er wie ein König. Doch nur zwei Jahre lang durfte er sich der Pracht seiner Landshuter Stadtresidenz, dieses ersten Renaissancepalastes nördlich der Alpen, erfreuen. Im Jahr 1545 ist er gestorben. Seine Grabplatte, ein bedeutendes Kunstwerk nach Art des Eichstätter Bildhauers Loy Hering, deckt noch heute die Fürstengruft der Wittelsbacher im Kloster Seligenthal. Bisher war Landshut Sitz der Fürsten, die über das Herzogtum Bayern–Landshut geboten. Fortan war es nur mehr Sitz einer Mittelbehörde im Sinn der heutigen Bezirksregierung, und dies nur mehr über das «Rentamt Landshut», zu dem im wesentlichen das niederbayerische Hügelland gehörte. Der östliche Teil Niederbayerns mit dem Bayerischen Wald gehörte zum «Rentamt Straubing».

Das fürstliche Leben in der Burg Trausnitz war erloschen. Nur hin und wieder nahmen die Wittelsbacher noch Quartier in ihr, wenn sie auf Reisen waren. Der Sohn Herzog Albrechts V., Wilhelm V., der «Fromme», verbrachte von 1568 bis 1579 seine ersten Ehejahre auf der Trausnitz, bevor er in München seinem Vater in der Regierung des Landes folgte. Er ließ die Burg im Renaissancestil umgestalten, besonders reich den sogenannten «Fürstenbau», den der Brand am 21. Oktober 1961 in Schutt und Asche gelegt hat.

Die Lehre Martin Luthers hatte im Herzogtum Bayern, so auch in Landshut, manche Anhänger gefunden. Um den alten Glauben zu festigen, verlegte Herzog Maximilian im Jahr 1596 das Kollegiatstift St. Kastulus von Moosburg nach Landshut. Ein Kollegiatstift ist ein Zusammenschluß von Weltgeistlichen, die unter der Leitung eines Propstes stehen. Die Pfarrkirche St. Martin wurde damals zur Stiftskirche erhoben.

1610 rief Herzog Maximilian die Kapuziner nach Landshut. Der Rest ihres Klostergebäudes dient heute als Stadtbauamt. Im Jahr 1627 entstand vor dem Hagraintor, im Osten der Stadt, das kleine Loretokloster der Kapuzinerinnen, das seit 1835 von Franziskanern bewohnt wird. Im Jahr 1629 zeichnete Kurfürst Maximilian seine Geburtsstadt dadurch aus, daß er sie zum Sitz eines neuen Jesuitenkollegs bestimmte. Die Jesuiten rissen in der oberen Neustadt gut zwei Dutzend mittelalterliche Häuser nieder und führten ihr großes Kloster auf. Dabei fiel auch die alte herzogliche Münze der Spitzhacke zum Opfer. An ihrer Stelle entstand die prächtige Jesuitenkirche St. Michael. In der unteren Neustadt gründete Maximilians Sohn, Kurfürst Ferdinand Maria, 1668 das jüngste Kloster der Stadt, das Schulkloster der Ursulinen. Damit war die bürgerliche und herzogliche Stadt auch eine geistliche Stadt geworden. Zur Verherrlichung des Glaubens veranstalteten die Landshuter viele Jahrzehnte hindurch glanzvolle Fronleichnamsprozessionen. Neu gebaut wurde während der Barockzeit nur wenig, denn die Zahl der Einwohner war eher zurückgegangen als angestiegen. Doch manch altes Bauwerk wurde in die Formen der neuen Zeit gehüllt. Die vornehmsten Werke der Rokokozeit begegnen uns mit den Ausstattungen der Abteikirche Seligenthal, der Dominikanerkirche und der Theklakapelle. Auch manches gotische Bürgerhaus legte sich damals eine neue Fassade zu. Der bedeutendste einheimische Künstler dieser Zeit war der Bildhauer Christian Jorhan, der 1727 als Sohn des Bildhauers Wenzel Jorhan in Griesbach im Rottal geboren wurde, 1755 in Landshut heiratete und hier 1804 gestorben ist.

Freilich war auch Landshut nicht von Heimsuchungen verschont geblieben, die im 17. und 18. Jahrhundert über das Land gekommen waren. Schreckliche Schicksale hatte die Stadt während des Dreißigjährigen Krieges zu erdulden. Dreimal – 1632, 1634 und 1648 – zogen die Feinde ein und brandschatzten die Stadt. Die schlimmste Zeit brach mit dem 22. Juli 1634 an, als die Schweden die Stadt eroberten. Für dreizehn Tage wurde sie von ihren Anführern zur Plünderung freigegeben. Als die Schweden abzogen, kamen Hungersnot und Pest. Der bescheidene Wohlstand war dahin. Auch während des Österreichischen Erbfolgekrieges von 1743 wurde die Stadt von den österreichischen Hilfstruppen, von Kroaten und Panduren, hart bedrängt. Ebenso mußte sie während der Napoleonischen Zeit viel Not und Leid erdulden.

Nachdem das Jesuitenkloster schon 1773 aufgehoben worden war, traf dieses Schicksal in den Jahren 1802 und 1803 auch die verbliebenen sieben Klöster der Stadt, desgleichen das Kollegiatstift von St. Martin und Kastulus. Drei Klöster wurden später wieder errichtet: das Ursulinenkloster (1826), die Zisterzienerinnenabtei Seligenthal (1835) und das Franziskanerkloster (1835), letzteres im Gebäude des alten Kapuzinerinnenklosters Loreto. Der Aufschwung, den die Stadt seit dem Jahr 1800 durch die Verlegung der Universität von Ingolstadt nach Landshut erfahren hat, währte nur 26 Jahre. Während dieser Zeit, der Hochblüte der Romantik, war Landshut ein Mittelpunkt des geistigen Lebens. Berühmte Gelehrte entfalteten ein fruchtbares Wirken und verbreiteten den Ruf der Stadt. Doch schon 1826 wurde die

Altstadt 79, ehem. Stadtresidenz, Innenhof

Altstadt 79, ehem. Stadtresidenz, Italienischer Saal

Landshut von Südwesten, Kupferstich von Georg Hoefnagel, Köln 1578

Universität nach München verlegt. Als Ersatz erhielt Landshut ein Appellationsgericht und ein Lyceum, eine Art Hochschule. Das Lyceum befand sich ursprünglich in München, wurde 1826 in Landshut dem (heutigen Hans-Carossa-) Gymnasium angeschlossen und 1834 nach Freising verlegt, wo es zur Grundlage der Philosophisch-Theologischen Hochschule wurde. Zur Unterstützung verarmter Bürger wurde der «Bürgerverein» gegründet, der für das gesellschaftliche Leben große Bedeutung erlangte. Auch das Militär spielte eine gewichtige Rolle, denn Landshut war Garnison. Trotzdem blieb Landshut eine stille Provinzstadt, auch nachdem sie 1839 zum Sitz der Regierung von Niederbayern bestimmt worden war.

Allmählich hielt das Maschinenzeitalter auch in Landshut seinen Einzug. 1858 wurde die Eisenbahn von München nach Landshut in Betrieb genommen. Der alte Bahnhof lag an der heutigen Regensburger Straße; er war ein Sackbahnhof. In seinem Verwaltungsgebäude ist heute das Straßenbauamt untergebracht. Im Jahr 1880 wurde der Bahnhof an seinen jetzigen Platz verlegt. Da er 1945 durch Fliegerbomben zerstört wurde, mußte er nach dem letzten Krieg neu erbaut werden.

Eine Gasfabrik wurde im Jahr 1858 errichtet, und zwar auf dem Gelände des ehemaligen Kapuzinerklosters. Nach und nach gesellten sich all die Neuerungen und Einrichtungen hinzu, die das technische Zeitalter unseren Städten beschert hat, meist ohne die nötige Rücksicht auf das Siedlungsbild, das in Jahrhunderten zu großer Harmonie gereift war. So haben die letzten 150 Jahre auch der Stadt Landshut viel von ihrer alten Schönheit genommen.

Die Industriebetriebe, die das Maschinenzeitalter in Landshut hervorgebracht hat, verarbeiten in der Hauptsache landwirtschaftliche Erzeugnisse. Zu den älteren Industriebetrieben haben sich in den Jahren nach dem letzten Krieg eine Anzahl weiterer Unternehmen gesellt, vor allem Werke der Elektroindustrie und neuerdings der Autoindustrie. Zur Ansiedlung von Industriebetrieben hat die Stadt in der Nähe des Bahnhofs ein großes Gebiet, das «Industriegelände», erschlossen. Seit dem Ende des Zweiten Weltkrieges dehnt sich die Stadt nach allen Seiten hin aus. In weitem Bereich entstanden rings um ihren mittelalterlichen Kern neue Wohnviertel. Unter den vielen neuen Baukörpern befinden sich zahlreiche Hochhäuser. Sie haben die Silhouette der Stadt erheblich verändert.

Das Stadtmodell von Landshut

Von Volker Liedke

Modell der Stadt Landshut, ausgeführt von Jakob Sandtner im Jahr 1571, Ansicht von Westen. (Bayer. Nationalmuseum München)

Im Jahr 1568 entstand das erste Modell einer altbairischen Rentamtsstadt. Die Idee dazu stammte vermutlich von dem Straubinger Drechsler Jakob Sandtner, der zunächst einmal das Stadtmodell seiner Heimatstadt Straubing ausführte.[1] Herzog Albrecht V. von Bayern muß an dieser Arbeit großen Gefallen gefunden haben, denn er erwarb sie und gab dem findigen Drechslermeister den Auftrag, auch noch seine übrigen Rentamtsstädte sowie die Universitätsstadt Ingolstadt in gleicher Weise darzustellen.

Im Jahr 1570 zahlte das Münchner Hofzahlamt an «Jacoben Sandtner, träxl von Straubing, auf rechnung aines werckhs, vermög der urkhundt»[2], den Betrag von 50 Gulden rheinisch. Es folgten dann noch weitere Zahlungen, die sich wohl allesamt auf die Ausführung des Stadtmodells von München beziehen lassen, das Sandtner 1570 fertigstellte. Noch im selben Jahr erhielt er den Auftrag, auch die Stadtmodelle von Landshut und Ingolstadt auszuführen; das Stadtmodell von Landshut wurde 1571 und das von Ingolstadt 1572 vollendet. Als letztes Stadtmodell folgte das von Burghausen, das der Drechsler im Jahr 1574 glücklich fertigstellte.

Sandtner baute seine Modelle an Ort und Stelle; sein Auftrag lautete, sie «in den Grund gelegt abzukonterfeien». An Georg von Hegnenberg, Statthalter zu Ingolstadt, erging der fürstliche Befehl, er möge «darob sein, wo Sandtner in klöster und häuser deshalb ersehen begert, wie er des werkes nothdurft nach thun muszt, dasz er jedes orts eingelassen und ihm die besichtigung nicht geweigert werde»[3].

Der Maßstab der Stadtmodelle, die später einen ehrenvollen Platz in der herzoglichen Kunstkammer zu München erhielten, ist sehr unterschiedlich. Im einzelnen lassen sich folgende Maßstäbe errechnen:

München	1 : 616
Landshut	1 : 750
Ingolstadt	1 : 685
Burghausen	1 : 662

Der Maßstab wird des öfteren im Detail nicht genau eingehalten. So sind vielfach die Breiten der Plätze und Gassen zu gedehnt und die großen Baukörper, insbesondere die Verwaltungsgebäude, die Patrizierhäuser sowie die Türme der Kirchen wegen ihrer Bedeutung in der Höhe übertrieben.

Die Stadtmodelle bestehen aus Holz. Jakob Sandtner baute sie auf Holzplatten auf, die den Umrissen der Stadtbefestigungsanlagen, nicht aber den Grenzen des Burgfriedens folgen. Kleine Geländeunterschiede wurden einfach aus der Ebene der Holztafel herausgeschnitten, größere Erhebungen hingegen durch Auftragung von Holzschichten plastisch dargestellt. Die einzelnen Häuser bestehen aus dünnen Lindenholzplättchen, die miteinander verleimt sind. Durch die Farbgebung der Dächer wird die Art der Dachdeckung angegeben. So bedeutet die Farbe «Rot» z. B. ein Ziegeldach und «Grau» ein Legschindeldach oder ein «Legschieferdach». Fassadenmalereien bleiben natürlich unberücksichtigt, auch fehlen die Kamine auf den einzelnen Häusern. Die Zahl der Geschosse und die der Fensterachsen – abgesehen von einigen kleinen Irrtümern – muß hingegen ziemlich genau der Wirklichkeit entsprochen haben. Auch der Gestaltung der Giebel widmete Jakob Sandtner besondere Aufmerksamkeit. Eine genaue Beobachtung setzt letzten Endes die Anordnung der Nebengebäude in den Hinterhöfen der Bürgerhäuser voraus. Überhaupt ist alles von dem Drechsler mit größter Sorgfalt ausgeführt worden. Allein schon die Idee zu diesen Stadtmodellen war zu jener Zeit ganz einzigartig. Sie

XXII   Stadtmodell

Modell der Stadt Landshut, ausgeführt von Jakob Sandtner im Jahr 1571, Ausschnitt, Burg Trausnitz, Martinskirche und der obere Teil der Altstadt mit der Dreifaltigkeitskirche. (Bayer. Nationalmuseum, München)

Burg Trausnitz, Ansicht von Südwesten

Modell der Stadt Landshut, ausgeführt von Jakob Sandtner 1571, Ausschnitt. Blick auf den unteren Teil der Altstadt mit der Heiliggeist-Spitalkirche und dem Inneren Isartor. Im Hintergrund die Sebastianikirche. (Bayer. Nationalmuseum, München)

blieb auch sonst im süddeutschen Raum ohne Nachfolge. Für die Denkmalpflege stellen die Stadtmodelle der vier altbairischen Rentamtsstädte München, Landshut, Straubing und Burghausen sowie das Stadtmodell der Universitätsstadt Ingolstadt ein einmaliges Anschauungsmaterial dar, das ohne Zweifel einer besonderen Würdigung bedarf. Von besonderem Interesse ist hier für uns das Stadtmodell von Landshut.

Die hochmittelalterlichen, noch aus Holz gezimmerten Bürgerhäuser Landshuts sind wohl zum größten Teil durch den großen Brand von 1342 zerstört worden.[4] Nach Aussage des Landshuter Stadtbuchs sollen damals 112 Häuser abgebrannt sein. Beim Wiederaufbau wurden die Wohnhäuser der Handwerker bereits vorwiegend aus Ziegelsteinen errichtet. Die alten Grundstücksgrößen, die im Zuschnitt meist schmal waren und weit in die Tiefe reichten, behielt man jedoch bei.

Durch Landshut zieht sich von Nord nach Süd der große Straßenzug der Altstadt, der in dem 1331 angelegten Salbuch von St. Martin noch als «die weite Strazz» und die «grozze Strazz» bezeichnet wird.[5] Bis zum heutigen Tag ist «die alte Stadt» oder wie es im Jahr 1369 heißt, «pars illa quae appellatur civitas antiqua», die Hauptverkehrsader der Stadt geblieben. Einst standen an den Enden der Stadt Tore, und zwar im Norden das Spitaltor und im Süden das Münchner Tor.

Vom Nahensteig bis zur Einmündung in die Altstadt säumen die Ostseite des Straßenzugs Häuser mit erdgeschossigen Lauben. Hier besaßen früher vor allem die Handelsherren und die Krämer ihre Behausungen und Läden, deshalb wird dieser Bauabschnitt im St. Martiner Salbuch von 1331 als «unter den Kramen», d.h. «unter den Krämern», bezeichnet.

In der Altstadt sind fast alle Häuser giebelständig ausgerichtet. Eine Ausnahme bilden nur einige größere Bauten, wie das in der zweiten Hälfte des 16. Jahrhunderts errichtete Landschaftshaus (Altstadt 28), sowie das Haus Altstadt 29, das der herzogliche Rat und Kanzler Doktor Martin Mair erbauen ließ und das dann im Jahr 1485 durch Herzog Georg erworben und als herzogliche Kanzlei eingerichtet wurde. Denselben Bautyp vertreten auch das frühere Patrizierhaus der Leitgeb (Altstadt 72) und die auf Veranlassung von Herzog Ludwig X. von Bayern in den Jahren 1536 bis 1543 erbaute Stadtresidenz.[6]

Die stattlichen dreigeschossigen Bürgerhäuser in der Altstadt besitzen, wie bereits das Sandtnermodell erkennen läßt, fast nie einen Erker. Den Grund dafür gibt eine Bauvorschrift aus dem Jahr 1405 an, die vorschreibt, daß alle

Modell der Stadt Landshut, ausgeführt von Jakob Sandtner im Jahr 1571, Ausschnitt, Blick auf den mittleren Teil der Altstadt mit den giebelständigen, erkerlosen Bürgerhäusern. Im Vordergrund der große Baukomplex der Stadtresidenz, erbaut 1536/37, im Hintergrund die kath. Stadtpfarrkirche St. Jodok und die Franziskanerklosterkirche. (Bayer. Nationalmuseum, München)

vor die Häuser auf die Straße hinausragenden Anbauten, wie Pfeiler, Notställe vor den Schmieden, Kellerhälse und Faßrutschen – hier in Landshut früher als «Stecken» bezeichnet – abzutragen seien. Daraufhin mußten die mit Brettern abgedeckten Kellerhälse mit Erdreich zugeschüttet werden. Die Kellerhälse durften nur an den Häusern mit Lauben belassen und weiterhin benutzt werden, wenn sie näher an die betreffenden Bauten, d.h. unter die Lauben, gerückt wurden.[7]

Der zweite große Straßenzug, die sogenannte «Neustadt», die im Salbuch von St. Martin aus dem Jahr 1331 mit «in der Newenstat»[8] bezeichnet wird, durchzieht Landshut von Norden nach Süden. Durch eine Reihe von Gassen wird die Altstadt mit der Neustadt verbunden. Bei den zahlreichen Märkten, die einst in Landshut abgehalten wurden, unterschied man zwischen einem Holzmarkt (westlicher Teil des heutigen Bischof-Sailer-Platzes), einem Kornmarkt (unterer Teil der Neustadt), einem Kühmarkt (Obere Freyung), einem Schrannenplatz (mittlerer Teil der Neustadt), einem Schweinemarkt (Fischergasse), einem Speismarkt (unterer Teil der Altstadt-Westseite), einem Tandlmarkt (Nordseite des früheren Martinsfriedhofs) und einem Taubenmarkt (Taubengaßl).

Als langgestreckter dreigeschossiger Bau mit einem hohen Satteldach ist der 1468/70 erstellte herzogliche Hauptkasten (Dreifaltigkeitsplatz 177) auf dem Stadtmodell von Jakob Sandtner neben der später abgebrochenen Dreifaltigkeitskirche deutlich zu erkennen. In der Steckengasse 308 steht ein weiterer herzoglicher Kasten, der heute im Volksmund als «Salzstadel» bezeichnet wird. Im Gegensatz zum herzoglichen Hauptkasten zeigt er den für altbairische Speicherbauten so typischen Krüppelwalm. Das Rathaus von Landshut ist im Lauf der Jahrhunderte aus der Einbeziehung von drei verschiedenen Gebäuden und Grundstücken entstanden. Es steht in der Altstadt von Landshut in der Höhe der Einmündung der Stecken- und der Grasgasse. An der Westseite der Altstadt, schräg gegenüber dem Rathaus, wurde wohl unter dem Kammermeister Wernstorfer in der Zeit vor 1408 das stattliche Haus[9] mit einem prächtigen Giebel errichtet, das im Jahr 1475 anläßlich der Hochzeit Herzog Georgs von Bayern auch Kaiser Friedrich III. als Herberge gedient haben soll.

Der alles überragende Turm der Stadtpfarrkirche St. Martin, mit seinen 133 Metern der höchste Backsteinturm der Welt, schiebt sich in der Straßenachse vor und bildet den städtebaulichen Akzent der ganzen Bebauung. Das mächtige Kirchenschiff der Heiliggeistkirche, eine von dem berühmten Steinmetzen Hanns Purghauser («Meister Hanns von Burghausen») erbaute spätgotische Hallenkirche riegelt am Nordende der Altstadt die hier eine leichte Schwenkung bildende Straßenfront ab.

Die Patrizier, die Herren vom Inneren und vom Äußeren Rat, die vermögenden Handelsherren, die Krämer und die Wein- und Bierwirte errichteten vorwiegend ihre Häuser in der Altstadt. Viele dieser Bauten an der Westseite dieses Straßenzugs besaßen weite Innenhöfe, die meist bis zur rückwärts verlaufenden Ländgasse reichten. Dies ermöglichte es, Waren, die auf der Isar geflößt wurden, gleich von der rückwärtigen Seite der Gebäude einzubringen.

Die Landshuter Bürgerhäuser lassen auf dem Stadtmodell von Jakob Sandtner vorwiegend stattliche getreppte Giebel erkennen. Dagegen kamen waagrecht abschließende Vorschußmauern, wie z.B. an den Häusern Altstadt 314 – dieses befand sich im 15. und 16. Jahrhundert größtenteils im Besitz der Patrizierfamilie der Plank – sowie Altstadt 253 höchst selten vor. Daneben gab es prachtvolle, mit Blenden verzierte Giebel, z.B. Altstadt 78, oder vertikal gestäbte Giebel, z.B. Altstadt 299. Einen Vorschuß mit vorkragendem Obergeschoß besaß das Eckhaus an der Neustadt und Parfüßergasse (heute Franziskanergasse), das zugleich durch ein sehr flach geneigtes Satteldach auffiel. Der Bau dürfte noch in die Zeit vor dem Inkrafttreten der Bauverordnung von 1405 datiert werden, die ein solches Vorkragen des Obergeschosses untersagte. Das genannte Haus mußte schließlich im 17. Jahrhundert dem Neubau des Jesuitenklosters weichen.

Anmerkungen

1 Vgl. A. Frhr. v. Reitzenstein, Die alte bairische Stadt in den Modellen des Drechslermeisters Jakob Sandtner, gefertigt in den Jahren 1568–1574 im Auftrag Herzog Albrechts V. von Bayern, München 1967, S. 5 ff. – V. Liedke, Das Bürgerhaus in Altbaiern, Tübingen 1984, S. 19 ff.

2 Bayer. Hauptstaatsarchiv München, Abt. I Allgemeines Staatsarchiv: Hofzahlamtsrechnung München von 1570, fol. 139'.

3 Vgl. Reitzenstein 1967, S. 8.

4 Nach Aussage des Landshuter Stadtbuchs sollen damals 112 Häuser abgebrannt sein (Th. Herzog, Landshut, in: Bayerisches Städtebuch, Teil 2, hrsg. v. E. Keyser u. H. Stoob, Stuttgart 1974, S. 319, Nr. 5c).

5 Vgl. Th. Herzog, Landshuter Häuserchronik, Neustadt a.d.A. 1957, S. 19.

6 Vgl. KDB Stadt Landshut, S. 405 ff. – V. Liedke, Bernhard Zwitzel, der Meister des sog. «Deutschen Baus» an der Stadtresidenz in Landshut, in: Verhandlungen des Historischen Vereins für Niederbayern, Bd. 97, Landshut 1971, S. 90–99. – H.-P. Rasp, Die Landshuter Stadtresidenz – Stilcharakter und Baugeschichte der italienischen Trakte, in: Verhandlungen des Historischen Vereins für Niederbayern, Bd. 100, 1974, S. 108–184.

7 Vgl. Th. Herzog, Zur Geschichte des Bauhandwerks in Landshut vom 14.–19. Jahrhundert, Landshut 1964, S. 67.

8 Stadtarchiv Landshut: Stadtbuch, fol. 30. – Vgl. Herzog 1957, S. 307.

9 Herzog 1957, S. 63 (Altstadt 81).

Ansicht der Stadt Landshut von Südwesten, Ölgemälde von Joachim Franz Beich, um 1740 (München, Schloß Nymphenburg)

XXVIII Stadtmodell

Modell der Stadt Landshut, ausgeführt von Jakob Sandtner im Jahr 1571, Ausschnitt, Blick auf den Straßenzug der Altstadt (gegen Norden). Im Vordergrund die kath. Stadtpfarr- und Stiftskirche St. Martin und Kastulus; am Ende der Altstadt das Innere Isartor mit der Heiliggeist-Spitalkirche. (Bayer. Nationalmuseum, München)

Landshuter Stadtbildpflege seit 500 Jahren

Von Georg Spitzlberger

Landshut, Ansicht von Südwesten, Holzstich nach einem Lichtbild von Carl Dittmar, 1886

Gerühmtes Stadtbild von Landshut

Daß Landshut mit seinem im historischen Zentrum noch weitgehend harmonisch gebliebenen Stadtbild weit über Bayern hinaus Interesse und Anerkennung gefunden hat, ist unbestritten. Mehr als einmal war in den letzten Jahren der bewundernde Blick internationaler Fachleute auf die Ensembles von Altstadt, Neustadt und der Freyung gerichtet und wurden Gedanken ausgesprochen über die einheitliche Wirkung der im Laufe der einzelnen baugeschichtlichen Perioden «zusammengewachsenen» Bürgerhäuser. Dabei mußte dann und wann auch die Frage aufkommen, welche Ursachen diese Erhaltung gehabt haben mag, nachdem nennenswerte und auffällige Neuerungen doch erst nach dem letzten Krieg sich hereingedrängt hatten, nicht ohne harte Auseinandersetzungen gegensätzlicher Meinungen und Wünsche. Die Frage war also berechtigt, wie das denn früher so gut gegangen sei, und man fand die Antwort in der griffigen Formel, die Landshuter hätten einer historischen Kulisse für die Aufführungen der Landshuter Hochzeit bedurft und deswegen eben ihre Stadt erhalten. Dieser Zusammenhang scheint tatsächlich zu bestehen, denn anläßlich einer großen Festveranstaltung der «Förderer» am 19. März 1905 kam neben anderen begeisternden Themen des großen historischen Festzugs die Rede auch auf die Stadt selbst. Franz Leher aus München, der Begründer der Zeitschrift «Das Bayerland», hatte den Landshutern in der Jägerhalle zugerufen: «Erhaltet Euer schönes Stadtbild! Es soll Euch ein heiliges Vermächtnis sein! Zerstört nicht leichter Hand den goldenen Familienschmuck Euerer Väter!»

Anstöße zum Denkmalschutz um 1900

Diese Worte kamen aus der Sorge jener heimattreuen bewahrenden Gesinnung, die sich seit den siebziger Jahren des vorigen Jahrhunderts parallel zum ökonomischen Lebensausdruck der sogenannten Gründerzeit als mäßigendes Regulativ entwickelt hatte. Die anfängliche Hochstimmung des wirtschaftlichen Aufstiegs war in den neunziger Jahren bei allen europäischen Großmächten einer nervösen, aus verschärftem Konkurrenzgeist erwachsenen Hektik gewichen. Erfahrene Leute fühlten, wie sehr darin die Ansätze zur Selbstzerstörung steckten, und selbst Bismarck entfuhr beim Anblick der fieberhaften Betriebsamkeit in den Hamburger Hafenanlagen und Industriewerken der Ausruf: «Ich verstehe die Welt nicht mehr!» Der Lauf der Entwicklung, die schließlich im Krieg auch die Lösung der wirtschaftlichen Probleme erhoffte, ist bekannt. In der großen Politik waren die Stimmen der Maßvollen, der Versöhnlichen, ungehört verhallt.

In den kleinteiligen Bereichen jedoch, in der Bevölkerung, sah man überall im Lande ein, daß der vordergründige Reichtum fragwürdig war, daß man sich auch an die langdauernden Werte der Tradition halten sollte. In Regensburg zum Beispiel hatte 1896 Hugo von Walderdorff[1] darauf hingewiesen, daß man «in Städten mehr einen alterthümlichen Charakter suche, der von der langweiligen Gleichförmigkeit heutiger Mittelpunkte des Handels und Luxus möglichst absticht», und daß er einen Beweis in dem «kleinen, unbedeutenden, ganz entlegenen Rothenburg o.T. sehe, dessen Name fast vergessen war. Nur dadurch, daß es sich seinen alterthümlichen Charakter zu erhalten wußte, ist es neuerdings weltberühmt geworden». Und er zieht daraus für Regensburg die warnende Lehre, daß die Stadt ohne «Beseitigung des Alten» in ihrer alten Substanz erhalten werden sollte, «um so mehr, als in dieser Beziehung früher vielfach gefehlt wurde». Mit Nachdruck wandte sich Walderdorff gegen etwaige Vorhaben zu opfern. Um sie zu retten, schlug er den Bau neuer Brücken in gehörigem Abstand vor. Er schrieb ferner, daß die alten «Überreste der Vorzeit in der Fremde vielfach höher geschätzt werden, als von den Einwohnern der Stadt selbst. So bringen hervorragende englische architektonische Zeitschriften fortwährend Motive von Regensburger mittelalterlichen Bauten und sind die Mitteilungen derselben zuweilen mit Bemerkungen versehen, welche das Verschwinden altehrwürdiger Überreste der Vorzeit in vorwurfsvoller oder sarkastischer Weise besprechen».

Das Landshuter «Denkmalschutzgesetz» aus dem Jahr 1906

Ganz von selbst ging es mit der Erhaltung freilich auch in Landshut nicht. Nacheinander waren die schönen alten Stadttore zu Fall gebracht worden und hatte manches mittelalterliche Haus einem größeren Neubau weichen müssen. Die Zeit der Säkularisation war da ja durch den Abbruch der Salvatorkirche am Dreifaltigkeitsplatz und der Franziskanerkirche in der Oberen Freyung mit verheerendem Beispiel vorangegangen. Jetzt aber, seit der Jahrhundertwende, wuchs auch bei den Verantwortlichen, dem Gemeindekollegium und dem Stadtmagistrat, die Bereitschaft, sich selbst und der bürgerlichen Willkür Schranken aufzuerlegen.

Am 10. Februar 1906 wurden die «Ortspolizeilichen Vorschriften für Erhaltung und Ausgestaltung des architektonischen Gesamtbildes der Kreishauptstadt Landshut» beschlossen und im Amtsblatt bekanntgemacht.[2] Damit kann die Geschichte der bayerischen Denkmalpflege auf ein frühes Beispiel einer wohldurchdachten Ortssatzung verweisen, die mit ihren Forderungen und auch bereits mit ihren Begriffsinhalten heutigen Grundsätzen sehr nahe kommt.

Was heute als übergeordnete zu schützende Einheit «Ensemble» genannt wird, ist damals bereits mit «Harmonie des Einzelbaues mit dem Gesamtstraßenbild» umschrieben. Als Baudenkmäler verstand man alle «Monumentalbauten» und «Gebäude von geschichtlicher oder architektonischer Bedeutung», deren Abänderung oder Umbau nunmehr genehmigungspflichtig wurde, wobei «dem Stile, dem Charakter und der Gestaltung dieser Bauwerke Rechnung zu tragen ist».

Auch «in der Umgebung solcher Bauwerke haben sich bei Um- oder Neubauten die Bauausführungen in ihrer äußeren Erscheinung harmonisch und ohne Beeinträchtigung jener Baudenkmäler dem Gesamtstraßen- bzw. Platzbilde anzupassen».

Man dachte bei diesen Vorschriften aber nicht nur an die geschlossenen Häuserzeilen der Innenstadt: «In den Baugebieten mit offener Bauweise müssen ... auch die Seitenansichten der Vorder- und Hauptgebäude, ferner die Hintergebäude, soweit sie von der Straße aus sichtbar sind, architektonisch ausgebildet werden». Worauf am Einzelhaus zu achten war, wurde genau festgelegt: «Maßgebend sind hauptsächlich die Höhen- und Umrißlinien, die Gestaltung der Dächer, Brandmauern und Aufbauten sowie die anzuwendenden Baustoffe und Farben der Außenarchitektur».

Es ging wirklich nicht nur um die äußere Kulisse der Fassaden. Das zeigt die Bestimmung in § 2, daß auch «Veränderungen im Innern ... der Gebäude von geschichtlicher oder architektonischer Bedeutung ... der Genehmigung unterliegen».

In den Detailfragen war man sich dessen wohl bewußt, was als störend gelten mußte. In der Umgebung denkmalgeschützter Bauten «kann verboten werden: die Herstellung von Backsteinrohbauten oder von Bauten aus gemischtem Mauerwerk von greller Farbwirkung, die Errichtung von flachen oder Mansardendächern, die Eindeckung der Dächer mit Schiefer, Blech oder schwarzglasierten Ziegeln».

Daß unverputzte Gebäudeteile nicht geduldet wurden, sollte manchem Betonarchitekten heute noch zu denken geben: «Gewöhnliches Rohmauerwerk muß binnen Jahresfrist nach Vollendung des Gebäudes mit Mörtelputz versehen werden. Giebel und Brandmauern müssen verputzt und architektonisch ausgestaltet werden».

Wenn die Stadt lange Zeit von dem aufdringlichen Zirkus der Reklame verschont blieb, ist auch das ganz präzisen Forderungen zu verdanken gewesen: «Unschöne Firmen- und Reklameschilder und Aufschriften, häßliche, unharmonische Bemalungen und Anstriche der Gebäude, Mauern, Einfriedungen, Verkaufslokale, der Türen und Fenster etc. ... sind innerhalb einer vom Stadtmagistrat festzusetzenden Frist auf Verlangen zu beseitigen». Diese Handhabe also war es, die seit dem Beginn unseres Jahrhunderts alle private Willkür im Zaum zu halten vermochte. Also, es ging auch damals nicht von alleine.

Von der Regelung waren auch die Zäune nicht ausgenommen: «Wo Vorgärten vorhanden sind, müssen sie eingefriedet, über die Einfriedung Pläne unter Angabe des zu verwendenden Materiales vorgelegt ... werden».

Schließlich sicherte sich der Stadtmagistrat auch die rechtliche Durchsetzbarkeit ab, indem er sich vorbehielt, «für seine Verfügung über die Frage, ob ein Gebäude zu den Monumentalbauten oder zu den Gebäuden von geschichtlicher oder architektonischer Bedeutung zu zählen sei, das Gutachten von Sachverständigen einzuholen und Änderungen an den Bauplänen anzuordnen».

Ein «Denkmalpflegefall» aus dem Jahr 1620

Wenngleich es scheinen mag, daß die Stadt Landshut mit den Vorschriften zur Erhaltung des «architektonischen Gesamtbildes» von 1906 eine der ersten bayerischen Städte war, in der sich klar ein denkmalpflegerisches Bewußtsein im heutigen Sinne manifestierte, so ist dieser Vorstoß keinesfalls als etwas völlig Neues in Landshut oder nur als «Kulissenerhaltung» für das damals eben geschaffene historische Spiel der Landshuter Hochzeit zu verstehen. Der Sinn für das Aussehen der Stadt und das konsequente Fernhalten störender Einflüsse zumindest im Bereich der Innenstadt haben eine viel längere Tradition.

Da die für uns interessanten Ereignisse des praktischen Lebens früherer Zeit oft nur durch Streitfälle aktenkundig wurden, ist es ein Glücksfall, daß kurz nach Ausbruch des Dreißigjährigen Krieges, von dem die Stadt freilich noch nichts verspürte, der Besitzer des Hauses Altstadt Nr. 194, Stephan Schleich zu Achdorf, Kastner zu Landshut, sich bei der Regierung gegen die Stadt beschwerte, weil man ihm den Bau eines Erkers untersagte. Aus dem daraus erwachsenen Schriftverkehr entstand ein für uns inhaltsreicher Akt von hohem Quellenwert.[3]

Stephan Schleich berichtet in einem Schreiben vom 2. Mai 1620 an die Regierung, daß das in der Altstadt von ihm erworbene Haus (wohl Nr. 194, Trausnitzcafe, bis 1619 im Besitz von Hans Arnold v. Preysing, dann an Stephan Schleich übergegangen) «obgeschlaipfft und pauvöllig gewest» sei und er es deshalb bis auf den «herundern Gaden» (= Erdgeschoß) abbrechen lassen mußte. Bei Gelegenheit des Wiederaufbaus wolle er im Mittelstockwerk ein «Stuhlfenster» (= Erker) hinausbauen lassen, «dergleichen es denn alhie vill hadt». Er beschwert sich, daß ihm Bürgermeister und Rat mitgeteilt hätten, der Bau von Stuhlfenstern sei in Landshut «nit gewohnlich» und von Herzog Ludwig verboten worden. Schleich bittet die Regierung, den Stadtrat zu veranlassen, ihm den fürstlichen Befehl vorzulegen und ihn beim Bau des Erkers nicht zu behindern.

Auf diese Beschwerde hin wurde vom Stadtrat eine Stellungnahme eingefordert. Der Bericht der Stadt vom 9. Mai 1620 an die Regierung stellt eines der wichtigsten Dokumente zur Baugeschichte der Stadt dar, da er als einzige bekannte Quelle für die Auslegung jenes Stadtratsbeschlusses von 1407 praktische Beispiele anführt. Zunächst wird auf «uralten Stattbrauch und Gewohnheit» verwiesen, daß niemandem erlaubt werde, ein Stuhlfenster neu zu bauen oder beim Wiederaufbau eines abgerissenen Hauses ein früheres Stuhlfenster oder einen «Fürschuß»[4] wiederzuerrichten. Dieses Gewohnheitsrecht sei seit hundert Jahren und länger in Landshut nachzuweisen. So sei zum Beispiel dem Ratsherrn Georg Winkler, dem Kastengegenschreiber und dem Wolffauer der Wiederaufbau der früheren Stuhlfenster nicht

Landshut, Ortsteil Berg, Am Graben 17, Handwerkerhaus des 16. Jhs. mit flachem Kastenerker

Landshut, Altstadt 315, Erker am Rathaus

Landshut, Alte Bergstraße 171, spätgotischer Erker

mehr gestattet worden, und sogar dem seinerzeitigen Bürgermeister Georg Päzinger, der im Fall der Erlaubnis eine gewisse Geldsumme geboten habe, habe man einen abschlägigen Bescheid erteilt «dahero und weil ... solche consuetudo ... non minus obligat, quam lex scripta» (weil ein solches Gewohnheitsrecht nicht weniger verpflichtet als ein geschriebenes Gesetz). Man könne also beim Herrn Rat Schleich keine Ausnahme machen, da sonst viele mit dem gleichen Ansinnen kämen, und man müsse doch einsehen, wie «dadurch *die schöne Gleich der Behausungen* alhie destruiert und von einem dem andern, sonderlich aber bei Ihrer Fürstl. Durchlaucht Neubau, Canzley und anderen Behausungen jeder Prospectus entzogen werde.»

Es ist hier eindeutig von Argumenten der Stadtbilderhaltung die Rede; der Rat der Stadt identifizierte sich also bereits mit einem Gedanken, der seither in Landshut lebendig geblieben ist.

Auch Herzog Ludwig X. respektierte die Stadtbildpflege

Nun können die Bürger aber schon 1620 noch einen weiteren Trumpf ausspielen, der nichts weniger als die landesherrliche Anerkennung ihrer Forderung beweist. Sie führen an, daß beim Bau der Residenz 1536–1543 ursprünglich ein Erker vorgesehen war, der Herzog aber den Plan zurückgezogen habe, nachdem man ihn auf das alte Herkommen aufmerksam gemacht habe. Es habe also «Ihro Fürstl. Gnaden im Vorhaben gehabt, bey dero Neubau gegen den Platz herauß einen Fürschuß bauen zu lassen. Nachdem aber derselben angefiegt worden, daß solches alhie andern nit gestattet werde, sollen E. Fürstl. Gnaden, damallen Landtsfierst et solutus legibus, vermelt haben: Weill ein solche Consuetudo alhie, wellen Ir Fürstl. Gnaden ihr Vorhaben ändern und den Fürschuß einstöllen».

Der Fall ist gewiß einmalig und zeigt, wie sehr die bewußte Stadtbildpflege schon damals zur Renaissancezeit um 1536 in Landshut zur Selbstverständlichkeit geworden war, so sehr, daß sogar der «nicht an Gesetze gebundene» Landesfürst beim Bau seines Stadtpalastes dem recht deutlich geäußerten Wunsch der Bürger Rechnung trug, auf den geplanten Erker an der Altstadtseite der Residenz der alten Bauvorschrift zuliebe zu verzichten.

Trotzdem freilich hat Herr Schleich dann am 14. Mai 1620 ein mit juristischen Zitaten gespicktes Schreiben losgelassen, in dem er die Gültigkeit des Landshuter Rechtsbrauchs anzweifelt und die ästhetischen Einwände zerstreut, indem er darauf verweist, daß das Stadtbild («die Gleiche der Behausungen») keinesfalls darunter leide und ja auch das Rathaus einen «rundten Erckher» habe. Warum habe man überhaupt bei den «Gewölben» (= Bögen) nicht auf die «Gleiche» geachtet? Sein Erker jedenfalls sei nicht «unzimblich noch unformblich», sondern eher eine Zier.

Inzwischen hatte die Regierung von der Stadt einen notariell beglaubigten Auszug aus dem Stadtbuch erhalten, nämlich jenen Text des Beschlusses von 1407, nach dem keine neuen «Fürschüsse» mehr gebaut werden dürfen. Als Schleich dann im Juli erneut bei der Regierung anfragte, ob er den Erker nun bauen dürfe, übersandte man ihm diesen Auszug zur Kenntnisnahme. Dies scheint seine Wirkung getan zu haben, denn nun unterblieben weitere Einwände des Beschwerdeführers, und das Haus erhielt, wie man sich heute noch überzeugen kann, keinen Erker.

Stadtbildpflege 1405, 1407 und 1412

Welcher Beschluß aus dem Jahr 1407 lag nun der unbeugsamen Haltung der Landshuter Stadtväter zugrunde?

Man würde es heute Entkernung oder Bereinigung nennen, was sich da innerhalb weniger Jahre abspielte. Im Rechtsbuch der Stadt[5] ist vermerkt, daß 1405 anläßlich der Pflasterung gleich eine ganze Reihe von weiteren Maßnahmen zur Verbesserung des Stadtbildes angeordnet wurden. So sollten alle «Notställe vor den Schmieden», alles was in der Straße stand, «was päus» es auch immer sei, abgebrochen werden. Die «Kellerhälse» mußten mit Erdreich aufgefüllt werden und durften von nun an nicht mehr bestehen. Dagegen blieben die Kellerhälse unter den Bögen weitererlaubt, sofern sie über die Pfeiler hinaus nicht in die Straße hineinragten. 1407 wurde dann jener Beschluß gefaßt, der das Aussehen der Landshuter Altstadt so sehr bestimmt bis auf den heutigen Tag, daß nämlich keine neuen «Überschuss», auch «Fürschus» genannt, mehr gebaut werden und auch die bestehenden nicht mehr erneuert werden sollen, wörtlich bekräftigt durch die Feststellung, daß keiner «derselben fürschus khainen mehr hinwider pawen soll». Wenn hier zunächst auch in der Hauptsache Vorbauten aus Holz gemeint waren, so zeigt das Beispiel an der Residenz, daß in der Konsequenz auch gemauerte Erker damit gemeint waren, und daß man ohne Rücksicht auf Einzelpersonen nicht mehr von der Festlegung abwich.

So also ist es zu erklären, daß in der Landshuter Altstadt die Bürgerhäuser und auch die Residenz keine Erker haben. Der Renaissanceerker am Rathauseck Altstadt–Grasgasse macht allein die Ausnahme, was ja schon Herr Schleich mit Bitterkeit bemerkte.

Die 1405 und 1407 gefaßten Beschlüsse und Verordnungen zielen eindeutig darauf ab, das Aussehen der Stadt von störenden Einbauten zu befreien. Es scheint, daß Herzog Heinrich der Reiche diese Maßnahmen nicht nur gefördert hat, sondern daß er ganz maßgeblich als Anreger einer neuen Konzeption der Stadtgestaltung zu gelten hat.

Das ist wörtlich der Tatsache zu entnehmen, daß er es war, der 1412 befahl, die Häuser, «die mitten in der strass stunden», abzureißen, jene Gebäude, deren Fundamentmauern bei den Straßenbauarbeiten 1983/1984 zutagegekommen sind, zu großer Überraschung, weil man von der Existenz dieser Häuser nichts mehr wußte und diesbezügliche archivalische Erwähnungen erst jetzt verständlich wurden.[6]

Landshut, Grabungen in der Altstadt, um 1984

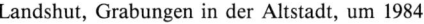

Ansicht der Stadt Landshut von Nordwesten, Lithographie von Eduard Leick, um 1850

Die Aufzeichnung[7] berichtet, wie man beschlossen habe, daß man die Fleisch- und Brotbänke (Häuser) «abbrechen müßt, als daß unser gnädiger Herr Herzog Heinrich maint und geschaft hat». Das ist deutlich genug gesagt.

In ähnlicher Weise hatte derselbe Herzog ja 1403 mit seinem Brief an die Bürger die Pflasterung «huldvoll» genehmigt, das heißt, einen unmißverständlichen Wink mit dem Pflasterstein gegeben.[8]

Es wird also erkennbar, daß der Herzog in die bürgerliche Stadtentwicklung nach seinen Vorstellungen eingriff, die offensichtlich auf Großräumigkeit und Repräsentation der Hauptstadt hinausgingen. Das war einerseits verständlich aus seinen ehrgeizigen Plänen, für Bayern–Landshut den Vorrang vor München zu erringen, was ihm territorial auch überzeugend gelang, andererseits führten seine verschiedenen Einreden den Bürgern gegenüber zunächst zu Unmut und Mißtrauen und zu offener Rebellion (1408 und 1410). Letzten Endes aber glichen sich die Interessen beider Kräfte zugunsten des Stadtbildes aus, wenngleich den Bürgern die herzogliche Präsenz vor und hinter dem Rathaus durch Zollhaus (an der Stelle der späteren Residenz) und alten Herzogskasten (den heutigen Salzstadel) zu auffällig sein mochte. Jedenfalls haben sie die Idee einer großräumigen, klar gegliederten Altstadt so sehr zu der ihrigen gemacht, daß ihr, wie oben erwähnt, sogar der letzte regierende Herzog Respekt zollte und seine eigenen Bauwünsche daran orientierte.

Anmerkungen

1 Hugo v. Walderdorff, Regensburg in seiner Vergangenheit und Gegenwart, Regensburg 1896, Vorwort S. IX ff.
2 Amtliche Bekanntmachungen des Stadtmagistrates Landshut 1906 Nr. 7, ausgegeben am 17. Februar.
3 Staatsarchiv Landshut, Repertorium 82, Faszikel 53, Nr. 316. – Für freundliche Einsichtgewährung ist Herrn Direktor Dr. Johann Geier und Herrn Josef Biersack verbindlichst zu danken.
4 Vgl. A. Schmeller, Bayer. Wörterbuch, Bd. 2, Sp. 481; Fürschuß = Erker.
5 Stadtarchiv Landshut, Bd. 11, p. 92.
6 Darüber ausführlicher Bericht in: G. Spitzlberger, Neue Entdeckungen zur älteren Baugeschichte der Stadt Landshut, Verhandlungen des Historischen Vereins für Niederbayern 109, 1983 (1985).
7 Stadtarchiv Landshut, Bd. 11, p. 39 b.
8 Vgl. G. Spitzlberger, Landshuts Altstadt im Mittelalter, Landshut 1985.

Ensembles und
Einzeldenkmäler

Karte von Landshut

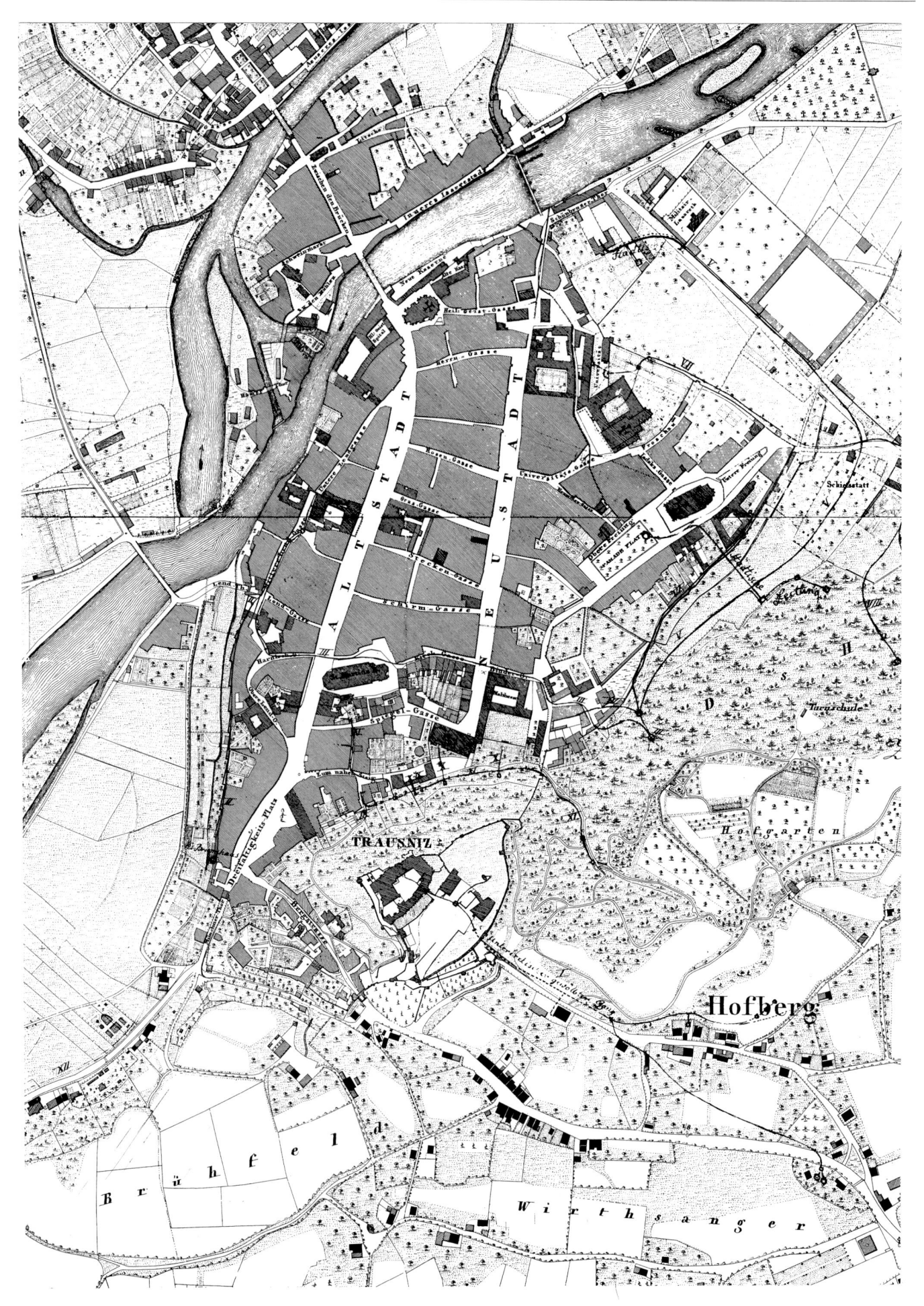

Katasterplan der Stadt Landhut von 1868

Stadt Landshut

Der Burgfrieden

Zur Stadt Landshut gehörte einstmals außer dem Stadtgebiet, das von der mittelalterlichen Stadtmauer umschlossen war, auch noch das ausmärkische Gebiet, das sich rings um die Altstadt erstreckte und unter städtischer Rechtshoheit stand. Beide Gebietsteile zusammen umfaßten den sogenannten «Burgfrieden», der schon 1340 urkundlich Erwähnung findet. Für dieses Recht hatte die Stadt dem Landesherrn die Stadtsteuer zu entrichten.

Zur genauen Festlegung des Verlaufs der Grenze des Burgfriedens bediente man sich meist natürlicher Grenzen, wie z. B. besonders markanter Bäume in der Flur und der Wasserläufe. Auch mit Hilfe künstlicher Marken, wie etwa Gräben, Wällen, Mauern oder Grenzsteinen und Grenzsäulen versuchte man den Grenzverlauf zu fixieren. In der ältesten noch erhaltenen Grenzbeschreibung von 1508 ist bereits die Rede von den «alten steinernen Marchsäulen». Von diesen ist heute keine mehr erhalten. Damals wurden z. T. neue Marksteine gesetzt, die auf der einen Seite mit dem bayerischen Herzogswappen und auf der anderen mit dem Wappenschild der Stadt Landshut versehen waren. Weitere Grenzsteinerneuerungen fanden 1603, 1724, 1735, 1736, 1754, 1766, 1780, 1820 und 1823 statt. Als Nachfolger der alten Grenzsäulen stehen heute am Straßenrand die Ortstafeln aus Blech mit dem Stadtwappen und der Angabe der Partnerstädte von Landshut.

Burgfriedenssteine

I. Burgfriedenssäule mit Tonwappen von 1766, steht am Ende der Klötzlmüllerstraße. [Landshut West, Fl.Nr. 738]

II. Burgfriedenssäule, o. J., steht am Flutmuldendamm an der Kreuzung Augrundweg – Mühlbachweg – Grasergasse. [Gemarkung Münchnerau, Fl.Nr. 405/129]

III. Burgfriedenssäule mit Tonwappen von 1766, steht an der Staatsstraße 2045. [Landshut West, Fl.Nr. 2388]

IV. Burgfriedenssäule, o. J., steht etwa 250 m nordwestlich der III. Burgfriedenssäule. [Landshut West, Fl.Nr. 2388]

V. Burgfriedenssäule, o. J., steht etwa 500 m nordwestlich der IV. Burgfriedenssäule. [Landshut West, Fl.Nr. 2504]

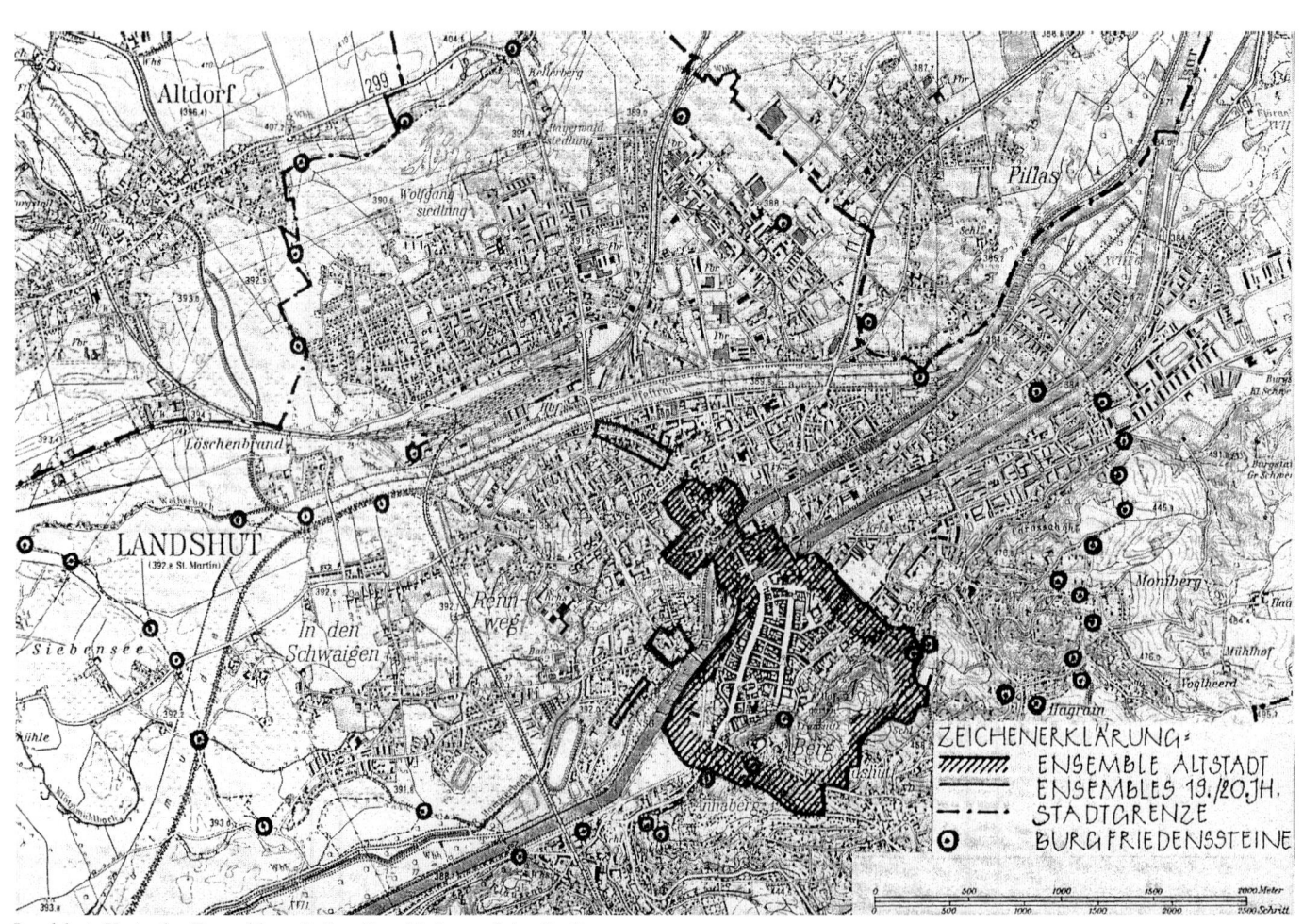

Landshut, Karte des Ensembles mit dem Burgfrieden und der Stadtgrenze

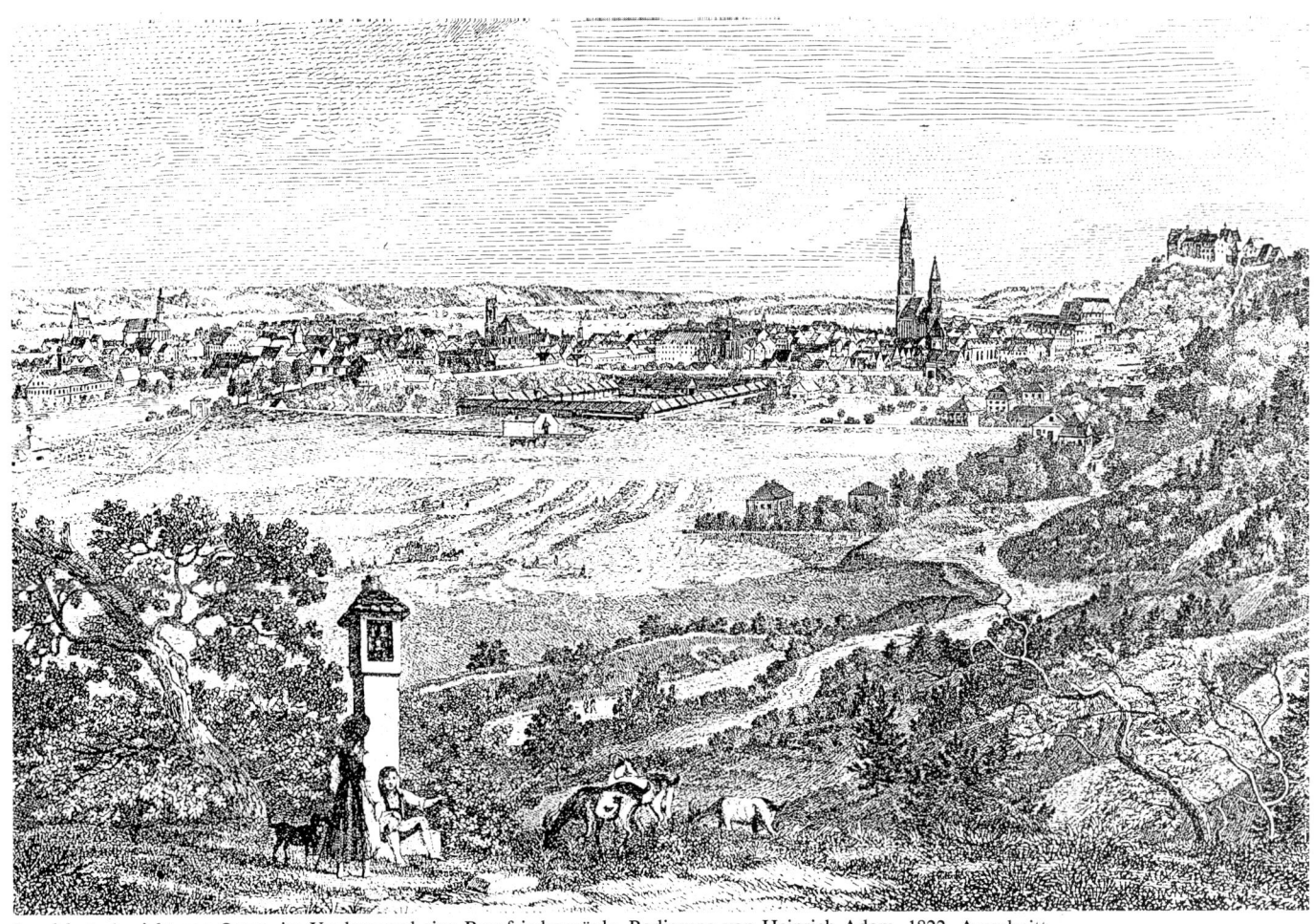

Landshut, Ansicht von Osten, im Vordergrund eine Burgfriedenssäule, Radierung von Heinrich Adam, 1822, Ausschnitt

I. Burgfriedenssäule

II. Burgfriedenssäule

III. Burgfriedenssäule

IV. Burgfriedenssäule

V. Burgfriedenssäule

IX. Burgfriedenssäule mit Tonwappen von 1766, steht an der Altdorfer Straße in Richtung Ergolding. [Landshut West, Fl.Nr. 1786]

X. Burgfriedenssäule mit Tonwappen von 1820. [Gemarkung Ergolding, Fl.Nr. 3645/3]

XI. Burgfriedenssäule mit Marmorwappen von 1766, steht am Isarweg westlich der Adenauer-Brücke. [Landshut West, Fl.Nr. 2897]

XIV. Burgfriedenssäule mit Tonwappen, bez. 1766, 1838, 1878; steht am Höhenweg des Hangleitenwaldes, oberhalb der Schönbrunner Straße. [Gemarkung Schönbrunn, Fl.-Nr. 811/4]

XV. Burgfriedenssäule mit Tonwappen, bez. 1766, 1838; steht südlich der XIV. Burgfriedenssäule. [Landshut gelb, Fl.-Nr. 811/5]

XVI. Burgfriedenssäule mit Tonwappen, bez. 1766 und 1838; steht am Paul-Pausinger-Weg. [Gemarkung Schönbrunn, Fl.Nr. 1056/9]

XVII. Burgfriedenssäule mit Tonwappen, bez. 1766, steht an der Grünlandstraße. [Landshut West, Fl.Nr. 2540/2]

XIX. Burgfriedenssäule mit Tonwappen, bez. 1766 und 1838; steht an der Straße «Am Vogelherd». [Gemarkung Schönbrunn, Fl.Nr. 1058/5]

XX. Burgfriedenssäule mit Marmorwappen von 1603, steht nahe der Hagrainer Straße. [Gemarkung Hohenegglkofen, Fl.Nr. 821/4]

XXI. Burgfriedenssäule mit Marmorwappen von 1724, steht auf der Anhöhe, südlich der Hagrainer Straße und östlich der Filsermayerstraße. [Landshut gelb, Fl.Nr. 853/12]

XXII. Burgfriedenssäule mit Marmorwappen von 1603, steht in der Nähe der Kreuzung Hagrainer Straße – Filsermayerstraße – Eichendorffstraße. [Gemarkung Berg, Fl.-Nr. 283]

XXIII. Burgfriedenssäule, o. J., steht an der Fürstentreppe (Fußweg zur Burg Trausnitz). [Gemarkung Berg, Fl.Nr. 103]

XXIV. Burgfriedenssäule mit gemaltem Wappen, nach 1780, steht am Berghang, auf halber Höhe zwischen der Inneren Münchner Straße und der Einmündung Kellerstraße. [Landshut blau, Fl.Nr. 1270]

3. Burgfriedensstein von 1754, steht an der Ecke Tulpen- und Erlenstraße.

5. Burgfriedensstein von 1754, steht am Totenweg. [Landshut West, Fl.Nr. 2020]

7. Burgfriedensstein von 1736, steht südlich der XX. Burgfriedenssäule, etwa 103 m oberhalb der Hagrainer Straße und westlich der Altweg-Schlucht. [Landshut gelb, Fl.Nr. 2552/1]

8. Burgfriedensstein von 1766, steht am Verschönerungsvereinsweg, oberhalb der Bernlochnerschlucht. [Landshut West, Fl.Nr. 2578]

9. Burgfriedensstein, Fragment o. J., steht auf der Bergkuppe oberhalb der Bernlochnerschlucht. [Landshut West, Fl.-Nr. 2579]

12. Burgfriedenssäule von 1735, steht auf dem Gehsteig am Gasthaus Wimmer an der Äußeren Münchner Straße. [Gemarkung Achdorf, Fl.Nr. 74]

Bannwall, am Ende der Klötzlmüllerstraße, verläuft in westlicher Richtung. – **Banngraben,** verläuft von der Burgfriedenssäule Nr. 17 an der Altdorfer Straße etwa 200 m in nordöstlicher Richtung.

IX. Burgfriedenssäule (1968 erneuert)

X. Burgfriedenssäule

XI. Burgfriedenssäule

XIV. Burgfriedenssäule

XV. Burgfriedenssäule

XVII. Burgfriedenssäule

XIX. Burgfriedenssäule

Burgfrieden 7

XXI. Burgfriedenssäule  | XX. Burgfriedenssäule  | XXII. Burgfriedenssäule  | Detail der XIX. Burgfriedenssäule

Wappenstein aus Rotmarmor an der XXII. Burgfriedenssäule  | XXIII. Burgfriedenssäule

3. Burgfriedensstein  | 5. Burgfriedensstein  | 7. Burgfriedensstein  | 12. Burgfriedensstein

Die mittelalterliche Stadtbefestigung

Der Bering umzog einstmals den Altstadtkern. Erhalten haben sich von der Stadtmauer, die stellenweise noch bis zu fünf Meter hoch ist, einige Teilstücke und Reste. Man vergleiche hierzu die Angaben unter Am Klöpflgraben, Dreifaltigkeitsplatz 1a, 13, 15, Freyung 630, 631, Kolpingstraße 482, 484d, Ländgasse 44, Maximilianstraße 15 und Orbankai 3, 4 und 5. In den Bering war eine größere Zahl von Wehrtürmen integriert, von denen sich noch ein Rundturm bei dem im Jahr 1874 abgebrochenen Münchner Tor (siehe Alte Bergstraße 145), ein Wasserturm mit Brunnenhaus (siehe Dreifaltigkeitsplatz 2), der Obere Länd-Turm oder «Röckl-Turm» (siehe Isarpromenade 6) sowie ein Wehrturm südlich des früheren Franziskanerklosters erhalten haben. Von den Stadttoren sind heute nur mehr das Burghauser Tor (siehe Alte Bergstraße 161) und das Ländtor (siehe Ländtorplatz 6) vorhanden. Die Stadtmauer mit ihren Wehrtürmen, Toren, Gräben und Wällen wurde ab der 2. Hälfte des 14. Jahrhunderts errichtet; der weitere Ausbau und die Verstärkung der Anlagen erfolgte im 15. und frühen 16. Jahrhundert. Im 19. Jahrhundert erfolgte dann die schrittweise Demontage der mittelalterlichen Befestigungsanlagen, nachdem jedoch schon im 17. und 18. Jahrhundert einige Stadttürme und Stadttore zerstört oder abgebrochen worden waren.

Alte Bergstraße 161, Burghauser Tor, Nordwestansicht

Mittelalterliche Stadtbefestigung, Detailstudien

Alte Bergstraße 145, Rundturm neben dem 1874 abgebrochenen Münchner Tor

Stadtbefestigung 9

Ländtorplatz, Ländtor, Westansicht

Alte Bergstraße 161, Burghauser Tor (Huetertor), Südostansicht

10 Stadtbefestigung

Dreifaltigkeitsplatz 2, Wasserturm mit einem Teilstück der rekonstruierten Stadtmauer

Wachtturm mit einem Teil der mittelalterlichen Stadtmauer

Dreifaltigkeitsplatz, Teilstück der Stadtmauer

Altstadt 96, Fundament des früheren Inneren Isartors («Blauer Turm»)

Isarpromenade 2, sog. Röcklturm

Stadtbefestigung 11

Orbankai, Teilstück der Stadtmauer

Bischof-Sailer-Platz, Teilstück der Stadtmauer

Orbankai 3, Wehrturm der Stadtbefestigung

Orbankai, Teilstück der rekonstruierten mittelalterlichen Stadtbefestigung

Dreifaltigkeitsplatz mit dem im Jahr 1874 abgebrochenen Münchner Tor

Ländtorplatz, Ländtor, Ostansicht

Stadtbefestigung 13

Teilstück der mittelalterlichen Stadtbefestigung (bei Richard-Schirrmann-Weg 6)

Teilstück der mittelalterlichen Stadtbefestigung am Rande des Hofgartens

Ehemalige Niedergerichtsbezirke im Stadtbereich

Hofmark Achdorf (siehe unter Ortsteil Achdorf)

Hofmark Aich
Das Zisterzienserinnenkloster Seligenthal erwarb im Jahr 1280 von dem Ritter Gottfried von Grießenbach dessen Schloß mit allen Gütern, Zugehörungen und Gerechtigkeiten. Zu dem Besitz zählten auch zwei Schwaigen, die man «Klein-Grießenbach» nannte. Der genannte Bereich hieß später Klosterhofmark Aich. Dieses seit 1405 im Burgfrieden der Stadt Landshut liegende Gebiet bildet somit eine Enklave im städtischen Hoheitsbereich.

Hofmark Berg (siehe unter Ortsteil Berg)

Edelsitz Isarau
Für das Anwesen Christoph-Dorner-Straße Nr. 754 (alte Numerierung), eine Schwaige auf Mitterwöhr, konnte der damalige Eigentümer, der kurfürstlich bayer. Kämmerer und General der Kavallerie Josef Maria Maurus Graf von Nyß, von Kurfürst Max III. Josef am 28. August 1772 die Edelmannsfreiheit erlangen. Der neue Niedergerichtsbezirk erhielt den Namen «Sitz Isarau». Mit Reskript vom 8. September 1808 wurde jedoch die Jurisdiktion auf dem Sitz wieder eingezogen. Zu jener Zeit befand sich Isarau im Besitz des Regierungskanzlers Friedrich von Pösl.

Stiftshofmark St. Martin und Kastulus
Kurfürst Maximilian I. von Bayern gewährte dem 1596 von Moosburg nach Landshut verlegten Kollegiatstift St. Kastulus innerhalb des Altstadtbereichs ein eigenes Hoheitsgebiet. Zu dieser Stiftshofmark gehörten die beiden von Altstadt, Martinsfriedhof, Kirchgasse, Neustadt und Spiegelgasse umgrenzten Häusergeviere mit den Hausnummern Spiegelgasse 200–202, 206–215, Altstadt 216–219, Martinsfriedhof 220–225, Kirchgasse 226–233, der Garten bei Spiegelgasse 203 und der Propstgarten anstelle des Alten Pfarrhofs (Spiegelgasse 204, 205). In diesem Bereich befanden sich außer dem Neuen Pfarrhof (Kirchgasse 232), den Häusern der Kanoniker, dem Mesnerhaus (Spiegelgasse 214), dem Kapitelhaus (Spiegelgasse 213), dem Stiftskasten (Spiegelgasse 215), dem Schulhaus (Spiegelgasse 201) und der Propstei (Altstadt 218) auch zahlreiche Meßstiftungshäuser. Im Zuge der Säkularisation und der damit verbundenen Aufhebung des Kollegiatstifts St. Martin und Kastulus wurde 1803 auch die Stiftshofmark vom Staat eingezogen.

Hofmark Schönbrunn (siehe unter Ortsteil Schönbrunn, Schönbrunner Straße 1)

Klosterhofmark Seligenthal
Die Niedergerichtsbarkeit für den Besitz des Zisterzienserinnenklosters Seligenthal fand bereits durch Kaiser Ludwig den Bayern 1341 und nochmals 1346 ihre Bestätigung. Zum Bereich der Klosterhofmark zählten auch die Mühle, die Schmiede sowie verschiedene Handwerkshäuser außerhalb der Klostermauern. Den Herzögen von Bayern war jedoch das Ernennungsrecht für den Hofmeister vorbehalten (siehe auch unter Landshut, Bismarckplatz 14).

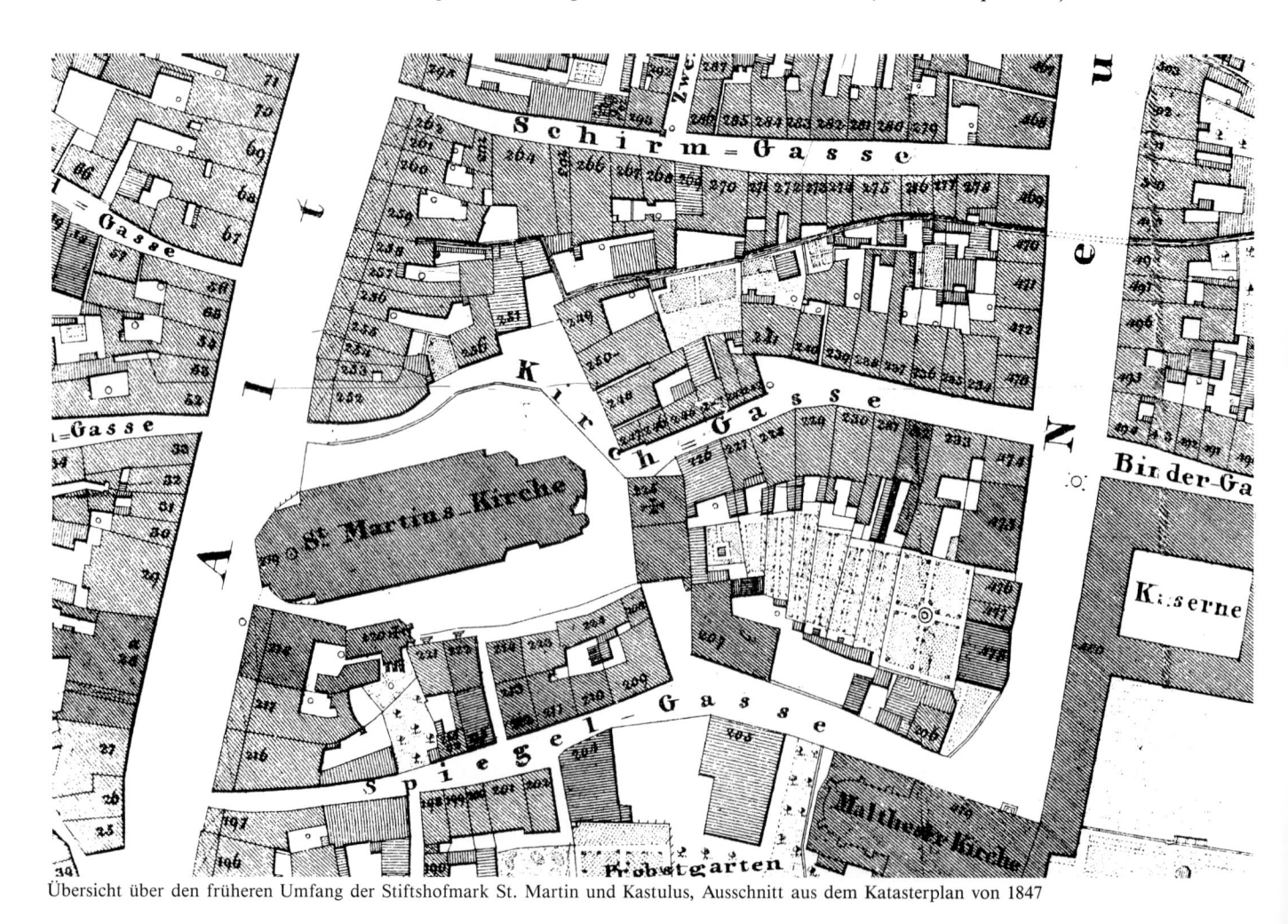

Übersicht über den früheren Umfang der Stiftshofmark St. Martin und Kastulus, Ausschnitt aus dem Katasterplan von 1847

Niedergerichtsbezirke 15

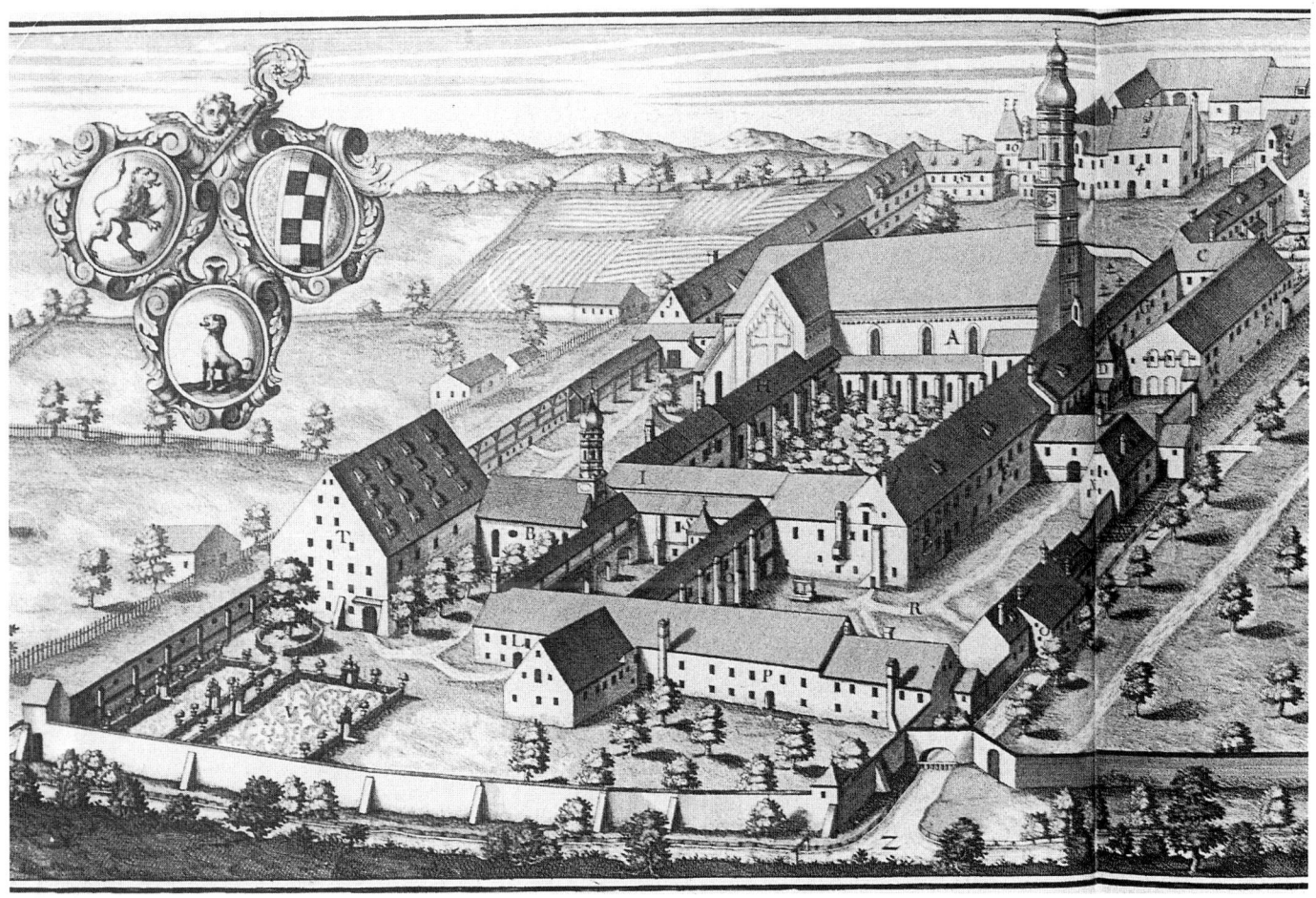

Kloster Seligenthal, Ausschnitt aus dem Kupferstich von Michael Wening, 1723

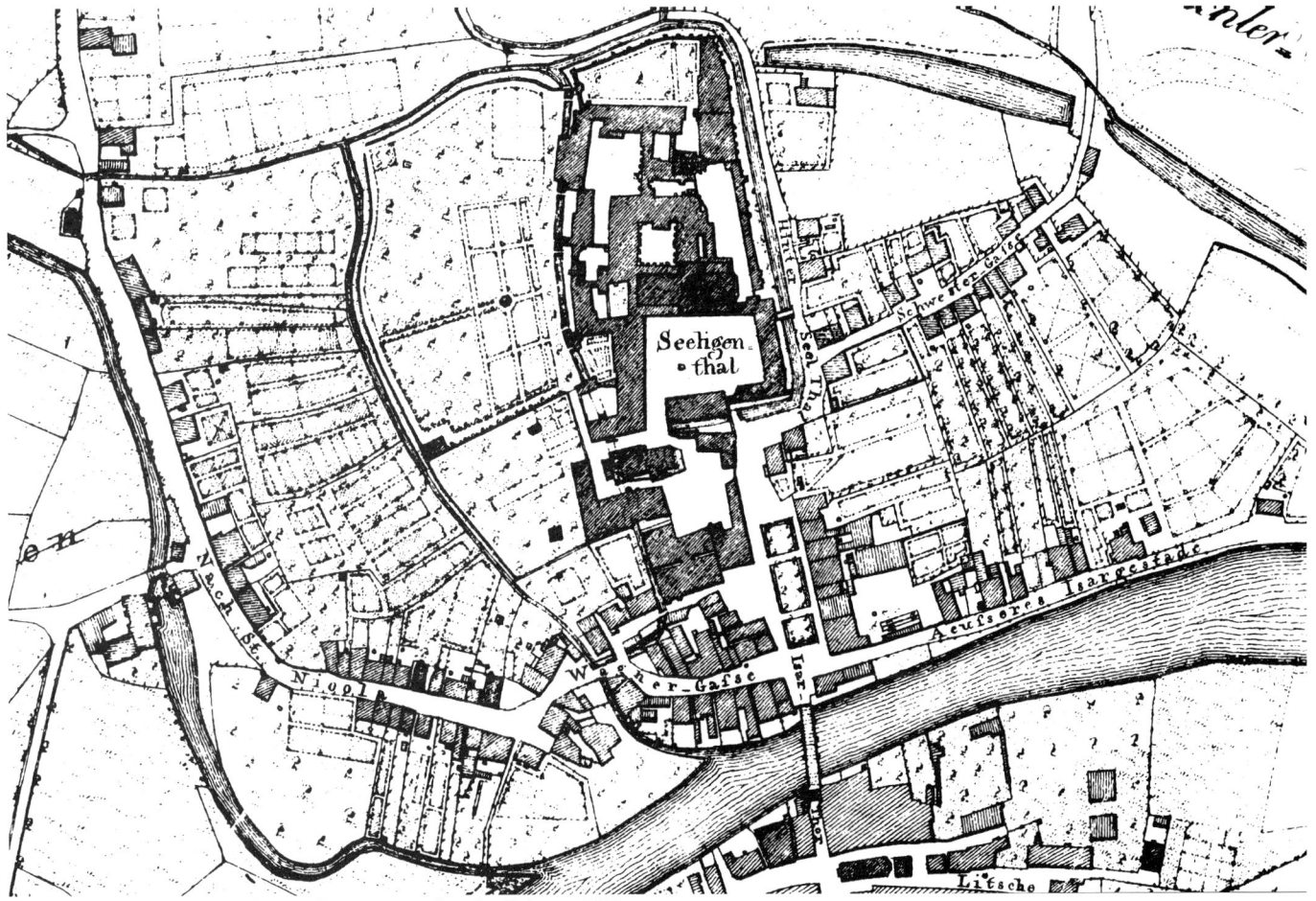

Kloster Seligenthal, Ausschnitt aus dem Katasterplan der Zeit um 1850

Ensembles

Ensemble Landshut. – *Umgrenzung: Am Graben, Trautlergasse, Edmund-Jörg-Straße, Hofgarten (südöstliche Begrenzung), Bernlochner Schluchtweg, Schönbrunner Straße, Podewilsstraße, Bauhofstraße, Maxwehr, Isargestade, Zweibrückenstraße, Bismarckplatz mit Abtei Seligenthal, Mühlbach und Isarlauf, Katholikenweg, Grätzberg, Klöpflgraben.* – Das Ensemble umfaßt die Stadt Landshut in den Grenzen der ehem. Stadtbefestigung, dazu die Burg Trausnitz mit dem Herzogs- und dem Hofgarten, die jenseits der Isar gelegene Vorstadt «Zwischen den Brücken» sowie die Abtei Seligenthal.

Auf der Höhe des Steilhanges am rechten Ufer der Isar liegt die Burg Landshut, die seit der Mitte des 16. Jahrhunderts auch den Beinamen «Trausnitz» führt, ihr zu Füßen die Stadt und jenseits des Flusses die weitläufige Anlage der Abtei Seligenthal. Herzog Ludwig der Kelheimer gründete im Jahr 1204 die Stadt Landshut am Schnittpunkt mehrerer alter Handelswege. Etwa zur gleichen Zeit ließ er auch mit dem Bau der Burg beginnen.

Unterhalb der Burg breitete sich die erste Ansiedlung aus. Dabei wurde jener Teil, der vom südlichen Ende der «Altstadt» bis zur Einmündung der Steckengasse reicht, zuerst besiedelt. Hier finden sich an der südöstlichen Straßenseite der Altstadt noch die gewölbten Lauben, die bei den betreffenden Gebäuden die ganze Breite der Straßenfront einnehmen. Auch im Grundriß der Stadtanlage ist dieser älteste Kern der Bebauung noch gut ablesbar. Bald nach oder vielleicht auch schon mit der Stadtgründung entstand am nördlichen Ende der heutigen Altstadt, dort wo sich auch der Übergang über die Isar befindet, das Heiliggeistspital, das 1209 erstmals urkundlich erwähnt wird.

Bereits in der 1. Hälfte des 13. Jahrhunderts kam es zu einer ersten Stadterweiterung, die jene Handwerkerhäuser, die mittlerweile zwischen dem Altstadtkern und dem Heiliggeistspital entstanden waren, in die bis dahin schon bestehende Stadtanlage miteinbezog. Dieser älteste Teil Landshuts mit dem langgestreckten, ungleichmäßig breiten Straßenmarkt der Altstadt sowie der in vielen Biegungen gewundenen Ländgasse ist in der Grundriß- und Raumbildung ein Zeugnis spätromanischer Stadtbaukunst.

In dem heutigen Stadtteil «Zwischen den Brücken» siedelten sich nach und nach Flößer und Fischer an. Auf der sogenannten Hammerinsel errichtete man Mühlen, und am linken Isarufer, dort wo der Pfettrachbach einmündet, gründete Herzogin Ludmilla, die Witwe Herzog Ludwigs, im Jahr 1231 ein Kloster, das dann vom Orden der Zisterzienserinnen besiedelt wurde. Die Klosterkirche wurde später zur Grablege der Herzöge von Niederbayern ausersehen.

Die Burg Landshut, die gleichfalls eine Gründung der Wittelsbacher ist, geht im Kern noch auf die romanische Anlage zurück. Von größter Bedeutung für Landshut war dann die Nutzteilung des Landes von 1255, wobei bestimmt wurde, daß Landshut an Herzog Heinrich XIII. fallen sollte. Letzterer erhob Landshut zur Haupt- und Residenzstadt seines Territoriums. Diese für die Stadt ungemein wichtige Auszeichnung blieb ihr bis zum Aussterben der jüngeren Herzogslinie im Jahr 1503 erhalten.

Im Jahr 1270 wurde die Spitalkirche zur Pfarrei erhoben. Ein Jahr später siedelten sich die Dominikaner und 1280 auch die Franziskaner-Minoriten vor den damaligen Toren der Stadt an. Da der Zuzug von Handwerkern auch weiterhin unvermindert anhielt, entschloß man sich in der 2. Hälfte des 13. Jahrhunderts zu einer erneuten Stadterweiterung. In dem Gebiet, das heute die «Neustadt» umfaßt, begann man damit, neue Bauparzellen mit schmaler Straßenfront und großer Grundstückstiefe auszustecken. Der breite und fast schnurgerade Straßenzug der Neustadt bietet in seiner nahezu ungestörten Erhaltung ein Musterbeispiel gotischer Stadtbaukunst. Die Stichstraßen, die zuvor zu dem inneren Bering geführt hatten und die alle nahezu parallel zueinander angelegt sind, wurden im Zug dieser zweiten Stadterweiterung nach der Neustadt hin verlängert.

Die dritte Stadterweiterung, die zu Anfang des 14. Jahrhunderts vorgenommen wurde, umfaßt die Häuserzeilen um den Dreifaltigkeitsplatz, am unteren Teil der Ländgasse, am Nahensteig sowie an der Alten Bergstraße. Wegen seiner günstigen Lage unterhalb der Burg wurde dieses Gebiet später auch von dem bei Hof bediensteten Adel, der hier seine Stadthäuser besaß, den Beamten der herzoglichen Verwaltung sowie den jüdischen Kaufleuten bevorzugt.

Sehr gut sind wir vor allem über den Vorgang der vierten Stadterweiterung von 1338 unterrichtet. Dieser Erweiterung lag ausschließlich der Wille des Landesherrn zugrunde. Auf dem annähernd rechteckigen Platz, der sich an seinem nordöstlichen Ende nochmals etwas verjüngt und heute den Namen «Freyung» trägt, wurde in der Mitte die von Herzog Heinrich XIV. gestiftete Basilika St. Jodok errichtet. Die Kirche, die 1369 nach ihrer weitgehenden Fertigstellung zur zweiten Stadtpfarrkirche bestimmt wurde, bildet das weithin sichtbare Wahrzeichen dieses Stadtviertels. Diese vierte Stadterweiterung, zu der von seiten der Bürgerschaft kein echtes Bedürfnis mehr vorlag, ist bis heute, nicht zuletzt deswegen, ein mindergewichtiger Stadtteil geblieben. Kleine, schlichte Handwerkerhäuser bestimmen hier das Bild dieses Stadtviertels.

Die fünfte und letzte Stadterweiterung vollzog sich in der Mitte des 14. Jahrhunderts und umfaßte im wesentlichen das Gebiet um den heutigen Bischof-Sailer-Platz. Der Grund dafür war der Wunsch nach Abrundung des Stadtgebiets und nach besserer Sicherung der hier stehenden städtischen Salzstädel, der bürgerlichen Malztennen und der sonstigen Vorratsspeicher. In diesem Viertel entstand später noch, und zwar gegen Ende des 15. Jahrhunderts, das Blatternhaus mit der St.-Rochus-Kapelle.

Ihre große Zeit erlebte die Burg Landshut, die in ihren wesentlichen Bestandteilen noch auf die Romanik und die Gotik zurückgeht, während der Hofhaltung der drei «reichen Herzöge» von Niederbayern. Im 14. Jahrhundert begann man damit, die ganze Stadt mit einem neuen, erweiterten Gürtel von Türmen und Wehrmauern zu umgeben. Dabei wurden in den verschiedensten Richtungen Tore angelegt, von denen sich bis in unsere Zeit jedoch nur mehr das Ländtor und das Burghauser Tor erhalten haben.

Die Pfarrkirche St. Martin und die Heiliggeist-Spitalkirche sind zwei Hauptwerke des berühmten Kirchenbaumeisters Hanns von Burghausen. Die beiden spätgotischen Kirchen sind für das Gesamtbild der Altstadt von besonderer städtebaulicher Bedeutung. Der langgestreckte, geostete Baukörper der Pfarrkirche St. Martin schiebt sich mit seinem hohen, vielstufigen Westturm um ein beträchtliches Stück über

Ensemble Stadt Landshut

die Häuserflucht der Altstadt vor und bildet den beherrschenden Akzent des ganzen Straßenzugs. Die Heiliggeist-Spitalkirche dagegen, die am nördlichen Ende der Altstadt steht, riegelt mit ihrem hochaufragenden Kirchendach die Raumkulisse der hier auslaufenden Häuserzeilen in wirkungsvoller Weise ab. Etwa auf halbem Weg zwischen den beiden großen spätgotischen Hallenkirchen steht das Rathaus der Stadt. Es nimmt das durch die gestaffelten Giebel der Patrizierhäuser vorgegebene Motiv nochmals auf und bringt es zu letzter Steigerung.

Mit dem Aussterben der Landshuter Herzogslinie im Jahr 1503 war für die Stadt auch vorübergehend ein starker wirtschaftlicher Niedergang verbunden, der sich erst mit der Ankunft Herzog Ludwigs X. im Jahr 1516 wieder zum Besseren wendete. Herzog Ludwig X. machte Landshut zum damaligen Zentrum des Kunstschaffens in Altbaiern. Bildhauer wie Hans Leinberger und Stefan Rottaler zogen in die Stadt. Der Herzog selbst holte sich aus Mantua die Baumeister herbei, die nach seinen Vorstellungen eine Stadtresidenz nach italienischem Muster inmitten der Altstadt errichten sollten. In der Zeit der Renaissance wurde in Landshut die Fassadenmalerei heimisch, von der sich als schönstes Beispiel die Malereien am Landschaftshaus erhalten haben. In dieser Zeit entstanden auch in vielen Innenhöfen herrliche mehrgeschossige Arkadengänge.

Im Jahr 1610 zogen dann auch die Kapuziner in die Stadt, denen in der Nähe der städtischen Salzstädel ein großes Areal zugewiesen wurde. Ihnen folgten im Jahr 1629 die Jesuiten nach, die sich am südlichen Ende der Neustadt niederließen. Anstelle der herzoglichen Münze errichteten sie ab 1631 ihre Kirche, deren Nordfassade heute den städtebaulichen Akzent und Abschluß der Neustadt nach Süden hin bildet. Als letzter Orden ist schließlich 1671 noch der der Ursulinen nach Landshut gekommen. Diese siedelten sich am Nordende der Neustadt an. Ab der 2. Hälfte des 17. Jahrhunderts kamen in der Stadt auch die Rauhputzfassaden in Mode, wofür das Haus Kirchgasse 234 noch ein besonders schönes Beispiel gibt. Einzelne vermögende Bürger, wozu insbesondere die Handelsleute und Weinwirte zählten, gingen in dieser Zeit des Barock oft dazu über, die an ihre Häuser angrenzenden Grundstücke aufzukaufen. Auf diesen Grundstücken mit verbreiterter Straßenfront ließen sie dann jene stattlichen Giebelhäuser errichten, die heute noch allenthalben in der Altstadt und Neustadt zu finden sind. Ein schönes Beispiel für die große Schmuckfreudigkeit der Rokokozeit ist das Stadtpalais der Grafen Etzdorf, das wohl um 1745 von Johann Baptist Zimmermann stuckiert wurde.

Im Zuge der Säkularisation wurden im Jahr 1802 die Klöster der Dominikaner, der Franziskaner, der Franziskanerinnen bei Heilig Kreuz, der Kapuziner und der Kapuzinerinnen bei Maria Loreto aufgehoben. Ebenso erging es ein Jahr später dem Kollegiatstift bei St. Martin und Kastulus sowie den Zisterzienserinnen in Seligenthal. Nur die Ursulinen entgingen schon damals der sofortigen Aufhebung ihres Klosters. In die leerstehenden Räume des Dominikaner- und des ehemaligen Jesuitenklosters zog für kurze Zeit die von Ingolstadt nach Landshut verlegte bayerische Landesuniversität ein. Von den Klöstern wiedererstanden sind nur noch die der Zisterzienserinnen von Seligenthal, der Ursulinen und der Franziskaner, wobei letztere jedoch nunmehr bei Maria Loreto eingezogen sind.

Zu Anfang des 19. Jahrhunderts begann man damit, die vielen alten Stadttore, Wehrtürme und Mauern der mittelalterlichen Befestigung abzutragen und die Stadtgräben mit ihrem Abbruchmaterial aufzufüllen. Landshut veränderte sein Gesicht und wuchs im Zuge der nun einsetzenden Industrialisierung über seinen alten Kern hinaus. Insbesondere im Bereich der heutigen Podewilsstraße hat sich seitdem die Abgrenzung zwischen altem Stadtkern und Neubebauung verwischt. Zwischen dem Bahnhof und der Altstadt von Landshut entstanden neue Wohnviertel im Stil der Gründerzeit.

Weitgehend von den Zerstörungen der beiden letzten Weltkriege verschont, präsentiert sich Landshut heute trotz aller Veränderungen in den Jahrhunderten seit seiner Gründung noch immer als eine gotische Stadt auf teilweise romanischem Grundriß, der aber auch noch die nachfolgenden Stilperioden der Renaissance, des Barock, des Rokoko und des Klassizismus manchen architektur- und kulturgeschichtlich interessanten Bau hinzugefügt haben. Landshut vertritt dabei den Typ einer altbaierischen Residenzstadt in reinster Ausprägung.

Schon seit der Mitte des vorigen Jahrhunderts hat man in Landshut damit begonnen, an vielen Punkten der Stadt eine Regenerierung der alten Bausubstanz in schonender Weise einzuleiten. Anstelle alter Behausungen wurden neue Wohnhäuser errichtet, die sich aber wegen der Verwendung von historischem Formengut im allgemeinen recht harmonisch in das Altstadtensemble einfügen.

Ensemble Stadt Landshut

Ensemble Gabelsbergerstraße. – *Umgrenzung: Gabelsbergerstraße 13, 14, 15, 16, 18, 19, 20, 22, 23, 25.* – Die parallel zu den Oberen Isarauen verlaufende Gabelsbergerstraße weist hier eine Gruppe von zwei- bis dreigeschossigen, villenartigen Bürgerhäusern auf. Die zumeist aus der Jahrhundertwende stammenden historisierenden Bauten liegen mit ihren Vorgärten in offener Bauweise zu beiden Seiten der Straße.

Ensemble Luitpoldstraße. – *Umgrenzung: Klötzlmüllerstraße 1, Luitpoldstraße 1, 2, 4, 6, 8, Schwimmschulstraße 1, 3, 5, Papiererstraße 1, 1 a, 1 b, 4.* – Der von drei Stadterweiterungsstraßen des 19. Jahrhunderts gebildete Häuserblock stellt zusammen mit dem freistehenden dreigeschossigen Haus Klötzlmüllerstraße 1, der das Ensemble beherrschenden neuromanischen Christus-Kirche und dem dreigeschossigen Wohnhaus Papiererstraße 4 einen wichtigen städtebaulichen Gegenpol zum gegenüberliegenden Brückenkopf am Ländtor dar. Die Bauten weisen durchwegs die für das späte 19. Jahrhundert typische historisierende Architektur auf.

Ensemble Seligenthaler Straße. – *Umgrenzung: Seligenthaler Straße 7–43, 28–62.* – Die Seligenthaler Straße, eine Stadterweiterungsstraße des 19. Jahrhunderts, zeigt hier einen noch größtenteils geschlossenen Straßenzug, der durch Neubauten nur unwesentlich gestört wird. An beiden Seiten liegen drei- und viergeschossige Mietshäuser und Villen in den Stilformen des Historismus.

Seligenthaler Straße, Blick gegen Nordwesten

Ensemble Seligenthaler Straße

Ensemble Gabelsbergerstraße

Ensemble Luitpoldstraße

Straßen und Plätze, Sakral- und Profanbauten

Straßen- und Platzbilder von besonderer Bedeutung

Siehe unter Altstadt, Bismarckplatz, Dreifaltigkeitsplatz, Freyung, Kirchgasse, Neustadt und Regierungsplatz

Straßenpflasterung

Alte Straßenpflasterung des 19. Jhs., bestehend aus großen Granitsteinen, in Resten noch an folgenden Stellen der Stadt vorhanden: Apothekergäßchen, Balsgasse, Bindergasse, Dreifaltigkeitsplatz, Fleischbankgasse, Hauptwachtgäßchen, Heißgasse, Herrengasse, Königsfeldergasse, Kramergasse, Ländgasse, Nahensteig, Rochusgasse, Spiegelgasse, Taubengasse (bzw. Rosengasse), Ursulinengäßchen, Zwerggasse und im Bereich der Martinskirche.

Alte Bergstraße

Die Straße führt vom Dreifaltigkeitsplatz zur Burg Trausnitz hinauf. Etwa in halber Höhe steht das Burghauser Tor. Die meist recht stattlichen Wohnhäuser wurden früher vorwiegend von Handwerkern, die für den herzoglichen Hof tätig waren, oder von Hofbeamten sowie den Verwaltungsbeamten der Regierung bewohnt.

Alte Bergstraße 145. *Wohnhaus,* dreigeschossiger Eckbau, Giebel mit Zinnen, 2. Hälfte 16. Jh., Rundturm neben dem 1874 abgebrochenen Münchner Tor, mittelalterlich; siehe auch Am Klöpflgraben (Teilstück der Stadtmauer).

Das Haus wurde seit dem Mittelalter fortlaufend von adeligen Beamten bewohnt, worunter vor allem die Herren vom Thurn zu Neubeuern und Au, die Freiherren von Fraunhofen zu Au, die Hegnenberg und die Grafen von Seyboltsdorf zu erwähnen wären. Es zählte zu den sechs gefreiten, d. h. von allen Steuern befreiten Häusern der Stadt. 1843 erwarb der Bierwirt Franz Amann das Haus von dem kgl. Advokaten Baron du Prel. Fortan blieb es im Besitz von Gastwirten, die es um 1900 «Zum Hirschenwirt» nannten.
Das früher angebaute *Münchner Tor* ist im Jahr 1874 abgebrochen worden. Einige Mauerreste erinnern noch an den Torbau.

Alte Bergstraße 146. *Wohnhaus,* zweigeschossig, Giebel mit Zinnen, 16. Jh., Bodenerker.
Der Vorgängerbau an dieser Stelle befand sich 1493 im Besitz des Landshuter Zinn- und Glockengießers Andre Mannsteiner, von dem noch so manche Glocke in den Kirchen um Landshut zu finden ist. Zu Anfang des 17. Jhs. war der Besitzstand mit dem Nachbarhaus Alte Bergstraße 145 vereinigt. Um 1667 erwarb Melchior Promberger, der «Ordinari Münchner Bote», das Haus. Bis zum Ende des 19. Jhs. wurde das Botenwesen noch von Lehenrößlern bzw. Lohnkutschern ausgeübt.

Nahensteig, altes Straßenpflaster

Alte Bergstraße 145–148 (von rechts nach links)

Alte Bergstraße mit Theklakapelle, Blick von der Burg Trausnitz aus

Alte Bergstraße 146

Alte Bergstraße 145

Alte Bergstraße 147. *Wohnhaus,* zweigeschossig, fünfachsig, Giebel mit Zinnen, 2. Hälfte 16. Jh.

Bis zur Mitte des 16. Jhs. befand sich das Haus im Besitz verschiedener Hofschmiede. Zu Anfang des 18. Jhs. wurde dann hier das Gewerbe der Branntweinbrennerei ausgeübt. Die Fassade des Hauses ist in der Mitte dieses Jahrhunderts durchgreifend erneuert worden.

Alte Bergstraße 148. *Wohnhaus,* zweigeschossig, barocker Giebel, 17./18. Jh.

In der zweiten Hälfte des 16. und in der ersten Hälfte des 17. Jhs. wohnten in dem Vorgängerbau verschiedene Plattner und Panzermacher zur Miete. Landshut war seit dem Mittelalter berühmt für seine Plattnerkunst. Ein rückwärtiges Wohnhaus wurde im Dreißigjährigen Krieg zerstört und anschließend nicht wieder aufgebaut.

Alte Bergstraße 149. *Portal zum Ottonianum* (vgl. Richard-Schirrmann-Weg 6).

Alte Bergstraße 151. *Wohnhaus,* zweigeschossig, giebelständig, von 1878.

Alte Bergstraße 155. *Theklakapelle,* gestiftet 1426 von Wilhelm von Neufraunhofen, barocke Umgestaltung 1759, mit Ausstattung.

Christian Jorhan d. Ä. lieferte 1754 den Entwurf zum neuen Hochaltar. Die beiden Seitenfiguren, ein Hl. Johannes Evangelist und eine Hl. Thekla, dokumentieren die meisterhafte Kunst des angesehenen Landshuter Bildhauers. Für den barocken Hochaltar wurde die spätgotische Madonna des Vorgängeraltars übernommen. Beachtung verdient auch die dekorative Ausmalung, bei der sich das Hauptdeckengemälde des Langhauses auf die Vita der Hl. Thekla bezieht. Über dem Chorbogen in einer reichverzierten Wappenkartusche die Inschrift «C. F. MDCCLIX»; sie läßt sich mit «Carl [v.] Fraunhofen, 1759» auflösen.

Alte Bergstraße 147

Alte Bergstraße 148

Alte Bergstraße 151

Alte Bergstraße 149, Portal zum Ottonianum

Alte Bergstraße, 155, Theklakapelle

Theklakapelle, Entwurfszeichnung zum Hochaltar,
Christian Jorhan d. Ä., 1754

Theklakapelle, spätgotische Madonna am Hochaltar

Theklakapelle, Blick in Richtung des Chors

Theklakapelle, Blick in Richtung der Empore

Alte Bergstraße 157. *Wohnhaus,* zweigeschossig, mit zweistöckigem Eckerker, von 1877.

An dieser Stelle stand früher das *Benefiziatenhaus zur Theklakapelle.* 1877 erwarb es Karl Oberhofer, der es abbrechen und hier sein Wohnhaus neu errichten ließ. Das burgartige Gebäude läßt Reminiszenzen an die Romantik erkennen.

Alte Bergstraße 158. *Wohnhaus,* zweigeschossig, Giebel mit Zinnen; mit Einfriedung.

Das Haus, das beim Schwedeneinfall 1634 zerstört wurde, hatte sich bis 1587 im Besitz der Adelsfamilie von Laiming befunden. Im Jahr 1682 wird der Vorgängerbau als «leer und eingefallen» bezeichnet.

Alte Bergstraße 160. *Wohnhaus,* zweigeschossig, mit Satteldach, von 1872.

Im 18. Jh. befand sich hier nur mehr eine Hofstatt. Erst 1872 ließ der Firmerbräu Vinzenz Guggenberger wieder ein Wohnhaus, den heutigen Satteldachbau, errichten.

Alte Bergstraße 161. *Burghauser Tor (Huetertor).* Spätgotischer Torbau der 1. Hälfte des 14. Jh., um 1800 klassizistisch umgestaltet.

Alte Bergstraße 171. *Wohnhaus (ehem. Kaplanhaus zur Burg Trausnitz),* zweigeschossig mit Satteldach und spätgotischem Flacherker, im Kern wohl um 1500.

Der Bau gehört zu den stattlichsten Wohnhäusern an der Alten Bergstraße. Der *«Landshuter Erker»* an der Giebelfront stellt eine bauliche Besonderheit dar, da solche Erker in Landshut aufgrund einer im Jahr 1405 erlassenen Bauverordnung nicht statthaft waren. Die Abweichung von dieser Bauvorschrift läßt sich damit begründen, daß das Haus von der Alten Bergstraße weit zurückgesetzt ist und man für die herzogliche Hofkaplanei eine Ausnahme bewilligte. Nur ein Haus im Ortsteil Berg, also außerhalb der alten Stadtgrenze, zeigt noch einen ähnlichen Flacherker (vgl. Ortsteil Berg, Am Graben 17).

Alte Bergstraße, Blick zur Burg Trausnitz

Alte Bergstraße 157

Alte Bergstraße 158

Alte Bergstraße 160

Alte Bergstraße 171

Alte Bergstraße 161, Burghauser Tor (Huetertor), Ostansicht

Altstadt

Sie zieht sich im sanften Bogen von Nord nach Süd hin und ist eine der großartigsten Straßen- bzw. Platzanlagen Süddeutschlands. An seinem südlichen Ende schiebt sich der hohe, mächtige Backsteinturm der Martinskirche in die Straßenachse vor; er ist das Wahrzeichen von Landshut und überragt alle übrigen Kirchen der Stadt. Die giebelständige, erkerlose Reihe der Wohnhäuser wird nur an einigen Stellen durch langgestreckte traufständige Bauten unterbrochen. Hierzu zählen vor allem das ehemalige Landschaftsgebäude (Altstadt 28) mit seinen Renaissancefresken an der Fassade, die ehemalige herzogliche Kanzlei (Altstadt 29), der Gasthof Silbernagel (Altstadt 72) sowie die Stadtresidenz Herzogs Ludwig X. aus dem zweiten Viertel des 16. Jahrhunderts. An der Ostseite des Straßenzugs ziehen hingegen die stattlichen Kaufmannshäuser mit ihren gewölbten, erdgeschossigen Lauben und die stattliche dreiteilige Fassade des Rathauses, die im vorigen Jahrhundert im neugotischen Stil überformt wurde, die Blicke auf sich. Die Altstadt war das Handelszentrum von Landshut, wo die Mehrzahl der Patrizier, die im Inneren und Äußeren Rat der Stadt die Geschicke ihres Gemeinwesens bestimmten, ihre Behausungen besaßen. Eine bauliche Besonderheit sind die tiefen, oft bis zur Ländgasse reichenden Grundstücke der westseitigen Bebauung der Altstadt. Sie ermöglichten es den Kaufleuten die auf der Isar mit Flößen angelandeten oder auf Fuhrwerken herbeigeführten Waren direkt in den Hofräumen oder den Vorratsgewölben der angrenzenden Bauten zu bergen. Den nördlichen Abschluß bildet der spätgotische Backsteinbau der Heiliggeist-Spitalkirche, nachdem das früher dort stehende Innere Isartor (auch «Blauer Turm» genannt, nach 1809 abgetragen) heute fehlt.

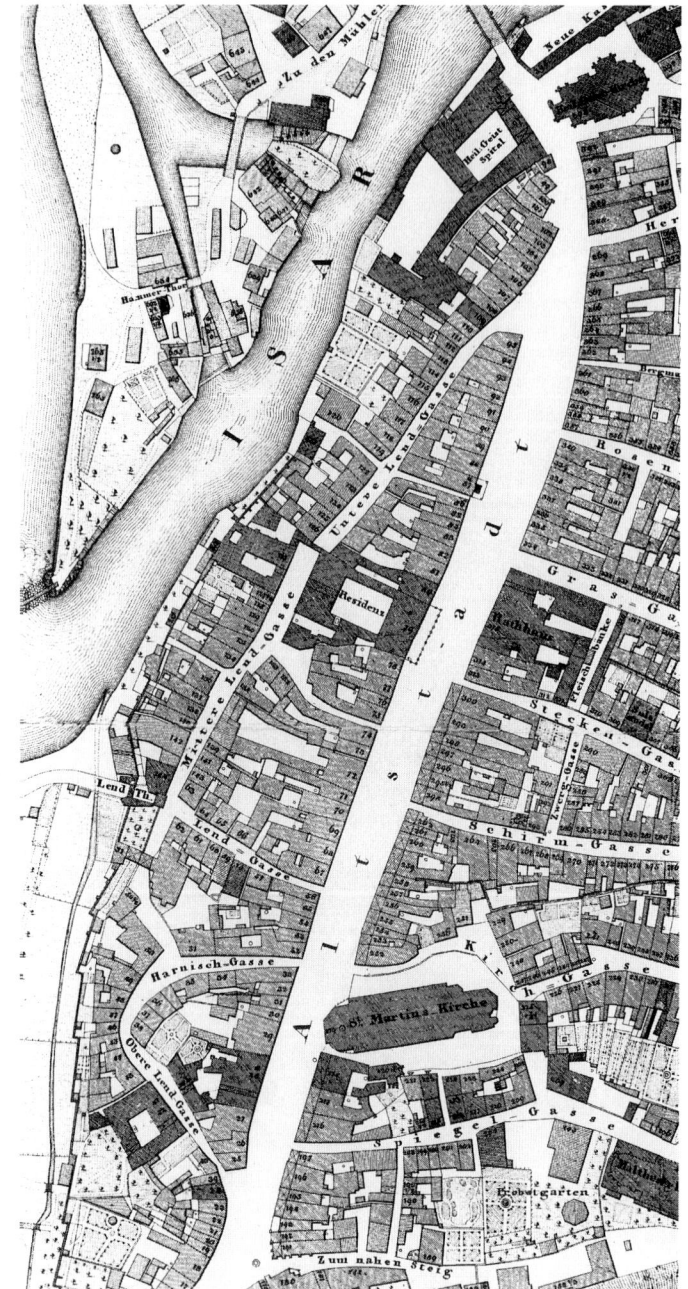

Altstadt, Ausschnitt aus dem Katasterplan von 1847

Altstadt, Blick gegen Süden, Kupferstich von Michael Wening, 1723

Altstadt 29

Blick auf die Altstadt mit der Martinskirche und der Burg Trausnitz

Altstadt. *Gußeiserne Lichtmasten («Bischofsstäbe»)* vor den Häusern Altstadt 33, 69, 77, 87, 93, 296 und vor dem Ländtor, aufgestellt um 1860 bei der Einführung der Gasbeleuchtung.

Altstadt 17. *Wohnhaus,* dreigeschossig, traufständig, im Kern noch 2. Hälfte 16. Jh., sonst nach Umbau von 1771.

Bis zum Jahr 1771 war das Haus mit Nr. 18 baulich verbunden. Es wurde dann unter dem damaligen Besitzer, dem Hofmaurermeister Felix Hirschstetter, abgetrennt.

Altstadt 18-20. *Wohnhaus,* stattlicher dreigeschossiger Bau zu zehn Obergeschoßachsen mit stuckierter Rokokofassade von Felix Hirschstetter, 1772, Nr. 19 und 20 im Jahr 1855 mit Nr. 18 vereinigt und dabei dessen Fassade übernommen; westliche Begrenzung des Grundstückes durch Teilstück der mittelalterlichen Stadtmauer und durch den Rest eines Wehrturms, letzterer in der Barockzeit zu einem Gartenpavillon umgebaut, 14./15. Jh.

Das mittelalterliche *Patrizierhaus der Scharsacher und Rorer* ging 1570 an das Adelsgeschlecht der Preysing über, die das Gebäude noch bis 1765 besaßen.

Altstadt 21. *Wohnhaus,* dreigeschossig, Mitte 19. Jh.

Das Haus ließ wahrscheinlich bald nach 1857 der Essigfabrikant Josef Schwarz erbauen.

Altstadt 22. *Wohnhaus,* zweigeschossig, Giebel mit rundbogigem Abschluß, 2. Hälfte 19. Jh.

Altstadt 23. *Wohnhaus,* zweigeschossig, vierachsig, Giebel mit Scheitelzinne, 2. Hälfte 19. Jh.

Altstadt 25. *Wohnhaus,* viergeschossiger Eckbau, Zinnengiebel, Eckerker mit Haube, Ende 19. Jh.

Das stattliche Eckhaus mit den beiden gezinnten Giebeln ist ein wichtiger städtebaulicher Akzent an der Abzweigung der Ländgasse von der Altstadt. Die rundbogigen Zinnen des Giebels lehnen sich zwar an Landshuter Bauformen des 16. Jhs. an, doch ist der gewichtige mehrgeschossige Kastenerker mit der abschließenden Zwiebelhaube ein Novum in der Altstadtbebauung. Hier bricht die Stadt mit der alten, seit dem Mittelalter bestehenden Bauverordnung, die besagt, daß im Altstadtbereich von Landshut die Anbringung von Erkern unzulässig ist.

Altstadt, gußeiserne Lichtmasten

Altstadt 17

Altstadt 21

Altstadt 22

Altstadt 23

Altstadt 18, Portal

Altstadt 25

Altstadt 18–20

Altstadt 26. *Wohnhaus,* dreigeschossig, fünfachsig, Treppengiebel, Fassade mit Rauhputzdekor, alte Gliederung 1955 erneuert, sonst im Kern spätmittelalterlich, Portal um 1500.

Als Eigentümer dieses im Kern noch auf die Zeit um 1500 zurückgehenden Wohnhauses erscheint im Landshuter Steuerbuch von 1493 Caspar Swingkhaimer der Schneider. Die *Rauhputzfassade,* die leider 1955 nicht ganz detailgetreu erneuert wurde, ist im Grunde genommen höfischen Ursprungs und dürfte in der 2. Hälfte des 17. Jhs. von dem damaligen Hofmaurermeister aufgetragen worden sein. Das profilierte spitzbogige Portal ist aus Ziegelformsteinen gemauert. Es stellt eine baugeschichtliche Rarität ersten Ranges dar. Das Türblatt jedoch neugotisch. In der Wandnische am ersten Obergeschoß barocke Madonnenfigur.

Altstadt 27. *Wohnhaus,* dreigeschossig, sechsachsig, geschweifter Barockgiebel, 17./18. Jh.

Bereits in der Zeit zwischen 1666 und 1716 befand sich in diesem Haus eine Apotheke. Die Einrichtung der jetzigen «*Altstadt-Apotheke»* ist aber erst neueren Datums. Der Barockbau könnte noch auf den Apotheker Johann Baumgartner zurückgehen.

Altstadt 28. *Ehemaliges Landschaftshaus,* seit 1557 Sitz der Landschaft des Rentamtes Landshut, im 19. Jh. Postamt, Geburtshaus des Malers Max Slevogt (*1868), aus der Vereinigung von drei Häusern, die 1557, 1597 und 1601 angekauft wurden, entstanden; stattlicher viergeschossiger Bau zu elf Obergeschoßachsen, traufständig; Fassade mit reicher Renaissancebemalung, 1599 von Hans Georg Knauf nach Entwurf von Hans Pachmayr ausgeführt; Portal mit geschnitzten Eichentüren, um 1775; Innenhof mit Galerien, frühes 17. Jh.

Herzog Otto III. erließ 1311 die sogenannte «Ottonische Handfeste», mit der er den geistlichen und weltlichen Großen des Landes die Zusage machte, fortan keine Steuern mehr ohne deren Zustimmung zu erlassen. Dieser Vertrag bildet die Grundlage für die Konstituierung der «Landstände» - bestehend aus dem Adel, der Geistlichkeit und den Städten -, die im Landstände- oder Landschaftshaus ihre Versammlungen abhielten.

Für das Landschaftsgebäude hatte man 1557 das Haus des Patriziers und Ratsherrn Bernhard Pätzinger erworben. Durch den Zukauf 1597 und 1601 von zwei weiteren, südlich angrenzenden Häusern erhielt das Landschaftshaus seine heutige Breite. Zu Beginn des 19. Jhs. wurde die Landschaft aufgelöst und später hier die Post eingerichtet, wovon der heutige Name «*Alte Post»* für das Gebäude herrührt.

Die Renaissancefresken umrahmen das Portal mit einer Säulenarchitektur. Das Erdgeschoß war ursprünglich durch weibliche Hermen gegliedert. An den Wandstreifen sind je-

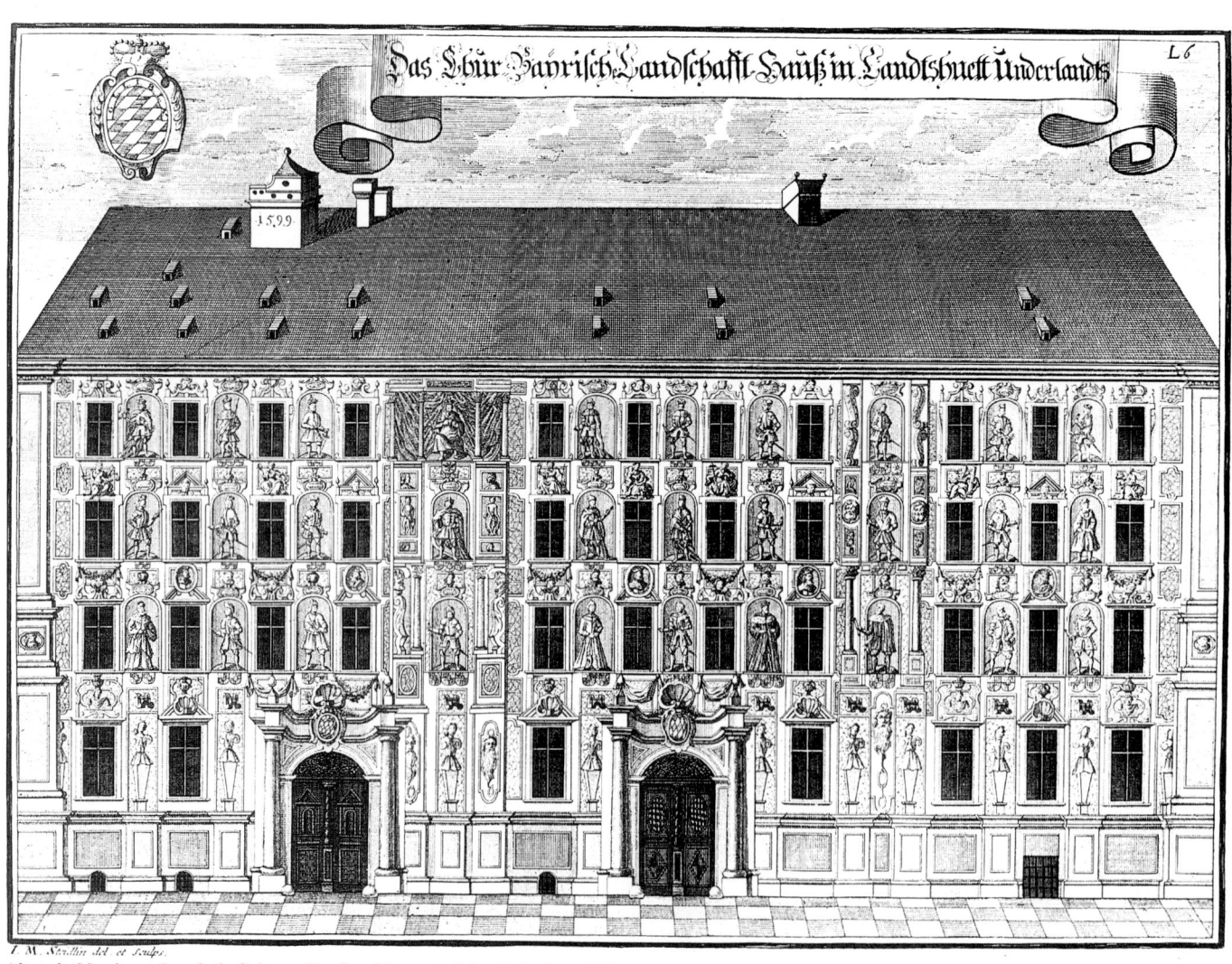

Altstadt 28, ehem. Landschaftshaus, Kupferstich von Michael Wening, 1723

Altstadt 26

Altstadt 27, Altstadt-Apotheke

Altstadt 28, ehem. Landschaftshaus

weils drei übereinandergeordnete Rundbogennischen erkennbar. In diesen stehen bayerische Fürsten in ganzer Figur. Zu ihren Füßen sieht man deren Wappen und die ihrer Gemahlinnen oder ererbten Länder, über ihnen steht in einer Kartusche der Name. Besonders hervorgehoben die Figuren an den beiden breiteren Wandstreifen; südlich davon die von Kaiser Ludwig dem Bayern. Er thront in einer Säulenhalle vor purpurner Draperie. Unter ihm folgt Wilhelm II. von Straubing-Holland, flankiert von zwei weiblichen Genien, bzw. Ludwig X., der Erbauer der Landshuter Residenz, zwischen einer Säulenordnung. Am nördlichen Breitpfeiler: Wilhelm II., Ludwig der Gebartete und Heinrich der Reiche. Die seitliche Flächenfüllung verwendet auch hier Säulen im Wechsel mit Felderteilung. In den Fensterachsen sieht man wechselnde Fensteraufsätze, die zugleich das Brüstungsfeld des Fensters im nächsten Geschoß bilden: im Erdgeschoß wechseln Muschelaufsätze mit gebrochenen Giebeln ab; im ersten Obergeschoß Medaillons mit antiken Fürstenköpfen bzw. Kartuschenfelder; im zweiten Obergeschoß die Figuren der drei göttlichen und der vier sittlichen Tugenden, dazwischen Giebelfelder, zuoberst Kartuschenwerk.

Die Fresken wurden 1768 durch den Landshuter Maler Simon Wolfgang Krätz erneuert. An der Restaurierung von 1861 waren die Münchner Künstler Valentin, Barth und Deckelmann beteiligt. Nach dem zweiten Weltkrieg fand nochmals eine durchgreifende Restaurierung statt.

Altstadt 29. *Ehemalige herzogliche, dann kurfürstliche Kanzlei,* später *«Haus zum Kronprinzen»,* benannt in Erinnerung an den Universitätsaufenthalt Ludwigs I. von Bayern, stattlicher dreigeschossiger Bau zu sieben Obergeschoßachsen, traufständig, Fassade klassizistisch, um 1780, Erdgeschoßhalle mit Netzrippengewölbe, um 1500.

Das traufständige Haus ließ der herzogliche Rat und Kanzler Doktor Martin Mair (1459 - † 1481) erbauen. Sein Wappen sowie das seiner Gemahlin Katharina, geborene Imhoff, erscheint im Erdgeschoß an den Schlußsteinen der Flurgewölbe. Der Bau entstand damals durch Zusammenfügung und Umbau zweier alter Häuser. 1485 soll dann Herzog Georg der Reiche von den Erben des Kanzlers das Gebäude erworben und hier die *herzogliche Kanzlei* eingerichtet haben. Diese war später die kurfürstliche, kaiserliche (während der Besetzung von 1705-1714) Kanzlei, bzw. Regiments- oder Regierungskanzlei, später die *kurfürstliche Regierung.* In der Zeit der Aufhebung des Rentamtes Landshut 1779-1784 diente das Kanzleigebäude als *kurfürstliches Zahlamt.* 1784 kehrte die Regierung von Straubing nach Landshut zurück und wurde hier nochmals bis 1799 untergebracht. Danach erfolgte die Verlegung der Regierung in das Harnischhaus (vgl. Ländgasse 51) und schließlich 1800 der Verkauf an einen Privatmann. Bis 1811 befand sich das Haus anschließend im Eigentum des Bierwirts, Kaffeeschenks und Billardmeisters Leonhard Schuhmacher, der schließlich seinen Besitz an Albert von Kammerloher, Weinwirt zum Kronprinzen, veräußerte. Später (bis 1880) war dann hier noch die *Posthalterei* untergebracht.

Die Fassade war früher mit Renaissancefresken geschmückt, wofür man dem Salzburger Maler Hans Bocksberger 1555 die Summe von 200 Gulden bezahlt hatte. Nach Meidingers «Beschreibung der churfürstlichen Haupt- und Regierungsstadt Landshut» sollen vor 1779 hier noch «halb erloschene Figuren aus dem Trojanischen Krieg» zu sehen

Altstadt 28, Haustür an der Hofseite

Altstadt 28, Ausschnitt der Fassade

Altstadt 35

Altstadt 25–29

Altstadt 28, hofseitige Arkaden

Altstadt 29, Portal

gewesen sein. Nach der Rückkehr der kurfürstlichen Regierung erfolgte 1784 eine gründliche Renovierung des Gebäudes, wobei auch die heute noch vorhandene klassizistische Fassade angebracht wurde.

An den Portalflügeln sind die Portraitmedaillons des Kurfürsten Karl Theodor (1777–1799) und seiner Gemahlin, darüber ist in farbigem Stuck der Wappenschild des Landesherrn zu erkennen. Die Buchstaben K.F.R.L. im Portalgitter lassen sich mit «Kurfürstliche Regierungs-Kanzlei Landshut» auflösen.

Altstadt 30. *Wohnhaus,* fünfgeschossig, Blendgiebel mit Balusterfries, 2. Hälfte 19. Jh.

Altstadt 31. *Wohnhaus,* viergeschossig, giebelständig, 1. Hälfte 18. Jh., Fassade teilweise verändert.

Das schmale, dreiachsige Wohnhaus besitzt einen attikaartigen Aufzug mit Segmentbogenschluß. Als Bauherr könnte der Ratsherr Franz Jaquemode in Frage kommen, der 1711–1728 Eigentümer des Hauses war.

Altstadt 32. *Wohnhaus,* viergeschossig, giebelständig, reichstuckierte barocke Fassade, 1. Hälfte 18. Jh.

Die Fassade zeigt im Aufbau und in der Giebelgestaltung eine ähnliche Ausformung wie die des Nachbarhauses Altstadt 31. Auch hier wird 1688–1735 Franz Jaquemode, des Inneren Rats und Handelsmann, als Besitzer des Anwesens genannt. Die *noble Barockfassade* zählt zu den schönsten von Landshut.

Altstadt 33. *Wohnhaus,* dreigeschossig, vierachsig, geschweifter Barockgiebel, 18. Jh.

In dem Vorgängerbau an dieser Stelle lag während der «Landshuter Hochzeit» im Jahr 1475 die 90 Mann starke Leibwache Herzog Ludwigs des Reichen.

Altstadt 67. *Wohnhaus,* viergeschossiger Eckbau von drei zu neun Obergeschoßachsen, traufständig, mit zweigeschossigem Kastenerker, von 1856.

Das stattliche Eckhaus mit seinen drei zu neun Obergeschoßachsen ließ der Handelsmann Heinrich Laun errichten. Auch hier findet sich nach der Altstadt zu ein zweigeschossiger Kastenerker, was früher in Landshut auf Grund einer Bauverordnung nicht statthaft war.

Altstadt 68. *St.-Martins-Apotheke,* dreigeschossiges Wohnhaus zu fünf Obergeschoßachsen, Giebel in barocken Formen, von 1878.

Die St.-Martins-Apotheke war früher die *Hofapotheke* in Landshut. Bis 1617 wird hier der fürstliche Hofapotheker Niklas Moni als Eigentümer genannt. Unter Ignaz Hofbauer führte die Apotheke zu Anfang des 19. Jhs. den Namen *«Beim schwarzen Bären»*. Den Neubau von 1878 ließ der Apotheker Martin Oeschei aufführen.

Altstadt 69. *Ehem. Gasthaus «Drei Mohren»,* stattlicher dreigeschossiger Bau mit neugotischem Treppengiebel, umgestaltet 1845, im Kern jedoch z.T. älter.

Den im Kern noch auf die Zeit um 1570 zurückgehenden Bau ließ der Ratsherr Georg Pätzinger errichten. Sein Wappen und das seiner Ehefrau Ursula, geborene Aicher, ist in der gewölbten Haushalle an den Gewölbeschlußsteinen angebracht. Das am Portal zu sehende Wappen der Etzdorf bezieht sich hingegen auf den Landschaftspräsidenten Graf von Etzdorf, der 1762–1804 Eigentümer des Hauses war.

Altstadt 30 und 31

Altstadt 32

Altstadt 28–32

Altstadt 32, Portal

Altstadt 33

Altstadt 67

Altstadt 68

Altstadt 69

Altstadt 70. Wohnhaus, viergeschossig, mit reichem Stuckdekor des 19. Jhs., im Kern jedoch wohl noch Ende 17. Jh.

Es hat den Anschein, daß Baron von Neufraunhofen gegen Ende des 17. Jhs. an der Stelle des früheren Patrizierhauses der Scharsacher hier ein Stadthaus für sich und seine in der Nähe von Landshut begüterte Familie errichten ließ. Auf dieses Adelsgeschlecht folgte 1760 als neue Besitzerin Anna Benedikta Maximiliane Gräfin von Fugger. Von 1765 bis 1808 wird dann als Eigentümer des Palais ein Baron von Vieregg auf Gerzen genannt. Im 19. und 20. Jh. befand sich das Gebäude dann nur mehr im Besitz von Bürgern und Beamten.

Altstadt 71. *Wohnhaus,* viergeschossig, Giebel mit hochgezogener Attika und rundbogigem Abschluß, im Kern spätmittelalterlich, sonst 18. Jh.

Das Haus mit dem originellen Giebel befand sich in der 1. Hälfte des 18. Jhs. im Besitz des Hofkammerdirektors von Röckl und später in dem des Gottlieb Adam Frhr. v. Neufraunhofen. Das mit einem spätgotischen Kreuzrippengewölbe versehene Fletz im Erdgeschoß geht noch in jene Zeit zurück, als sich das Haus im Besitz der Familie Ettlinger befand.

Altstadt 72. *Gasthof Silbernagel,* im Kern wohl 17./18. Jh., Innenhof mit Flügelbauten.

Die Familie der Aicher zu Herrngiersdorf ließ im 17. Jh. an der Stelle des älteren *Patrizierhauses der Leitgeb,* das bei der «Landshuter Hochzeit» von 1475 Quartier für 90 Pferde gab, den traufständigen Bau errichten, der 1978 abgebrochen wurde. Das Haus zählte früher zu den stattlichsten Anlagen in der Altstadt und reichte bis zur rückwärtigen Ländgasse. Der Name «*Gasthof Silbernagel*» geht auf den Bierbrauer Josef Silbernagl zurück, der 1830–1857 Eigentümer des Anwesens war.

Altstadt 73. *Wohnhaus,* dreigeschossig, barocker Giebel, 18. Jh., Innenausbau erneuert.

Altstadt 74. *Einhorn-Apotheke,* dreigeschossiger Bau zu vier Obergeschoßachsen, mit geschweiftem Knickgiebel, im Kern 17./18. Jh.

Eine Apotheke ist in diesem Haus seit etwa 1720 nachweisbar. Damals erwarb der Apotheker Johann Matthias Müller den Bau von dem kurfürstlichen Regierungsrat Wolfgang Johann Joseph Mändl von Pfettrach. Der Name «*Beim Einhorn*» ist bereits um 1800 nachweisbar. Baugeschichtlich bemerkenswert sind die hofseitigen Arkaden am ersten Obergeschoß des Hofflügels. Diese öffnen sich mit fünf weitgesprengten, wenig hohen Arkaden, die auf toskanischen Pfeilern ruhen. Die Brüstung wird durch längsrechteckige Felder geziert. Der Arkadengang ist tonnengewölbt und besitzt Stichkappen.

Altstadt 76. *Wohnhaus,* vier Voll- und ein Mezzaningeschoß, Walmdach, Fassade mit reichem Stuckdekor, 2. Hälfte 19. Jh.

In diesem Haus wohnte 1791 der Prokurator Franz Sebastian Meidinger, der Verfasser der ersten gedruckten Chronik der Stadt Landshut (erschienen 1785).

Altstadt 71, Fletz

Altstadt 74, Arkadengang

Altstadt 73

Altstadt 74, Einhorn-Apotheke

Altstadt 72, Gasthaus Silbernagel, Fassadendetail

Altstadt 68–72

Altstadt 75–78

Altstadt 77. *Wohnhaus,* viergeschossig, fünfachsig, zweistöckiger Kastenerker, Walmdach, im Kern 17./18. Jh., Fassade 19. Jh.

Bauherr war wohl der Kaufmann Alois Fahrmbacher. Die Fassade im Stil des Historismus – sie dürfte um 1880 ausgeführt worden sein – zeigt mit ihren verschiedenen Fensterumrahmungen eine wohlüberlegte Steigerung der Architekturformen. In der Mittelachse des Hauses ein zweistöckiger Kastenerker mit Pilastereinfassung.

Altstadt 78. *Wohnhaus,* dreigeschossig, fünfachsig, um 1790, am rückwärtigen Ausgang zur Ländgasse klassizistisches Portal mit Apoll und Merkur.

Das bald nach 1790 erbaute Haus dürfte der Hofgerichtsrat Franz Paula Reichsfreiherr von Köck in Auftrag gegeben haben. Am rückwärtigen Ausgang (nach der Ländgasse zu) befindet sich noch eine zweiflügelige geschnitzte Tür mit geschmiedetem Oberlichtgitter und klassizistischem Dekor. Die Schnitzereien mit den Darstellungen von Apoll und Merkur schreibt man dem Landshuter Bildhauer Christian Jorhan d. Ä. zu. Über dem Eingang an der Altstadtseite eine *Gedenktafel* für Franz Graf von Pocci, den «Kasperldichter», der in diesem Haus 1826 als Universitätsstudent bei dem damaligen Eigentümer, dem Buchhändler Philipp Krüll, wohnte.

Altstadt 79. *Ehem. Stadtresidenz,* erbaut unter Herzog Ludwig X. von Bayern nach dem Vorbild des Palazzo del Te in Mantua, sog. Deutscher Bau an der Altstadt von Bernhard Zwitzel, 1536; sog. Italienischer Bau von Meister Sigismund von Mantua, 1537–1543; mit Ausstattung. Sog. Hinterneubau der Stadtresidenz (Ländgasse 127) dreiflügeliger Bau, Fassade mit diamantierter und gequaderter Rustikaverkleidung, sieben Fensterachsen, Pilastergliederung, Walmdach mit welschen Kaminen, 2. Hälfte 16. Jh. Pavillon (Isarpromenade), kleine rechteckige Anlage mit vorkragendem Obergeschoß und Walmdach, Mitte 16. Jh., mit dem «Italienischen Bau» der Stadtresidenz durch einen gedeckten Gang verbunden.

1409 kaufte Herzog Heinrich der Reiche die Behausung des Leutwein des Rakholfingers, die dann später als *herzogliches Zollhaus* Verwendung fand. Dieses diente den niederbayerischen Herzögen fortan zeitweilig als Stadtwohnung. Bei der Vermählung des jungen Herzogs Georg mit der polnischen Königstochter Jadwiga (1475), der «Landshuter Hochzeit», fand in der *Hofgerichtsstube* das Hochzeitsmahl für die hohen männlichen Gäste statt, wozu insbesondere Kaiser Friedrich III. und dessen Sohn König Maximilian gehörten. Das angrenzende Haus des Patriziers Conrad von Asch war in die Festräume mit einbezogen und mit dem Zollhaus durch eine Tür verbunden worden.

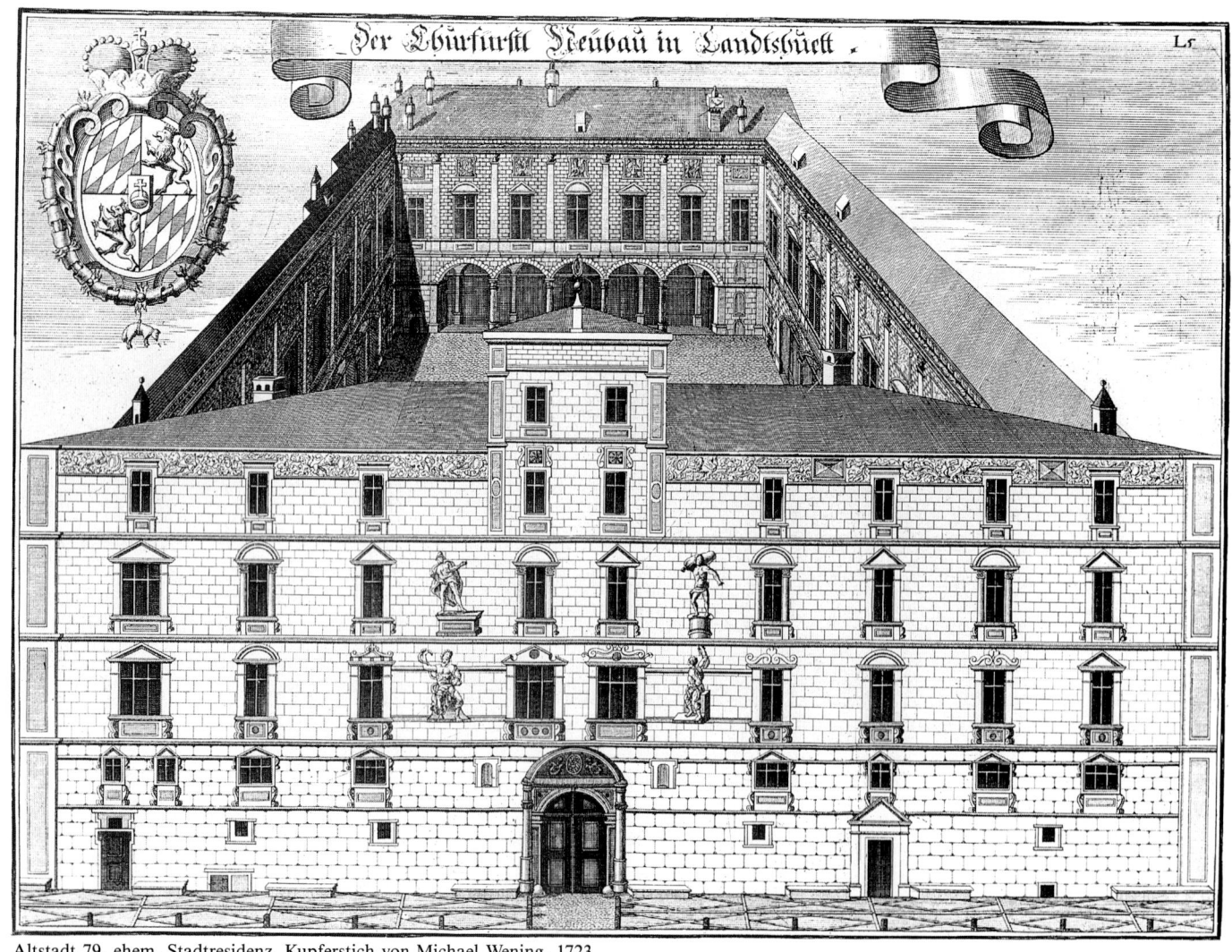

Altstadt 79, ehem. Stadtresidenz, Kupferstich von Michael Wening, 1723

Altstadt 77

Altstadt 78

Isarpromenade, Rückansicht der Stadtresidenz und ehem. Badhaus

Altstadt 78, Portal

Altstadt 79, ehem. Stadtresidenz, sog. Deutscher Bau, 1536

1536–1543 ließ Herzog Ludwig X. den fürstlichen Neubau *(Stadtresidenz)* an der Stelle des früheren Zollhauses sowie weiterer Häuser errichten. Die Planung und Ausführung für den ersten Bauabschnitt wurde dem Augsburger Steinmetz und Baumeister Bernhard Zwitzel übertragen. Dieser «*Deutsche Bau*» der Stadtresidenz kam 1539 zum Abschluß.

Nachdem Herzog Ludwig X. zu Ostern 1536 bei dem Fürsten Federigo Gonzaga in dessen Palazzo Ducale in Mantua (Oberitalien) zu Gast geweilt hatte, war in ihm der Wunsch gereift, an seinen Neubau der Stadtresidenz, an den Altstadtflügel, noch drei weitere Flügelbauten nach italienischem Vorbild anfügen zu lassen. Zu diesem Zweck schloß der Herzog am 15. Januar 1537 einen Vertrag mit Meister Sigismund, der als Baumeister diesen zweiten Bauabschnitt planen und leiten sollte. Dieser brachte als seinen Polier Anthoni (Walch) mit. Die Arbeiten am «*Italienischen Bau*» zogen sich von 1537 bis 1543 hin. Die Fertigstellung der Stadtresidenz hat Herzog Ludwig X. nur mehr um zwei Jahre überlebt.

Seit 1545 war in der Stadtresidenz das herzogliche Zollamt untergebracht. Fortan stand der weiträumige Palast meist leer und diente nur noch gelegentlich bei auswärtigen Fürstenbesuchen als Unterkunft. Im Mai 1632 bezog der Schwedenkönig Gustav Adolf hier bei seinem Durchzug Quartier, und 1705 war unter Graf Löwenstein-Wertheim der *Sitz der öster-*

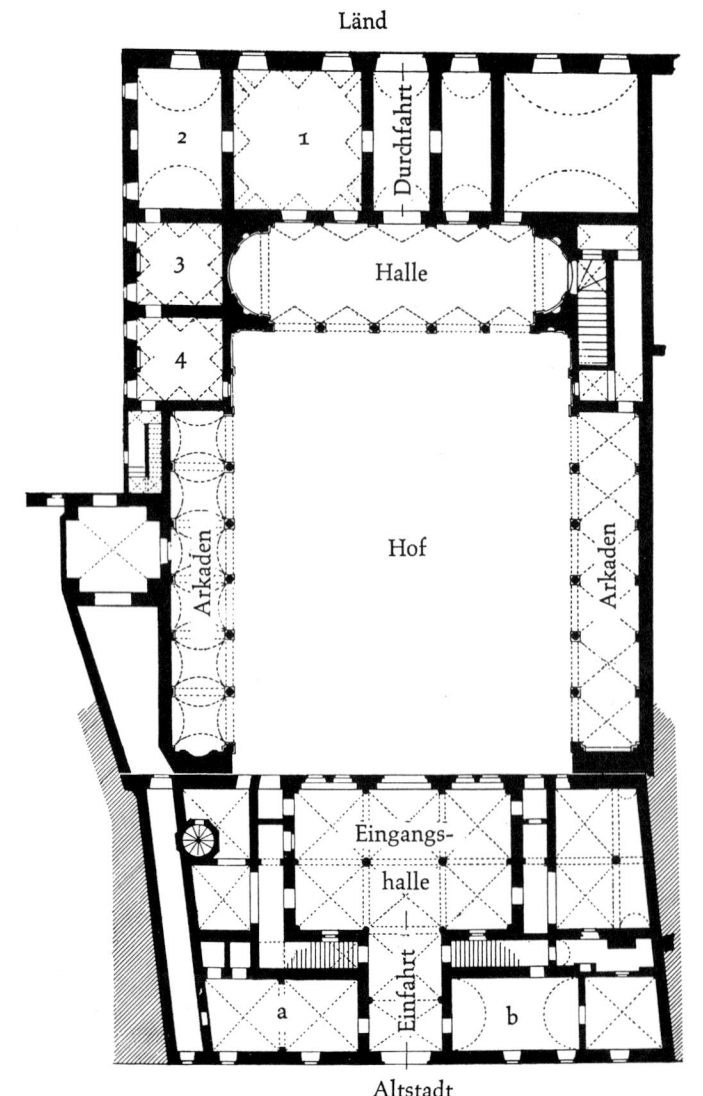

Ländgasse, Rückansicht der ehem. Stadtresidenz

Altstadt 79, ehem. Stadtresidenz, Grundriß des Erdgeschosses

Altstadt 79, Stadt- und Kreismuseum, Waffen- und Harnischkammer

Altstadt 79, ehem. Stadtresidenz, Innenhof

Altstadt 79, ehem. Stadtresidenz, Eingangshalle im „Deutschen Bau"

reichischen Landesadministration in der Stadtresidenz eingerichtet. Von 1780–1800 bewohnte den mittlerweile klassizistisch veränderten Bau der Pfalzgraf und nachmalige Herzog in Bayern, Wilhelm von Zweibrücken–Birkenfeld–Gelnhausen. Im Krieg von 1809 weilten hier vorübergehend Erzherzog Karl von Österreich und nach ihm noch Kaiser Napoleon I. Später wurde die Residenz dem Regierungspräsidenten von Niederbayern als Dienstwohnung zugewiesen. Seit 1934/35 dienen die Räume für Museumszwecke und als Unterkunft für die Verwaltungsräume des Stadtarchivs sowie der Bibliothek des Historischen Vereins für Niederbayern. Die Stadtresidenz ist eine vierflügelige Anlage um einen geschlossenen längsrechteckigen Innenhof und reicht von der Altstadt bis zur rückwärtigen Ländgasse. Zugehörig der Pavillon an der Isar, der mit der Residenz durch einen gedeckten Gang verbunden ist, sowie die Hofküche, die abgesondert in einem kleinen Seitenhof neben dem Südflügel steht.

Der «Deutsche Bau» umfaßt den Ostflügel der Stadtresidenz, der nach der Altstadt zu ausgerichtet ist. Der monumentale traufständige Bau ist eine rechteckige Anlage zu drei Geschossen und besitzt darüber ein Halbgeschoß. Das Erdgeschoß zeigt Bänderrustika und Mezzaninfenster in zwei Reihen. In den Obergeschossen neun Fensterachsen, die des ersten Obergeschosses mit dreieckigen, die des zweiten Obergeschosses mit horizontalen Verdachungen. Kräftig profiliertes Gurtgesims über den beiden Wohngeschossen. Die Fassade jetzt klassizistisch, um 1780. Das aus der Mittelachse gerückte Portal von toskanischen Pilastern flankiert.

Altstadt 79, Gobelinsaal im «Deutschen Bau»

Altstadt 79, sog. Birkenfeldzimmer, Arbeitszimmer

Altstadt 79, sog. Birkenfeldzimmer, Kabinett

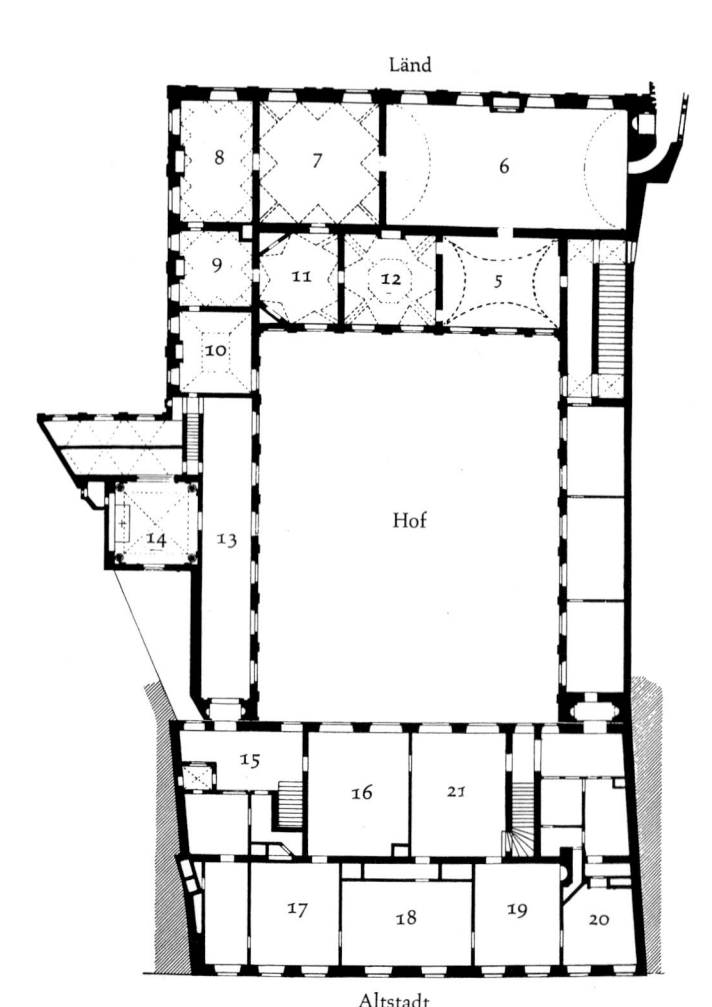

Altstadt 79, ehem. Stadtresidenz, Grundriß des ersten Obergeschosses

Altstadt 79, Stadt- und Kreismuseum, Kröninger Töpfergeschirr

Altstadt 79, Kamin im „Deutschen Bau"

Altstadt 79, Kapelle im „Italienischen Bau"

Altstadt 79, ehem. Stadtresidenz, Kapellengang

Die einschiffige Einfahrt führt zu der dreischiffigen Eingangshalle zu je zwei Jochen. Die Gewölbe ruhen hier auf freistehenden Säulen bzw. auf vor den Wänden stehenden Halbsäulen aus Rotmarmor. Von der Einfahrt aus führen beiderseits Podesttreppen in die Obergeschosse. Die Räume des ersten Obergeschosses, die dem *Stadt- und Kreismuseum* angegliedert sind, umfassen u. a. die sogenannten *Birkenfeldzimmer*. Diese wurden seit 1935 mit alten Ausstattungsstücken aus der Zeit um 1780/90, die einstmals Herzog Wilhelm von Birkenfeld in Gebrauch hatte, museal eingerichtet. Im zweiten Obergeschoß des «Deutschen Baus» befindet sich der «*Deutsche Saal*» mit einer reichgestalteten Holzdecke aus Nußbaumholz. Diese wird dem Schreiner Andreas Fuegl zugeschrieben und soll um 1540 ausgeführt worden sein. Drei große Gobelins, Brüsseler Manufaktur um 1600, zeigen «Die Bekehrung Sauls», «Die Königin von Saba» und «Das Weib von Thekua vor David». In den Räumen daneben ist eine *Filialgalerie der Bayer. Staatsgemäldesammlungen* untergebracht, in der vor allem Porträts von Wittelsbachern zu sehen sind, die die Maler Barthel Beham, Peter Gertner, Hans Schöpfer und Hans Wertinger ausführten.

«*Italienischer Bau*». Das Erdgeschoß des Süd- und des Nordflügels nehmen offene Arkaden ein. Der Westflügel besitzt eine Durchfahrt nach der Ländgasse zu sowie eine große, nach Osten hin offene gewölbte Halle. Die Gewölbefelder zeigen Malereien mit Szenen aus dem Alten Testament. In der Südwestecke des West- und des Südflügels liegen verschiedene Räume, die folgende Bezeichnungen tragen: Saal der Memesis, Ecksaal, Arachnezimmer und Latonazimmer. Über die Stiege im Nordflügel gelangt man zu weiteren im Stil der Renaissance ausgestatteten und ausgeschmückten Räumen. Zu erwähnen wären hier im ersten Obergeschoß das Bacchus-Vorzimmer, das Venuszimmer, dann vor allem der große «*Italienische Saal*», das Götter-, das Sternen-, das Apollo- und das Dianazimmer. Am Kapellengang liegt die *Kapelle*. Im zweiten Obergeschoß des Nord-, Süd- und Westflügels sind vor allem *Schauräume des Stadt- und Kreismuseums* Landshut untergebracht.

An der Ausmalung der Räume der Stadtresidenz waren die Meister Herman Posthumus, Hans Bocksberger, Ludwig Refinger, Michel Ölgast und Paulus Humbs beteiligt. Unter den Bildhauern, die man hier beschäftigte, werden die Münchner Meister Hans Ässlinger und Thomas Hering genannt.

Die Stadtresidenz gilt als der *früheste Renaissance-Palast nördlich der Alpen*. In ihm manifestiert sich fürstliche Repräsentation nach italienischem Verständnis. Vorbild für den Italienischen Bau war zweifelsohne der Palazzo del Te, wofür die verwandtschaftlichen Beziehungen des Wittelsbacher Hauses zu dem Mantuaner Hof die Erklärung bieten.

Herkulesrelief im Italienischen Saal

Ehem. Stadtresidenz, Venuszimmer

Ehem. Stadtresidenz, Göttersaal

Ehem. Stadtresidenz, Vorraum zum Italienischen Saal

Altstadt 79, ehem. Stadtresidenz, Italienischer Saal

Altstadt 80. *Ehemalige Rentmeisterei,* kurfürstliche Rentstube, jetzt Wohnhaus, dreigeschossig, fünfachsig, mit Treppengiebel, im Kern wohl 1. Hälfte 16. Jh.

Seit 1586 war das Haus im Besitz des Herzogs bzw. später des Kurfürsten und diente diesen als *Rentmeisterei bzw. Rentschreiberei* (nachmals *kurfürstliche Rentstube* genannt). Während des Aufenthalts des Pfalzgrafen Wilhelm (1780–1800) soll es die Wohnung der herzoglichen (pfalzgräflichen) Hofkavaliere enthalten haben. Das ganze 19. Jh. hindurch war das Haus dann *kgl. Rentamt.*

Altstadt 81. *Sog. Pappenbergerhaus,* um 1405 unter dem städtischen Kammermeister Hans Wernstorffer errichtet, stattliches, dreigeschossiges Wohnhaus zu fünf Obergeschoßachsen, spätgotischer Treppengiebel mit aufgesetzten durchbrochenen Zinnen, 15.Jh., Rauhputzdekor der Fassade von 1681, Räume im Erdgeschoß mit spätgotischen Netzrippengewölben; Innenhof mit spätgotischem Flügelbau; Torbogen an der Ländgasse; Giebel des Rückgebäudes an der Ländgasse mit gekuppelten Stichbogenöffnungen.

Der Bau dürfte wahrscheinlich auf eine Planung des Steinmetzen und Kirchenbaumeisters an St. Martin, Hanns Krumenauer, zurückgehen. Er *zählt zu den baugeschichtlich bemerkenswertesten Profanbauten in Altbaiern.* Der überaus phantasievoll gestaltete Treppengiebel gehört nicht, wie man vielleicht meinen könnte, dem ausgehenden 19. Jh. an, sondern ist bereits auf dem Kupferstich des Michael Wening von 1723 zu erkennen und dürfte in die 2. Hälfte des 16. Jhs. zurückreichen. Der *Rauhputzdekor* ist schließlich um 1681, als sich das stattliche Haus im Besitz der Grafen von Portia und

Altstadt 81, Rückgebäude

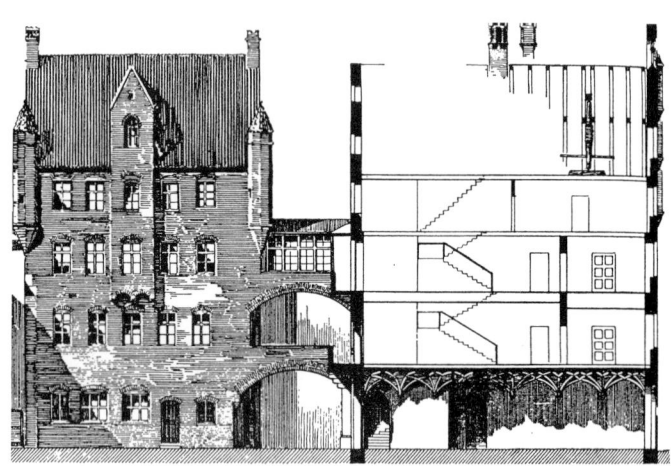

Altstadt 81, Längsschnitt und Rückgebäude

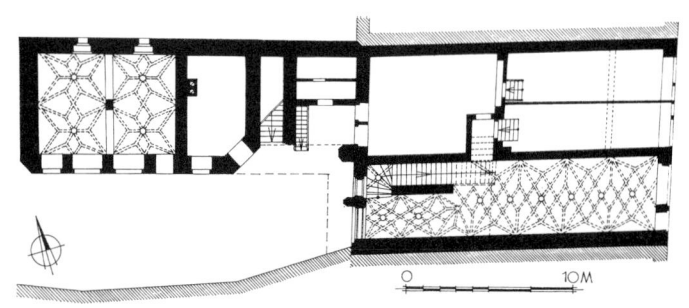

Altstadt 81, Grundriß des Erdgeschosses

Altstadt 81, sog. Pappenbergerhaus

Altstadt 49

Altstadt 79–82

Altstadt 81, Fletz im Erdgeschoß

Altstadt 81, Hofseite

Brugnara befand, an der Fassade aufgetragen worden. Das Fletz im Erdgeschoß (heute durch den Kassenraum einer Bank unterteilt) zeigt ein *spätgotisches Netzgewölbe* zu fünf Jochen. Die Schlußsteine sind mit Wappenschilden verziert, das bestimmende dabei ist das des Kammermeisters Hans Wernstorffer, der 1408 vom Kammermeisteramt der Stadt zurücktrat. Die Wappenschilde zeigen in der Mittelreihe (Ost-West-Richtung): Bayern – Wernstorffer – Österreich (?) – Schmatzhauser – Scharsacher – Hochhut. Nördliche Reihe: Spannagel – von Asch – Kröner. Südliche Reihe: Kettner – Götz – Weiß – Plank.

Das stattliche Rückgebäude gehört gleichfalls noch der Spätgotik an. Im Erdgeschoß ein zweischiffiger Raum mit einem Netzgewölbe, das über einem rechteckigen Mittelpfeiler bzw. über Wandpfeilern ansetzt. Die Gewölbeschlußsteine zeigen die Wappenschilde Pappenberger und Rökl. Das Pappenberger-Wappen gehört der gleichnamigen Familie an, die 1878–1909 Eigentümer des Hauses war und zu der Bezeichnung «*Pappenbergerhaus*» führte.

Das Haus zählte früher zu den sechs privilegierten Häusern der Stadt, die von allen Steuern und Abgaben befreit waren. Dieses Privileg geht auf ein Dekret Herzog Wilhelms IV. von Bayern aus dem Jahr 1508 zurück.

Altstadt 82. *Wohnhaus,* viergeschossig, vierachsig, geschweifter Giebel mit Dreieckaufsatz, wohl 2. Hälfte 19. Jh.

In dem Vorgängerbau wird 1578 der fürstliche Baumeister Georg Stern d. J. als Inwohner genannt.

Altstadt 85. *Wohnhaus,* dreigeschossig, mit Volutengiebel, im Kern noch 18. Jh.

Altstadt 86. *Wohnhaus,* dreigeschossig, giebelständig, Fassade mit Rauhputzdekor, 1. Hälfte 17. Jh.

Altstadt 87. *Wohnhaus,* viergeschossig, vierachsig, giebelständig, von 1878.

An dieser Stelle stand im 15. Jh. das *Wohnhaus der Ratsherrenfamilie Leoman.* Das schöne Rotmarmorepitaph des Wilhelm Leoman und seiner beiden Gemahlinnen, gemeißelt von dem Burghauser Steinmetz Franz Sickinger, ist noch an der Nordaußenwand der St.-Martins-Kirche zu sehen. 1690–1804 war hier das «*Stadt-Offiziershaus*» eingerichtet und bis 1868 dann noch die *kgl. Hauptwache.* Den Neubau von 1878 ließ der damalige Eigentümer Thomas Hinterburger ausführen.

Altstadt 88. *Wohnhaus,* fünfgeschossig, fünfachsig, Walmdach, Hausecken in Rustikaeinfassung, Fassade mit reichem Stuckdekor, von 1878/79.

Der mittelalterliche Vorgängerbau befand sich um 1470 im Besitz von Christoph Dorner, Kanzler Herzog Ludwigs des Reichen. Ein Wappenrelief Dorners ist heute noch am Postamt (Postplatz 395–397) angebracht (vgl. dort). Zur Ausführung des Neubaus von 1878/79 durch den Cafétier Georg Fischer vergleiche man den «Kurier für Niederbayern», 1879, Nr. 289. Die neoklassizistische Fassade wird durch Pilaster zu seiten der Mittelfenster akzentuiert.

Altstadt 89. *Wohn- und Geschäftshaus,* Treppengiebelbau, viergeschossig, vierachsig, 2. Hälfte 19. Jh.

Altstadt 90. *Ehemalige Gastwirtschaft,* jetzt Wohnhaus, dreigeschossig, vierachsig, Giebel in neubarocken Formen, Ende 19. Jh.

Altstadt 91. *Wohnhaus,* dreigeschossig, vierachsig, geschweifter Knickgiebel, 2. Hälfte 19. Jh.

Altstadt 92. *Wohnhaus,* viergeschossig, giebelständig, 2. Hälfte 19. Jh.

Altstadt 93. *Löwen-Apotheke,* stattlicher dreigeschossiger Bau zu sechs Obergeschoßachsen, Giebel mit Schwalbenschwanzzinnen, im Kern 17./18. Jh.

Die Apotheke war im 16. Jh. noch in den Nachbarhäusern Altstadt 95 und im 17. Jh. in Altstadt 94 eingerichtet. Erst Johann Christoph Stubenpöck, des Inneren Rats und Stadtapotheker, übertrug 1696 die Apotheke auf dieses Haus. Von der *alten Apothekeneinrichtung* sind noch Teile vorhanden. Der Giebel mit seinen hohen Schwalbenschwanzzinnen gehört aber erst der 2. Hälfte des 19. Jhs. an.

Altstadt 94/95. *Eckhaus,* viergeschossig mit Walmdach, Fassade durch Pilaster gegliedert, erbaut von Johann Baptist Bernlochner, Mitte 19. Jh.

Mitte des 19. Jhs. wurden die Häuser Altstadt 94 und 95 aus Anlaß des Neubaus des damaligen «*Sebaldbräus*» durch Maurermeister Bernlochner baulich vereinigt. Die drei Obergeschosse sind durch korinthische Pilaster gegliedert. Der Bau in der Nachfolge Klenzes ist eines der Hauptwerke *Bernlochners.*

Altstadt 51

Altstadt 82

Altstadt 85

Altstadt 86

Altstadt 87

Altstadt 83–95

Altstadt 88

Altstadt 89

Altstadt 90

Altstadt 94/95

Altstadt 97. *Heilig-Geist-Spital,* weitläufiger dreigeschossiger Gebäudekomplex mit Walmdach um einen geschlossenen rechteckigen Innenhof, 1208 erstmals urkundlich erwähnt, im Kern z.T. noch spätmittelalterlich, durchgreifender Umbau 1722–1728 durch die Baumeister Hirschstetter und Eheham, mit historischer Ausstattung; im Ostflügel *Hauskapelle,* mit Ausstattung; im Westflügel sog. «*Krankenkapelle*»; mit Ausstattung.

Das Heilig-Geist-Spital findet bereits vier Jahre nach der Stadtgründung urkundliche Erwähnung. Es lag damals noch außerhalb der Stadt und wurde erst um 1350 mit der letzten Erweiterung der mittelalterlichen Stadt in den Bering einbezogen. Das Spitalgebäude bestand einst, wie das Stadtmodell Jakob Sandtners von 1571 ausweist, aus drei langgestreckten spitzgiebeligen Gebäuden. Diese spätgotischen Bauten wurden 1722 abgebrochen. Den barocken, heute noch vorhandenen Neubau erstellten bis 1728 Hofmaurermeister Johann Georg Hirschstetter zusammen mit dem Stadtmaurermeister Martin Eheham.

Zu dem vierflügeligen Spitalkomplex haben sich im rückwärtigen Bereich noch einige Nebengebäude der gotischen Anlage erhalten. Die Sonnenuhr von 1728 an der Straßenfront mit ihrer gemalten Umrahmung stellt einen Gnadenstuhl dar.

In die Nordostecke des Ostflügels wurde eine Hauskapelle eingebaut, ein rechteckiger Raum zu drei Jochen mit Stichkappentonne. Im Westflügel des Heilig-Geist-Spitals ist noch eine weitere Kapelle, die «Krankenkapelle» vorhanden.

Die früher im Spital aufbewahrte Holzgruppe einer Marienkrönung aus der Zeit um 1520 schmückt heute den Altar der Heiliggeist-Spitalkirche. Der Altar der Hauskapelle stammt von 1728, das ursprüngliche Altarbild ist verschollen und soll im Zuge der gegenwärtigen Restaurierung durch ein barockes Altarblatt mit der Taufe Christi, das wohl von einem Seitenaltar der Heiliggeist-Spitalkirche stammt, ersetzt werden. Von guter Qualität die Seitenfiguren der Hll. Elisabeth und Margaret. An der Westinnenwand spätgotisches Kruzifix, um 1520. Im Spital werden außerdem noch ein Hl. Joseph, ausgeführt um 1740 von dem Griesbacher Bildhauer Wenzel Jorhan, sowie ein Hl. Joachim aufbewahrt, der sich stilistisch dem Werk des Landshuter Rokoko-Bildhauers Christian Jorhan d. Ä. zuordnen läßt.

Altstadt 97, Hauskapelle des Heilig-Geist-Spitals

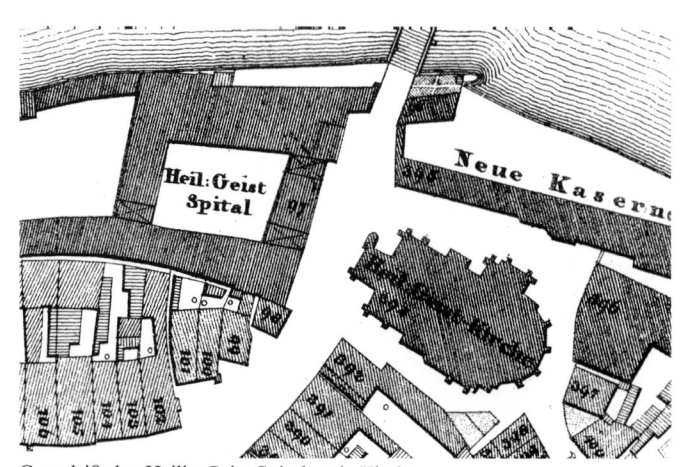

Grundriß des Heilig-Geist-Spitals mit Kirche

Heilig-Geist-Spital, Altar in der Hauskapelle

Altstadt 97, Heilig-Geist-Spital, Westansicht von der Isarpromenade her

Altstadt 97, Heilig-Geist-Spital, Ostansicht

Altstadt 102. *Wohnhaus,* dreigeschossig, vierachsig, Giebel in barocken Formen, 2. Hälfte 19. Jh.

Der Ausleger bezieht sich auf den Nagelschmied Georg Strasser, der 1865–1902 Eigentümer des Hauses war. Das Gewerbe eines Nagelschmieds ist auf diesem Anwesen seit 1748 nachweisbar.

Altstadt 103. *Wohnhaus,* dreigeschossig, Giebel mit Schwalbenschwanzzinnen, 19. Jh.

Altstadt 104. *Wohnhaus,* dreigeschossig, Giebel mit neugotischen Zinnen, von 1870.

Altstadt 105. *Ehemalige Gastwirtschaft,* jetzt Wohn- und Geschäftshaus, dreigeschossig, vierachsig. Giebel mit dreistufiger Scheitelzinne, 2. Hälfte 19. Jh.

Schon seit dem 15. Jh. bestand hier eine Gastwirtschaft, die im 19. Jh. unter dem Namen «*Zum wilden Mann*» bzw. «*Heiglbräu*» bekannt war.

Altstadt 106. *Wohnhaus,* dreigeschossig, vierachsig, geschweifter Giebel, wohl 19. Jh.

Die Beckengerechtigkeit läßt sich auf diesem Haus bis ins Jahr 1624 zurückverfolgen.

Altstadt 107. «*Gasthof zum Krenkl*», zweigeschossiger Bau zu fünf Obergeschoßachsen, geschweifter Knickgiebel, 19. Jh.

Der Name ist auf den Lohnkutscher Xaver Krenkl zurückzuführen, der zur Zeit von König Ludwig I. von Bayern ein bekanntes Münchner Original war. Krenkl wurde in diesem Haus zu Anfang des 19. Jhs. als Sohn des Kleinuhrmachers Xaver Krenkl geboren.

Altstadt 108. *Wohnhaus,* viergeschossig, mit Volutengiebel, 2. Hälfte 19. Jh.

Altstadt 178/179. *Gasthof Moserbräu*, dreigeschossiger Bau zu sieben Obergeschoßachsen, mit Walmdach, im Kern 17./18. Jh., Mittel 19. Jh. umgestaltet; an der Hofseite Lauben.

Der Name «*Moserbräu*» geht auf den Bierbrauer Kaspar Moser zurück, der 1749–1765 Eigentümer des Gasthofs war.

Altstadt 107

Altstadt 108

Altstadt 178/179, hofseitige Arkaden

Altstadt 102–106 (von rechts nach links)

Altstadt 178/179

Altstadt 94/95 (Bank), Ländgasse 109 sowie Altstadt 108, 107 und 106

Altstadt 180. *Wohnhaus,* stattlicher dreigeschossiger Bau mit Erker und Volutengiebel, kreuzgratgewölbte Tordurchfahrt, im 1. Obergeschoß Räume mit spätgotischen Balkendecken; geschnitzte Barocktüren, um 1700, Anbau zweigeschossig, im Kern spätgotisch, 15. Jh., sonst barock, 18. Jh.

Das Haus, das sich vom letzten Viertel des 15. Jhs. bis 1615 im Besitz der Familie von Preysing befand, zählte seit alters zu den gefreiten Adelshäusern der Stadt. Ein Rokokosaal aus diesem Haus, und zwar aus der Zeit, als der kurfürstliche Regierungsrat Freiherr von Stromer Eigentümer war, befindet sich heute im Bayerischen Nationalmuseum in München.

Altstadt 191. *Wohnhaus,* dreigeschossiger Eckbau mit Giebel, 19. Jh., Lauben mit Kreuzgratgewölben, 17. Jh.

Altstadt 192. *Wohnhaus,* dreigeschossig, zweiachsig, Giebel spitz abschließend, mit Voluten, Lauben, im Kern wohl 17./18. Jh., Fassade 19. Jh.

Der Vorgängerbau befand sich 1488 im Besitz des Zinn- und Glockengießers Andre Mannsteiner. Als Inwohner in der Zeit der Renaissance werden u. a. der Goldschmied Andre Hueber, der aus Brüssel in Brabant stammende Engelhard de Pee, dann Samuel Umpach und Friedrich Moll erwähnt. Die zuletztgenannten drei Meister waren Maler.

Altstadt 193. *Wohnhaus,* viergeschossig, vierachsig, mit Volutengiebel, im Kern wohl 2. Hälfte 17. Jh., Fassade 2. Hälfte 19. Jh.

Altstadt 194. *Wohnhaus,* dreigeschossig, vierachsig, Giebel in barocken Formen, von 1878; Lauben, mit Flachdecke.

Bei diesem Haus sowie dem Nachbarhaus Altstadt 193 schloß früher einmal das 1410 abgebrochene *Judentor* an, das die Altstadt nach Süden hin abriegelte. Aus diesem Grund fehlen die Lauben bei Altstadt 193. Bei dem Haus Altstadt 194 wurden sie hingegen im 18. Jh. ergänzt.

Altstadt 195–197. *Gasthaus Ainmiller,* stattlicher mehrgeschossiger Bau, durch Zusammenziehung dreier Häuser entstanden, 15. Jh., 1846, 1877, Lauben z. T. noch mit spätgotischem Kreuzrippengewölbe, neugotischer Treppengiebel.

Den stattlichen Gasthof mit seinen drei Treppengiebeln ließ der vermögende Bierbrauer Josef Bals 1844 mit der neugotischen Fassade versehen. Der mittlere Teil des Baus steht dabei an der Stelle des früheren *Patrizierhauses der Glabsperger,* das dann im 16.–18. Jh. ein Weingasthof war. Der alte Wirtshausname «*Zur goldenen Traube*» ist heute weitgehend vergessen und durch den Namen «*Gasthof Ainmiller*» – benannt nach dem Bierbrauer Max Ainmiller – verdrängt worden. 1984 durchgreifender Umbau des gesamten Baukomplexes.

Altstadt 195–197, Allianzwappen am Gasthaus Ainmiller

Altstadt 191–193

Altstadt 195–197, Lauben

Altstadt 191–197 (von rechts nach links)

Altstadt 195–197, Gasthaus Ainmiller

Altstadt 195–197, Hofansicht

Altstadt 216. *Sog. Auerhaus,* stattlicher dreigeschossiger Eckbau zu sieben Obergeschoßachsen, geschweifter Giebel mit Zinnen, im Kern 2. Hälfte 15. Jh., sonst Neubau von 1878, Lauben mit spätgotischem Sterngewölbe.

Das frühere *Fideikommißhaus der Grafen Törring* wurde um 1877 teilweise abgebrochen und 1878 von dem vermögenden Kaufmann und Kommerzienrat Josef Auer neu erbaut. Der Zeit der Spätgotik gehören aber noch die Lauben mit ihren vier Jochen und dem Sterngewölbe an, ebenso das große stichbogige Tor mit seinem reichprofilierten Gewände sowie ein Raum im Erdgeschoß mit drei Sterngewölbejochen. Der Überlieferung nach soll dieser Raum einmal eine Hauskapelle gewesen sein. – Umfassende bauliche Sanierung 1978/79.

Altstadt 217. *Ehemaliges Grab-Christi-Bruderschaftshaus,* stattlicher viergeschossiger Bau zu sechs Obergeschoßachsen, mit Volutengiebel, Lauben im Kern noch 17./18. Jh., sonst 19. Jh.

Das Haus gehörte 1698–1807 der angesehenen Grab-Christi-Bruderschaft, die 1606 von Wolfgang Sigismund von Haunsperg, der in Jerusalem zum Ritter geschlagen worden war, bei St. Martin gegründet wurde. *Das Haus zählt zu den bemerkenswertesten Barockbauten von Landshut.* – Durchgreifende bauliche Sanierung 1978/79.

Altstadt 218. *Ehemalige Neue Propstei des Kollegiatstifts St. Martin und Kastulus,* stattlicher dreigeschossiger Bau mit Walmdach, errichtet 1710 von Antonio Riva, Lauben mit Kreuzgratgewölben.

Der Eckbau ist aus der Zusammenlegung dreier, ursprünglich voneinander getrennter Hausparzellen entstanden. Das Haus 218 b, das eigentliche Eckhaus, gehörte dabei im letzten Viertel des 15. Jhs. dem 1491 verstorbenen Fernhandelskaufmann Walther vom Feld, der aus Hertogenbosch in den Niederlanden stammte. Walther vom Feld ist der Stifter des Landshuter Blatternhauses und der noch bestehenden Rochuskapelle. Sein Rotmarmorepitaph, das der Augsburger Bildhauer Hanns Peurlin d.M. ausführte, ist noch in der neben diesem Haus stehenden Frauenkapelle zu sehen.

Der von dem aus Graubünden stammenden Maurermeister Antonio Riva wohl schon um 1683 entworfene Bau besitzt oberitalienisches Gepräge. Die Bauausführung besorgte Maurermeister Wolf Eheham. Der Bau hat Lauben, ein großes Vestibül mit Spiegeldecke sowie ein aufwendig gestaltetes Treppenhaus mit einer dreiarmigen, gebrochenen Podesttreppe, die von sechs Pfeilern getragen wird.

Nach der Aufhebung des Kollegiatstifts im Jahr 1803 ging die *Neue Propstei* im Zuge der Säkularisation in den Besitz des Staates über, der dort das *Kreis- und Stadtgericht* unterbrachte. Später hatte dann das *Bezirksamt* und bis vor kurzem noch das *Landratsamt* des Landkreises Landshut hier seinen Sitz.

Altstadt 216

Altstadt 216, ehem. Hauskapelle

Altstadt 216–218 (von rechts nach links)

Altstadt 218, Erdgeschoßhalle in der früheren Propstei des Kollegiatstifts St. Martin und Kastulus

Altstadt 219. *Kath. Stadtpfarr- und Kollegiatstiftskirche St. Martin und Kastulus,* spätgotische Hallenkirche mit Westturm. Baubeginn um 1380, vollendet zu Anfang des 16. Jhs., errichtet nach Plänen der Werkmeister Hanns Krumenauer, Hanns Purghauser («Meister Hanns von Burghausen»), Hanns Stethaimer und Stefan Purghauser; mit Ausstattung.

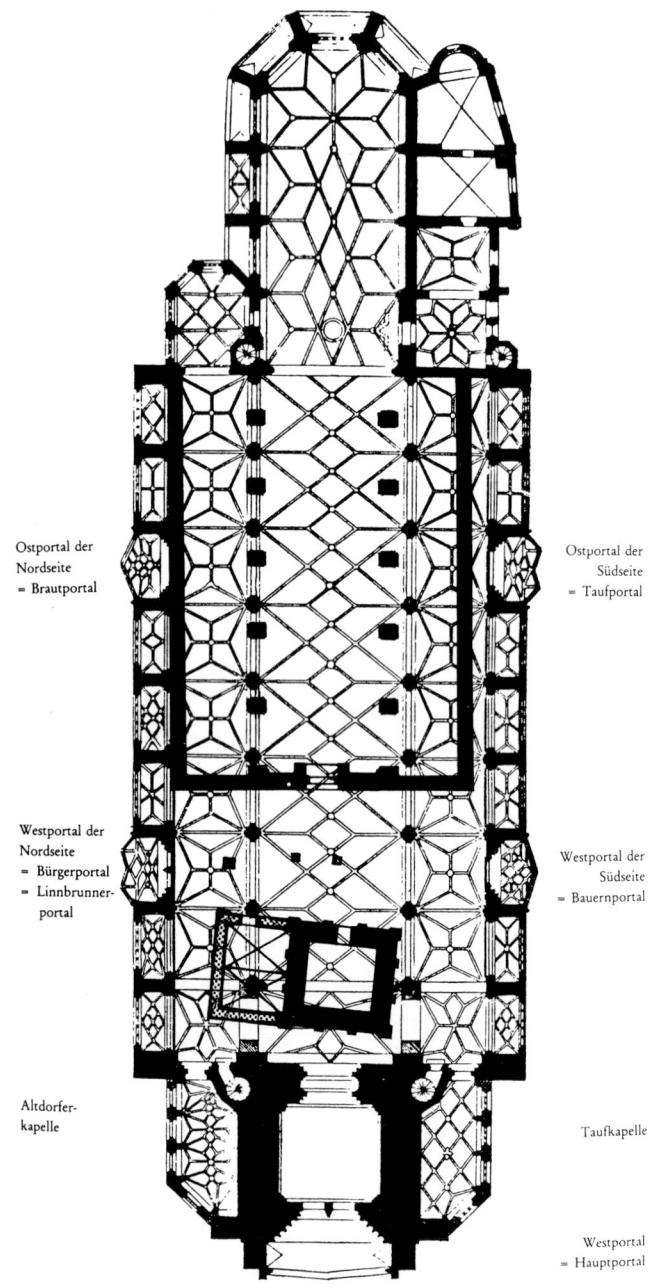

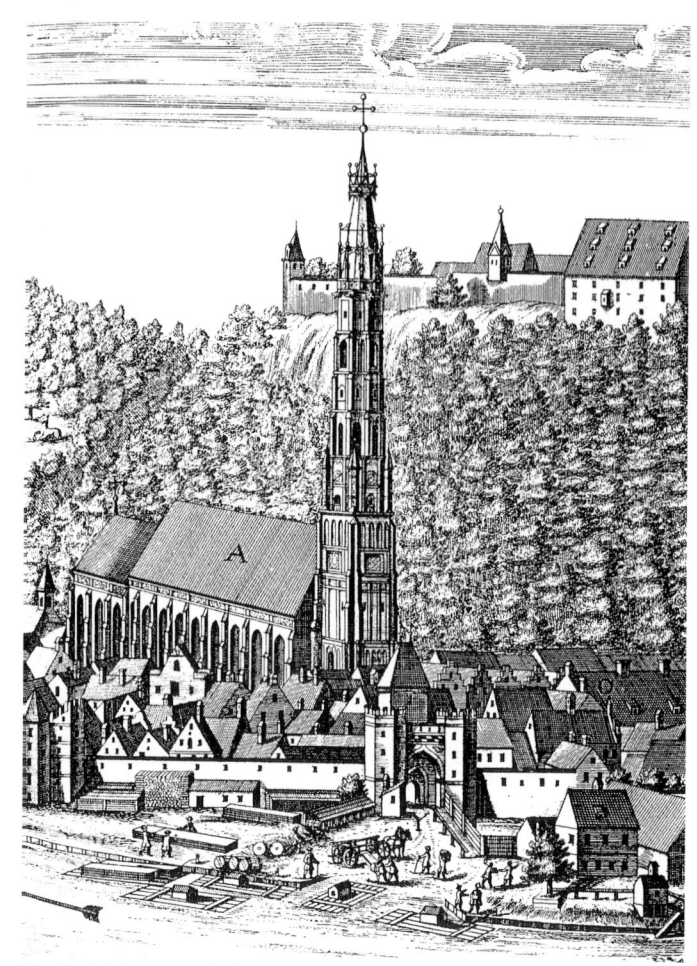

Martinskirche, Ausschnitt aus dem Kupferstich des Michael Wening, 1723

Martinskirche, Grundriß mit dem eingezeichneten Vorgängerbau (nach Grabungsbefund)

Die heutige Martinskirche steht am Platz eines älteren Vorgängerbaus, der schon bei der Gründung der Stadt (1204) errichtet worden sein muß. 1980 stieß man auf Reste einer spätromanischen Basilika von etwa 50 Metern Länge und 27 Metern Breite. Vor der Westfront stand damals isoliert der Turm und eine nördlich davon angebaute Kapelle.

Altstadt 219, Kath. Stadtpfarr- und Stiftskirche St. Martin und Kastulus

Altstadt 61

Martinskirche, östliches Seitenportal der Nordseite

Martinskirche, westliches Seitenportal der Nordseite

Martinskirche, Figur des Kirchenpatrons am Westportal

Martinskirche, Westportal

Das freigelegte Westportal ist jetzt über eine Wendeltreppe vom Langhaus aus zugänglich. – Der Baubeginn des heutigen spätgotischen Kirchenbaus von St. Martin kann in die Zeit um 1385 datiert werden. In einer Urkunde von 1389 wird erstmals ein «maister Hanns, itzt pawmaister zw sand martein», genannt. Hierbei handelt es sich um den späteren Passauer Dombaumeister *Hanns Krumenauer*. Von Krumenauer stammt wohl der Plan für den Kirchenbau und

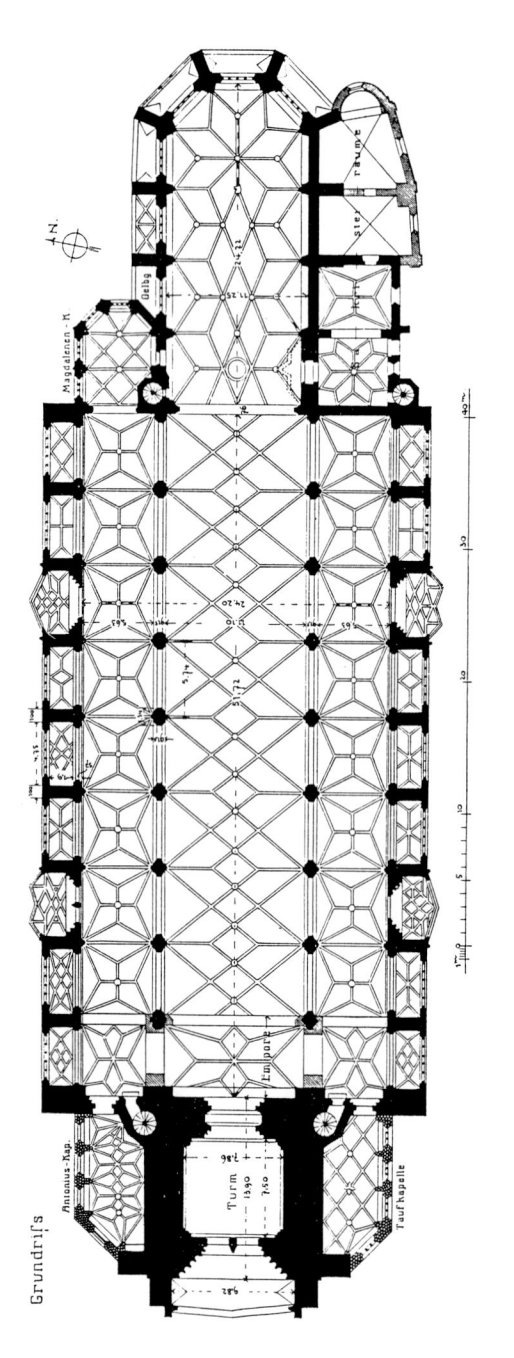

Martinskirche, Grundriß

Martinskirche, Gewölbe im Mittelschiff des Langhauses

unter seiner Oberleitung entstand auch der Chorbau. Sein Nachfolger an der Werkhütte von St. Martin war der *berühmte Kirchenbaumeister Hanns Purghauser* («Meister Hanns von Burghausen»). Unter ihm wurden die ersten sieben Joche des Langhauses errichtet. Die beiden letzten Joche nach Westen zu können hingegen erst unter dem *dritten Baumeister* an St. Martin ausgeführt worden sein, dem Maler und «Werkmeister der Gotteshäuser und der

Martinskirche, Blick in das Mittelschiff

Altstadt 219, Kath. Stadtpfarr- und Stiftskirche St. Martin und Kastulus, Blick durch das Mittelschiff in Richtung des Chors

64　Altstadt

Stadt Landshut», der den Namen *Hanns Stethaimer* führte. Unter Stethaimers Leitung wurde auch der Turmbau sowie die Ausführung des großen Westportals unternommen. Die oberen Geschosse des Turms, erst nach dem Tod Hanns Stethaimers († um 1460/61) ausgeführt, schreibt man heute *Stefan Purghauser, dem vierten Baumeister an St. Martin,* zu. Der Turm war 1495, wie der Stadtchronist Veit Arnpeck schreibt, noch nicht vollendet. Erst gegen 1500 erhielt er seine Spitze und ist mit seinen 130,6 Metern der höchste Ziegelsteinturm der Welt. 1596 wurde das Kollegiatstift St. Kastulus von Moosburg nach Landshut verlegt, wodurch St. Martin zur *Stiftskirche* erhoben wurde.

St. Martin ist eine dreischiffige spätgotische **Hallenkirche** mit einem eingezogenen einschiffigen Chor. Der vierjochige **Chor** mit 5/8-Schluß hat fast die Höhe des Langhauses. Die Netzgewölbe setzen hier über profilierten Wanddiensten an, die den Wandpfeilern mit abgeschrägten Ecken vorgelegt sind. Die hohen Spitzbogenfenster sind vierbahnig und besitzen reichfiguriertes Maßwerk mit Fischblasen und Pässen. – Das **Langhaus**, dessen Seitenschiffe einen geraden Schluß aufweisen, hat neun Joche. An das Ostende des

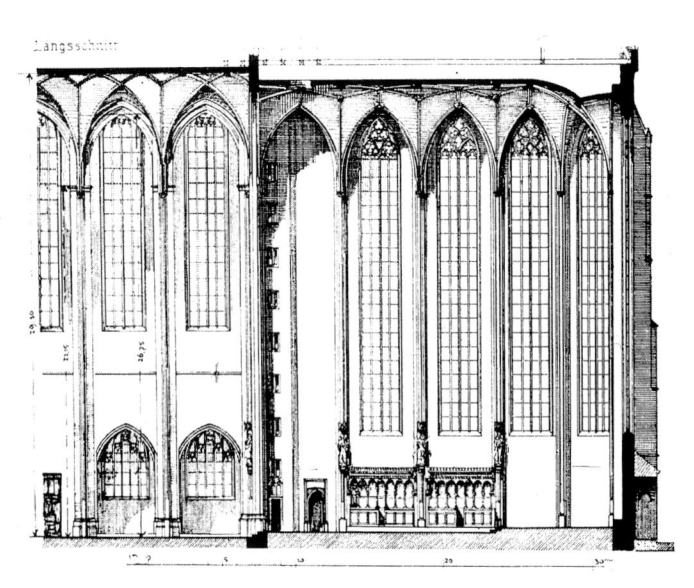

Martinskirche, Längsschnitt des Chors

Martinskirche, Rosenkranzmadonna, Hans Leinberger, um 1520

nördlichen Seitenschiffs schließt sich die Magdalenenkapelle an, die auf eine Stiftung des Patriziergeschlechts derer von Asch im Jahr 1390 zurückgeht. Die vier **Seitenportale**, das Brautportal, das Taufportal, das Bauernportal und das Bürger- oder Linnbrunnerportal wurden in der Zeit zwischen 1410 und 1429 ausgeführt, das mächtige **Westportal** wohl erst 1452. An die Nordseite des Turms ist die Altdorferkapelle (Antoniuskapelle) und an dessen Südseite die Taufkapelle angebaut. Die **Sakristei**, bestehend aus dem spätgotischen Raum zu zwei Jochen sowie der barocken Erweiterung, fügt sich harmonisch an die Südseite des Chors an. – Das äußere Erscheinungsbild von St. Martin wird durch das unverputzte Ziegelmauerwerk bestimmt. Nur an den Portalen und einigen weiteren Bauteilen tritt Werkstein in Erscheinung. Das untere Drittel der Strebepfeiler des Langhauses wird durch den Kapellenkranz miteinander verbunden.

Martinskirche, südliches Seitenschiff

Martinskirche, Chorbogenkruzifix, Michel Erhart, um 1495

Martinskirche, Relief am Chorgestühl

Martinskirche, Chorgestühl, südliche Hälfte

Martinskirche, Hochaltar

Die Kirche besitzt eine reiche und künstlerisch hervorragende Ausstattung. Eine besondere Kostbarkeit ist der Hochaltar, ein steinernes Retabel aus den dreißiger Jahren des 15. Jhs., dessen Ausführung dem Werkmeister Hanns Stethaimer zuzuschreiben ist. Die Kanzel ist laut Inschrift 1429 errichtet worden. Das reich geschnitzte Chorgestühl aus der Zeit um 1500 ist das schönste seiner Art in Niederbayern. Bei der Ausführung der geschnitzten Reliefs und Figürchen denkt man an den Landshuter Bildschnitzer Andre Taubenpeck. Das große Chorbogenkruzifix von 1495 schildert Veit Arnpeck mit den Worten: «Imago crucifixi magni pretii, cui similis vix in orbe reperitur.» Es wurde von dem Ulmer Bildschnitzer Michel Erhart in ähnlicher Weise wie sein berühmtes Kruzifix von Schwäbisch Hall ausgeführt. An der östlichen Stirnwand des südlichen Seitenschiffs ist heute die berühmte Rosenkranzmadonna des Landshuter Bildschnitzers Hans Leinberger angebracht. Die überlebensgroße Marienfigur hat sich früher in der Dominikanerklosterkirche befunden. Von Leinbergers Hand stammen auch das Rorer- und das Nothaft-Epitaph in St. Martin. Hervorzuheben sind die stattlichen Grabdenkmäler der

Martinskirche, spätgot. Wandfresko «Christus am Ölberg»

Martinskirche, Nordwestansicht

Martinskirche, Epitaph für den fürstl. bayer. Rat Wolf von und zu Asch († 1580), von Hans Werner

Altstadt 67

Martinskirche, spätgot. Figur „Christus in der Rast"

Martinskirche, Musikchörlein im Altarraum

Martinskirche, Epitaph für Hans Veit von Törring († 1582), von Christoph Kofler

Martinskirche, Grabmal für den Kanzler Doktor Augustin Baumgartner († 1599)

Martinskirche, Turm, Ansicht und Schnitt

Martinskirche, Kupferstich von Michael Wening, 1723

Tonfiguren am östlichen Seitenportal der Nordseite, Hl. Bischof und Hl. Matthäus

Martinskirche, Epitaph für den Kirchenbaumeister Hanns Purghauser († 1432), von Hanns Stethaimer

Malereien von 1580 im Turmhelm

Dienstfiguren aus Ton im Langhaus, Hl. Maria und Hl. Jakobus

Epitaph für den Kanzler Doktor Wolfgang Viehbeck († 1576), von Hans Werner

Grabplatte für den Kanzler Doktor Martin Mair († 1481), von Matthäus Haldner

Landshuter Kanzler, darunter die des Doktors Martin Mair († 1481), ein Werk des Münchner Steinmetzen Matthäus Haldner, des Doktors Wolfgang Viehbeck († 1576) von Hans Werner und des Augustin Baumgartner († 1599) von Hans Maas, außerdem die «Rittergrabsteine» des herzoglichen Landschreibers Caspar Flitzinger († 1440) von Hanns Stethaimer, des herzoglichen Rats Wolf von Asch zu Asch († 1589) von Hans Werner und des Hans Veit von Törring († 1582) von Christoph Kofler. Das prachtvolle Rotmarmorepitaph des Bischofs Georg Altdorfer von Chiemsee († 1495) schuf der Augsburger Bildschnitzer Hanns Peurlin d. M. Der Burghauser Steinmetz Franz Sickinger ist hier mit den Epitaphien der Patrizierfamilien Schweibermair, Schilthack, Leoman und Hammerpeck vertreten. Die gefaßten Tonfiguren an den Diensten der beiden Seitenschiffe werden in die Zeit zwischen 1460 und 1480 datiert. Ein wichtiges Kunst- und Geschichtsdenkmal ist schließlich der Gedenkstein des Kirchenbaumeisters Hanns Purghauser († 1432) an der Südseite von St. Martin, das von dessen Nachfolger Hanns Stethaimer ausgeführt wurde. Es zeigt die Kopfbüste des Baumeisters und darunter eine Gedenktafel, die die Hauptwerke des Meisters aufzählt.

St. Martin gehört zu den bedeutendsten Kirchenbauten der Spätgotik auf altbairischem Boden. Mindestens fünf bedeutende Baumeister waren an ihm tätig: Hanns Krumenauer, Hanns Purghauser, Hanns Stethaimer und Stefan Purghauser. Der fünfte Baumeister ist nicht mit Namen bekannt, – es könnte vielleicht Stefan Westholzer gewesen sein. Der Bau und seine hervorragende Ausstattung bilden eine Einheit und erheben St. Martin zu einem Kunstwerk von europäischem Rang.

Konsolbüste in der Taufkapelle bei St. Martin

Chor von St. Martin mit Magdalenenkapelle

Gewölbe in der Taufkapelle bei St. Martin

Ausschnitt des Epitaphs für Bischof Georg Altdorfer von Chiemsee († 1495), von Hans Peurlin d. M.

Altdorferkapelle am Turm von St. Martin

Altdorferkapelle bei St. Martin

Altstadt 252. *Wohnhaus,* dreigeschossiger Eckbau mit Zinnengiebel, Fassade mit Rauhputzdekor, im Kern wohl um 1600, Lauben mit Kreuzgratgewölben.

Nach Staudenraus soll in dem Haus früher die Jahreszahl 1553 zu lesen gewesen sein; sie ist heute jedoch nicht mehr auffindbar.

Altstadt 253. *Wohnhaus,* viergeschossiger Bau mit hochgezogener Attika, Fenster mit verschiedenen Verdachungen, Erdgeschoß mit Rustikaverkleidung und Lauben, z.T. mit Kreuzrippengewölben, im Kern 16./17. Jh.

Altstadt 254. *Wohnhaus,* viergeschossiger Bau mit Mezzaningeschoß und hochgezogener Attika. Lauben mit Kreuzgratgewölbe, im Kern 16./17. Jh.

Altstadt 255. *Wohnhaus,* dreigeschossig, mit Treppengiebel, Lauben mit Kreuzrippengewölben, im Kern wohl noch spätmittelalterlich.

Der Vorgängerbau war das *Wohnhaus der Ratsfamilie der Schweibermair.* Das Rotmarmorepitaph dieses Geschlechts, (um 1493) von dem Burghauser Steinmetz Franz Sickinger, befindet sich heute in einer Seitenkapelle im südlichen Seitenschiff der Martinskirche.

Altstadt 256. *Wohnhaus,* dreigeschossig, Giebel mit Scheitelzinne, 2. Hälfte 19. Jh., Lauben mit Kreuzgratgewölben.

Altstadt 257. *Wohnhaus,* viergeschossig, giebelständig, 2. Hälfte 19. Jh., Lauben mit Flachdecke.

In einem Vorgängerbau an dieser Stelle befand sich im 3. Viertel des 15. Jhs. die *Werkstatt des bedeutenden Bildschnitzers Heinrich Helmschrot.* Von ihm stammen u.a. die Madonna in der Landshuter Frauenkapelle und die Skulpturen und Reliefs an den bekannten Flügelaltären von Gelbersdorf und Heiligenstadt bei Gangkofen. Sein Hauptwerk, der Hochaltar der Stiftskirche St. Wolfgang bei Dorfen, ist leider nur mehr in Teilen erhalten.

Altstadt 258. *Wohnhaus,* dreigeschossig, vierachsig, Giebel mit Zinnen, im Kern teilweise noch 16. Jh., sonst von 1877, Lauben mit Kreuzgratgewölbe.

Die kreuzgratgewölbten Lauben sowie der Renaissancegiebel lassen darauf schließen, daß beim Neubau von 1877 einige Teile des älteren Baus übernommen und in den Neubau integriert wurden.

Altstadt 254, Lauben

Altstadt 252

Altstadt 255, Lauben

Altstadt 252 und 253 (von rechts nach links). Im Hintergrund die Martinskirche

Altstadt 254–258 (von rechts nach links)

Altstadt 259. *Wohnhaus,* dreigeschossig, sechsachsig, mit Krüppelwalmdach, im Kern Anfang 15. Jh., Lauben mit spätgotischen Kreuzrippengewölben; Innenhof mit Flügelbau der Barockzeit und umlaufenden Holzgalerien.

Das mittelalterliche *Haus des Spannagel «unter den Kramen»* wird bereits in einer Urkunde vom 3. Februar 1426 erwähnt. Bis in unsere Zeit hinein diente es Kaufleuten als Niederlassung. Das Erdgeschoß des Hauses ist in der Mittelachse durch einen gewölbten Flur unterteilt, der zu einem Innenhof führt. Die drei Kreuzjoche zeigen Birnstabrippen und Schlußsteine mit langen Spitzschilden, deren aufgemalte Wappen nur z. T. bestimmbar sind. Im Vorplatz des ersten Obergeschosses hat sich noch eine spätgotische Balkendecke mit gefasten Kanten erhalten. Im Jahr 1575 ist der Buchdrucker Martin Apian in diesem Haus als Inwohner belegt. Er war ein Vetter des bekannten Philipp Apian, der 1568 in Ingolstadt die bayerischen Landtafeln drucken ließ.

Altstadt 260. *Wohnhaus,* dreigeschossiger Bau mit Walmdach, Fassade mit Pilastern auf Konsolen, Lauben mit Kreuzgratgewölben, Ende 18. Jh., im Kern wohl älter, im Hof Galerie mit toskanischen Säulen.

Altes Kaufmannshaus mit klassizistischer Fassade. Die dreiachsige Front öffnet sich im Erdgeschoß mit barocken, rundbogigen Arkaden, hinter denen sich die Lauben befinden. Die Obergeschosse werden durch bossierte Pilaster gegliedert, in den Brüstungsfeldern der Fenster Gehänge aus Stuck. Ein durchlaufender Fries mit Hirschschädeln und Fruchtgehängen bildet den oberen Abschluß zum Konsolengesims. Die Attika mit der Mittelerhebung, die der Maskierung des Walmdachs dient, gehört noch der barocken Bauphase an. Von 1704 bis 1761 befand sich das Haus im Besitz der angesehenen Patrizierfamilie der Oberndorfer, aus der drei Bürgermeister der Stadt hervorgingen. Das Geschlecht besaß in der kath. Stadtpfarrkirche St. Jodok eine eigene Kapelle und Grablege.

Altstadt 261. *Wohnhaus,* dreigeschossig, Giebel mit Scheitelzinne, Fassade 2. Hälfte 19. Jh., der Bau im Kern wohl älter, Lauben.

Altes Kaufmannshaus. Ein Schlußstein von den Lauben, der noch aus der Zeit der Spätgotik stammt, ist heute im Stadt- und Kreismuseum Landshut zu besichtigen.

Altstadt 262. *Wohnhaus,* viergeschossiges Eckhaus mit Treppengiebel, 2. Hälfte 19. Jh., Lauben mit Flachdecke.

Altstadt 295. *Wohnhaus,* dreigeschossiges Eckhaus, geschweifter Giebel mit Dreiecksaufsatz, 2. Hälfte 17. Jh., Kreuzgratgewölbe.

An dieser Stelle standen bis 1634 noch drei Häuser. Das Haus Altstadt 295c ist damals abgebrannt und wurde anschließend abgebrochen. Um 1666 wurde auch noch das Nachbarhaus Altstadt 295a niedergelegt. Schon bald darauf ließ der Patrizier und Bürgermeister Gregor Kray den barocken Neubau errichten.

Altstadt 259, Lauben

Altstadt 259, Galerie am rückwärtigen Flügelbau

Altstadt 260, Lauben

Altstadt 259–262 (von rechts nach links)

Altstadt 295

Altstadt 260

Altstadt 295 ¹/₂**–296.** *Wohnhaus,* stattlicher viergeschossiger Bau zu vier doppelten Obergeschoßachsen, giebelständig, Fassade gegliedert durch korinthische Pilaster, baulich vereinigt 1897, Lauben mit Flachdecke.

Hier befanden sich ursprünglich drei Häuser, von denen Altstadt 295a und 295b dem Brand von 1634 zum Opfer fielen. Um 1667 ließ der Bürgermeister Gregor Kray an dieser Stelle ein Wohnhaus erbauen, das bis 1808 die Hausnummer Altstadt 295 ¹/₂ führte. Die bauliche Vereinigung mit dem Nachbarhaus Altstadt 296 erfolgte schließlich 1897.

Altstadt 297. *Wohnhaus,* viergeschossig, vierachsig, barocker Giebel, im Kern 17./18. Jh., Lauben mit Kreuzgratgewölben.

Altstadt 298. *Wohnhaus,* viergeschossig, zweiachsig, mit neugotischem Zinnengiebel, 1877, im Kern spätmittelalterlich, Lauben mit Kreuzrippengewölben.

Altstadt 299. *Ehem. Patrizierhaus der Oberndorfer,* dreigeschossig, sechsachsig, barocker Giebel, im Kern mittelalterlich, Lauben mit spätgotischen Sterngewölben, barockes Treppenhaus; am Innenhof Flügelbauten mit mehrgeschossigen Arkaden, 17. Jh.

Altes Kaufmannshaus, das in der 2. Hälfte des 15. Jhs. dem Patrizier und Bürgermeister Oswald Oberndorfer gehörte. Im 16. Jh. werden als Eigentümer der fürstliche Kammerrat und Rentmeister Stefan Trainer sowie der fürstliche Rat und Oberrichter Hans Albrecht von Preysing genannt. – Der rechteckige Hauptstock des Gebäudes liegt nach der Altstadt zu; daran schließt sich an der Nordseite des schmalen Innenhofs ein tiefer Hofflügel an. Ein kleiner Querflügel bildet die östliche Begrenzung. Bemerkenswert ist das Treppenhaus mit seiner dreiarmigen Podesttreppe, auf toskanischen Pfeilern und seinem Geländer aus kräftigen Holzbalustern. Im Flur Nische mit barocker Immakulata-Figur. – Der Hofflügel ist in die 1. Hälfte des 17. Jhs. zu datieren. Das Erdgeschoß öffnet sich mit neun rundbogigen Arkaden auf Pfeilern, das 1. Obergeschoß mit stichbogigen Arkaden über ionischen Säulen und das 2. Obergeschoß mit stichbogigen Arkaden über Sechseckpfeilern.

Altstadt 299, ehem. Patrizierhaus der Oberndorfer

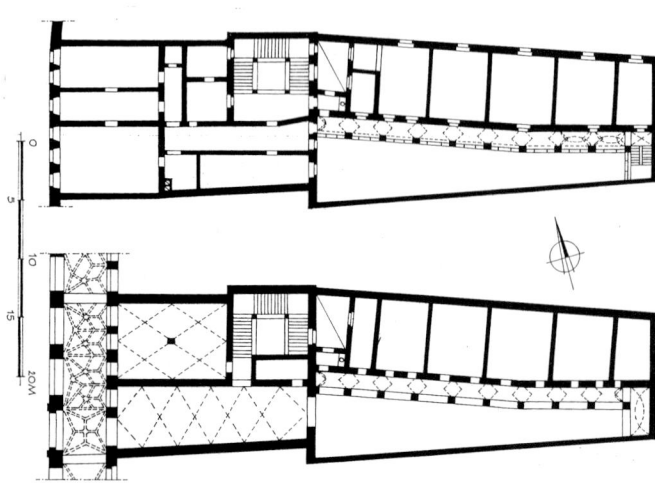

Altstadt 299, Grundrisse des Erd- und ersten Obergeschosses

Altstadt 299, Lauben

Altstadt 77

Altstadt 295–298 (von rechts nach links)

Altstadt 299, barockes Treppenhaus

Altstadt 299, vermäuerte Arkaden am Flügelbau

Altstadt 300. *Sog. Grasbergerhaus, ehemaliges Patrizierhaus der Oberndorfer,* stattlicher dreigeschossiger Bau zu fünf Obergeschoßachsen, Stufengiebel mit Blenden, erbaut 1453, Lauben mit spätgotischen Netzgewölben, Halle mit Mittelstütze und spätgotischen Netzgewölben im Erdgeschoß, sog. «Fürstenkeller» mit spätgotischen Kreuzrippengewölben.

Anläßlich der «Landshuter Hochzeit» von 1475 hatte in diesem Haus die Braut bei dem Patrizier Peter Oberndorfer Aufenthalt genommen.

Der Eckbau wurde nach der Inschrift auf einem Gewölbeschlußstein in den Lauben im Jahr 1453 errichtet. Von baugeschichtlichem Interesse sind vor allem der große, über einer kräftigen Mittelstütze gewölbte Raum, der ein reichfiguriertes Sterngewölbe trägt, und der Flur in der Mittelachse des Hauses mit den beiden seitlich davon angeordneten annähernd quadratischen Räumen, die spätgotische Rippengewölbe aufweisen. Als Baumeister kommt am ehesten der damals in Landshut lebende Stadtwerkmeister Hanns Stethaimer, der zugleich die Bauhütte an St. Martin leitete, in Betracht.

Die sogenannten Fürstenkeller im Bereich unter den Lauben haben Kreuzrippengewölbe ohne Konsolen und Schlußsteine, die unter dem Flur und dem großen Raum im Erdgeschoß liegenden Kellerräume hingegen Sterngewölbe mit Tellersteinen. Zwei Joche an der Nordseite sind wohl noch frühgotisch und stammen vermutlich von einem älteren Vorgängerbau. Die Kreuzgewölbe weisen Gurtrippen ohne Konsolen und Schlußsteine auf.

Altstadt 300, ehem. Patrizierhaus der Oberndorfer

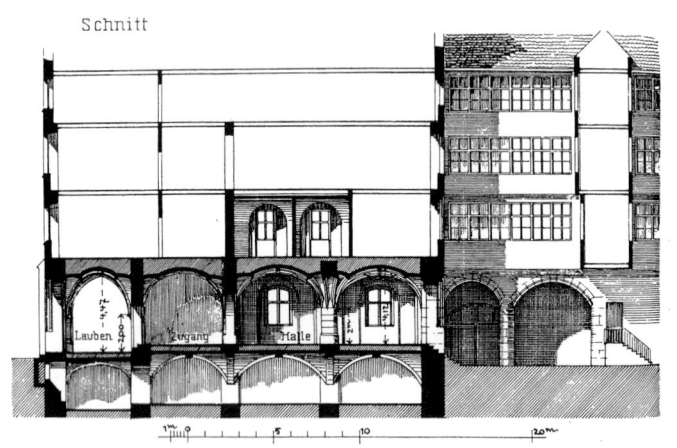

Altstadt 300, Längsschnitt

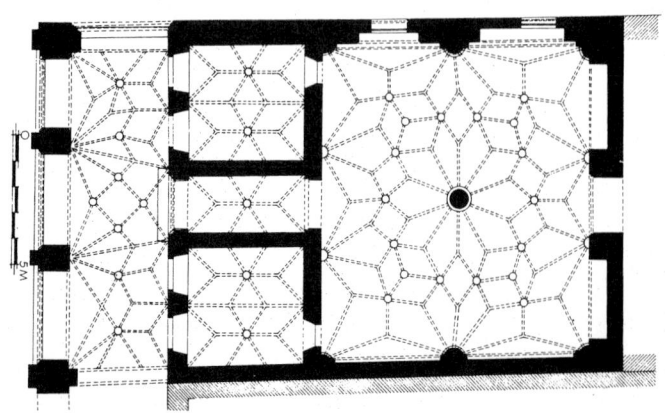

Altstadt 300, Grundriß des Erdgeschosses

Altstadt 300, Lauben

Altstadt 300, erdgeschossige Halle mit spätgotischem Sterngewölbe

Altstadt 300, sog. Fürstenkeller

Altstadt 315. *Rathaus,* weitläufige Anlage, entstanden aus der Vereinigung dreier Häuser, im Kern z.T. mittelalterlich, Nordflügel mit Renaissanceerker, 1570/71, Fassade neugotisch, von Leonhard Schmidtner 1860/61, Rathaussaal mit Wandmalereien von 1882/83.

Das Gebäude entstand aus der Zusammenlegung dreier Bauparzellen. Zu Anfang diente nur der mittlere Bau, den der Rat der Stadt 1380 von Albrecht von Staudach erworben hatte, als Rathaus. Die erste große Erweiterung erfolgte 1452 durch den Zukauf des Eckhauses nach der Grasgasse hin, das sich im Besitz des herzoglichen Zollners Martin Klughaimer zu Göttlkofen befand. Der Flügelbau diente dann als *Stock- und Amtshaus,* später als *Magistratische Kanzlei* (Stadtkammer) und wurde 1570/71 durchgreifend umgebaut. In jener Zeit wurde auch der reich gestaltete Eckerker angebracht. Die zweite große Erweiterung betraf den Ankauf des südlich angrenzenden Gebäudes, das während der Landshuter Hochzeit im Jahr 1475 als *Tanzhaus* hergerichtet worden war und 1503 von dem Patrizier Wilhelm Scharsacher durch Kauf an den Rat der Stadt Landshut überging. Dieser Teil des Rathauses diente fortan als *Stadtschreiberei,* seit 1803 als *kurfürstliche Stadtgerichtskanzlei.* – Im Lauf der Jahrhunderte war das Rathaus zahlreichen baulichen Veränderungen unterworfen. Insbesondere die Fassade wurde immer wieder den verschiedenen Stilperioden angepaßt. 1860/61 erfolgte eine tiefgreifende Umwandlung durch Leonhard Schmidtner, dessen neugotischer Fassadenentwurf später eine Entsprechung im «Frankfurter Römer» finden wird. Im Jahr 1860 folgte die Umgestaltung der Fassade nach der Grasgasse zu, wobei hier die Planung in Händen des Architekten Marggraf lag. Die letzte bauliche Veränderung wurde 1936 beim Einbau der Stadtsparkasse vorgenommen, die inzwischen aber in das Haus Altstadt 300 übersiedelt ist.

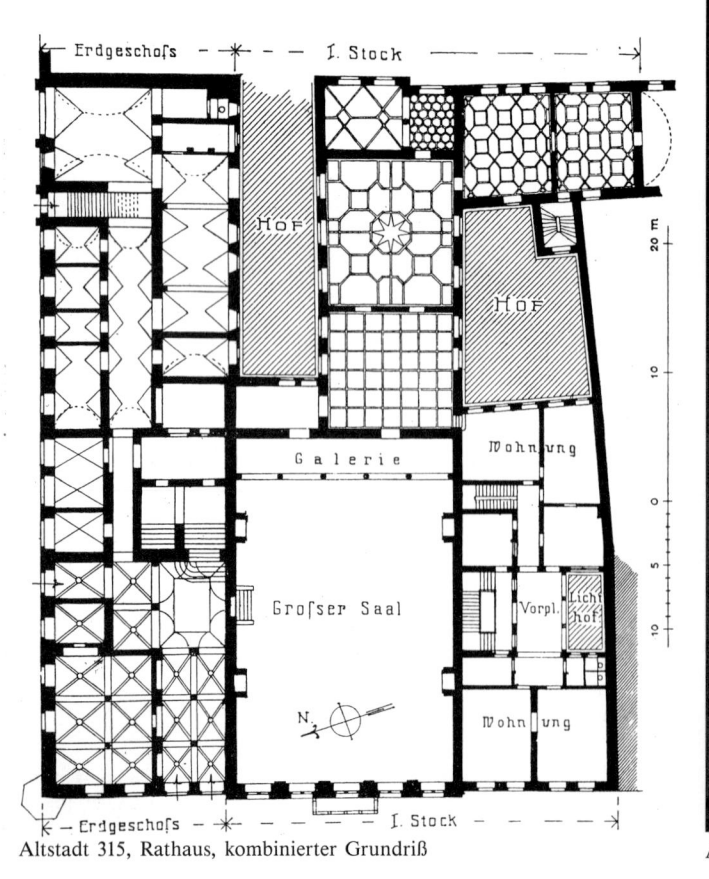

Altstadt 315, Renaissanceerker am Rathaus

Altstadt 315, Rathaus, kombinierter Grundriß

Altstadt 315, Rathaus, Glasfenster im Treppenhaus

Altstadt 81

Altstadt 315, Rathaus, Lithographie, Mitte 19. Jh.

Altstadt 315, Rathaus, Nordwestansicht. Im Hintergrund der Turm der Martinskirche

Von besonderer Bedeutung ist der große Rathaussaal im Mittelbau des 1. Obergeschosses. 1873 erhielt zunächst der Landshuter Bildhauer Max Puille den Auftrag zur Um- und Neugestaltung, die dann dem Münchner Architekten Georg Hauberisser zur Prüfung vorgelegt wurden. Erst 1875 wurde die Planung Prof. Hauberisser allein übertragen. Die Arbeiten dauerten bis 1883. Für die Wandfresken gewann man die Münchner Maler August Spieß, Rudolf Seitz, Ludwig v. Löfftz und Karl Weigand, die als Motiv Szenen aus dem Festzug der «Landshuter Hochzeit» wählten. Schon bald nach der Fertigstellung des Rathaussaals faßte man den Entschluß, fortan die «Landshuter Hochzeit» alle drei Jahre aufführen zu lassen. Im rückwärtigen Teil des Rathauses befindet sich im 1. Obergeschoß das Archivgewölbe.

Rathaus, Stich von Georg Franz Fischer, 1733

Altstadt 334

Altstadt 334. *Wohnhaus,* stattliches viergeschossiges Eckhaus von vier zu elf Obergeschoßachsen, mit Walmdach, Mitte 19. Jh., erbaut von Johann Baptist Bernlochner.

An dieser Stelle stand früher «*gemeiner Stadt Brothaus*» mit der Stadtwaage. Dabei hat es sich nach Ausweis des Stadtmodells Jakob Sandtners von 1571 um ein zweistöckiges, lagerhausähnliches Gebäude mit einer breiten Einfahrt auf der Altstadtseite sowie vier Toren an der Grasgasse gehandelt. Zwischen der Einfahrt und der Hausecke war einstmals auch das «*Narrenhäuschen*», ein eiserner Käfig mit spitzem Dach, aufgestellt, in dem kleine Missetäter und streitsüchtige Personen dem Volk zur Schau gestellt werden konnten. Um 1827 wurden die städtischen Einrichtungen in diesem Gebäude aufgehoben und der Bau an den Handelsmann Michael Meindl veräußert, der schon bald darauf den Baumeister Bernlochner mit dem Umbau beauftragte.

Altstadt 335. *Wohnhaus,* dreigeschossig, geschweifter Giebel mit Dreiecksaufsatz, 1878.

An dieser Stelle stand im 17. Jh. das *Patrizierhaus der Pfundtner,* aus der der Bürgermeister Marx Pfundtner stammte. Den Neubau ließ 1878 Karl Luckner erbauen, dessen Familie eine Lebzelterei betrieb.

Altstadt 335

Altstadt 315, Rathaus, Wandfresken im Rathaussaal, nördliche Längsseite

Altstadt, Rathaus, Wandfresken im Rathaussaal, südliche Längsseite

Altstadt 336. *Wohnhaus,* viergeschossig, zweiachsig, barocker Giebel mit Dreiecksaufsatz, 2. Hälfte 18. Jh.

Unter dem Dachfirst des Vorgängerbaus befand sich einstmals die *«Büßerkapelle der Jungfer Märi»* (heute im Stadt- und Kreismuseum Landshut). Bis zum Jahr 1806 stand vor dem Haus der Holzbau der *Hauptwache*.

Altstadt 337. *Wohnhaus,* stattlicher viergeschossiger Bau zu fünf Obergeschoßachsen, mit neugotischem Treppengiebel, 2. Hälfte 19. Jh.

Altstadt 338. *Wohnhaus,* dreigeschossig, Treppengiebel, im Kern noch um 1500, sonst nach Umbau von 1939.

Im 1. Obergeschoß des Hauses wurden beim Umbau von 1939 an der südlichen und östlichen Innenwand spätmittelalterliche Fresken entdeckt. Dargestellt war ein Wappen (?), flankiert von Wildschweinen. Darunter soll die Inschrift «Wolf Dürnberger 1503» angebracht gewesen sein. Die Fresken wurden beim Umbau leider zerstört.

Altstadt 339. *Rosen-Apotheke,* dreigeschossiges Wohnhaus mit neugotischem Treppengiebel, 2. Hälfte 19. Jh.

Die Einrichtung der Apotheke in diesem Haus erfolgte erst in diesem Jahrhundert. Im 17. und in der 1. Hälfte des 18. Jhs. gingen hier noch Bäcker ihrem Gewerbe nach.

Altstadt 357–359. *Wohnhaus,* sehr stattliches Eckhaus, viergeschossig, gestaffelter Stufengiebel mit Voluten, reich gegliederter Fassade im Stil der Neurenaissance, 1879.

Das Haus ist 1879 durch die Zusammenlegung dreier, ursprünglich voneinander getrennter Hausparzellen entstanden. Bauherr war der Kaufmann Josef Paur.

Altstadt 360. *Wohnhaus,* viergeschossig, vierachsig, mit Walmdach, Fassade mit toskanischer Pilastergliederung, Ende 19. Jh.

Altstadt 336

Altstadt 337

Altstadt 334–339 (von rechts nach links)

Altstadt 360

Altstadt 357–359

Altstadt 362–363. *Gasthof Kollerbräu,* viergeschossiger Bau zu sechs Obergeschoßachsen, traufständig, durchgreifender Umbau 1881.

Der Name «*Kollerbräu*» läßt sich auf den Bierbrauer Franz Koller zurückführen, der 1881 die Häuser Altstadt 362 und 363 baulich vereinigte.

Altstadt 365. *Wohnhaus,* dreigeschossig, zweiachsig, Giebel mit rundbogigem Abschluß, 2. Hälfte 19. Jh.

Das wohl bald nach 1865 errichtete Haus befand sich vor dieser Zeit, und bis 1493 zurück verfolgbar, durchwegs im Besitz von Bäckern.

Altstadt 366. *Wohnhaus,* dreigeschossig, giebelständig, wohl 1878.

Altstadt 367. *Wohnhaus,* dreigeschossig, vierachsig, geschweifter Giebel, 1. Hälfte 18. Jh.

Altstadt 368. *Wohnhaus,* dreigeschossig, vierachsig, geschweifter Giebel, Zinnen, 2. Hälfte 17. Jh.

Altstadt 369. *Wohnhaus,* stattlicher dreigeschossiger Eckbau, Volutengiebel, mit Hausmadonna, erbaut wohl 1683 von Antonio Riva und Viktor Doni.

An der Stelle zweier schmaler Handwerkerhäuser, die schon 1669 besitzmäßig in einer Hand vereinigt worden waren, ließ 1683 der Handelsmann David Oppenrieder, wohl von den aus Graubünden stammenden Landshuter Maurermeistern Riva und Doni den barocken Neubau aufführen. An einem Pfeiler im Erdgeschoß des Hauses findet sich das Ehewappen Oppenrieders, sein Handelszeichen sowie seine Initialen mit der Jahreszahl 1683. Der Hauptstock der baulichen Anlage besitzt fünf Obergeschoßachsen. Der Volutengiebel gegliedert durch toskanische Pilaster, im Giebelfeld in einer Nische eine Immakulata mit zwei Engeln. Im 2. Obergeschoß sind nach der Westseite zu zwei stuckierte Zimmer angeordnet: Die schwere Barockdekoration aus der Erbauungszeit des Hauses zeigt in einem Raum ein Mittelfeld mit vier Eckmedaillons mit Putten, die die vier Jahreszeiten darstellen, im Raum daneben eine Stuckdecke mit großen Rahmenfeldern und vier Kartuschen mit Engelsköpfen. Der Flur sowie zwei weitere kleinere Räume besitzen Holzgetäfel mit Rechteckfeldern bzw. flachen Durchzügen, die mit Rosetten besetzt sind. – Im Innenhof, an den sich der Hofflügel sowie ein Rückgebäude anschließen, steht ein alter Ziehbrunnen. Die hofseitigen Bautrakte besitzen in den Obergeschossen Holzgalerien mit Balusterbrüstungen.

Altstadt 362–363, Gasthof Kollerbräu

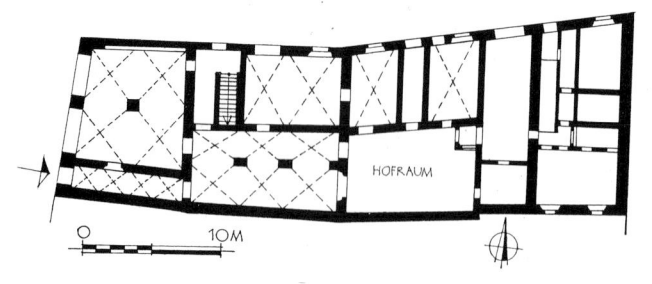

Altstadt 369, Grundriß des Erdgeschosses

Altstadt 369, Holzgalerien an der Hofseite

Altstadt 365–369 (von rechts nach links)

Altstadt 369, Detail der Stuckdecke

Altstadt 369, Hausfigur

Altstadt 388. *Gasthof Kochwirt,* stattliches zweigeschossiges Eckhaus mit gestaffeltem Volutengiebel, bez. 1782.

Den Bau ließ 1782 der Ratsherr und Silberarbeiter Josef Anton Pogner errichten. Der Wirtsname «*Kochwirt*» geht auf Franz Seraph Koch zurück, der 1887–1889 Eigentümer des Hauses war.

Altstadt 389. *Wohnhaus,* dreigeschossig, einfacher Dreiecksgiebel, 1. Hälfte 19. Jh.

Der Vorgängerbau wurde am 7. Juli 1800 bei der Einnahme der Stadt durch die Franzosen stark beschädigt. Anschließend dürfte vermutlich ein Neubau erfolgt sein. Das Haus befand sich von 1570 bis in die Mitte unseres Jahrhunderts im Besitz von Bäckern.

Altstadt 390. *Wohnhaus,* dreigeschossig, Giebel mit Scheitelzinne, 2. Hälfte 19. Jh.

Altstadt 391. *Wohnhaus,* dreigeschossig, Giebel mit Zinnen, im Kern z.T. um 1600, sonst 19. Jh.

Auch dieses Haus (vgl. Altstadt 389) wurde 1800 bei der Belagerung und Einnahme der Stadt durch die Franzosen stark in Mitleidenschaft gezogen.

Altstadt 392. *Wohnhaus,* dreigeschossig, fünfachsig, mit geschweiftem Knickgiebel, 1. Hälfte 18. Jh.

Die frühere Nutzung als Gastwirtschaft (*ehem. Gasthof Zum schwarzen Adler*) läßt sich bis zum Anfang des 17. Jhs. zurückverfolgen.

Altstadt 387/388

Altstadt 391 und 392 (von rechts nach links)

Häuser am Ende der Altstadt, im Hintergrund die Heiliggeist-Spitalkirche

Am Klöpflgraben. *Teilstück der mittelalterlichen Stadtmauer* etwa 3 m hoch, 14./15. Jh.; an der Vorderseite des Klöpflgrabens im Bereich des Ottonianums.

Am Klöpflgraben 3. *Wohnhaus,* zweigeschossig, mit Walmdach, 1. Hälfte 19. Jh.

Äußere Münchner Straße 76. Am Obergeschoß der Westseite des Wohnhauses Statuette des Hl. Johann Nepomuk, volkstümliche Arbeit, 19. Jh.; vom früheren Brückenpfeiler vor dem Haus stammend.

Badstraße 3. *Ehem. Schleifmühle,* zweigeschossig mit Mittelrisalit, Mitte 19. Jh.

Das stattliche Gebäude wird bis 1808 als «*gemeiner Stadt Obere Schleifmühl*» bezeichnet.

Badstraße 6. *Stadel* gemauert, im Kern wohl noch 16. Jh.

Badstraße 16. *Gasthaus zur Insel,* zweigeschossiger Bau mit Satteldach, 2. Hälfte 19. Jh.

Balsgäßchen 190a, *Wohnhaus,* in Traufstellung, zweigeschossig, 1. Hälfte 19. Jh.

Bauhofstraße 2. Gemauerter *Stadel* mit steilem Satteldach, 16./17. Jh. [Fl. Nr. 286]

Der große Speicherbau dürfte früher ein *Bräustadel* gewesen sein.

Bauhofstraße 3d. *Rochuskapelle,* einschiffiger spätgotischer Bau, um 1497.

Das *Blatternhaus mit der Rochuskapelle* geht auf eine Stiftung des reichen Ratsbürgers und Handelsmanns Walther vom Feld zurück, die dieser für «arme, platerige Menschen» gemacht hat. Der Chor der Kapelle war früher in das mit einem Krüppelwalmdach gedeckte Blatternhaus einbezogen, wie noch das Stadtmodell Jakob Sandtners zeigt.

Noch heute kann man in der Kapelle zwei vermauerte Oratorien in der Ostwand erkennen: Durch diese Mauereröffnungen konnten die Kranken den Gottesdienst verfolgen. Seit dem Abbruch des spätgotischen Blatternhauses 1810 steht die Rochuskapelle jedoch frei da. 1956 wurde die Kapelle durch die Stadt Landshut angekauft und restauriert.

Bauhofstraße. *Gedenkstein* aus Rotmarmor für die bei der Einnahme Landshuts durch die Schweden am 22. Juli 1634 gefallenen Bürger, errichtet am 22. Juli 1834; in der Isaranlage.

Klöpflgraben, Teil der mittelalterlichen Stadtmauer. Im Hintergrund die Burg Trausnitz

Badstraße 6

Am Köpflgraben 3

Badstraße 3

Badstraße 16, Gasthaus zur Insel

Bauhofstraße, Gedenksäule Rochuskapelle, Inneres  Bauhofstraße 3d, Rochuskapelle

Balsgäßchen 190a

Bauhofstraße 2, Stadel

Bauhofstraße 6. *Ehemaliges Kapuzinerkloster,* jetzt Städt. Bauhof, Dreiflügelanlage, im Kern 17. Jh.

Die Errichtung des Kapuzinerklosters in Landshut geht auf den Herzog bzw. Kurfürsten Maximilian von Bayern zurück. 1611 fand die Weihe der Klosterkirche statt. Im Zuge der Säkularisation von 1803 wurde die Ordensniederlassung aufgehoben und anschließend der größte Teil der Gebäude abgebrochen. Sein früheres Aussehen vermittelt noch eine Ansicht auf dem Kupferstich von Michael Wening. In Teilen der stehengebliebenen Konventbauten heute das *Stadtbauamt*.

Bindergasse

Die Bindergasse erscheint unter dieser Bezeichnung erstmals im Stadtplan von 1811. Die alte Straßenbezeichnung lautete Barfüßergasse, ein Name, der sich von dem früheren Barfüßerkloster (= Franziskanerkloster) am Ende der Gasse herleitet. Der Name «Bindergasse» ist auf den Beruf des Binders (= Schäffler) zurückzuführen. Dieses Gewerbe wurde seit etwa 1724 auf dem Haus Bindergasse 492 und seit etwa 1760 auf dem Nachbarhaus Bindergasse 493 ausgeübt. Im 15. und 16. Jh. wohnten in der Barfüßergasse vorwiegend Maler, Bildhauer, Plattner, Steinmetzen und Kunsthandwerker. Sie waren jedoch meist nicht selbst Eigentümer der Handwerkerhäuser, sondern wohnten im Zins, d.h. zur Miete.

Bindergasse 489. *Wohnhaus,* zweigeschossig, geschweifter Giebel mit Dreiecksaufsatz, 18. Jh.

Der Vorgängerbau befand sich 1493 im Besitz des *Steinmetzen und Hofmaurermeisters Stefan Westholzer.* Nach seinem Tod 1504 ging das Haus auf den Hofmaurermeister Jakob Amberger über. 1701–1714 war es dann im Eigentum des *Hofmaurermeisters Johann Georg Hirschstetter.* Unter den Inwohnern des Hauses wird 1701 Anton Neu genannt, der hier eine Bildhauerwerkstatt betrieb.

Bindergasse 490. *Wohnhaus,* dreigeschossig, fünfachsig, Giebel mit eckiger Scheitelzinne, 1877.

An dieser Stelle stand einstmals «*gemeiner Stadt Mang in der Parfuessergassen*», wie es in einer Landshuter Stadtgerichtsurkunde vom 15. September 1458 heißt. Die Mang wurde 1790 aufgelassen und die Mangmaschine dem Färber Ignaz Gehebauer um 50 fl überlassen. Den Neubau ließ 1877 Vinzenz Neumair ausführen.

Bindergasse 491. *Wohnhaus,* zweigeschossig, vierachsig, Giebel mit Scheitelzinne, 2. Hälfte 19. Jh.

Der Vorgängerbau diente 1588–1789 der Stadtgemeinde als «*Offiziershaus*». Unter den Inwohnern verdienen der Goldschmied Martin Pickreis (1578), der Illuminist Thomas Priester (1652) und der Tanzmeister Johann Baptist Galiart (1715) besondere Erwähnung.

Bindergasse 492. *Wohnhaus,* dreigeschossig in barocken Formen, 1880.

In dem Vorgängerbau, der zum Heiliggeistspital in Landshut grundbar war, befand sich etwa in der Zeit zwischen 1510 und 1525 die *Werkstatt des berühmten Bildschnitzers Hans Leinberger.*

Hier müssen beispielsweise die Rosenkranzmadonna (jetzt in St. Martin) und die Figuren und Reliefs für den Moosburger Hochaltar ausgeführt worden sein.

Für die Pfarrkirche seiner Pfarrei schnitzte Leinberger den monumentalen Hl. Jodok (jetzt Bayer. Nationalmuseum, München). Am Haus ist eine *Gedenktafel* für Hans Leinberger angebracht.

Bindergasse 493. *Wohnhaus,* zweigeschossig, Giebel mit Scheitelzinne, im Kern wohl noch 17. Jh.

Bischof-Sailer-Platz

Der frühere Heuwaagplatz wurde um 1920 nach dem Landshuter Universitätsprofessor und späteren Bischof von Regensburg Johann Michael Sailer umbenannt.

Bischof-Sailer-Platz 419. *Wohnhaus,* dreigeschossig, Giebel mit aufgesetzten Ziervasen, 2. Hälfte 19. Jh.

An der Stelle der Häuser 419–427 standen einstmals Stadel und Stallungen, die vorwiegend zu den Brauereien in der Neustadt gehörten.

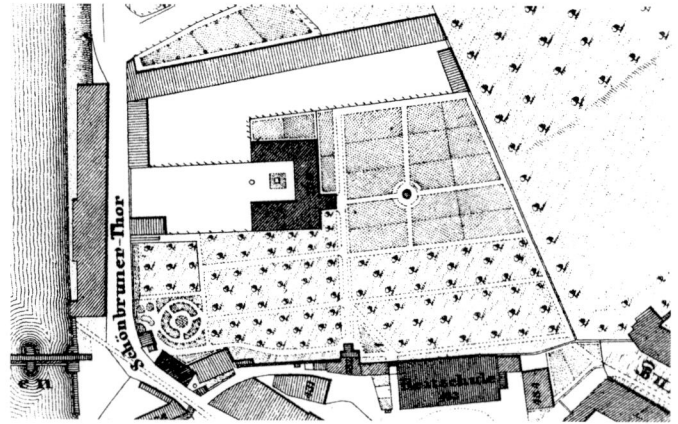

Grundriß des früheren Kapuzinerklosters

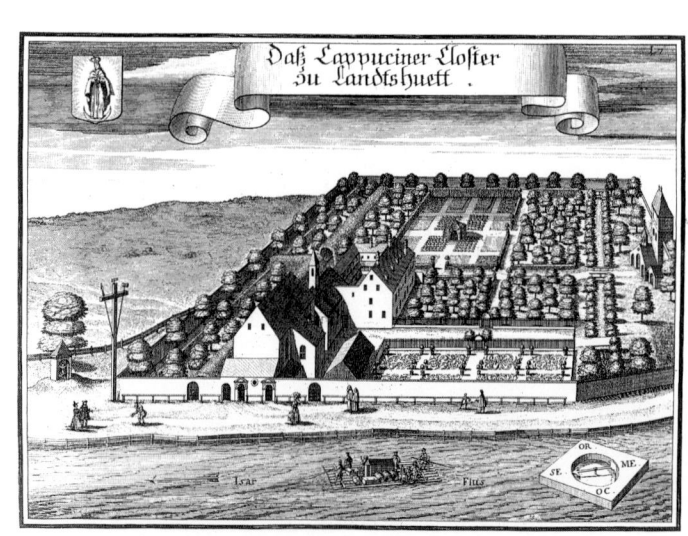

Ehem. Kapuzinerkloster, Kupferstich von Michael Wening, 1723

Bischof-Sailer-Platz 93

Bauhofstraße 6

Bindergasse 489

Bindergasse 490–494 (von rechts nach links)

Bischof-Sailer-Platz 419

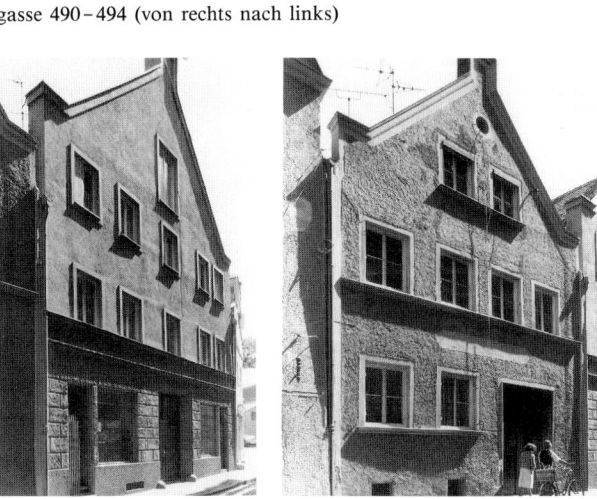

Bindergasse 490

Bindergasse 491

Bindergasse 492

Bindergasse 493

Bismarckplatz

Der Platz zwischen der Äußeren Isarbrücke und dem Zisterzienserinnenkloster Seligenthal führte früher die Bezeichnung «Vor dem Kloster». Hier standen vorwiegend die kleinen Häuser der für die Abtei arbeitenden Handwerker und Taglöhner. 1872 kam es zu einer Neugestaltung des Platzes. Als Mittelpunkt errichtete man einen Obelisk.

Dieses Kriegerdenkmal erinnert an die im Krieg gegen Frankreich Gefallenen der Garnison und der Stadt Landshut. Der Platz wurde fortan «Obeliskenplatz» genannt und erhielt erst in den zwanziger Jahren dieses Jahrhunderts den Namen «Bismarckplatz».

Bismarckplatz. *Obelisk* aus Granit, errichtet zum Gedächtnis an die Gefallenen der Garnison und der Stadt Landshut im Krieg von 1870/71.

Der Entwurf zu diesem Denkmal, das 1872 errichtet wurde, stammte von dem Stadtbaurat Eyrainer. Die Ausführung besorgte der Steinmetzmeister Altinger. In den Grundstein legte man ein Kästchen mit den Fotografien König Ludwigs II., des deutschen Kaisers und der gefallenen Offiziere der Garnison. Die feierliche Enthüllung des Denkmals fand am 27. Oktober 1872 statt.

Bismarckplatz 3. *Wohnhaus,* dreigeschossig, mit Zwerchhäusern, 1886.

Hier stand bis zum Neubau von 1886 nur ein Stadel. Der Zugang befand sich früher an der Westseite.

Bismarckplatz 6. *Wohnhaus,* zweigeschossig, mit geschweiftem Giebel, 1876/1877.

Bismarckplatz 8. *Gasthaus zur Schenke,* viergeschossiger dominierender Bau in Traufstellung, Fassade mit Rustikaverkleidung, 1894.

Der Name des Gasthauses rührt von der alten *Seligenthaler Klosterschenke* her, die noch bis gegen Ende des 19. Jhs. in der Mitte des Platzes vor der *Klosterschmiede* stand.

Bismarckplatz 14. *Zisterzienserinnenabtei Seligenthal,* gegründet 1232 durch Herzogin Ludmilla von Bayern, 1803 säkularisiert und 1835 wiederhergestellt. *Abteikirche,* einschiffige kreuzförmige Anlage, im Kern romanisch, begonnen um 1232, Umgestaltung nach Plänen von Johann Baptist Gunezrhainer durch Johann Georg Hirschstetter, 1732/34, Stuckierung durch Johann Baptist Zimmermann und seine Söhne, Turm 1698 erneuert; mit Ausstattung; *Preysing- mit ehemaliger Kärglkapelle,* erstere gestiftet 1233, umgebaut 1626 und 1732; mit Ausstattung; *Afrakapelle.* Erbaut ab 1232, erneuert 1613/15; mit Ausstattung; *Klosterbauten,* Innenhof umschließend, im Kern z.T. mittelalterlich, Kapitelsaal, Refektorium, Parlatorium, *Porten- und Passauerkapelle, Kreuzgang;* mit Ausstattung.

Herzog Ludwig, der Gründer der Stadt Landshut, wurde 1231 in Kelheim ermordet. Schon bald darauf gründete seine Witwe, Herzogin Ludmilla, vor der Stadt in der Isarniederung ein Kloster, das von Trebnitz aus mit Zisterzienserinnen besiedelt wurde. Die Stiftungsurkunde für das Kloster Seligenthal ist 1232 datiert. Die erste Äbtissin war Agnes von Grünenbach. In der Folgezeit wurde das Kloster zur Grablege der niederbayerischen Herzöge ausersehen; auch wittelsbachische Prinzessinen und viele Töchter des bayerischen Adels nahmen hier den Schleier. Der Hofmeister von Seli-

Bismarckplatz, Obelisk

Bismarckplatz 6

Bismarckplatz 3

Bismarckplatz 8, Gasthaus zur Schänke

Bismarckplatz 14, Zisterzienserinnenkloster Seligenthal, Innenhof

Zisterzienserinnenkloster Seligenthal, Trakt an der Seligenthaler Straße

genthal wurde vom jeweiligen Landesherrn bestellt. – Die Zisterzienserinnenabtei fiel 1803 im Zuge der Säkularisation der Aufhebung anheim, doch wurde den Nonnen gestattet, weiterhin dort wohnen zu bleiben. König Ludwig I. von Bayern sorgte 1835 für die Wiederherstellung des Klosters. Heute leben in Seligenthal etwa 100 Schwestern, die sich vorwiegend verschiedenen Schulzweigen für Mädchen widmen. Die Klostergebäude gehören zum Klausurbereich und sind für Besucher nicht zugänglich.

Nach der Klostergründung wohnten die ersten Schwestern zunächst in dem Haus Schwestergasse 8, einem im Kern *romanischen Bau* aus der Zeit um 1232. Als vorläufige Klosterkirche diente zu jener Zeit die Afrakapelle im rückwärtigen Teil des Klosterhofs.

Afrakapelle, ursprünglich *Johanniskapelle* genannt, im Kern noch teilweise romanisch. Ein getreppter romanischer Rundbogenfries ziert den Ostgiebel des Kapellenlanghauses. Der Chor gehört der Bauzeit um 1300 an; er besitzt spitzbogige Fenster. – Die Afrakapelle hat einen eingezogenen Chor mit einem querrechteckigen Joch, einen 5/8-Schluß und ein Kreuzgewölbe mit Kappenschluß. Das Langhaus ist flachgedeckt. Die Westhälfte der Kapelle nimmt die Nonnenempore ein. Statt eines hölzernen Glockentürmchens, wie sonst in den Zisterzienserinnenkirchen von Himmelspforten (bei Würzburg) oder Maidbronn üblich, ist hier ein über dem

Zisterzienserinnenkloster Seligenthal, Kreuzgarten

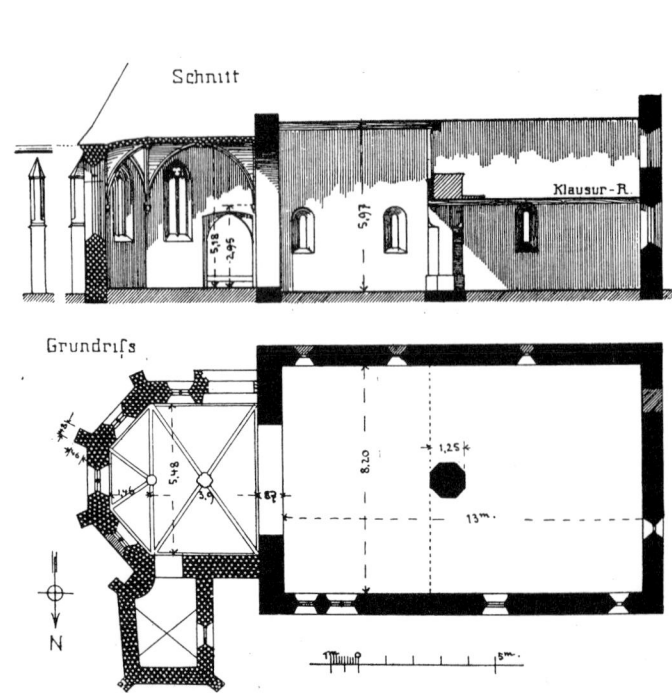

Afrakapelle, Grundriß und Längsschnitt

Afrakapelle, Chor

Zisterzienserinnenkloster Seligenthal, Afrakapelle, Ostansicht

Zisterzienserinnenkloster Seligenthal, Afrakapelle, Empore mit Stifterfiguren

Westgiebel ein gemauertes Barocktürmchen von 1696 angeordnet. Die Sakristei ist an der Nordseite des Chors angebaut. Der Hochaltar im Stil der Spätrenaissance stammt von 1613. In diesen sind Stuckfiguren des frühen 14. Jhs. übernommen worden. Auf dem Nonnenchor ein Altar von 1641. – Hervorzuheben sind vor allem die Stifterfiguren über dem Emporenpfeiler, die Herzogin Ludmilla und ihr Gemahl, Herzog Ludwig der Kelheimer, aus der Zeit um 1300. Sie haben ursprünglich ebenso wie 32 weitere kleine Holzfiguren an der Brüstung des Nonnenchors zu einem Zyklus mit Bildnissen von zwölf Fürsten und vierzehn Fürstinnen gehört. Die Abteikirche ist eine einschiffige kreuzförmige Anlage und weist auf einen spätromanischen Vorgängerbau hin, den Bischof Heinrich von Chiemsee 1259 weihte. An der Nordseite des Chors ist die doppelstöckige Sakristei angeordnet. Der Chor hat die Weite des Langhauses und ist innen halbrund, außen dreiseitig geschlossen. Die Einwölbung erfolgte erst unter der Äbtissin Anna Reisacher (1617–1634). Über der Vierung erhebt sich eine Kuppel mit Hängezwickeln. Die Kreuzarme besitzen nur einfaches Tonnengewölbe, das vierjochige Langhaus eine Stichkappentonne. Die heutige Ausgestaltung der Abteikirche im Stil des Rokoko gehört der Zeit um 1732/34 an. Der Umbau geschah nach Plänen des Münchner Hofmaurermeisters Johann Baptist Gunezrhainer, wobei die Bausausführung in Händen des Landshuter Hofmaurermeisters Johann Georg Hirschstetter lag. Um die Stuckierung bewarben sich Egid Quirin Asam und Johann Baptist Zimmermann; den Zuschlag erhielt jedoch der letztere. Dieser arbeitete mit seinen beiden Söhnen

Klosterkirche Seligenthal, Deckenfresko

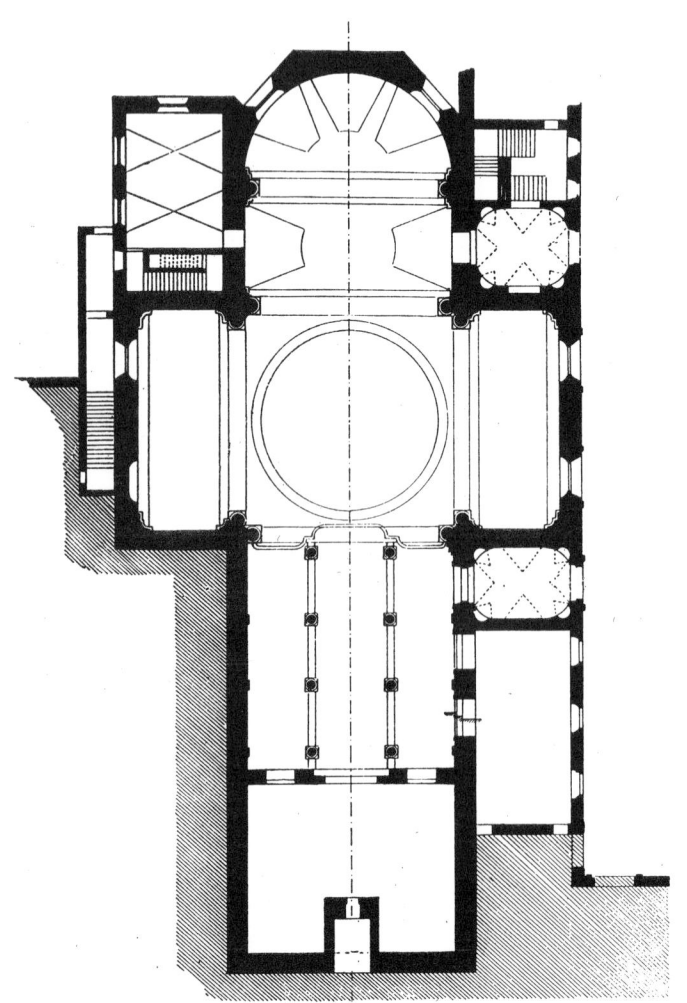

Klosterkirche, Grundriß

Klosterkirche Seligenthal, Hochaltar

Klosterkirche, Blick in Richtung des Chors

Klosterkirche, Blick in Richtung der Nonnenempore

bis zum September 1734 an der Stuckierung der Raumschale. Frater Kaspar Grießemann vom Zisterzienserkloster Aldersbach führte zusammen mit sechs Schreinergesellen den Hochaltar, die Kanzel und das Chorgitter aus. Die Bildhauerarbeiten waren dabei dem Griesbacher Bildhauer Wenzel Jorhan übertragen worden, der bei der Arbeit von seinem Altgesellen unterstützt worden sein soll.

Der Innenraum der Abteikirche wird wesentlich durch seine Zweiteilung bestimmt: Die Klausur der Nonnen und die Kirche der weltlichen Laien und der früheren Bewohner der Klosterhofmark Seligenthal. Bis zum Beginn der Vierung zieht sich von Westen her der Nonnenchor hin, der eine Gliederung in zwei Geschosse bewirkt.

Wittelsbacher Begräbnisstätten. Nachdem Herzogin Ludmilla nach ihrem Tod 1240 – ihr Gemahl Herzog Ludwig der Kelheimer liegt jedoch in der Wittelsbacher-Gruft des Benediktinerklosters Scheyern begraben – zunächst in der Afrakapelle von Seligenthal bestattet worden war, sollen ihre Gebeine später in die 1259 geweihte Abteikirche übertragen worden sein. Das im 14. Jh. angelegte Nekrolog zählt auch die späteren Bestattungen auf. Eine eigentliche Gruft hat es dabei nie gegeben, sondern die Leichen wurden jeweils in Einzelgräbern bestattet. Die Chronik des Landshuter Ratsschreibers Vetter meldet, daß Herzog Heinrich der Reiche († 1450) in seines Vaters Grab gelegt wurde und man «verschütt ihn mit Kalch und Erdreich als ein andern Menschen». In dasselbe Grab bettete man auch den Leichnam Herzog Ludwigs des Reichen († 1478) sowie den seines Sohnes, des Herzogs Georg des Reichen († 1503). Von den früheren Grabplatten und Totenschilden ist nur noch die Deckplatte der Tumba für Herzog Ludwig X. († 1545), wohl eine Arbeit des Münchner Bildhauers Thomas Häring, erhalten geblieben.

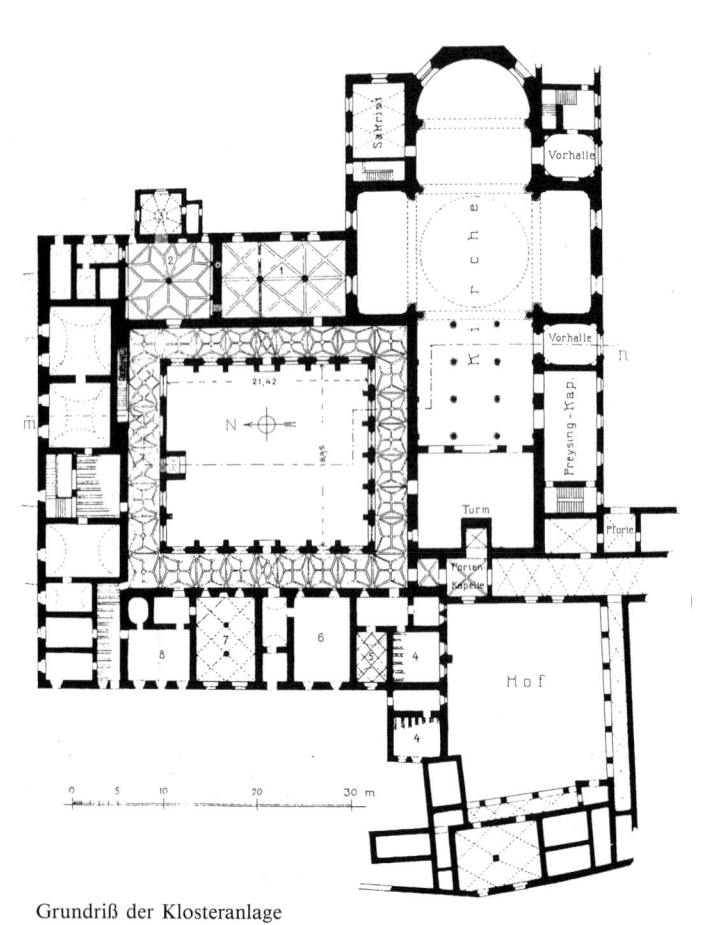

Sog. Kargl- oder Preysingkapelle

Preysingkapelle, Hl. Christophorus

Grundriß der Klosteranlage

Grabmal für Herzog Ludwig X. von Baiern

Grabplatte für Karl Kärgl († 1495), von Franz Sickinger

Epitaph für den herzogl. Hofmeister Georg Kärgl († 1527), von Stefan Rottaler

Kloster Seligenthal, Küchenkamin

Klosterkirche, Nonnenchor

Die Preysingkapelle liegt neben dem rückwärtigen Portal der Abteikirche und grenzt an das Langhaus. Die Kapelle wurde 1233 von dem altbairischen Adelsgeschlecht der Preysing gestiftet, das in Altenpreysing, genannt Kronwinkl, seinen Stammsitz besaß. Beim barocken Umbau der Klosterkirche wurde die Preysingkapelle mit der daneben liegenden Kärglkapelle baulich vereinigt. Zwei Altäre von 1629 bzw. aus der Zeit um 1640, der ältere davon mit Figuren der Hll. Georg und Christophorus von dem Degler-Schüler Hans Dreismich. Bemerkenswert auch die «Preysing-Madonna», eine sitzende Marienfigur aus der Zeit um 1300. An den Wänden und im Pflaster mehrere Grabsteine der Spätgotik und Renaissance, darunter der des Karl Kärgl († 1495) von dem Burghauser Steinmetzen Franz Sickinger sowie der des Seligenthaler Hofmeisters Georg Kärgl († 1527) von dem Landshuter Bildschnitzer Stefan Rottaler.

Die Klostergebäude schließen sich südlich und nördlich, z. T. auch westlich an die Abteikirche an. An der Nordseite sind die Konventgebäude mit dem Kreuzgang und im Süden liegen um den großen Innenhof das frühere Herrenhaus, die ehemalige Klosterrichterwohnung sowie die Gegenschreiberbehausung und der Bauhof. Die Klosterpforte ist im Westflügel untergebracht. – Die vier Flügel des Kreuzganges besitzen Sterngewölbe, die 1477 bzw. 1482 ausgeführt wurden. Im Bodenpflaster des Südflügels die gotischen Grabplatten für Elisabeth von Saulburg († 1343) und Johannes Seman († 1311), an der Wand das Rotmarmorepitaph für den fürstlichen Rat Doktor Leonhard Langenmantel.

Im Ostflügel des Konventbaus das frühere Sommer- oder Schwesternrefektorium, ein zweischiffiger, gewölbter Saal zu sechs Kreuzjochen. Bemerkenswertes frühgotisches Fresko der Marienkrönung. An das Refektorium schließt sich die frühere Küche mit rundem Mittelpfeiler und einem nach vier Seiten ausstrahlenden Sterngewölbe an. Spätgotische Kaminanlage. Im Westflügel des Konventbaus zwei Räume mit geschnitzten Decken, die eine davon noch spätgotisch, die andere, im Priorat, aus der Zeit um 1600. – Im Obergeschoß des Konventbaus befinden sich im Ostflügel die Sakristei und der Kapitelsaal, im Nordflügel das Refektorium (Winter- oder Frauenrefektorium) und das Parlartorium sowie im Westflügel das Dormitorium.

Kloster Seligenthal, Refektorium

Refektorium, Wandfresko der Marienkrönung

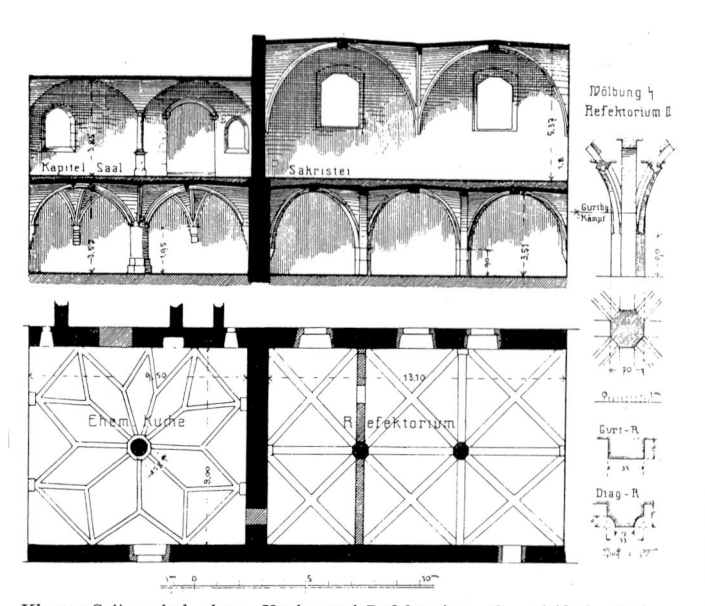

Kloster Seligenthal, ehem. Küche und Refektorium, Grundriß des Erdgeschosses und Längsschnitt

Kloster Seligenthal, Kreuzgang, Westflügel

Kloster Seligenthal, Kapitelsaal

Kloster Seligenthal, Flur im Dormitorium

Kloster Seligenthal, Flur im Abteistock

Zisterzienserinnenkloster Seligenthal, Kreuzgarten

Abteikapelle. Altar, 1731 von Frater Kaspar Grießemann ausgeführt, das Altarblatt von Cosmas Damian Asam. Bemerkenswert auch die *Kopie des «Forstenrieder Kruzifixes»*, das die Äbtissin Anna Gräfin von Preysing (1634–1665) anfertigen ließ. – Portenkapelle, geweiht 1602, mit Renaissance-Altar von 1589. – Passauerkapelle, auf dem Altar Kopie des Passauer Mariahilfbildes.

Alter Friedhof in der Abtei. Hier die Epitaphien der Äbtissinnen Sabina Hauser († 1582), Apollonia von Reinbach († 1605), Anna Malvater († 1617), Anna Reisacher († 1634), Anna Maria Johann († 1643) und Anna Gräfin von Preysing († 1665).

Die Wirtschafts- und Verwaltungsbauten der Abtei umgeben den großen Innenhof an der Südseite der Klosterkirche. Sie wurden 1729 ff. gebaut.

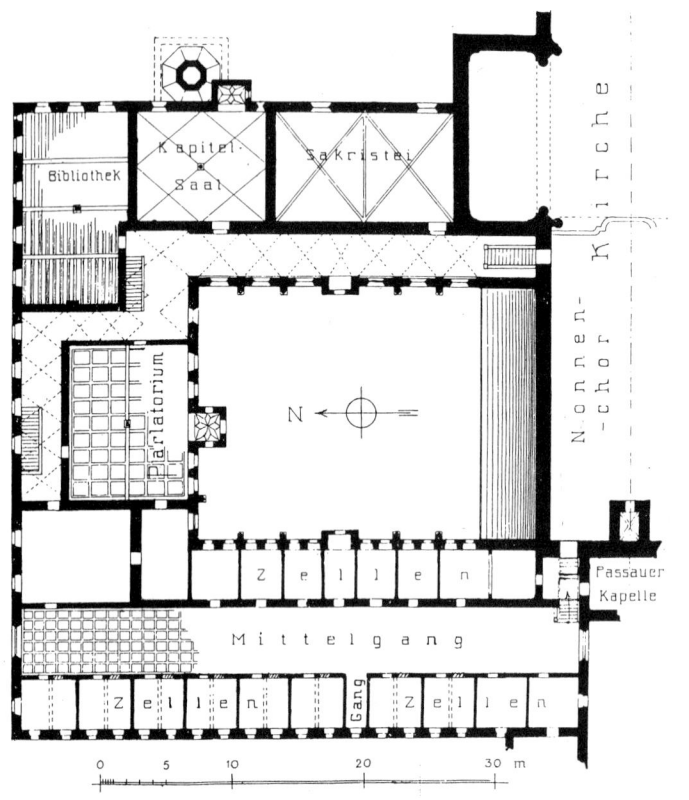

Kloster Seligenthal, Konventbau, Grundriß des ersten Obergeschosses

Kloster Seligenthal, Altar in der Abteikapelle

Innenhof mit Grabstätten der Äbtissinnen

Bismarckplatz 105

Kloster Seligenthal, Parlatorium

Kloster Seligenthal, Innenhof

Erker im Parlatorium mit spätgot. Sterngewölbe

Kloster Seligenthal, Bibliothek

Bismarckplatz 15. *Villa,* zweigeschossig, Mittelerker mit spitzer Schindelhaube, 1881.

Seit dem Mittelalter stand an dieser Stelle das Wohnhaus der Kapläne von Kloster Seligenthal; es wurde 1634 beim Schwedeneinfall zerstört.

Bismarckplatz 16. *Villa,* zweigeschossig, mit Erker und polygonalem Treppenturm, erbaut Ende des 19. Jhs. von Baumeister Joseph Niederöcker.

Nach Westen zu stand einstmals die Klosterschmiede.

Bismarckplatz 19. *Wohnhaus,* zweigeschossig, mit Zinnengiebel, Fassade im Stil der Neurenaissance gestaltet, 1881.

Bismarckplatz 21. *Wohnhaus,* dreigeschossig, geschweifter Giebel mit rundbogigem Abschluß, Anfang 20. Jh.

Christoph-Dorner-Straße 4. *Schlosserei Ussar,* dreigeschossiger Bau mit Satteldach und reichem Stuckdekor, 2. Hälfte 19. Jh.

Der umfangreiche Gebäudekomplex steht auf dem Gelände der früheren *Schleifmühle.* Nach 1816 wurde hiervon ein Teil abgetrennt und darin eine Tabakmühle eingerichtet. Ende des 19. Jhs. kam es unter der Firma «*Tabakfabrik Gremmer»* wieder zu einer Vereinigung beider Bauteile. Die heutige Bezeichnung «*Schlosserei Ussar»* geht auf den Schlossermeister Gustav Ussar zurück, der nach 1932 Eigentümer der stattlichen Anlage war.

Christoph-Dorner-Straße 8. *Magdalenenheim,* zweigeschossiger Bau mit barocken Volutengiebeln und Kapellenturm, 1739–44 als *Liebsbundkrankenhaus* errichtet, jetzt Altersheim; Hauskapelle barock, Mitte 17. Jh.; mit Ausstattung.

Das Magdalenenheim wurde an der Stelle der früheren «Prätlmühle» errichtet. Seit 1855 ist hier unter der Leitung von Münchner Vinzentinerinnen ein *Armen- und Beschäftigungshaus* eingerichtet. Von Interesse ist vor allem die Hauskapelle, die den oberen Teil des achteckigen Turms einnimmt. Das Deckengemälde der Flachkuppel läßt die Hl. Maria, umgeben von Kranken, erkennen. In der Kapelle ein Hausaltar um 1640, mit einer Immakulatafigur.

Bismarckplatz 15 und 16

Bismarckplatz 19

Bismarckplatz 21

Christoph-Dorner-Straße 4, Südansicht

Christoph-Dorner-Straße 4, Nordansicht

Christoph-Dorner-Straße 107

Magdalenenheim, Marienaltar in der Hauskapelle

Magdalenenheim, Kuppel der Hauskapelle

Christoph-Dorner-Straße 8, Magdalenenheim, Südwestansicht

Dreifaltigkeitsplatz

Unterhalb des Hofberges mit der Burg Trausnitz, der Residenz des Landesherrn, siedelten sich schon bald nach der Stadtgründung Juden an. Über zweihundert Jahre florierten ihr Handel und ihre Geldgeschäfte. Nach der Vertreibung der jüdischen Kaufmannschaft durch Herzog Ludwig den Reichen wurde die bisherige jüdische Synagoge zu einer christlichen Kirche, der Dreifaltigkeitskirche, umgebaut. Im ausgehenden Mittelalter, aber auch noch in den folgenden Jahrhunderten, besaßen hier vor allem die in herzoglichen, später kurfürstlichen Diensten stehenden Beamten ihre Wohnhäuser. Das gefreite Wohnhaus eines Beamten war das von Dreifaltigkeitsplatz 8. Auch angesehene Adelsgeschlechter wie die Preysing, die Fraunberg und die Closen besaßen an diesem Platz ihre Stadthäuser.

Einen städtebaulichen Verlust bedeutet der Abbruch der Dreifaltigkeitskirche zu Anfang des 19. Jahrhunderts sowie der des Münchner Tors im Jahr 1874. Erhalten hat sich hingegen noch der langgestreckte zweigeschossige Baukörper des früheren herzoglichen Hofkastens, dem späteren Landgericht. Vor diesem Gebäude wurde eine kleine Grünanlage geschaffen, in deren Mitte ein Denkmal für Herzog Ludwig den Reichen Aufstellung fand. Die schmucken Giebel der Handwerker- und Beamtenhäuser an der Westseite des Dreifaltigkeitsplatzes gehören vorwiegend dem 16. Jahrhundert an, wenngleich einige unter ihnen im 17., 18. und insbesondere noch im 19. Jahrhundert eine bauliche Überformung bzw. Veränderung erfahren haben.

Dreifaltigkeitsplatz 1a. *Wohnhaus,* dreigeschossig, mit Eckerker und neugotischem Zwerch- und Treppengiebel, erbaut von Johann Baptist Bernlochner, 1843; *Brunnentrog,* bez. 1719; *Teilstück der mittelalterlichen Stadtmauer,* etwa 3,5 m hoch, nach der Straße zu jedoch etwa 5–6 m hoch, 14./15. Jh.

Der von Baptist Bernlochner nach fast zwanzigjähriger erfolgreicher Bautätigkeit in Landshut errichtete Bau zeigt erstmals dessen Hinwendung zu den neuen Stilformen der Neugotik. Bauherr war der vermögende Getreidehändler Blasius Freyberger, der das Wohnhaus anstelle des sogenannten *Bossier-Gartens* am Rande der Stadtmauer und neben dem damals noch bestehenden «*Münchner-Tor*» aufführen ließ.

Dreifaltigkeitsplatz 2. *Ehem. Wasserturm mit Brunnenhaus,* 14./15. Jh.; zur mittelalterlichen Stadtbefestigung gehörend.

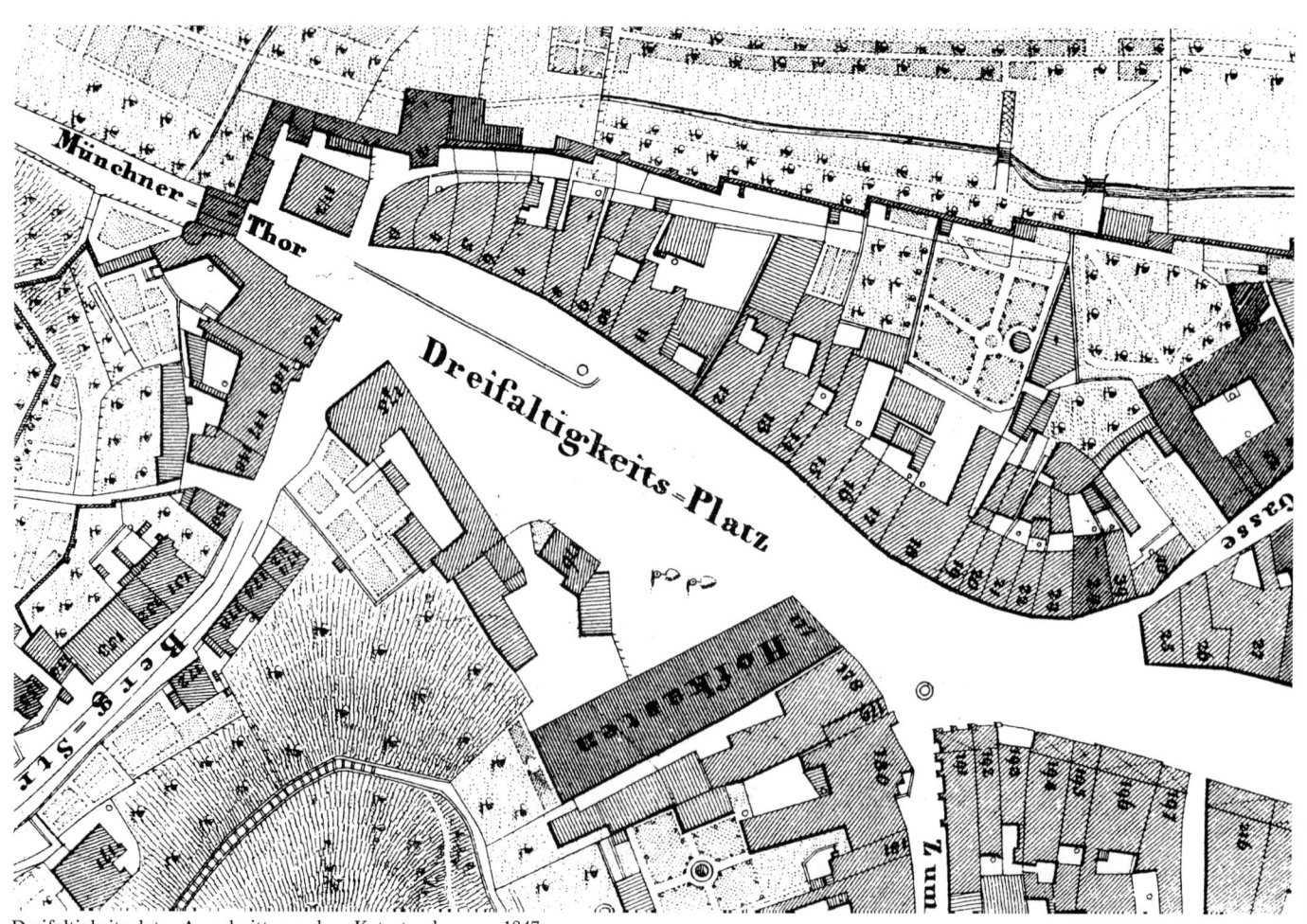

Dreifaltigkeitsplatz, Ausschnitt aus dem Katasterplan von 1847

Dreifaltigkeitsplatz 1a

Dreifaltigkeitsplatz 2, ehem. Wasserturm

Dreifaltigkeitsplatz, Blick von der Burg Trausnitz aus

Dreifaltigkeitsplatz 3. *Wohnhaus,* dreigeschossig mit Zinnengiebel, 16./17. Jh.

Das Haus, das auf dem Sandtnermodell von 1571 noch einen geraden Schluß mit Zinnenbekrönung erkennen läßt, erhielt dann im 17. Jh. die heutige Giebelform. Der Baukörper wurde dabei um eine Fensterachse nach Süden hin erweitert. Die Baumaßnahme dürfte in die Zeit fallen, als sich das Haus im Besitz des Jesuitenrichters Hans Georg Äger (1676–1690) befand. Zwischen dem 1. und 2. Obergeschoß Hausmadonna in Rundbogennische.

Dreifaltigkeitsplatz 4. *Wohnhaus,* viergeschossig, mit Zinnengiebel, wohl 16. Jh.

Das vorwiegend von Beamten bewohnte Haus hatte im 16. Jh. noch seinen Eingang an der Nordseite. In der Figurennische über dem 1. Obergeschoß eine Nachbildung der Altöttinger Gnadenmadonna.

Dreifaltigkeitsplatz 5. *Wohnhaus,* viergeschossig, mit Zinnengiebel, wohl 16. Jh.

Ein Vergleich mit dem Sandtnermodell von 1571 ergibt, daß das Haus erst nach dieser Zeit mit seiner Fassade dem Nachbarhaus Dreifaltigkeitsplatz 4 angeglichen wurde.

Dreifaltigkeitsplatz 6. *Wohnhaus,* viergeschossig, mit Zinnengiebel, um 1600.

Das Handwerkerhaus befand sich 1716–1785 im Besitz der Malerfamilie Krötz (auch Grätz genannt).

Dreifaltigkeitsplatz 7. *Wohnhaus,* zweigeschossig, geschweifter Giebel mit Dreiecksaufsatz, wohl Anfang 19. Jh.

Dreifaltigkeitsplatz 8. *Wohnhaus,* dreigeschossig, mit Zinnengiebel, um 1900.

Einstmals eines der privilegierten steuerbefreiten Häuser der Stadt, ein Recht, das noch auf den herzoglichen Fischmeister Hanns Weinprecht zurückgeht. Sein Besitznachfolger war Mitte des 16. Jhs. der Hofschreiner Peter von Seberum.

Dreifaltigkeitsplatz 9. *Wohnhaus,* viergeschossig, mit von Pilastern getragenem Dreiecksgiebel und Voluten, wohl Ende 19. Jh. über älterem Erdgeschoß.

Dreifaltigkeitsplatz 10. *Wohnhaus,* viergeschossig, mit Volutengiebel, wohl Ende 19. Jh.

Die Beckengerechtsame auf diesem Haus läßt sich urkundlich bis 1493 zurückverfolgen. Seit dieser Zeit befand es sich durchgängig im Besitz von Bäckern.

Dreifaltigkeitsplatz 12. *Wohnhaus,* dreigeschossig, mit Zinnengiebel in Renaissanceformen, wohl um 1600.

Das Haus gehörte im ausgehenden 16. Jh. zum Besitz des Johann Dietrich von der Leiter, Herrn zu Verona und Vicenza, einem Angehörigen des mächtigen oberitalienischen Stadtgeschlechts der Scaliger. Seine Besitznachfolger waren die Freiherren von Fraunhofen und die Preysing zu Kronwinkl. Die *bemerkenswerte Rauhputzfassade* dürfte von dem welschen Hofmaurermeister Franz Franculos in Landshut ausgeführt worden sein, der 1589 hier das Bürgerrecht erlangte.

Dreifaltigkeitsplatz 3, Hausmadonna

Dreifaltigkeitsplatz 4, Hausmadonna

Dreifaltigkeitsplatz 9 und 10

Dreifaltigkeitsplatz 11, Hausinschrifttafel

Dreifaltigkeitsplatz 3–10

Dreifaltigkeitsplatz 11 und 12

Dreifaltigkeitsplatz 13. *Wohnhaus,* dreigeschossig, mit barockem Schweifgiebel, 18. Jh.; westliche Begrenzung des Grundstücks durch Rest der mittelalterlichen Stadtmauer, etwa 1,5 m hoch, 14./15. Jh.

Ehemaliges Stadthaus der Adelsfamilien der Fraunberger zum Haag und der Preysing; es folgten die Familien der Fränking, Hürnheim, Hegnenberg, Lerchenfeld, Freyberg und Wager zu Vilsheim. Im 19. Jh. sank das soziale Niveau seiner Besitzer ab, denn es folgten ein Austragsbauer, ein Lottokontrolleur und ein Leihhausinhaber. – Baugeschichtlich bemerkenswert der Innenhof mit seinen Arkaden, die in den beiden Obergeschossen vermauert und befenstert sind. Die Säulen zeigen noch Formen des Frühbarock. Auch das Treppenhaus mit seinem Balustergeländer weist in diese Zeit zurück.

Dreifaltigkeitsplatz 14. *Wohnhaus,* viergeschossig, zweiachsig, mit Schweifgiebel, 18. Jh.
Das schmalbrüstige Wohnhaus war 1652–1871 im Besitz von Kaminkehrern.

Dreifaltigkeitsplatz 15. *Gasthof drei Helmen,* zweigeschossig, mit Schweifgiebel, 16. und 18. Jh.; westliche Begrenzung des Grundstücks durch *Rest der mittelalterlichen Stadtmauer,* etwa 1,2 m hoch, 14./15. Jh.

Das ehemals herzogliche Haus befand sich im 16., 17. und 18. Jh. im Besitz von Adeligen, die meist bei Hof oder in der fürstlichen Verwaltung dienten. Michael Hagengruber, der das Gebäude 1812 von dem kgl. Kämmerer Franz Xaver von Feuri erwarb, richtete hier die «*Helmwirtschaft*» ein. Der Name nimmt auf die drei Helme im Landshuter Stadtwappen Bezug. Max Moser nannte sich dann zu Anfang des 20. Jhs. «*Gastgeber zu den drei Helmen*».

Dreifaltigkeitsplatz 16. *Wohnhaus* in Traufstellung, dreigeschossig, 2. Hälfte 18. Jh.
Das Haus gehörte 1772–1800 dem angesehenen Hofmaurermeister Felix Hirschstetter, der damals auch die Nachbarhäuser Altstadt 17 und 18 erworben hatte und baulich umgestaltete.

Dreifaltigkeitsplatz 13, Innenhof

Dreifaltigkeitsplatz 13, Treppenhaus

Dreifaltigkeitsplatz 12–14

Dreifaltigkeitsplatz 14–16

Dreifaltigkeitsplatz 175. *Ehem. Stadthaus der Freiherren von Closen,* dreigeschossiges Eckhaus mit Zinnengiebel, im Kern mittelalterlich.

1434 kaufte Alban der Closner von dem Juden Sondermann zu Braunau dessen Haus am Hofberg. Bis 1778 verblieb es im Besitz dieser Adelsfamilie und zählte zu den «seit jeher» steuerbefreiten Häusern der Stadt. Der langgestreckte östliche Anbau des Hauses gehörte einstmals zur Trausnitzbefestigung. Früher führte hier ein Tor zum Hofsteig. Über den Anbau konnte man durch einen Gang in die angrenzende Dreifaltigkeitskirche gelangen. – Der Hauptstock mit anschließendem Innenhof liegt an der Südecke der Anlage. Die Räume im Erdgeschoß sind alle gewölbt; im Flur ein spätgotisches Sterngewölbe mit tellerförmigem Schlußstein, anschließend zwei weitere Joche mit gratigen Kreuzgewölben, an der Südseite des Hauses neben dem Eingang ein Raum mit zwei spitzbogigen, gratigen Kreuzjochen, nach Süden zwei weitere kleinere Räume mit gleichartigen Gewölben, in der Südostecke ein Raum zu vier Jochen mit spätgotischem Kreuzrippengewölbe über einer Mittelstütze mit quadratischem Querschnitt.

Dreifaltigkeitsplatz 176. *Wohn- und Geschäftshaus,* Walmdach, Ende 19. Jh.; erbaut an der Stelle der Anfang des 19. Jhs. abgebrochenen Dreifaltigkeitskirche.

Dreifaltigkeitsplatz 177. *Ehem. Hofkasten, später Landgericht,* mächtiger langgestreckter Baukörper, dreigeschossig, erbaut 1468/70, Umbau im neugotischen Stil, 1857, Dachstuhl spätgotisch.

Der frühere *herzogliche Hofkasten* zählt zu den stattlichsten Gebäuden der Altstadt und riegelt die Platzwand des Dreifaltigkeitsplatzes nach Nordosten hin ab. 1857 wurde in dem ärarialischen Zehentstadel das *kgl. Landgericht* eingerichtet. Heute ist der Bau mit seinem neugotischen Erscheinungsbild ein Kaufhaus.

Dreifaltigkeitsplatz. *Denkmal für Herzog Ludwig den Reichen,* Bronzefigur auf Granitsteinsockel, 1858.

Vorderseite des Sockels bez. «Errichtet von Ludwig I. König von Bayern MDCCCLVIII.» Der Entwurf des Denkmals stammt von dem Münchner Bildhauer Friedrich Brugger, die Ausführung lag in Händen des Erzgießerei-Inspektors Ferdinand von Miller d. Ä.

Dreifaltigkeitsplatz, Denkmal für Herzog Ludwig den Reichen

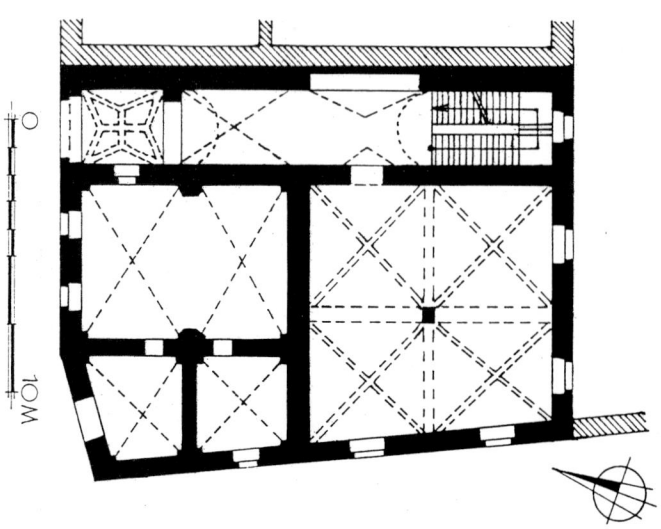

Dreifaltigkeitsplatz 175, Grundriß des Erdgeschosses

Dreifaltigkeitsplatz 175

Dreifaltigkeitsplatz 115

Dreifaltigkeitsplatz 175–176 (von rechts nach links)

Dreifaltigkeitsplatz 177, ehem. Hofkasten, später kgl. Landgericht

Feuerbachstraße 2. *Villa* mit Mittelrisalit, zweigeschossig, Walmdach und figürliches Stuckrelief im Giebelfeld, 1. Hälfte 20. Jh.

Das Relief im Giebelfeld stellt Jesus als den Guten Hirten dar.

Fischergasse 658/659. *Wohnhaus,* zweigeschossig, im Kern wohl noch 17. Jh.

Das Haus mit seinen beiden Eingängen und dem Anbau bei Mühlenstraße 649/50 befindet sich seit der Mitte des vorigen Jahrhunderts im Besitz der Familie Lichtenwallner.

Fischergasse 660. Gemauerter *Speicher,* zweigeschossig, mit Satteldach, wohl um 1800.

Fischergasse 668. *Wohnhaus,* zweigeschossig, Fassade im Stil der Neurenaissance, Flacherker, 1897.

Die Fassade geht auf einen Entwurf des Baumeisters Joseph Niederöcker zurück, der das Haus 1894–1911 besaß. Der Neubau dürfte 1897 unter Verwendung eines älteren Kerns von 1877 ausgeführt worden sein.

Freyung

Im Zusammenhang mit der Stadterweiterung von 1338 kam es zur Ausbildung des Platzes in der Freyung, in dessen Mitte die stattliche spätgotische Stadtpfarrkirche St. Jodok mit ihrem hohen, mit Blenden verzierten Westturm errichtet wurde. Der mächtige Kirchenbau beherrscht das Platzbild, von welcher Seite man sich auch immer der Freyung nähern mag. Die weiträumig konzipierte Platzanlage wird von kugelig beschnittenen Akazienbäumen eingesäumt. Die Platzwand wird durch schlichte, meist zweigeschossige, giebelständige Kleinhandwerkerhäuser gebildet. Die Proportionen der Bebauung werden nur durch den dreigeschossigen Bau des Kolpinghauses (Freyung 619–620), der 1925 errichtet wurde, gesprengt. Harmonisch in die Platzbebauung fügen sich hingegen der barocke Pfarrhof von St. Jodok (Freyung 629) sowie der langgestreckte Baukörper des früheren Franziskanerinnenklosters Heiligkreuz mit seiner Kirche ein.

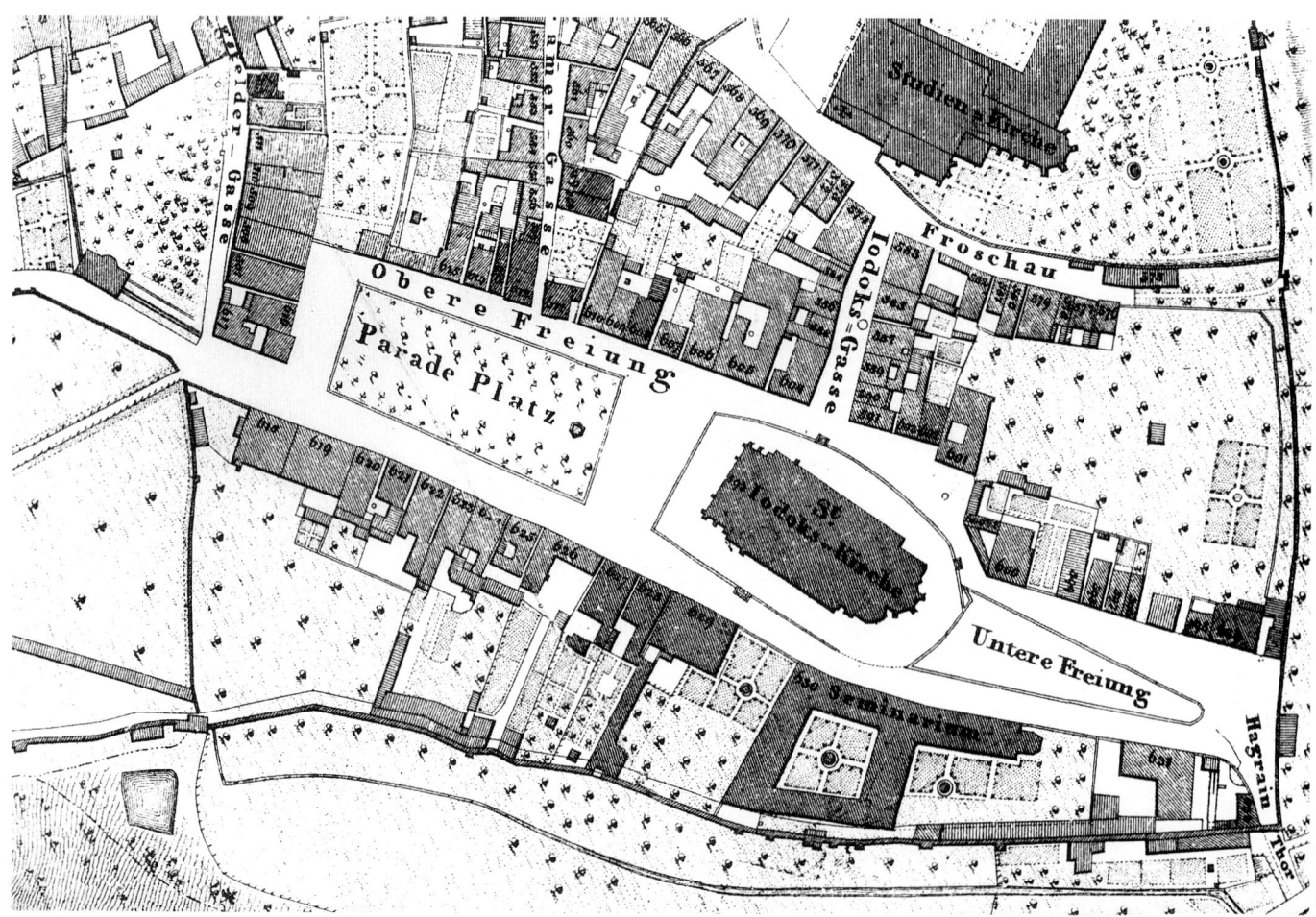

Freyung mit der Kath. Stadtpfarrkirche St. Jodok, Ausschnitt aus dem Katasterplan von 1847

Feuerbachstraße 2

Fischergasse 660

Fischergasse 658/659

Fischergasse 668

Freyung, Blick vom Turm der Martinskirche aus

Freyung 596–599. *St.-Jodoks-Stift* (Asyl), viergeschossiger Baukomplex, 1891–1904, Fassade zum Teil mit Jugendstildekor; Toreinfahrt und Zugänge noch aus der Erbauungszeit.

Freyung 601. *Wohnhaus,* zweigeschossig, mit zweifach geschwungenem Giebel und rundbogig abschließenden Zinnen, 1. Hälfte 17. Jh.

Der Überlieferung nach sollen in diesem Haus die Dominikaner bis zur Fertigstellung ihres Klosterbaus gewohnt haben.

Freyung 602. *Wohnhaus,* viergeschossig, Stuckfassade mit Volutengiebel, wohl 1879.

In dem Vorgängerbau besaßen im 17. Jh. die Bildhauer Hans Wolfhart, Georg Wolfhart und Gregor Neu ihre Werkstatt.

Freyung 603. *Wohnhaus,* viergeschossig, mit geschweiftem Knickgiebel, um 1900.

Hier stand früher das *Wohnhaus des berühmten Rokokobildhauers Christian Jorhan d. Ä.*

Freyung 606. *Wohnhaus,* mit Satteldach in Giebelstellung, zweigeschossig, spätgotischer Zinnengiebel, um 1500.

Das frühere Badhaus in der Freyung wird 1439 erstmals urkundlich erwähnt. Die nördliche Fensterachse des Hauses ist wohl im 19. Jh. zum Nachbarhaus geschlagen worden.

Freyung 607. *Wohnhaus,* dreigeschossig, mit Mansarddach und Ziergiebel, 1880.

Das Haus besitzt am 2. Obergeschoß einen Balkon mit gußeisernem Gitter. Das Türblatt der Haustüre noch aus der Erbauungszeit.

Freyung 610. *Wohnhaus,* in Giebelstellung, zweigeschossig, 1878.

Freyung 601–603 (von rechts nach links)

Freyung 596–599

Freyung 609 und 610

Freyung 606–611 (von rechts nach links)

Freyung 605–608 (von rechts nach links)

Obere Freyung mit der Kath. Stadtpfarrkirche St. Jodok

Untere Freyung mit der Kath. Stadtpfarrkiche St. Jodok und dem St.-Jodoks-Stift

Freyung 612. *Wohnhaus,* mit Satteldach in Giebelstellung, dreigeschossig, im Kern wohl Mitte 19. Jh.

Das Gebäude gehörte 1757–1914 zur Kath. Kirchenstiftung St. Jodok und war das «*Musikanten- oder Choralistenhaus*».

Freyung 615. *Wohnhaus,* langgestreckter dreigeschossiger Baukörper zu neun Achsen, in Traufstellung, 1885.

Martin Dinges ließ das Gebäude 1885 als Essig- und Likörfabrik errichten.

Freyung 616. *Wohnhaus,* zweigeschossiges Eckhaus mit Walmdach, 1. Hälfte 19. Jh.

Auf dem Katasterplan von 1811 ist hier noch ein eingefriedeter Hof zu erkennen. Wahrscheinlich stand hier einstmals das «*Tor bei St. Jobst*».

Freyung 616a. *Wohnhaus* in Giebelstellung, zweigeschossiges Eckhaus mit geschweiftem Knickgiebel und polygonalen Aufsätzen, 1. Hälfte 19. Jh.

Freyung 616b. *Wohnhaus,* in Giebelstellung, zweigeschossig, mit Scheitelzinne, wohl Mitte 19. Jh.

Freyung 618. *Villa,* zweigeschossiger Bau mit Mansarddach, spätklassizistisch, 1885; ehemalige Klostermauer als südliche Begrenzung des Grundstücks.

Die Villa ließ Gustav Ehrne von Melchthal errichten, der sie dann 1892 an den Kaufmann Gustav Schaaf veräußerte. Den noblen Bau führte 1885 der Landshuter Baumeister Joseph Niederöcker aus. An der Einfahrt ein kunstvoll geschmiedetes Gitter.

Freyung 619–620. *Kolpinghaus,* traufständiger Bau mit drei Zwerchhäusern, dreigeschossig, mit Rauhputzdekor, erbaut 1925 nach Plänen des Münchner Architekten Theodor Mayr.

Der Bau, der an sich die Dimensionen der kleinteiligen Bebauung in der Freyung sprengt, paßt sich aber durch die Anwendung des Rauhputzdekors, der in Landshut seit der Mitte des 16. Jh. heimisch wurde, der örtlichen Bauweise an.

Freyung 621. *Wohnhaus* in Giebelstellung, dreigeschossig, mit neubarockem Giebel und Erkern, 1878.

Das stattliche Wohnhaus ließ wahrscheinlich Johann Hirthammer, Gastwirt zum Rosengarten, erbauen. Als Inwohner eines Vorgängerbaus wird 1625 der Bildhauer Hans Dreismich genannt.

Freyung 622. *Wohnhaus* in Giebelstellung, dreigeschossig, mit Treppengiebel, 1894.

An dieser Stelle stand früher ein Stadel, wie schon auf dem Sandtnermodell von 1571 zu erkennen ist. Den Neubau gab 1894 der Firmerbräu August Wiesbeck in Auftrag.

Freyung 623. *Wohnhaus* in Giebelstellung, dreigeschossig, mit Kastenerker und neubarockem Giebel, 1881.

Bauherren waren die Erben des aus Berlin stammenden Spielkartenfabrikanten Julius Tramitz. Das Stuckmedaillon am Erker stellt den Drachenkampf des Hl. Georg dar, bemerkenswert der gute Erhaltungszustand aller Kreuzstockfenster mit ihren kleinteiligen Scheiben.

Freyung 615

Freyung 621

Freyung 612

Freyung 616, 616a und 616b

Freyung 618

Freyung 618–623 (von rechts nach links), im Hintergrund die Burg Trausnitz

Freyung 619–620, Kolpinghaus

Freyung 624. *Wohnhaus* in Giebelstellung, dreigeschossig, mit geschweiftem neubarocken Knickgiebel, um 1900.

Freyung 625. *Wohnhaus* in Giebelstellung, zweigeschossig, mit geschweiftem neubarocken Knickgiebel, um 1900.

Der Vorgängerbau befand sich 1737–1776 im Besitz des Freskomalers Matthias Daburger.

Freyung 626. *Wohnhaus* in Giebelstellung, zweigeschossig, mit geschweiftem, spitzgiebelig abschließendem Giebel, Ende 19. Jh.

Früher stand hier das Wohnhaus des Malers Ignaz Kaufmann, dessen Epitaph noch an der westlichen Außenwand der gegenüberstehenden Stadtpfarrkirche St. Jodok zu sehen ist. Kaufmann, zuvor in Teisbach bei Dingolfing ansässig, erwarb 1765 das Haus und besaß es bis zu seinem Tod 1786.

Freyung 627. *Wohnhaus* in Giebelstellung, zweigeschossig, 2. Hälfte 19. Jh.

Bis 1914 gehörte das Haus zur Kath. Kirchenstiftung St. Jodok. Es diente als *Küster- oder Mesnerhaus* und wurde von verschiedenen Malern bewohnt, die zugleich den Mesnerdienst versahen. Zu erwähnen wären davon insbesondere mehrere Mitglieder der Malerfamilie Schweinizer sowie der Maler Zacharias Jorhan, ein Sohn des berühmten Bildhauers Christian Jorhan d. Ä.

Freyung 629. *Kath. Pfarrhof St. Jodok,* Mitte 18. Jh., stattlicher zweigeschossiger Bau zu sieben Achsen, mit Walmdach, Barockportal von 1747; mit historischer Ausstattung.

Der *Pfarrhof* wird schon 1403 urkundlich erwähnt. Der jetzige Bau ist unter Pfarrer Franz Anton von Muggenthal (1747–1780) erbaut worden. Von der großen Eingangshalle im Erdgeschoß führt eine breite Barocktreppe mit Balustergeländer zu den Wohnräumen im Obergeschoß.

Freyung 630. *Ehem. Franziskanerinnenkloster Hl. Kreuz,* gegründet um 1460, aufgehoben 1802, nunmehr Teil des Hans-Carossa-Gymnasiums sowie des Staatl. Studienseminars; ehem. Klosterkirche, einschiffig, barock, erbaut von Philipp Plank, 1698–1701, jetzt nach Wiederherstellung im Jahr 1957 Aula des Gymnasiums und Konzertraum; ehem. Klostergebäude, Vierflügelanlage um einen geschlossenen Innenhof, mit barockem Brunnen, erbaut 1698–1701. *Rest der mittelalterlichen Stadtmauer,* stark abgeschrägter Mauerstumpf, etwa 2,5 m hoch, weiterer Verlauf in Richtung Südwesten, etwa 4 m hoch, 14./15. Jh.

Freyung 624

Freyung 625

Freyung 626

Freyung 627

Freyung 629, Kath. Pfarrhof St. Jodok

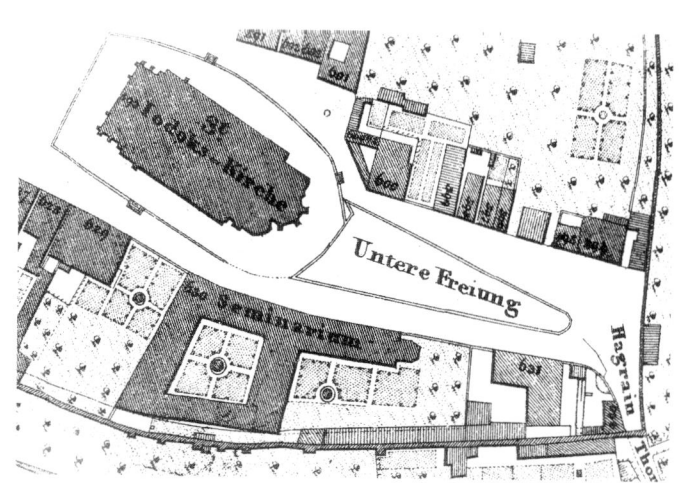

Ehem. Franziskanerinnenkloster Hl. Kreuz, Ausschnitt aus dem Katasterplan von 1847

Fletz im Kath. Pfarrhof St. Jodok

Freyung 625–629 (von rechts nach links)

Freyung 630, ehem. Franziskanerinnenklosterkirche, jetzt Teil des Hans-Carossa-Gymnasiums

Herzog Ludwig der Reiche stiftete um 1460 das Franziskanerinnenkloster Heilig Kreuz. Nach der Säkularisation wurden die Gebäude für die Universität verwendet. Man richtete darin das von Herzog Georg dem Reichen gestiftete und nach ihm «*Georgianum*» benannte Priesterseminar ein. Nach der Verlegung der Universität nach München verwendete man den Bau als *Baderschule* (Chirurgenschule) sowie als Gymnasium, dann als Studienseminar. Die nach der Aufhebung profanierte Klosterkirche wurde 1957 wieder hergestellt und dient heute als Aula des *Hans-Carossa-Gymnasiums*.

Baumeister der früheren *Franziskanerinnenklosterkirche* war der aus Kelheim gebürtige Philipp Plank, ein Laienbruder des Franziskanerordens. Auf seine Planungen gehen u. a. die Schutzengelkirche des Franziskanerklosters in Straubing (1708) und die Konventgebäude der Benediktinerabtei Weltenburg (1709) zurück. Unter seiner Leitung erfolgte auch der Umbau der frühgotischen Karmelitenklosterkirche in Abensberg (1711).

Der Grundriß der Heilig-Kreuz-Kirche ist entsprechend den Ordensgrundsätzen überaus schlicht konzipiert: Eingezogener Chor mit 5/8-Schluß und Langhaus mit Stichkappentonne. Die reiche Ausstuckierung wird Wessobrunner Stukkateuren aus dem Kreis Johann Schmuzers zugeschrieben. Auch Francesco Mazzari aus Como hatte maßgeblichen Anteil an diesen Arbeiten. Die sechs Deckenfresken hat 1699 Georg Asam ausgeführt, sie nehmen auf das Heilig-Kreuz-Patrozinium der Kirche Bezug.

Der frühere Hochaltar ist verlorengegangen. Erhalten hat sich nur das zugehörige Altarblatt, eine Kreuzigung Christi des Münchner Malers Andreas Wolf. Auch die beiden Seitenaltäre sind verschollen. An ihrer Stelle wurden nach der Renovierung von 1957 zwei Ölgemälde aufgehängt, am rechten Chorbogen «Maria im Ährenkleid» von 1519, gegenüber Christus Salvator.

Zum Gedächtnis an den Dichter Hans Carossa, 1888–1897 Schüler dieses Gymnasiums, wurde 1969 gegenüber dem Eingang eine von Bildhauer Hans Wimmer gestaltete Bronzebüste angebracht.

Freyung 631. *Gasthaus zum Riebelwirt,* freistehender zweigeschossiger Traufseitbau, hohes Walmdach mit angesetzten Dachgauben. Im Hof Teilstück bzw. *Rest der mittelalterlichen Stadtmauer,* etwa 4,5 m hoch, an der Ostseite des Grundstücks weitere Mauerreste, etwa 2,5 m hoch, 14./15. Jh.

Der Wirtsname geht auf Karl Riebl zurück, der 1872–1919 Eigentümer des Hauses war.

Freyung 630, Brunnen im Innenhof

Freyung 630, Flur im Erdgeschoß

Freyung 631, Gasthof zum Riebelwirt

Ehem. Franziskanerinnenklosterkirche

Ehem. Franziskanerinnenklosterkirche

Freyung 630, Ofen

Freyung 630, Stuckdecke im 2. Obergeschoß des Westflügels

Friedhofstraße 1. *Städtischer Hauptfriedhof,* angelegt 1805 unter Erweiterung des Armen- und Militärfriedhofs, Ummauerung 1818; im Hauptportal von 1819 eingemauertes romanisches Portal (von der abgebrochenen Klosterkirche Münchsmünster bei Vohburg stammend), 1. Hälfte 13. Jh.; Friedhofskapelle, Zentralbau, 1. Viertel 19. Jh.; Aussegnungshalle mit Arkadengang, neuromanisch, wohl noch 1. Hälfte 19. Jh.; Parkbank aus Sandstein mit klassizistischen Motiven am Hauptportal, 1. Hälfte 19. Jh. Grabstätten an der Südmauer; Illinger, neugot. 2. Hälfte 19. Jh.; Wurm/Münsterer, neugot., 2. Hälfte 19. Jh.; Deutter, klassizistisch, vielleicht von Thomas Jorhan, um 1821; Stumbeck und Butz/Schön, wohl unter Verwendung von Renaissanceepitaphien des 16. Jhs., Pausinger, neugot., 2. Hälfte 19. Jh.; Kaufmann, 1. Hälfte 19. Jh.; Mayrhofer, 2. Hälfte 19. Jh.; Grabstätten an der Ostmauer: Eckart, neugot., um 1900, mit Totenleuchten; Grabstätten an der Nordmauer; Mitterwallner, neugot., 2. Hälfte 19. Jh.; Schmidtner, 2. Hälfte 19. Jh.; Rieger, 2. Hälfte 19. Jh.; Engel, 2. Hälfte 19. Jh.; Pecheder, 2. Hälfte 19. Jh.; Oberpaur, 2. Hälfte 19. Jh.; Neumayr, überaus prachtvolle neugotische Grabstätte, 2. Hälfte 19. Jh.; Kaufmann, 1. Hälfte 19. Jh. und um 1920; Fischer, 2. Hälfte 19. Jh.; Gerl, 2. Hälfte 19. Jh.; Thoman/Attenkofer, schöne Ätzplatte, 1. Hälfte 19. Jh.; Wirth, neugot., 2. Hälfte 19. Jh.; Grabstätten bei der Friedhofskapelle; Tumba zum Gedächtnis an die im Krieg 1870/71 gefallenen Krieger; Grabstein Finsterer, neugot., 2. Hälfte 19. Jh.

Friedhofstraße 6. *Ehem. Exerzierhalle* der 1853–1863 errichteten und 1965 abgebrochenen Max II. -, später Schwere

Städt. Hauptfriedhof, Aussegnungshalle

Friedhofstraße, steinerne Parkbank

Romanisches Portal der früheren Klosterkirche Münchsmünster, jetzt am Haupteingang des Friedhofs

Städt. Hauptfriedhof, Haupteingang

Friedhofstraße 127

Grabstätte Fischer  Grabstätte an der Südwand  Grabstätte Geiger

Städtischer Hauptfriedhof

Friedhofstraße 6, ehem. Exerzierhalle der Max II.-Kaserne  Städt. Hauptfriedhof, Friedhofskapelle

Grabstätte Kaufmann  Grabstätte Stumbeck  Grabstätte Wagner  Grabstätte Fischer

Reiter-Kaserne, romanisierender Klinkerbau mit 3 zu 10 Achsen, Halle mit offenem Dach aus Polonceau-Bindern; zugehörig zwei ehem. Stallgebäude.

Gabelsbergerstraße 16. *Villa,* zweigeschossig, mit Erker, Mansarddach und Zwerchgiebel, mit Stuckornamenten, Anfang 20. Jh.

Gabelsbergerstraße 19. *Gaststätte Gabelsberger Hof,* dreigeschossiger Bau mit neubarockem Giebel, 1900.

Gestütstraße 5. *Ehem. Landgestüt Landshut,* große Anlage im Südosten der Stadt, begrenzt von der Gestüt- und der Sigmund-Schwarz-Straße; zur Anlage gehören folgende schutzwürdige Bauten:

1. Hauptgebäude, Mittelbau mit Durchfahrt, dreigeschossig, errichtet 1860/61 nach Plänen von Johann Baptist Bernlochner; die Flügelbauten mit den Stallungen von 1860/61 bzw. die Erweiterung von 1886/88, die Stallungen mit böhmischen Kappen über gußeisernen Stützen gewölbt.

2. Schmiede mit Gestütswärterwohnung, zweigeschossiger Putzbau mit flachem Walmdach, das Erdgeschoß von 1860/61, die Aufstockung von 1910/11.

3. Ehemalige Krankenstallungen (jetzt Stallungen des Reitvereins Landshut), langgestreckter Bau mit Satteldach, errichtet 1903.

4. Reithalle mit angebauter Zuschauertribüne und Requisitenkammer von 1901/03.

5. Parkanlage mit Reitbahn und altem Baumbestand, angelegt nach 1860/61.

6. Aufseher- bzw. Sattelmeisterhaus (siehe unter Sigmund-Schwarz-Straße 4a).

Gestütstraße 5a. *Ehem. Verwaltergebäude des Landgestüts Landshut,* zweigeschossige Villa mit Walmdächern und polygonalem Eckürmchen mit Zwiebelhaube, erbaut 1901/02; zugehörig Waschhaus, ebenerdiger Bau mit neubarockem Giebel und Satteldach, wohl gleichfalls von 1901/02.

Gabelsbergerstraße 19    Gabelsbergerstraße 16

Krankenstallung des ehem. Landgestüts Landshut

Stallungen des ehem. Landgestüts Landshut

Park des ehem. Landgestüts Landshut

Gestütstraße 5, ehem. Landgestüt Landshut

Gestütstraße 5, ehem. Landgestüt, Hofseite

Gestütstraße 5a, ehem. Verwaltergebäude

Gestütstraße 5, Reithalle des ehem. Landgestüts Landshut

Grasgasse

Die Grasgasse ist die wichtigste Verkehrsader zwischen der Altstadt und der Neustadt. Sie wird im Salbuch von St. Martin, das im Jahr 1331 angelegt wurde, bereits unter der Bezeichnung «die Graz Gazzen» erwähnt. Früher war die Straße von vielen Gastwirtschaften gesäumt. Das Eckhaus an der Einmündung zur Altstadt ist Teil des Rathauses.

Grasgasse 317. *Wohnhaus,* dreigeschossig, fünfachsig, traufständig, 1878.

Grasgasse 321. *Wohnhaus,* zweigeschossig, neugotischer Treppengiebel mit Maßwerkblenden, 2. Hälfte 19. Jh.

Die neugotische Fassade nimmt Motive auf, die dem ehemaligen herzoglichen Kastenhof («Herzogsburg») in Dingolfing nachempfunden sind. In diesem Haus wurde über vierhundert Jahre das Bäckerhandwerk ausgeübt.

Grasgasse 322. *Wohnhaus,* viergeschossig, Walmdach, reich stuckierte Fassade, 1873.

Der vermögende Eisenhändler Franz Seraph Ruf ließ 1873 an der Stelle der ererbten Nagelschmiede ein stattliches Wohnhaus erbauen. Der planende Architekt brachte auf einer Wappenkartusche sein Signum, Stechzirkel und Winkeleisen, sowie die Jahreszahl 1873 an. Die noble Fassade ist im Stil des Historismus konzipiert.

Grasgasse 324. *Wohnhaus,* viergeschossig, sechsachsig, traufständig, 19. Jh.

Grasgasse 325. *Wohnhaus,* zweigeschossig, traufständig, 19. Jh.

Die Parzelle, auf der dieses Haus steht, gehörte früher zum Nachbarhaus (Neustadt 458), dem *«Gilmaierbräu»*.

Grasgasse 329. *Wohnhaus,* dreigeschossig, Giebel mit Scheitelzinne, Mitte 19. Jh.

Grasgasse 330. *Wohnhaus,* dreigeschossig, spätgotischer Giebel mit Zinnen, wohl noch 2. Hälfte 15. Jh.

Der Giebel mit den für die Landshuter Bauweise typischen spitzbogigen Blenden reicht noch in jene Zeit zurück, als sich das *Haus im Besitz der Patrizierfamilie Pätzinger* befand.

Grasgasse 333. *Wohnhaus,* dreigeschossig, sechsachsig, traufständig, Zeilenfassade mit Mezzaningeschoß, 1. Hälfte 19. Jh.

In den Lünetten des ersten und zweiten Obergeschosses ist stuckiertes Rankenwerk mit Büsten bzw. Sphinxen zu erkennen. Kräftiges Dachgesims mit Konsolenreihe. Der Stil der Fassade verrät eine Abhängigkeit von der Baukunst Leo von Klenzes. Bauherr war der vermögende Kaufmann Josef von Baur-Breitenfeld.

Hagrainer Straße 29. *Wohnhaus,* erdgeschossig, mit Mansarddach, Anfang 19. Jh.

Hagrainer Straße 58. *Ehem. Bauernhaus,* Blockbau mit Krüppelwalmdach, um 1800.

Das ehemalige Bauernhaus zählt zu den ältesten Blockbauten im Stadtgebiet.

Grasgasse 321

Grasgasse 322

Grasgasse 324 und 325

Hagrainer Straße 29

Hagrainer Straße 58

Hagrainer Straße 131

Grasgasse 329 und 330 (von rechts nach links)

Grasgasse 333

Grasgasse, Blick gegen Osten

Hagrainer Straße 71. *Ehem. Bauernhaus,* erdgeschossig, mit Krüppelwalm, 1. Hälfte 19. Jh.

Das Bauernhaus, im Kern noch ein alter Blockbau, weist an der Giebelseite den für das 19. Jh. typischen Bewuchs auf.

Harnischgasse

Die Gasse verdankt ihren Namen dem herzoglichen Harnischhaus (vgl. Ländgasse 51), das in früherer Zeit auch als Stadtwohnung der Herzöge diente. Im Landshuter Steuerbuch von 1493 erscheint die Gasse bereits unter der Bezeichnung «Harnaschgasse».

Harnischgasse 34. *Wohnhaus,* fünfgeschossig, sechsachsig, traufständig, an den Fenstern stuckierte Rahmungen und Bandelwerkdekor, wohl Ende 18. Jh.

Das stattliche Wohnhaus gehörte früher zum Haus Altstadt 33. Die nobel stuckierte Fassade dürfte wahrscheinlich erst auf Veranlassung des Dräxlmairbräus Johann Zöttl nach 1825 ausgeführt worden sein.

Harnischgasse 36. Bildet zusammen mit Ländgasse 37–38 (vgl. dort!) einen *Häuserkomplex,* dreigeschossig, Mansarddach, 1897.

Heiliggeistgasse

Heiliggeistgasse 394. *Kath. Spitalkirche Heiliggeist,* spätgotische Hallenkirche mit Umgangschor und ausspringendem Nordturm, erbaut von Meister Hanns von Burghausen und Hanns Stethaimer, ab 1407, vollendet 1461; mit Ausstattung.

Der Grundstein zur Spitalkirche wurde 1407 gelegt (Inschrift an der Ostseite des Turms). Herzog Heinrich der Reiche stiftete 1411 die Katharinenkapelle an der Nordseite des nördlichen Seitenschiffs sowie ein dazugehöriges Benefizium. Den Plan zum Bau lieferte *Hanns Purghauser* (genannt Meister Hanns von Burghausen); seine Vollendung sollte er jedoch nicht mehr erleben. Nach 1432 lagen die Bauarbeiten in Händen des Kirchenbaumeisters *Hanns Stethaimer.* 1444 erfolgte das Aufsetzen des Dachstuhls und die Aufmauerung des hohen Westgiebels, 1446 die Eindeckung des Kirchendachs und schließlich 1461 die Einziehung des Gewölbes.

Die Spitalkirche ist eine dreischiffige spätgotische Hallenkirche mit Umgangschor und einer doppelgeschossigen Sakristei an der Südseite. Der Westseite des Langhauses ist eine große Vorhalle vorgelagert. Der Turm springt an der Nordseite aus. Der Chor schließt in sieben Seiten des Zwölfecks. Die Seitenschiffe umziehen den Binnenchor, der keilförmig schließt. Der Schlußpfeiler steht somit in der Mittelachse. Das Sterngewölbe wird von Rundpfeilern getragen. Die Scheidbögen und Gewölberippen entwachsen den Stützpfeilern ohne Vermittlung. Schlußsteine finden sich nur in den beiden östlichen Jochen des Mittelschiffs, wobei ein mit der Jahreszahl 1461 bezeichneter Schlußstein einen Hinweis auf den Abschluß der Einwölbung gibt.

Hagrainer Straße 71

Harnischgasse 36–38   Harnischgasse 34

Heiliggeist-Spitalkirche, Bauinschrift im Chor

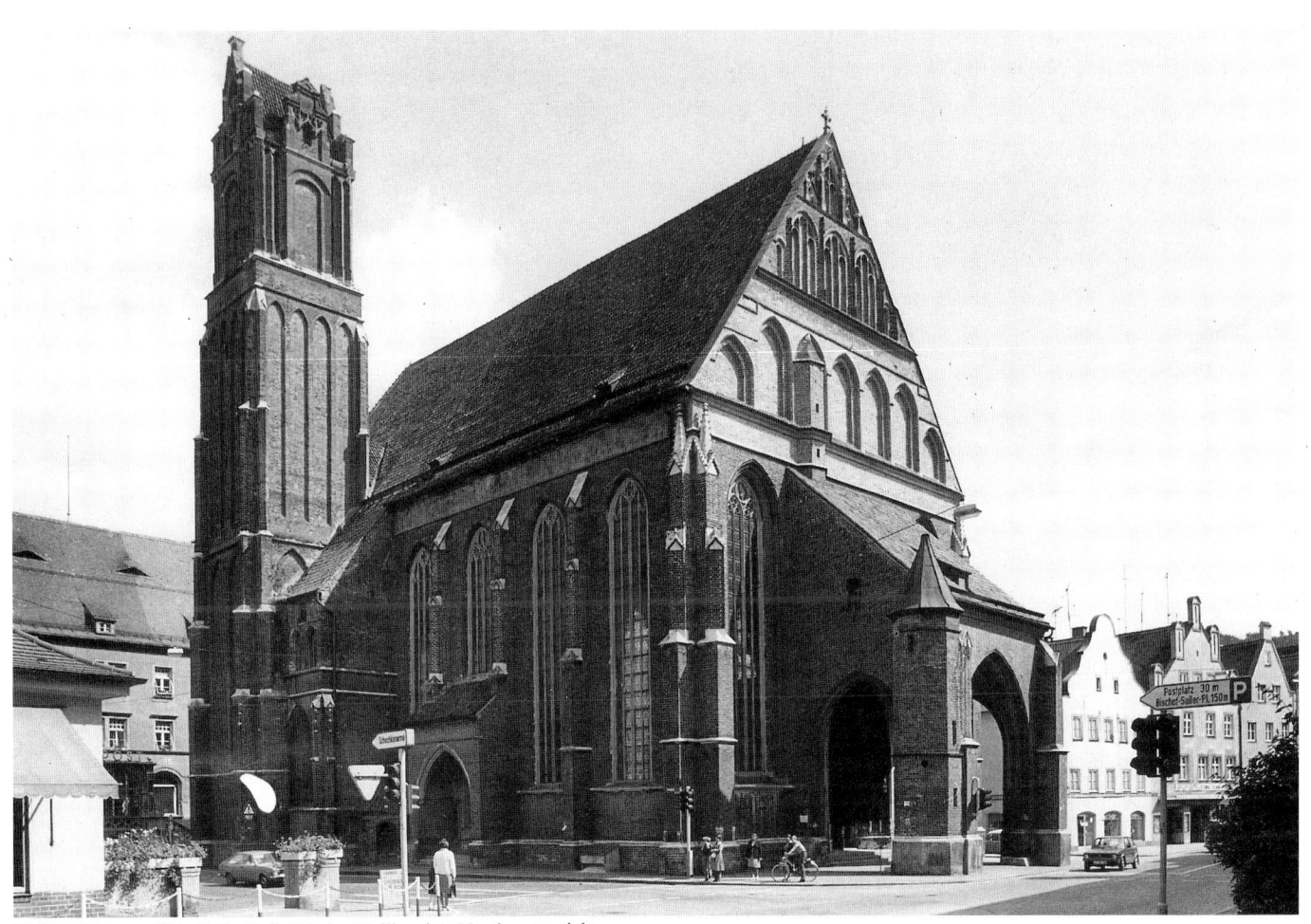

Heiliggeistgasse 394, Kath. Spitalkirche Heiliggeist, Nordwestansicht

Westportal der Heiliggeist-Spitalkirche

Chor der Heiliggeist-Spitalkirche

134 Heiliggeistgasse

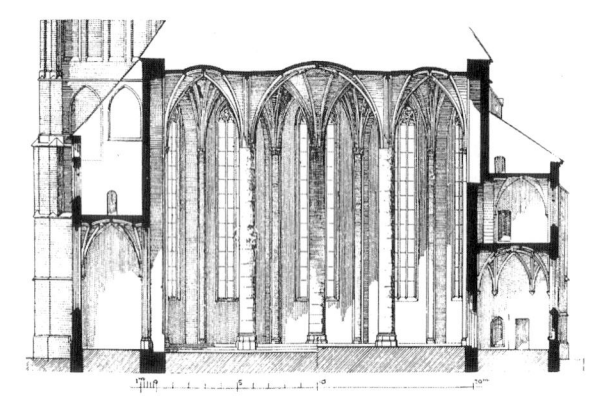

Heiliggeist-Spitalkirche, Längs- und Querschnitt

Die Spitalkirche besitzt drei Portale, wovon das **Westportal** besonders reich ausgestaltet ist. Die Figuren und der ornamentale Schmuck sind in Stuck ausgeführt und dürfen Hanns Stethaimer und seinen Mitarbeitern zugeschrieben werden. Über dem Spitzbogen ist die Jahreszahl 1462 aufgemalt. Das Giebelfeld des Tympanons nimmt eine Weltgerichtsszene ein. Auf der Konsole des Mittelpfostens des Portals steht ein Erbärmdechristus.

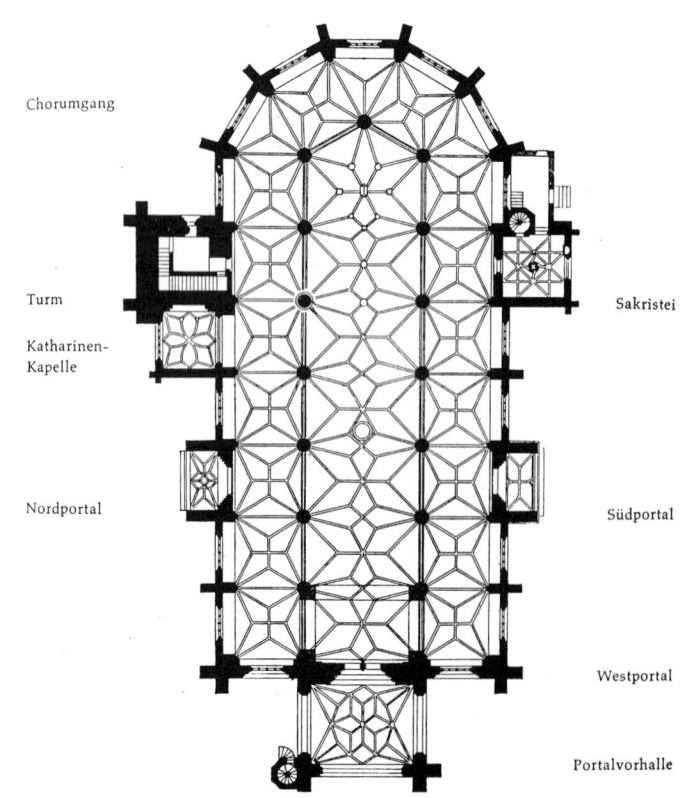

Heiliggeist-Spitalkirche, Grundriß

Gewölbeschlußstein mit Darstellung der Trinität

Spätgotisches Wandfresko an der Katharinenkapelle

Heiliggeist-Spitalkirche, Inneres, Blick in Richtung des Chors

Der in den letzten Jahren entfernte neugotische Hochaltar wurde durch die figürliche Gruppe einer Marienkrönung aus der Zeit um 1520 ersetzt. Das Glasgemälde in der Katharinenkapelle führte 1511 der Landshuter Maler Hans Wertinger nach einem Entwurf des Malers Sigmund Gleismüller aus. Eine Gewölbekonsole in der Sakristei gilt als *Selbstbildnis des Kirchenbaumeisters Hanns Purghauser*. Unter den Werken der Sepulkralskulptur sind zu erwähnen der figürliche Grabstein des herzoglichen Rats und Ritters Ulrich von Breitenstein († 1487), die heraldische Grabplatte des Hanns Altheimer († 1414), das Epitaph der Spitalmeisterin Barbara Elsendorfer († 1460), ein Spätwerk Hanns Stethaimers, sowie das Rotmarmorepitaph des Spitalmeisters Oswald Wolfauer, ein *bedeutendes Frühwerk des Landshuter Bildschnitzers Stefan Rottaler*. Der Zeit des Klassizismus gehören die qualitätvollen Apostelfiguren sowie die Figuren von Christus Salvator und der Mater Dolorosa in den Seitenschiffen an, die der Landshuter Bildhauer Christian Jorhan d. Ä. um 1790 schuf. Derselbe Meister schnitzte auch das Rokoko-Kruzifix (um 1760) in der Sakristei. Von einem der früheren barocken Seitenaltäre stammt das Altarbild der vierzehn Nothelfer, das der Hofmaler Franz Joseph Geiger 1683 ausführte. Das Martyrium der Hl. Katharina malte 1701 Johann Caspar Sing.

Die Spitalkirche nimmt in der Entwicklung der süddeutschen Sakralbaukunst der Spätgotik einen besonderen Rang ein. Dieses *Hauptwerk des Kirchenbaumeisters Hanns Purghauser* diente als Vorbild für die Grundrißlösungen der Kirchenbauten von Pischelsdorf am Engelbach (Oberöster-

Entwurfszeichnung zum Hochaltar von Christian Jorhan d. Ä., 1766

Heiliggeist-Spitalkirche, Nordansicht

Heiliggeist-Spitalkirche, Blick in Richtung der Empore

Katharinenkapelle, Glasgemälde, von Hans Wertinger, 1511

Spätgotische Hochaltargruppe der Marienkrönung

Heiliggeist-Spitalkirche, spätgotisches Netzgewölbe im Mittelschiff

reich), Dingolfing und Schrobenhausen. Auch die Spitalkirche von Meran in Südtirol geht wohl auf das Landshuter Vorbild zurück. Das Gewölbe der Sakristei der Heiliggeist-Spitalkirche ist stilistisch auf das entsprechende am Prager St. Veitsdom zurückzuführen und stellt damit eine Verbindung zur berühmten Parlerschule her. Städtebaulich gesehen ist die Spitalkirche der Gegenpol zur St. Martinskirche und riegelt die Häuserfront der Altstadt nach Norden hin ab.

Sakristei, spätgotisches Gewölbe

Grabstein des herzoglichen Rats Ulrich von Breitenstein († 1487)

Sakristeiportal

Schmerzensmann mit Bauinschrift von 1407

St. Salvator, von Christian Jorhan d. Ä., um 1790

Sakristei, Konsolbüste des Werkmeisters Hanns Purghauser († 1432)

Epitaph für den Spitalpfleger Oswald Wolfauer († 1518), ein Frühwerk von Stefan Rottaler

Herrngasse

Die Herrngasse ist eine Verbindungsstraße zwischen der Altstadt und der Neustadt. Sie hieß ursprünglich «Herdgasse», die Entstellung des Namens in «Herrngasse» hat sich erst nach 1800 eingebürgert. Der Name rührt davon her, daß früher durch diese Gasse die beim Unteren Stadttor hereinkommenden Viehherden zum Markt in der Neustadt und in die Freyung getrieben wurden. Die Häuser an der Herrngasse sind früher meist von Metzgern, Wagnern, Schmieden, Bierwirten und Schnapsbrennern bewohnt worden.

Herrngasse 375. *Speicher* gemauert, zweigeschossig, wohl um 1680.

Den gemauerten Stadel dürfte der Bierbrauer Martin Wimmer 1679 in Auftrag gegeben haben. Die wohlproportionierte Fassade wurde im ersten Obergeschoß durch den Einbruch neuzeitlicher Fenster verändert.

Herrngasse 378. *Wohnhaus,* zweigeschossig, geschweifter Giebel, 1886.

Herrngasse 379. *Wohnhaus,* zweigeschossig, mit Mezzaningeschoß, Blendgiebel und Mansarddach, 2. Hälfte 19. Jh.
Die zweiflügelige aufgedoppelte Einfahrtstür zum Hofraum zeigt Rautenmuster.

Herrngasse 380. *Wohnhaus,* zweigeschossig, 1884/91.

Herrngasse 381. *Wohnhaus,* zweigeschossig, Ende 19. Jh.

Herrngasse 382. *Wohnhaus,* zweigeschossig, vierachsig mit Scheitelzinne, 1883.

Herrngasse 383 ½. *Schmiedeeisernes Gitter,* Ende 19. Jh.

Das überaus kunstvoll geschmiedete Gitter ist eine Arbeit des Schlossermeisters Karl Heilmaier, der hier seit Ende des 19. Jhs. seine Werkstätte betrieb.

Herrngasse 384. *Hausfigur* am zweiten Obergeschoß des Wohnhauses, wohl 19. Jh.

Herrngasse 375

Herrngasse 383, schmiedeeisernes Gitter

Herrngasse 384, Hausmadonna

Herrngasse 378

Herrngasse, Blick gegen Osten

Herrngasse 379

Herrngasse 380 u. 381

Herrngasse 382

Herrngasse 384

Innere Münchner Straße 2. *Amtsgebäude,* viergeschossiger Bau mit Mansarddach, 1897.

Innere Münchner Straße 6. *Gasthaus Ludwigshöhe,* viergeschossiger Bau mit Mansarddach und neubarockem Ziergiebel, 1900.

Innere Münchner Straße 8. *Wohnhaus,* dreigeschossig, mit Mansarddach, Ende 19. Jh.

Innere Münchener Straße 10. Dreigeschossiges *Mietshaus* mit neubarockem Giebel, drei Erkern und Ecktürmchen, um 1900.

Innere Münchner Straße 25. *Wohn- und Verwaltungsbau,* 2. Hälfte 19. Jh., zweigeschossiger Putzbau mit vorkragendem Satteldach, sparsamem Dekor und profilierten Fensterumrahmungen; zugehörig langgestreckter Werkraum, gleichfalls 2. Hälfte 19. Jh., über Vierkantstützen gewölbte dreischiffige Halle.

Innere Münchner Straße 6

Innere Münchner Straße 8

Innere Münchner Straße 2

Innere Münchner Straße 25

Innere Münchner Straße 10

Isargestade 726. *Wohnhaus,* dreigeschossig, mit Eckerker und Mansarddach, 19. Jh.

Das Haus wurde am 16. April 1809 beim Einmarsch der französischen Truppen durch österreichische Kugeln stark beschädigt.

Isargestade 729. *Wohnhaus,* zweigeschossig, mit geschweiftem Giebel, erbaut nach 1809.

Isargestade 731. *Wohnhaus,* zweigeschossig, geschweifter Giebel mit Scheitelzinne, erbaut nach Brand von 1809.

Die *Rotgerberei* wurde in dem alten Gerberhaus schon seit etwa 1570 betrieben.

Isargestade 732. *Wohnhaus,* dreigeschossig, 1. Hälfte 19. Jh., Fassade Mitte 20. Jh. erneuert.

Isargestade 733. *Wohnhaus,* zweigeschossig, Giebel mit Zinnen, 16./17. Jh.

Der Giebel mit den rundbogigen Abschlüssen ist typisch für die Landshuter Bauweise der Renaissance.

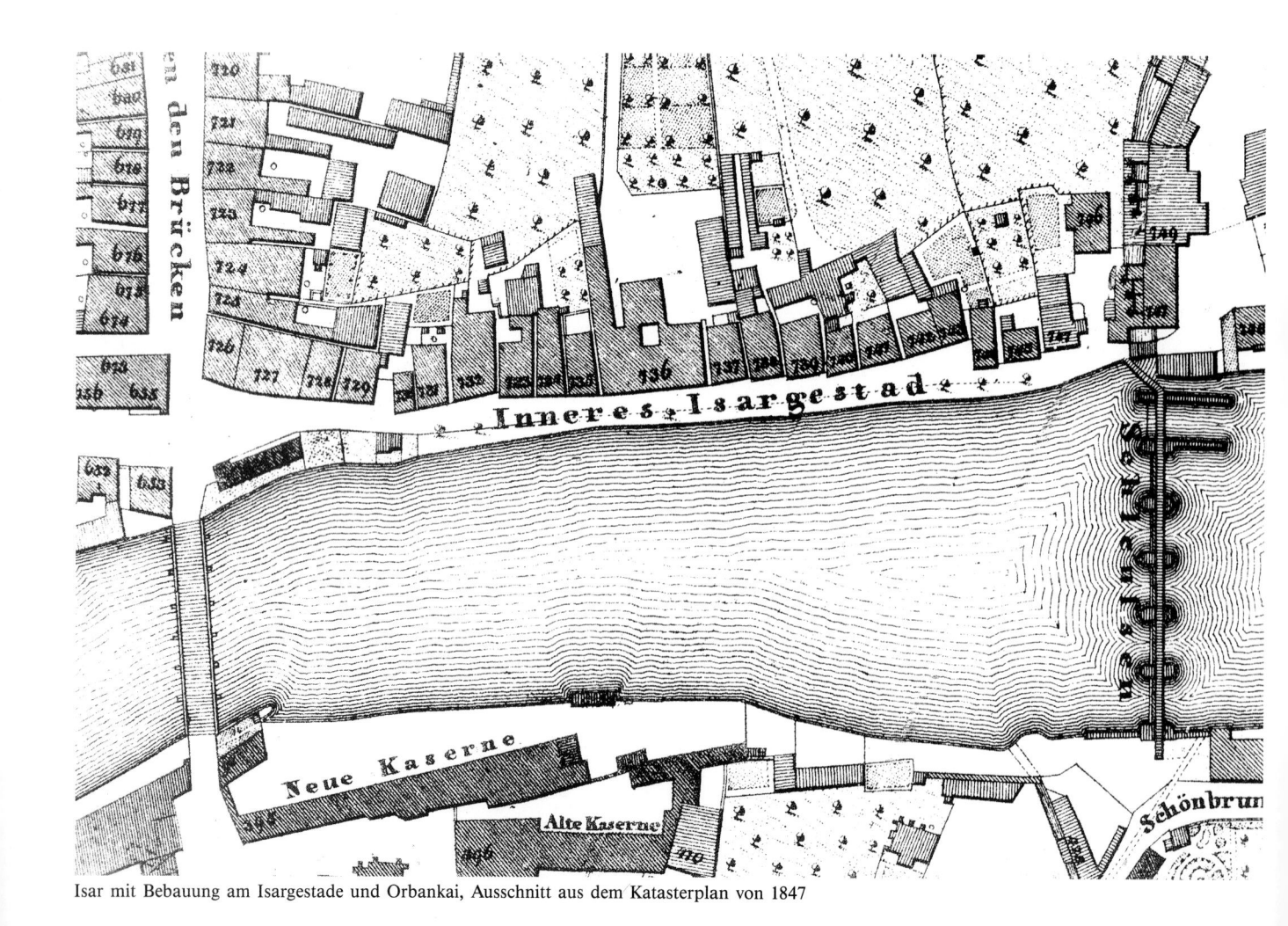

Isar mit Bebauung am Isargestade und Orbankai, Ausschnitt aus dem Katasterplan von 1847

Isargestade 145

Isargestade 726–729

Isargestade 732

Isargestade 729

Isargestade 730

Isargestade 731

Isargestade 733

Bebauung am Isargestade, Blick vom Orbankai aus

Isargestade 734. *Wohnhaus,* zweigeschossig, mit mehrfach geschweiftem Giebel, um 1920.

Isargestade 735. *Wohnhaus,* dreigeschossig, mit geschweiftem Knickgiebel und Flacherker, neubarock, Anfang 20. Jh.

Das Fischergewerbe läßt sich hier schon im ausgehenden Mittelalter urkundlich belegen. Den Neubau dürfte die Fischerfamilie Rauch veranlaßt haben.

Isargestade 736. *Finanzamt,* langgestreckter dreigeschossiger Bau zu zehn Achsen, traufständig, errichtet kurz nach 1752; sonst nach Umbau von 1899; Westflügel 1909; Gartenpavillon, zweigeschossig, Ende 18. Jh.

Vor 1752 standen hier noch drei einzelne Handwerkerhäuser. Der vermögende Ratsherr und Schönfärber Joachim Backhaus konnte dann die drei nebeneinander liegenden Hausparzellen durch Kauf in seiner Hand vereinigen und hier einen Neubau errichten. Die heutige Gestalt erlangte der Bau 1899 durch Aufstockung des 2. Obergeschosses und Aufsetzung des Dreiecksgiebel mit der Wappenkartusche. Der Bau war von Konstantin Freiherr von Podewils für den Staat zum Zwecke der Einrichtung des Finanzärars (Finanzamt) erworben worden. Der Westflügel an der Hofseite, der eine neubarocke Fassade besitzt, wurde schließlich 1909 angefügt.

Der «*Sebastiani-Pavillon*» im Garten von Isargestade 736 wird in die Zeit um 1790 datiert. Bauherr dürfte gleichfalls Joachim Backhaus gewesen sein. Der lange Zeit verwahrlost stehende Pavillon ging 1982 in das Eigentum des Verkehrsvereins Landshut über, der ihn mustergültig restaurieren ließ.

Isargestade 737. *Wohnhaus,* dreigeschossig, geschweifter Knickgiebel, Anfang 20. Jh.

Isargestade 738. *Wohnhaus,* dreigeschossig, mit abgewalmtem Satteldach und Blendgiebel, um 1890.

1889 kaufte der Baumeister Sigmund Niederöcker von Johann Bachmair an dieser Stelle ein Haus, das er schon bald darauf abbrechen ließ, um ein neues Wohnhaus nach eigenen Plänen errichten zu können. 1911 verkaufte er dann den Bau an den Metzgermeister Josef Wieland.

Isargestade 742. *Hacklberger Bierstüberl zum Maxwehr,* dreigeschossiger Bau mit geschweiftem Volutengiebel, 1903.

Isargestade 743. *Wohnhaus,* zweigeschossig, Giebel mit segmentbogigem Aufsatz, 19. Jh.

Isarpromenade 2. «*Röcklturm*», auch Fischmeisterturm genannt, im Kern mittelalterlich.

Nach unbestimmter Überlieferung soll von diesem Turm aus die Verschwörung der Landshuter Bürger 1410 ihren Anfang genommen haben, wobei dem Ratsherrn Röckl eine führende Rolle zukam.

Isarpromenade 3. *Wohnhaus,* erdgeschossig, mit Walmdach, 18. Jh.

Isarpromenade. *Aussichtspavillon* (vgl. auch Altstadt 79). *Wohnhaus,* erdgeschossig, 19. Jh., an den Pavillon angebaut.

Isargestade 736, sog. Sebastiani-Pavillon

Isargestade 742 und 743

Isargestade 736, Finanzamt

Isargestade 734

Isargestade 735

Isargestade 737

Isargestade 738

Isarpromenade, Blick gegen Norden

Isarpromenade 3

Jodoksgasse 583. *Wohnhaus,* dreigeschossig, mit Walmdach, 1878.

Das stattliche Eckhaus ließ 1878 der Bäckermeister Franz Huber erbauen. Unter den Inwohnern eines älteren Vorgängerbaus werden laut Häuserchronik 1493 die Witwe des Malers Conrad Höhenperger, 1607 der Steinmetz Oswald Vorster und 1616 der Goldschmied Andreas Haubenthaler genannt.

Jodoksgasse 584. *Wohnhaus,* dreigeschossig, traufständig, geschweifter Zwerchgiebel und Mansarddach, Anfang 20. Jh.

An dieser Stelle stand noch bis zum Beginn dieses Jahrhunderts nur ein Stadel, der zu Haus Nr. 605 in der Freyung gehörte.

Jodoksgasse 585. *Wohnhaus,* eingeschossiger Bau mit Satteldach, giebelständig, wohl Mitte 19. Jh.

Typisches *Handwerkerhaus,* das wohl der Zimmermann Matthias Wagner gegen Mitte des 19. Jhs. für sich selbst erbaute.

Jodoksgasse 586. *Wohnhaus,* dreigeschossig, Flacherker, geschweifter Zwerchgiebel und Mansarddach, um 1900.

Jodoksgasse 587. *Wohnhaus,* zweigeschossig, Fenster mit Rauhputzrahmungen, rund abschließender Giebel, 1857.

Jodoksgasse 588. *Gaststätte zum Bierbrunnen,* dreigeschossig, Mansarddach, Ende 19. Jh.

In einem Vorgängerbau befand sich 1615–1617 die Werkstatt des Bildhauers und Steinmetzen Oswald Vorster. Auch der Bildhauer Gregor Neu war in den fünfziger Jahren des 17. Jhs. zeitweise Inwohner des Hauses.

Jodoksgasse 588a. *Wohnhaus,* viergeschossig, Walmdach, 2. Hälfte 19.Jh.

Jodoksgasse 589. *Wohnhaus,* dreigeschossiger Bau in Giebelstellung, Wandnische mit Madonnenfigur, am Giebel Zinnen, wohl 2. Hälfte 19. Jh.

Die kleine Madonnenfigur ist eine Nachbildung des Altöttinger Gnadenbilds. Das Haus befand sich 1638–1666 im Besitz des Bildhauers Christoph Wolfhart und dann 1668–1712 im Besitz des Bildhauers Matthias Joseph Neu.

Jodoksgasse 591. *Wohnhaus,* zweigeschossiges Eckhaus mit hoher Giebelfront zur Freyung hin, im Kern wohl noch 17. Jh.

Bis ins 19. Jh. hinein lastete auf dem früher vorwiegend von Leinewebern und Metzgern bewohnten Haus eine Gült von 24 Kreuzern zugunsten des St. Achazi-Benefiziums in der Gruftkapelle zu St. Jodok, die Erasmus und Margarete Strasser 1469 zu dieser Messe der Adelsfamilie der Staudacher gestiftet hatten.

Jodoksgasse 586

Jodoksgasse 588

Jodoksgasse 589, Hausmadonna

Jodoksgasse 584

Jodoksgasse 587

Jodoksgasse, Blick gegen Süden

Jodoksgasse 583

Jodoksgasse 591

Jodoksgasse 588a

Jodoksgasse 592. *Kath. Stadtpfarrkirche St. Jodok,* gotische Basilika mit einschiffigem Chor, Krypta, Langhauskapellen und Westturm, Mitte 14. – Mitte 15. Jh., Sakristeianbau 1842; mit Ausstattung.

Der Bau von St. Jodok geht auf die Stadterweiterung durch Herzog Heinrich den Reichen im Jahr 1338 zurück. 1369 erfolgte die Erhebung zur zweiten Stadtpfarrkirche von Landshut. Ein Brand 1405 vernichtete den Kirchenbau teilweise; die Wiederherstellung zog sich bis zur Mitte des 15. Jhs. hin. Man nimmt an, daß nunmehr auch die Einwölbung des Langhauses erfolgte, nachdem hier früher wohl nur eine Flachdecke eingezogen war. Der Turm wurde damals vom 2. Obergeschoß ab neu errichtet. Die Kapellen zu beiden Seiten des Turms wurden erst gegen Ende des 15. Jhs. angefügt, nachdem das Benefizium des Patriziergeschlechts der Oberndorfer für die sogenannte *Oberndorferkapelle* 1484 gestiftet worden war. In der Barockzeit wurde in den Baubestand nur unwesentlich eingegriffen, nachdem 1611 noch die Orgelempore an der Westseite des Langhauses eingebaut worden war. Mitte des 19. Jhs. erfolgte eine grundlegende Regotisierung, der bedauerlicherweise auch fast alle barocken Ausstattungsstücke zum Opfer fielen. 1842 wurde die Sakristei umgestaltet. Die Neuausmalung des Gotteshauses 1913 besorgte der Kunstmaler Martin Herz.

St. Jodok ist eine **basilikale Anlage** mit einschiffigem Chor, Kapellen am Langhaus sowie einem von Kapellen flankierten großen Westturm. Zu seiten des Chors schließen sich nördlich die Aschkapelle und südlich die Sakristei an. Unter dem Chor befindet sich eine **Krypta**, die *«Veitskapelle»*. Der Außenbau ist durch unverputztes Ziegelmauerwerk gekennzeichnet. – Der nicht eingezogene **Chor** besitzt zwei Joche und einen 5/8-Schluß. Der Chor mit seinem Kreuzgewölbe hat fast die Höhe des Mittelschiffs des Langhauses. Das Langhaus weist sechs Joche auf. In jedem Joch springen hier beiderseits Kapellen aus, an deren Stelle im vierten Joch von Osten her Vorhallen zu den Seitenportalen angeordnet sind. Die spitzbogigen Arkaden zwischen dem Mittelschiff und den Seitenschiffen ruhen auf rechteckigen Pfeilern. Das **Mittelschiff** besitzt ein spätgotisches Netzgewölbe, die Seitenschiffe schlichte Kreuzrippengewölbe.

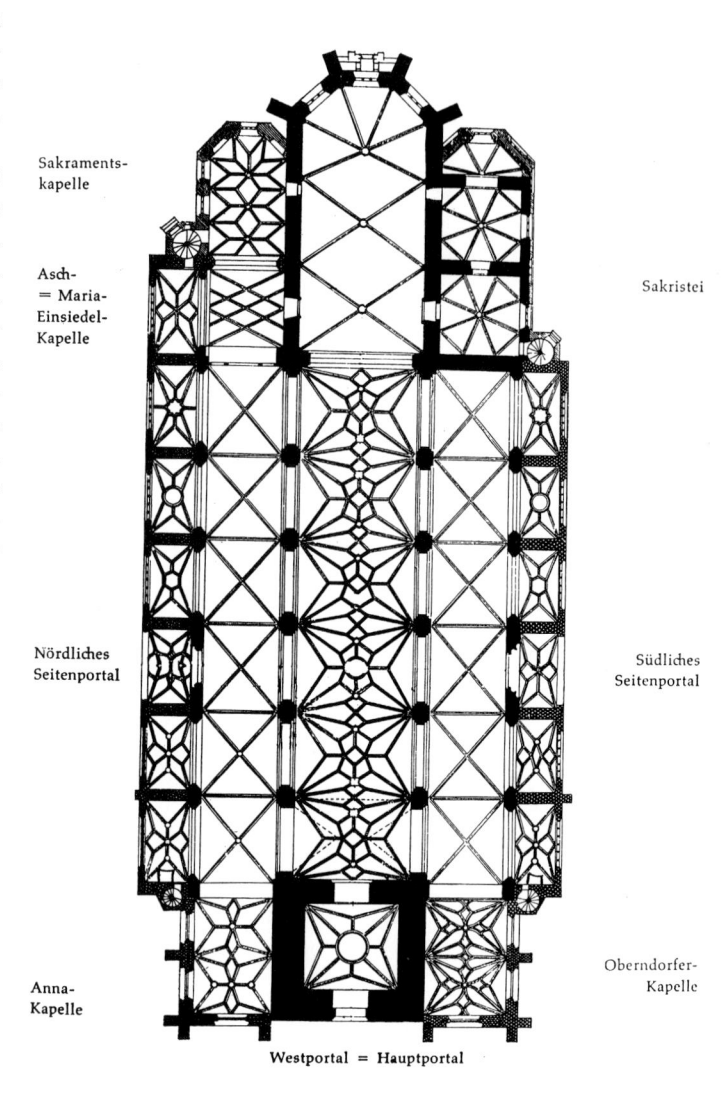

Kath. Stadtpfarrkiche St. Jodok, Grundriß

Kath. Stadtpfarrkirche St. Jodok, Längsschnitt

Kath. Stadtpfarrkirche St. Jodok

Neugotischer Hochaltar der Jodokskirche

Mittelschiff der Jodokskirche

Mittelschiff der Jodokskirche

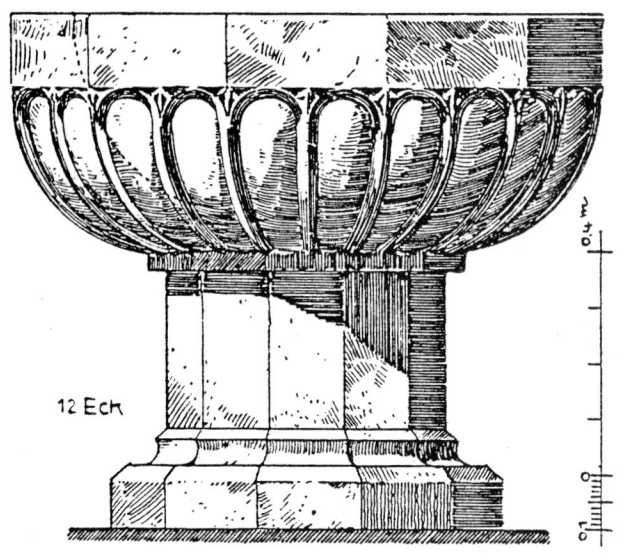

Kath. Stadtpfarrkirche St. Jodok, Taufstein

Jodokskirche, Nordansicht

Der fünfgeschossige Turm geht vom vierten Geschoß ab ins Achteck über. Die Ecken sind hier mit kurzen polygonalen Türmchen besetzt; an den Oktogonseiten je zwei spitzbogige Blendfelder. Eine durchbrochene Maßwerkgalerie aus Kalkstein schließt den Aufbau des Turms ab, darüber der achtseitige Ziegelhelm.

Von der spätgotischen Ausstattung haben sich nur noch geringe Reste erhalten. Die lebensgroße Marienfigur gehört der Zeit um 1500 an. Als die frühere Hochaltarfigur sieht man den monumentalen Hl. Jodok im Bayerischen Nationalmuseum in München an, den der Landshuter Bildschnitzer Hans Leinberger um 1520 schuf. Das Kreuzigungsrelief, um 1430, vielleicht eine Stiftung des Pfarrers Caspar Westendorfer. Die Sakristeitür mit interessanten spätgotischen Beschlägen, von 1482; zwei Glocken von 1447 bzw. 1454. Hervorzuheben sind auch der Rittergrabstein des Heinrich von Staudach († 1483) in der Krypta und das von dem Landshuter Bildschnitzer Stefan Rottaler signierte Rotmarmorepitaph für den herzoglichen Pfleger Peter von Altenhaus († 1513), außerdem das Epitaph des 1619 in der Schlacht bei Haimburg in Ungarn gefallenen Christoph Ludwig Ernst von Haagsdorf und das Epitaph des Bürgermeisters Johann

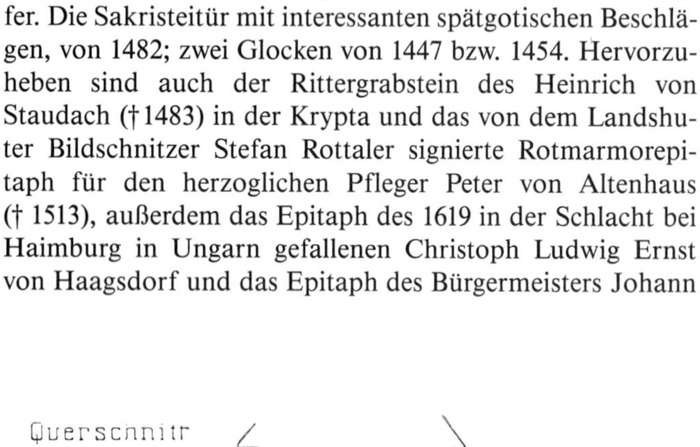

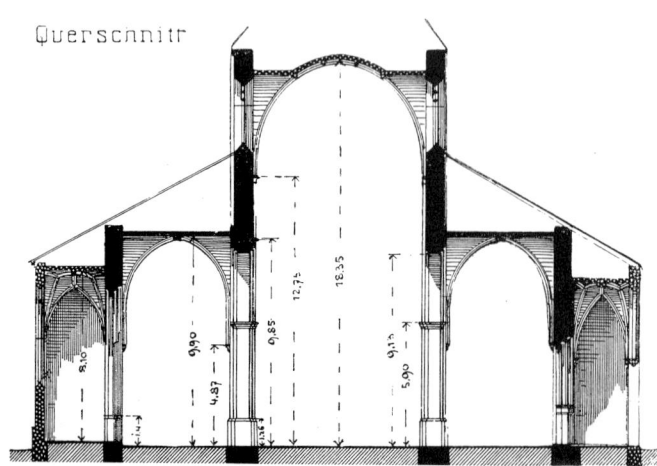

Kath. Stadtpfarrkirche St. Jodok, Querschnitt

Jodokskirche, südliches Seitenportal

Jodokskirche, Oberndorfer-Kapelle

Jodokskirche, Sakristei

Jodokskirche, Asch-Kapelle

Jodokskirche, Epitaph für den herzoglichen Pfleger Peter von Altenhaus († 1513), von Stefan Rottaler

Jodokskirche, spätgotische Madonna

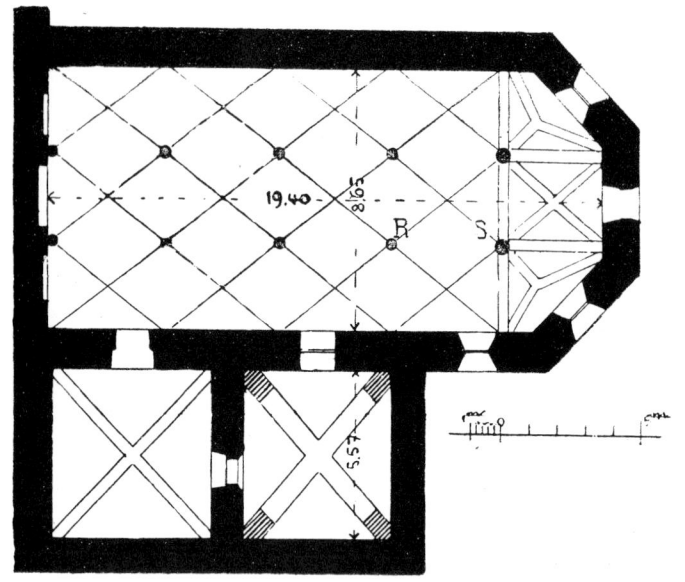

Jodokskirche, Grundriß der Krypta

Freinhuber († 1644). Bemerkenswerte Rokokoschöpfungen des Landshuter Bildhauers Christian Jorhan d. Ä. sind die Hll. Johannes und Magdalena von einer Kreuzigungsgruppe. Zu bedauern ist der Verlust des 1808 aus der abgebrochenen Franziskanerkirche hierher übertragenen Hochaltars. Der jetzige Hochaltar ist neugotisch.

Jodokskirche, Kreuzigungsgruppe

Jodokskirche, spätgotisches Wandfresko

Jodokskirche, Renaissance-Epitaph für Katharina Daum († 1544)

Jodokskirche, frühere Hochaltarfigur des Hl. Jodok, von Hans Leinberger, um 1520 (jetzt Bayer. Nationalmuseum, München)

Jodokskirche, Krypta, ehem. Tumbadeckplatte für den herzoglichen Rat Heinrich von Staudach († 1483)

Jodokskirche, Krypta

Karlstraße

Die Karlstraße zieht sich in einem weiten Bogen um den südwestlichen Teil des Klosterbezirks von Seligenthal. Die Benennung erfolgte nach Kaiser Karl V., der im Jahr 1546 hier in der sogenannten Kaiserschwaige Quartier nahm.

Karlstraße 6. *Gasthaus Jägerwirt,* langgestreckter zweigeschossiger Bau mit Krüppelwalm, wohl 1. Hälfte 19. Jh., bauliche Veränderungen 1878.

Karlstraße 7. *Wohnhaus* in Giebelstellung, dreigeschossig, mit neubarocker Fassadengliederung, Anfang 20. Jh.

Karlstraße 9. *Wohnhaus,* dreigeschossig, mit Walmdach, Fassade mit Stuckdekor, erbaut angeblich 1882.

Karlstraße 28. *Werkhalle der Maschinenfabrik F. J. Sommer,* Klinkerbau, 1881.

Karlstraße 6, Gasthaus Jägerwirt

Kirchgasse

Im ausgehenden Mittelalter besaßen in der Kirchgasse vor allem Maler, Bildschnitzer und Goldschmiede ihre Wohn- und Arbeitsstätten. Aber auch der Adel suchte hier, wie das gefreite Stadthaus des Geschlechts der Seyboltsdorfer (Kirchgasse 232) belegt, Besitz zu erwerben. Bedeutsam für die weitere bauliche Entwicklung der Gasse war vor allem die in der Mitte des 17. Jahrhunderts erfolgte Verlegung des kath. Pfarrhofs von St. Martin aus der Schirmgasse 204 in das Haus Kirchgasse 232. Das heutige Erscheinungsbild der Kirchgasse wird geprägt von den schlichten Fassaden der giebelständigen Handwerkerhäuser des 16.–19. Jahrhunderts. Städtebauliche Akzente bilden die noble barocke Fassade des kath. Pfarrhofs sowie der hochaufragende Chor der spätgotischen kath. Stadtpfarr- und Stiftskirche St. Martin und Kastulus. Der Kirchenbau riegelt die Bebauung optisch nach Westen hin ab.

Kirchgasse 226. *Wohnhaus,* dreigeschossiger Bau zu fünf Achsen mit Erker, 2. Hälfte 19. Jh., Hausfigur (Immaculata), geschnitzte Holztüre am Hauseingang, um 1700, angeblich aus dem früheren Franziskanerkloster stammend.

An dieser Stelle stand früher ein zum Kollegiatstift St. Martin und Kastulus gehöriger Stadel, der anscheinend durch Umbau zu einem Wohnhaus umgewandelt wurde.

Kirchgasse 227. *Wohnhaus,* viergeschossig, 1897.

Das Haus wurde wohl von Baumeister Jacques Cormeau errichtet, der den Neubau noch bis 1919 besaß.

Kirchgasse 228. *Wohnhaus,* dreigeschossig, fünfachsig, traufständig, um 1830.

Das Haus ließ wahrscheinlich der Gerichts- und Gutsherr Josef von Edlinger errichten. Eine Inschrifttafel weist darauf hin, daß sich der Vorgängerbau 1511–1531 *im Besitz des Hofmalers Hans Wertinger* befand. Dieser auch «Schwabmaler» genannte *Meister gehört zu den führenden Renaissancemalern Altbaierns.* Er starb 1533 und fand seine letzte Ruhestätte im Kreuzgang des Franziskanerklosters. Für die Franziskaner hatte er unentgeltlich das Hochaltarblatt gemalt, das sich leider nicht erhalten hat.

Karlstraße 28, Werkhalle der Maschinenfabrik

Kirchgasse 226, barocke Haustür

Karlstraße 7

Karlstraße 9

Kirchgasse, Blick gegen Westen auf den Chor der Martinskirche

Kirchgasse 226, Hausmadonna

Kirchgasse 226

Kirchgasse 227

Kirchgasse 228

Kirchgasse 229. *Wohnhaus,* stattlicher dreigeschossiger Bau mit geschweiftem Giebel und Dreiecksaufsatz, wohl 1. Hälfte 17. Jh.

Das Haus gehörte im 17. und 18. Jh. zum Kollegiatstift St. Martin und Kastulus und wurde von einem Kanoniker bewohnt. Im Zuge der Aufhebung des Stifts zur Zeit der Säkularisation wurde der Besitz 1804 an den Hofrat Professor von Keppen veräußert. 1832–1861 werden als Eigentümer Nanette bzw. Anna von Brentano-Mezzegra genannt.

Kirchgasse 230. *Wohnhaus,* dreigeschossig, vierachsig, traufständig, im Kern wohl 18. Jh.

Das Haus gehörte 1596–1807 zum Kollegiatstift St. Martin und Kastulus und wurde wie das Nachbarhaus Kirchgasse 229 früher von Kanonikern bewohnt. Der spätere Besitzer, der praktische Arzt Dr. Xaver Wein, dürfte den Bau in der 2. Hälfte des 19. Jhs. durchgreifend verändert haben lassen.

Kirchgasse 231. *Wohnhaus,* dreigeschossig, traufständig, wohl Mitte 19. Jh.

Auch dieses Haus befand sich einstmals im Besitz des Kollegiatstifts St. Martin und Kastulus. 1807–1817 gehörte es dem Staat, der es schließlich an Hofrat Professor Feiler veräußerte.

Kirchgasse 232. *Kath. Pfarrhof St. Martin,* dreigeschossiger Bau in Traufstellung, Portal flankiert von Atlanten, Fenster mit geohrten Rahmungen, Stiegenhaus mit einarmiger Podesttreppe, in verschiedenen Räumen Stuckdecken, barock, um 1700; mit historischer Ausstattung.

An den um 1700 errichteten Hauptstock schließen sich hofseitig zwei schmale Rückflügel an. Über dem Portal in einer Muschel die Büste des hl. Johann Nepomuk. Die Türen zu den Wohnräumen haben stuckierte Umrahmungen mit Muschelaufsätzen. In einigen Zimmern finden sich stuckierte Decken. Im 1. Obergeschoß eine Decke mit Mittelmedaillon und zwei Putten, im Zimmer daneben ein ovales Mittelfeld umgeben von Akanthus und Palmetten, in einem kleinen Raum auf der Hofseite eine Decke mit stuckiertem Relief. (Herkules mit den Pferden des Diomedes). Im Saal des 2. Obergeschosses eine stuckierte Decke mit Akanthusranken und Muscheln um ein geschweiftes Mittelfeld, in einem kleinen Raum auf der Hofseite eine Stuckdecke (Diana und ihre Hunde). Die Stukkaturen lassen sich durchwegs in die Frühzeit des 18. Jhs. datieren.

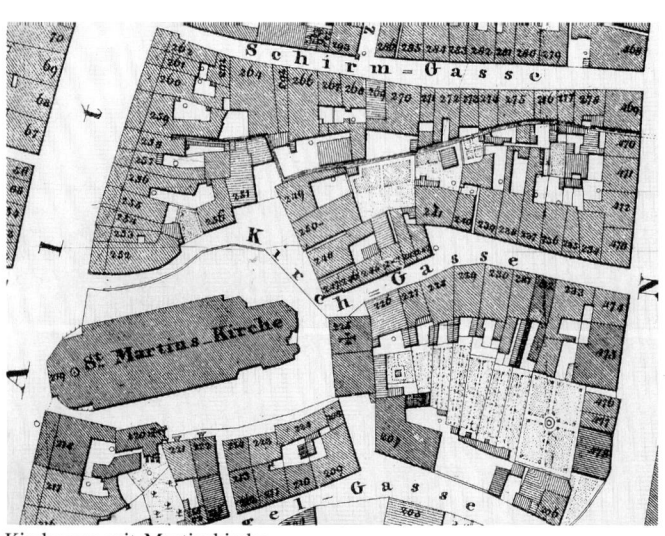

Kirchgasse mit Martinskirche,
Ausschnitt aus dem Katasterplan von 1847

Kirchgasse 229

Kirchgasse 232, Kath. Pfarrhof St. Martin

Kirchgasse 159

Kirchgasse 231

Kirchgasse 230

Kirchgasse 232, Stuckdecke im Pfarrhof

Kirchgasse 232, barockes Portal am Pfarrhof

Kirchgasse 232, Stuckdecke im Pfarrhof

Kirchgasse 232, Flur im ersten Obergeschoß

Kirchgasse 234. *Wohnhaus* in Giebelstellung, dreigeschossig, mit Zinnen, wohl 2. Hälfte 17. Jh., Fassade mit reichem Rauhputzdekor, bez. 1667.

Das Haus befand sich 1673/74 im Besitz des aus Neukirchen bei Heilig Blut stammenden *Hofmaurermeisters Wolfgang Hirschstetter*. Nach dessen Tod 1674 heiratete seine Witwe Georg Steinacher, der daraufhin Nachfolger im Amt des Hofmaurermeisters wurde. Dieser führte 1677 die *Rauhputzfassade* aus. An der Giebelzinne ist heute jedoch die Jahreszahl «1667» erkennbar. Sie dürfte bei der letzten Renovierung des Hauses nach dem Abschlagen des Putzes in falscher Form erneuert worden sein.

Kirchgasse 236. *Wohnhaus,* dreigeschossig, mit barockförmigem Giebel, 2. Hälfte 18. Jh.

Als Besitzer des Vorgängerbaus wird 1459 der Steinmetz Stefan Purghauser, der Werkmeister an St. Martin und ein Sohn des berühmten Kirchenbaumeisters Hanns Purghauser («Meister Hanns von Burghausen») war, genannt.

Kirchgasse 237. *Wohnhaus,* zweigeschossig, geschweifter Knickgiebel, 2. Hälfte 19. Jh.

Für 1493 ist «Meister Wolfgang» der Bildschnitzer als Eigentümer eines Vorgängerbaus überliefert. 1664 wird hier außerdem der aus dem Elsaß stammende Bildhauer Hans Georg Weißenburger als Inwohner erwähnt.

Kirchgasse 238. *Wohnhaus,* zweigeschossig, 18./19. Jh.

Die schlichte Fassade des Hauses läßt nicht vermuten, daß es sich 1713–1767 im Besitz der *Hofmaurermeister Johann Georg und Felix Hirschstetter* befand. Das heutige Erscheinungsbild geht jedoch nicht mehr auf das 18., sondern auf das späte 19. Jh. zurück.

Kirchgasse 239. *Wohnhaus,* dreigeschossig, im Kern 17. Jh., sonst 19. Jh.

Das Haus befand sich 1676–1833 im Besitz der Landshuter Stadtaufschlagsgegenschreiber, ein Amt, das von den Familien Räbl, Reisner, Hörl und Maierhofer ausgeübt wurde. Heute erinnert nur mehr der kräftig profilierte Dreiecksgiebel an die barocke Bauzeit.

Kirchgasse 240. *Wohnhaus,* dreigeschossig, mit phantasievoll geformtem Giebel, 1883/89.

Als Besitzer des Vorgängerbaus lassen sich im 16. Jh. die Goldschmiedefamilien Freydenfus, Pildhauer und Spreng sowie im 18. Jh. die Maler Franz Xaver Wunderer und Zacharias Lehrhuber nachweisen.

Kirchgasse 241. *Wohnhaus,* dreigeschossig, mit Scheitelzinne, im Kern wohl 17. Jh., sonst 19. Jh.

Die stattlichen Abmessungen des Hauses lassen erkennen, daß es sich hier einstmals nicht um ein einfaches Handwerkerhaus, sondern um das *Stadthaus einer Adelsfamilie* gehandelt hat, das noch dazu zu den privilegierten Häusern der Stadt zählte, die von allen Steuern und Pflichten befreit waren. Als Besitzer werden 1475–1668 die Freiherren von und zu Seyboltsdorf erwähnt.

Kirchgasse 242/243. *Wohnhaus,* zweigeschossiger Eckbau, 16./17. Jh., Fassade 19. Jh.

Das Doppelhaus ist in der Mitte durch eine Kommunmauer getrennt. Der westliche Teil (Kirchgasse 243) gehörte bis 1596 als Kaplanhaus zur Heilig-Dreikönig-Meßstiftung.

Kirchgasse 238

Kirchgasse 239

Kirchgasse 234

Kirchgasse 236

Kirchgasse 237

Kirchgasse, Blick gegen Osten

Kirchgasse, Blick gegen Westen

Kirchgasse 240

Kirchgasse 241

Kirchgasse 242/243

Kirchgasse 242/243

Kirchgasse 244. *Wohnhaus,* dreigeschossig, mit reich stuckierter Fassade, um 1725.

Den Stuck dürfte Doktor Ferdinand Franz Theodor Dietmaurer, der damalige Besitzer des Hauses, in Auftrag gegeben haben. Die Ausführung könnte durch den Hofmaurermeister Johann Georg Hirschstetter erfolgt sein.

Kirchgasse 245. *Wohnhaus,* dreigeschossig, traufständig, dem Erscheinungsbild nach 19. Jh., im Kern jedoch wohl älter.

Kirchgasse 247. *Wohnhaus,* zweigeschossiges Eckhaus mit vorkragendem Dach, um 1800.

Das *ehemalige Meßstiftungshaus der St. Johannes- und der Frühmesse bei St. Martin* ging 1597 in den Besitz des Kollegiatstifts St. Martin und Kastulus über, wo es bis zum Jahr 1807 verblieb.

Kirchgasse 248. *Wohnhaus,* zweigeschossig, mit Treppengiebel, 1883.

Der Neubau an der Stelle des früheren «*Augsburger Botenhauses*» wurde 1883 für Josef Neuhauser errichtet.

Kirchgasse 249. *Wohnhaus,* zweigeschossig, mit geschweiftem Knickgiebel, 1885.

Das Haus gehörte im 15. Jh. noch zu Kirchgasse 241, mit dem es durch den rückwärtigen Garten verbunden war. 1716–1890 wird es in den Landshuter Steuerbüchern und Katastern als «*Burghauser Botenhaus*» bezeichnet.

Kirchgasse 250. Ehem. *Gasthof zur Domfreiheit* jetzt Geschäftshaus, zweigeschossiger Bau zu vier Obergeschoßachsen, neugotischer Treppengiebel, mit aufgesetzten Zinnen, 2. Hälfte 19. Jh.

Vor 1804 stand hier noch ein Stadel, der zu dem Nachbarhaus Kirchgasse 249 gehörte. Den Neubau der 2. Hälfte des 19. Jhs. dürfte der Branntweinbrenner Korbinian Lidl in Auftrag gegeben haben. Neugotische Maßwerkteilung ist auch an der stichbogigen Eingangstür zu finden.

Kirchgasse 251. *Wohnhaus,* viergeschossig, mit neubarockem Volutengiebel, von 1881.

Das stattliche Wohnhaus ließ der Bäckermeister Franz Xaver Mayer 1881 an der Stelle eines Stadels erbauen, den er von seinem Vater Thomas Mayer geerbt hatte. Sehr dekorativ wirkt der Wechsel der dreieckigen und segmentbogigen Fensterverdachungen an der Fassade. Die Erdgeschoßzone mit dem Hauseingang und dem Ladeneinbau ist noch ungestört erhalten geblieben.

Klötzlmüllerstraße 2. *Evang.-Luth. Gemeindeamt,* Ende 19. Jh.

Das Gemeindeamt schließt sich nach Westen an die Evang.-Luth. Stadtpfarrkirche an. Beide Bauten gehen auf eine Planung des Münchner Architekten Karl Lemmes zurück. Das Gemeindeamt ist ein zweigeschossiger Klinkerbau. An der Südostecke ein Eckerkertürmchen, an dem das Wappen der Stadt Landshut angebracht ist. Die Dacheindeckung besteht aus Schieferplatten, einem für Landshut ortsfremden, für die Bauzeit jedoch typischen Werkstoff. Zwischen dem Gemeindeamt und der Pfarrkirche erstreckt sich ein parkartiger Garten, der mit einem schmiedeeisernem Gitter eingefriedet ist.

Kirchgasse 244

Kirchgasse 245

Klötzlmüllerstraße 163

Kirchgasse 248–251 (von rechts nach links)

Kirchgasse 247

Kirchgasse 249

Klötzlmüllerstraße 2, Evang.-Luth. Gemeindeamt

Kirchgasse 250

Klötzlmüllerstraße 4. *Villa,* dreigeschossiger Bau mit Walmdach, Ende 19. Jh.

Die Schauseite der Villa zeigt eine Kolossalpilasterordnung über hohem Sockelgeschoß und an der Westseite einen vorspringenden Treppenturm mit Belvedere.

Königsfeldergasse 509. *Giebelhaus,* um 1900.

1890 stand hier noch ein Stadel, der früher als *Malztenne für den Geisenhauserbräu* diente. Vermutlich hat Maurermeister Josef Wagner, der um 1900 dieses Grundstück erwarb, den gemauerten Stadel zu einem Wohnhaus umgebaut.

Kolpingstraße 482. *Ehem. Franziskanerkloster,* gegründet 1280, aufgehoben 1802, anschließend teilweise abgebrochen, Portalfragment der ehem. Klosterkirche, wohl Ende 13. Jh.; Rest des inneren Kreuzganges mit zweischiffiger gotischer Halle, wohl 2. Hälfte 14. Jh.; äußerer Kreuzgang mit spätgotischer Einwölbung, 14. und 15. Jh.; Plankkapelle, erbaut 1495; Reste der alten Klostermauer, mittelalterlich; im Osten davon Teilstück der mittelalterlichen Stadtmauer mit hohen Rundbogennischen, etwa 5–6 m hoch, 14./15. Jh.; Wehrturm der mittelalterlichen Stadtbefestigung, mit Zinnen und Pechnasen, wohl 14./15. Jh., z.T. restauriert um 1986.

Das ehem. Franziskanerkloster St. Peter und Paul ist eine Stiftung Herzog Heinrichs d. Ä. von 1280. Die frühgotische Klosterkirche war eine basilikale Anlage mit einem ho-

Klötzlmüllerstraße 4

Königsfeldergasse 509

Ehem. Franziskanerkloster, Nordflügel des Kreuzgangs

Ehem. Franziskanerkloster, Westflügel des Kreuzgangs

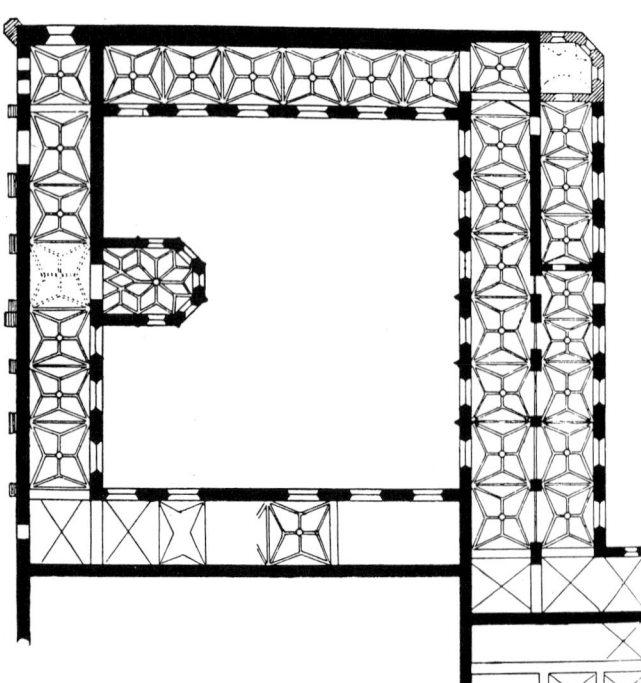

Ehem. Franziskanerkloster, Äußerer Kreuzgang mit Plankkaplle, Grundriß und Schnitt

Ehem. Franziskanerkloster, Klostermauer

Ehem. Franziskanerkloster, Raum im Südflügel

Ehem. Franziskanerkloster, Westflügel des Kreuzgangs

Ehem. Franziskanerkloster, Plankkapelle

Kolpingstraße 482, ehem. Franziskanerkloster, Kreuzgang mit Kreuzgarten

hen und zwei niedrigen Seitenschiffen. Dem Abbruch im Jahr 1808 fiel auch der größte Teil des Inneren Kreuzgangs zum Opfer. Erhalten ist noch der Äußere Kreuzgang sowie die beiden Mauerpfeiler seitlich des Portals der früheren Klosterkirche. Von der sog. «Porta exterior» gelangt man in den Westflügel des Äußeren Kreuzganges, an den auch die von dem Ratsherrn Caspar Plank 1495 gestiftete «*Plankkapelle*» angebaut ist. Die Kapelle ragt in den Kreuzgarten hinein. Der Ostflügel des Äußeren Kreuzgangs bildet mit dem noch erhaltenen Westflügel des Inneren Kreuzganges baulich eine Einheit. Auch der Nordflügel des Äußeren Kreuzganges ist nahezu unverändert erhalten geblieben. Vom südlichen Teil des Äußeren Kreuzganges sind in dem jetzigen zweigeschossigen Wohntrakt noch Reste der einstigen Kreuzgratgewölbe vorhanden. Der Klostergarten, der sich an den Südflügel anschloß, reichte bis zur mittelalterlichen Stadtmauer.

Der größte Teil der früheren Ausstattung ist heute verschollen. Dazu zählt vor allem der große Hochaltar, dessen Altarblatt der Landshuter Hofmaler Hans Wertinger für das Kloster malte. Auch Wertingers Grabstätte im Kreuzgang sowie die des Landshuter Bildschnitzers Stefan Rottaler sind heute unauffindbar. Ein Teil der prächtigen Renaissance-Epitaphien wurde in die Stadtpfarrkirche St. Martin übertragen, darunter die Kanzler-Grabsteine Mair, Viehbeck und Baumgartner.

Kolpingstraße 484a. *Wohnhaus,* dreigeschossig, traufständig, 2. Hälfte 19. Jh.

Kolpingstraße 484b. *Wohnhaus,* dreigeschossig, traufständig, 2. Hälfte 19. Jh.

Die Häuser Kolpingstraße 484a und 484b besitzen einheitlich im Stil der Neurenaissance konzipierte Fassaden, die sich spiegelbildlich entsprechen. Ein flacher Kastenerker akzentuiert jeweils die Straßenfront, Ecklisenen betonen die Kanten. Die Hauseingangstüren besitzen schmiedeeiserne Gitter.

Kolpingstraße 484d. *Wohnhaus,* origineller erdgeschossiger Bau mit Mansarddach, um 1910; ehem. Klostermauer als südliche Begrenzung des Grundstücks (vgl. Freyung 618); östliche Begrenzung durch Rest der mittelalterlichen Stadtmauer, etwa 2 m hoch, 14./15. Jh.

Kolpingstraße 484e. *Wohnhaus,* zweigeschossig, mit Walmdach, an der Gartenseite Fassadengliederung, wohl 1. Hälfte 19. Jh.

Die reichgegliederte Gartenseite des Hauses schwingt in der Mittelachse konkav vor. Pilaster mit korinthischem Gebälk gliedern die Fassade. Am Balkon des 1. Obergeschosses ein kunstvoll geschmiedetes Gitter.

Kolpingstraße 485. *Wohnhaus,* zweigeschossig, traufständig, 1888.

Im Vorgängerbau soll 1493 der herzogliche Kanzler Wolfgang Graf von Kolberg gewohnt haben. Von der Mitte des 16. Jhs. bis 1802 gehörte das Haus zu Unserer Lieben Frauen-Himmelfahrtsmesse, die in die Dominikanerklosterkirche gestiftet worden war. Das heutige schlichte Wohnhaus ließ 1888 der Aufschläger Johann Eberl errichten. Der Ladeneinbau mit seiner Neurenaissanceumrahmung geht noch auf die Bauzeit zurück.

Kolpingstraße 484 a/b

Kolpingstraße 484 d

Kolpingstraße 484 e

Kolpingstraße 485

Bebauung an der Kolpingstraße

Kolpingstraße 484e, rückwärtige Front

Kolpingstraße 486. *Wohnhaus,* zweigeschossig, geschweifter Knickgiebel, 1894.

Der Vorgängerbau, im Kataster von 1808 als äußerst baufällig bezeichnet, ist schließlich 1894 durch einen Neubau ersetzt worden. Bauherr war der Postoberkonduteur Bartholomäus Kaufmann.

Kolpingstraße 488. *Wohnhaus,* dreigeschossiges Eckhaus mit neubarockem Giebel, um 1910.

Beachtung verdient der Ladeneinbau im Stil der Neurenaissance, den wahrscheinlich der Spezereiwarenhändler Michael Achter ausführen ließ.

Kramergasse 550. *Wohnhaus,* zweigeschossig, Giebel mit polygonalen Aufsätzen, 1. Hälfte 19. Jh.

An dieser Stelle befand sich im 18. Jh. eine *Weißbierwirtschaft,* die um 1800 die Bezeichnung «*Beim Schwarzen Adler*» führte. Nach 1862 ging die Graf Arco-Valleysche Bierwirtschaft ein und das Haus wurde von nun an nur mehr zu Wohnzwecken genutzt.

Kramergasse 551. *Wohnhaus,* zweigeschossig, Giebel mit Scheitelzinne, Mitte 19.Jh.

Die ehemalige Metzgerei befand sich im 18. Jh. im Besitz von «Kudlwampern», d.h. Kuttlwaschern.

Kramergasse 552. *Wohnhaus,* zweigeschossig, mit Volutengiebel, Anfang 20. Jh.

Auch hierbei handelt es sich um eine *ehemalige Krämerei.* Bauherr dürfte Andreas Doblinger gewesen sein, der den Vorgängerbau 1903 von dem Kaufmann Hans Impéry erwarb.

Kramergasse 553. *Wohnhaus,* zweigeschossig, mit Satteldach und fünf Obergeschoßachsen, um 1860.

Nach dem Häuser- und Rustikalsteuer-Kataster von 1808 stand hier noch ein hölzernes *Handwerkerhaus.* Es wäre denkbar, daß der damalige Besitzer des Hauses, der Maurer Johann Walter, den Neubau um 1860 ausführte.

Kramergasse 558/559. *Kooperatorenhaus von St. Jodok,* dreigeschossiges Wohnhaus zu sechs Achsen, mit Walmdach, im Kern von 1754.

Kramergasse, Blick gegen Südosten

Kolpingstraße 487 und 488

Kramergasse 550

Kramergasse 551

Kramergasse 552

Kramergasse 549–553 (von rechts nach links)

Kramergasse 553

Kramergasse 558/559

Kolpingstraße 486

Ländgasse

Die Ländgasse zieht sich westlich der Altstadt in einem weitgezogenen Bogen längs des Flußlaufs der Isar hin. Hier standen einstmals die Speicherbauten der Patrizier- und Kaufmannshäuser, die heute größtenteils zu Wohnbauten umgestaltet sind. Im Landshuter Stadtbuch des 14. Jhs. unterscheidet man zwischen einer Oberen, Mittleren und einer Unteren Länd. Diese Differenzierung, die sich noch bis in die Mitte dieses Jahrhunderts gehalten hat, ist nunmehr durch Stadtratsbeschluß aufgehoben. Heute führt der ganze Straßenzug die einheitliche Bezeichnung «Ländgasse».

Ländgasse 37–38. Dreigeschossiger *Gebäudekomplex* mit Mansarddächern, 1897.

Bei Harnischgasse 36 stand um 1800 noch die Wagenremise des Regierungskanzlers von Adam und bei Ländgasse 37 ein Heustadel des Dräxlmairbräus (vgl. Altstadt 52). Wilhelm Oswald erwarb 1884 Ländgasse 36, 1890 Ländgasse 37 und 1895 Ländgasse 38. Auf den drei nebeneinanderliegenden Grundstücken ließ er 1897 ein Mietshaus in neubarocken Formen errichten. – In dem Vorgängerbau von Ländgasse 38 fand jene denkwürdige Mensur zwischen den Studenten Escherich und Götz statt, die schließlich für die Verlegung der Universität von Landshut nach München mitbestimmend war.

Ländgasse 41–42. *Ehem. Verwaltungsbau,* 17. Jh.; 1680 Sitz des Landschaftspräsidenten, dann von 1810 bis 1964 Städtisches Krankenhaus, barockes Treppenhaus.

Die Grundstücksparzelle von Ländgasse 41 gehörte früher zu dem angrenzenden «*Goldschmiedsgarten*» bei Ländgasse 40. Im 18. Jh. wurde darauf ein *Nebengebäude zum Landschaftsgebäude* (vgl. Altstadt 28) errichtet, das jedoch in der 1. Hälfte des 19. Jhs. wieder abgebrochen wurde, um einem *Flügel des Städtischen Krankenhauses* (Ländgasse 42) Platz zu machen. – An der Stelle von Ländgasse 42 standen bis zum Beginn des 17. Jhs. noch drei Häuser. Das Haus 42 b war im Mittelalter in herzoglichem Besitz. Durch Verkauf gelangte es in die Hand verschiedener Adelsgeschlechter, zuletzt an den fürstlichen Rat und Rentmeister Georg Wilhelm Widerspacher zu Grabenstätt. Seine Erben stellten es den neuberufenen Ursulinen bis zum Bau ihrer Klostergebäude in der Neustadt (vgl. Neustadt 534–536) zur Verfügung, die hier 1668–1679 Quartier nahmen. Gegen 1680 erfolgte der Abbruch der Baulichkeiten zum Zweck der Errichtung eines Neubaus für den *Sitz des Landschaftspräsidenten*. Ländgasse 42 war dann 1780 vorübergehend auch dem Pfalzgrafen Wilhelm von Zweibrücken-Birkenfeld-Gelnhausen bis zur Wiederinstandsetzung der Stadtresidenz (vgl. Altstadt 79) als Domizil angewiesen. 1800–1803 war hier außerdem das *Alumnen-Institut der «Bartholomäer»*, das mit der Universität nach Landshut verlegt worden war, untergebracht. – 1810–1964 dienten Ländgasse 41–42 schließlich noch als *Städtisches Krankenhaus.* – Im Deckenspiegel des barocken Treppenhauses eine große Wappenkartusche mit dem bayerischen Wappen; Treppengeländer aus gedrechselten Balustern. Ebenfalls der Bauzeit um 1680 gehört der kreuzgratgewölbte Flur im 1. Obergeschoß an. Auch eine geschnitzte zweiflügelige Haustür hat sich erhalten.

Ländgasse 36–38

Ländgasse 41/42, barockes Portal

Ländgasse 41/42

Ländgasse 41/42

Ländgasse 41/42, barockes Treppenhaus

Ländgasse 41/42, Flur im ersten Obergeschoß

Ländgasse 43. *Wohnhaus,* dreigeschossig, vierachsig, traufständig, 1894; Rückgebäude, im Kern 17./18. Jh.

Das stattliche Haus mit dem Zwerchhäuschen wurde wahrscheinlich von dem Ratsherrn und Handelsmann Wilhelm Freinhuber erbaut. Im 17. Jh. lassen sich hier die Bildhauer Michael Christoph Ebner und Georg Reiser, der Maler Adam Geiger sowie die Goldschmiede Ludwig Seiz, Barthlmä Huber, Hans Eder, Georg Winhard und Raphael Erhard als Inwohner nachweisen.

Ländgasse 44. *Wohnhaus,* dreigeschossig, mit geschweiftem Giebel, im Kern 18. Jh., Hausflur mit Stichkappentonne; westliche Begrenzung des Grundstücks durch Teilstück der mittelalterlichen Stadtmauer, 14./15. Jh.

1593–1597 wohnte in einem Vorgängerbau an dieser Stelle der Hofmaler Engelhard de Pee, der aus Brüssel in Brabant stammte.

Ländgasse 49. *Wohnhaus,* dreigeschossig, spätgotischer Zinnengiebel, im Kern um 1500, Fassade mit reichem Rauhputzdekor des 17. Jhs.

Ländgasse 49a. *Wohnhaus,* dreigeschossig, zweiachsig, mit spätgotischem Zinnengiebel, um 1500, Fassade mit Rauhputzdekor des 17. Jhs., Hausflur mit Kreuzgratgewölbe.

Ländgasse 49 und 49a zählen mit ihren spätgotischen Zinnengiebeln zu den schönsten Handwerkerhäusern der Stadt. Der *Rauhputzdekor* wurde wohl erst um 1670/80 aufgebracht, wobei an den Hofmaurermeister Georg Steinacher (vgl. Kirchgasse 234) zu denken ist.

Ländgasse 50. *Palais Etzdorf,* stattlicher dreigeschossiger Bau zu sieben Achsen, mit Frontispiz und Walmdach, reich stuckierte Fassade, wahrscheinlich von Johann Baptist Zimmermann, Mitte 18. Jh.

Das Palais befindet sich auf einem Grundstück, das vor 1692 noch mit zwei Häusern bebaut war. 1717 stand hier bereits eine zweigädige *Behausung im Besitz der Freiherren von Etzdorf.* Das Palais dürfte jedoch erst um 1745 erbaut worden sein, wobei der Rokokostuck der Fassade dem Münchner Hofbaumeister Johann Baptist Zimmermann zugeschrieben wird. – Die dritte und die fünfte Fensterachse der Ostseite treten als schwache Risalite hervor. Im dreieckigen Zwerchgiebel das Wappen der Bauherren, des Vicedoms Franz Freiherrn von Etzdorf († 1772) und seiner Gemahlin Maria Theresia Franziska Antonia, geborene Gräfin von Lamberg († 1776, Grabmal außen an der Stadtpfarrkirche St. Martin). Über dem Mittelfenster Kartusche mit Ovalgemälde der Immakulata. Die Toreinfahrt an der Südwestecke wird von zwei toskanischen Säulen flankiert. Im Inneren überwölben flache, weitgesprengte Kreuzgewölbe die Flure. Im 18. Jh. war ein Teil der Räume bemalt. Ein Rest dieser Malereien hat sich am Fenstergewände eines Raums im 1. Obergeschoß erhalten.

Ländgasse 51. *Herzogliches Harnischhaus,* ehemals Stadtwohnung der Landshuter Herzöge, dann Sitz des Vicedoms, dreigeschossiger Rechteckbau von sechs zu vier Fensterachsen, an der Südseite Bodenerker, im Erdgeschoß Rippengewölbe, 1. Hälfte 15. Jh.; an der Westseite gewölbter Straßenbogen, 1501.

Das später *Vicedom- oder Kanzlerhof* genannte Gebäude war in alter Zeit die *Stadtwohnung der Herzöge.* Besonders

Ländgasse 51, ehem. herzogliches Harnischhaus

Ländgasse 43–44

Ländgasse 51, herzogliches Harnischhaus

Verbindungsgang zwischen Stadtresidenz und ehem. Badhaus

Ländgasse 49 und 49a

Ländgasse 50, Palais Etzdorf, Fassadendetail

Ländgasse 49, 49a und 50 (Palais Etzdorf)

den Herzögen Ludwig und Georg diente der stattliche Bau in der 2. Hälfte des 15. Jhs., der nach dem Sandtnermodell von 1571 noch einen von Zinnen bekrönten Steilgiebel erkennen läßt, zu häufigem Aufenthalt. Das *Harnischhaus* enthielt früher eine eigene *Hauskapelle.* Nach dem Bau der Stadtresidenz (vgl. Altstadt 79) wurde um die Mitte des 16. Jhs. hier die Wohnung des Vicedoms bzw. Kanzlers eingerichtet. Das Gebäude beherbergte später, d. h. ab 1785, die *Rentamtskanzlei,* 1799 die *Regierung,* 1802 das *Polizeiamt,* 1804 das *Landgericht* und zuletzt die *Staatsanwaltschaft* und das *Bezirksgericht.* Bis 1911 waren hier schließlich noch die *Bibliothek und die Sammlungen des Historischen Vereins* untergebracht. Es war damit das *erste Museum von Landshut.* 1962 wurde hier die *Gaststätte «Zum Vitztumb»* eröffnet. – Der 1501 hinzugefügte Mauerbogen über die Ländgasse verband das Harnischhaus mit einem Häuschen an der Stadtmauer und sollte vermutlich als Fluchtweg dienen. Eine eingemauerte *Inschrifttafel* besagt: «Dieses Gebäude diente den drei letzten niederbayerischen Herzögen als Stadtwohnung. Hier starb am 18. Januar 1479 Herzog Ludwig der Reiche.» Ob die letztere Angabe stimmt, ist aber urkundlich nicht erwiesen.

Ländgasse 109. *Wohnhaus,* dreigeschossig, Fenster rundbogig überfangen und jeweils mit Mittelsäule, Giebel abgetreppt, 1919.

An der Stelle eines seit 1549 nachweisbaren und zum Heiliggeistspital gehörigen Stadels, der 1897 abbrannte, wurde 1919 der Neubau in neuromanischen Formen errichtet.

Ländgasse 114. *Wohnhaus,* zweigeschossig, vierachsig, Giebel mit rundbogig abschließenden Zinnen, 1883.

Den Neubau von 1883 ließ der Privatier Alois Ganslmair in Anlehnung an die in Landshut seit der Renaissance heimischen Bauformen errichten. Seit dem Mittelalter hatte hier ein Wohnhaus mit Badstube bestanden.

Ländgasse 115. Gemauerter *Stadel* mit stichbogiger Toreinfahrt, 2. Hälfte 19. Jh.

Der Stadel wurde nach 1900 als Stallung der *Gastwirtschaft zum Hilz* (vgl. Altstadt 90) genutzt.

Ländgasse 116. *Handwerkerschild* eines Metzgers, kleine Reliefplatte mit einem Ochsen, bez. 1645 und 1671.

Die Kalksteinplatte mit dem Relief eines Stiers bezieht sich auf den Metzger Sebastian Feirer, der das Haus 1626–1670 besaß. 1671 kam es auf dem Erbweg an seinen Sohn, den Metzger Franz Feirer.

Ländgasse 117. *Wohnhaus,* dreigeschossig, vierachsig, Giebel mit eckig abschließender Scheitelzinne, 2. Hälfte 19. Jh., Haustüre mit klassizistischen Schnitzereien, um 1800.

Durchgreifender Umbau 1981.

Ländgasse 119. *Wohnhaus,* dreigeschossiger Eckbau, Giebel mit Eckzinnen und einer Scheitelzinne, 1861/62.

Ländgasse 122. *Wohnhaus,* dreigeschossiges Eckhaus mit geschweiftem Knickgiebel. Mitte 18. Jh.

Bauherr des Hauses dürfte der Ratsherr und Weingastgeb Simon Thomas Förchtl gewesen sein, der den Bau um 1740/45 an der Stelle eines Stadels, der nach dem Schwedeneinfall von 1634 errichtet worden war, aufführen ließ.

Ländgasse 124. *Wohnhaus,* viergeschossig, vierachsig, mit barockförmigem Giebel, um 1900.

Ländgasse 125. *Wohnhaus,* dreigeschossig, vierachsig, Giebelzinnen, neugotisch, 1889.

Ländgasse 126. *Wohnhaus,* dreigeschossig, Giebel mit neugotischen Schwalbenschwanzzinnen, 2. Hälfte 19. Jh.

Ländgasse 127. «*Hinterneubau der Stadtresidenz»,* siehe Altstadt 79.

Ländgasse 134. *Wohnhaus,* dreigeschossig, Volutengiebel mit Zinnen, im Kern noch um 1700, durch Umbau Mitte 20. Jh. stark verändert, Portal mit Sprenggiebel um 1700.

Ländgasse 136. *Gasthof Heißbräu,* viergeschossiger Bau zu vier Achsen, Giebel mit Scheitelzinne, 1880.

In dem Vorgängerbau betrieben 1597–1611 der *bedeutende Bildhauer Christoph Kofler* und nach ihm noch 1616 sein Sohn, der Bildhauer Melchior Kofler, ihre Werkstatt. Den heutigen Bau gaben Franz und Karl Wittmann, die Besitzer des Dräxlmairbräus (vgl. Altstadt 52), in Auftrag. Der Name des Gasthofs läßt sich noch auf den Bierbrauer Leonhard Heiß zurückführen, dem hier ein älterer Bau um 1690 gehört hatte.

Ländgasse 175

Ländgasse 114

Ländgasse 109

Ländgasse 116, Bauinschrift

Ländgasse 117, Haustür

Ländgasse, Blick gegen Norden

Ländgasse 117

Ländgasse 115

Ländgasse 119

Ländgasse 124

Ländgasse 125

Ländgasse 126

Ländgasse 134

Ländgasse 136

Ländtorplatz. *Ländtor,* mittelalterliche Toranlage, Stirnseite der Barbakane erhalten, Durchfahrt gewölbt und z. Z. modern erweitert, zwei Flankentürme, verbunden durch den Rest eines Wehrganges.

Ländtorplatz 3. *Gaststätte Bernlochner,* umfangreicher Gebäudekomplex, zum Teil dreigeschossig, mit eingebautem *Theater,* spätklassizistisch, erbaut 1841 von Johann Baptist Bernlochner.

Der «Bernlochner» ist eine spätklassizistische Anlage, die zur Brauerei Wittmann gehört und das kleine *Landshuter Stadttheater* enthält. Die Landshuter Stadtchronik von Weber-Marschall berichtet dazu unter dem Jahr 1841: «Im Laufe dieses Jahres wurde auch der vom Maurermeister Joh. Bernlochner unternommene Bau des Hotels Bernlochner samt Theatergebäude vollendet und das Theater am 15. Oktober, dem Namensfeste Ihrer Majestät der Königin Therese, mit dem vaterländischen Stücke «Ludwig der Bayer» von Uhland und einem durch den Theaterunternehmer Johann Schwaiger jun. von München vorgetragenen Prolog feierlich eröffnet.»

Litschengasse

Die Litschengasse heißt richtig eigentlich «Die Litsche». In einer Stadtgerichtsurkunde vom 21. Dezember 1360 wird sie erstmals als «In der Litschen» bezeichnet.

Litschengasse 697. *Wohnhaus,* zweigeschossig, giebelständig, mit vielstufigem Treppengiebel, 2. Hälfte 19. Jh.
Ehemaliges Metzgerhaus, ein Gewerbe, das sich hier seit 1734 urkundlich belegen läßt. Den heutigen Bau ließ Metzgermeister Schweiblmaier errichten.

Litschengasse 698. *Wohnhaus,* zweigeschossig, traufständig, mit Zwerchhaus, erbaut 1881.
Das Haus, dessen Vorgängerbau im Häuser- und Rustikalsteuer-Kataster von 1808 noch als eingädig und hölzern bezeichnet wird, wurde 1881 im Auftrag des Hoffotografen Carl Dittmar erbaut.

Litschengasse 702. *Wohnhaus,* zweigeschossig, erbaut laut Bauinschrift 1792 von Franz Xaver Zäch.

Litschengasse 708. *«Sebastiani-Pavillon»,* siehe unter Isargestade 736.

Litschengasse 716. *Kath. Kirche St. Sebastian,* im Kern spätgotisch, um 1490, 1661 Verlängerung des Kirchenschiffs nach Osten und durchgreifende barocke Umgestaltung; mit Ausstattung.

1491 ließ Herzog Georg der Reiche in der neu erbauten Sebastianikirche die Bruderschaft der Schützen gründen. Der durchgreifende barocke Umbau geht auf die Jahre 1661/62 zurück. Kleine, einschiffige Anlage mit der Sakristei östlich des Chors und einem zur Hälfte eingezogenen Westturm. In dem aus fünf Achteckseiten gebildeten Chor ein Tonnengewölbe mit Stichkappen, im fünfjochigen Langhaus eine Stichkappentonne über Pilastern. Reiche Stuckierung aus der Spätzeit des 17. Jhs., wobei an den Landshuter Bildhauer und Stukkator Jonas Hiernle zu denken ist. Das Hochaltarblatt mit der Darstellung des Hl. Sebastian. Von dem Landshuter Bildhauer Christian Jorhan d. Ä. sind die Rokokofiguren des Hl. Petrus und Hl. Paulus, wahrscheinlich auch die

Stuckierte Figurennische an der Sebastianikirche

Litschengasse 716, Durchgang an der Sebastianikirche

Litschengasse 177

Ländtorplatz 3, Gaststätte Bernlochner mit Landshuter Stadttheater

Ländtorplatz, Ländtor, Ostansicht

Sebastianikirche, Grabplatte Alhartspeck († 1490)

Litschengasse 697

Litschengasse 698

Litschengasse 702

frühklassizistischen Figuren des Hl. Johannes v. Nepomuk und des Hl. Sebastian. An der Wand des Langhauses Kopie des großen Votivgemäldes (Original jetzt im Pfarrhof von St. Jodok) von Zacharias Lehrhuber, das die Bürgerschaft des Stadtteils Zwischen den Brücken zum Dank für ihre glückliche Errettung von dem Hochwasser vom 9. Juli 1771 gestiftet hat. – Die letzte Restaurierung der Sebastianikirche erfolgte 1973. Damals wurde auch der Fußgängerdurchgang eingebaut.

Ludwigstraße

Der Name der Straße erinnert an König Ludwig I. von Bayern. Das Steuerbuch von 1549 bezeichnet diesen Straßenzug noch als «herein zum Zichtiger». Der Züchtiger (Scharfrichter) bewohnte damals mit dem Totengräber das Frauenhaus (Freyung 594).

Ludwigstraße 1. *Wohnhaus,* zweigeschossig, giebelständig, Scheitelzinne, Mitte 19. Jh.

Litschengasse 716, Kath. Kirche St. Sebastian

Ludwigstraße, Blick gegen Südwesten

Votivbild von 1771 in der Sebastianikirche

Litschengasse 716, Sebastianikirche

Litschengasse 716, Sebastianikirche

Luitpoldstraße 1. *Evang.-Luth. Stadtpfarrkirche (Erlöserkirche),* neuromanisch, erbaut 1895–1897; mit Ausstattung. Der Kirchenbau wurde nach Plänen des Münchner Architekten Karl Lemmes errichtet, wobei die Ausführung in den Händen des Landshuter Baumeisters Joseph Niederöcker gelegen haben dürfte. Zur Geschichte der Evang.-Luth. Gemeinde in Landshut vgl. Regierungsstraße 542.

Luitpoldstraße 2. *Wohnhaus,* dreigeschossiger Bau in Traufstellung, mit Mansarddach und Ziergiebel, Ende 19. Jh.

Luitpoldstraße 3/5. *Wohnhaus,* dreigeschossiger Bau mit Eckrisaliten, um 1900.

Luitpoldstraße 4. *Wohnhaus,* dreigeschossiger Bau mit Mittelerker und Mansarddach, 1897.

Luitpoldstraße 9. *Wohnhaus,* dreigeschossiges Eckhaus mit Mittelerker, um 1900.

Luitpoldstraße 11. *Wohnhaus,* dreigeschossiges Eckhaus, 1907.

Luitpoldstraße 13. *Wohnhaus,* dreigeschossig, Anfang 20. Jh.

Luitpoldstraße 15. *Wohnhaus,* dreigeschossig, Anfang 20. Jh.

Luitpoldstraße 23. *Wohnhaus,* freistehend, dreigeschossig, mit Mansarddach, 1908.

Luitpoldstraße 1, Evang.-Luth. Stadtpfarrkirche (Erlöserkirche)

Luitpoldstraße 2

Luitpoldstraße 9

Luitpoldstraße 1, Evang.-Luth. Stadtpfarrkirche (Erlöserkirche)

Luitpoldstraße 4

Luitpoldstraße 9, Stuckrelief

Luitpoldstraße 3 und 5

Luitpoldstraße 11

Luitpoldstraße 13

Luitpoldstraße 15

Lutipoldstraße 23

Maistraße 2. *Wohnhaus,* dreigeschossiger Eckbau mit Eckerker, Mittelrisalit mit Rustikaeinfassung und neubarockem Ziergiebel, Ende 19. Jh.

Marienplatz 7. *Wohnhaus,* dreigeschossig, mit Mittelrisalit und Walmdach, 2. Hälfte 19. Jh.

Marienplatz 8. Staatliche Fachschule für Keramik, dreigeschossiger Bau, 2. Hälfte 19. Jh.

Marienplatz 9. *Franziskanerkloster mit Kirche,* wiedergegründet 1835. Klosterkirche unter Einbeziehung der schon 1623 erbauten Loretokapelle 1840–41 errichtet; mit Ausstattung. Konventbauten, dreigeschossig, wohl um 1840, Brauhaus, um 1840; mit historischer Ausstattung.

Friedrich Ecker von Kapfing ließ hier ein kleines *Schloß mit Kapelle* erbauen. Diese war der Marienkapelle zu Loreto bei Ancona in Italien nachgebildet und wurde 1624 geweiht. Nach dem Tod seiner Ehefrau trat Friedrich Ecker in den Orden der Kapuziner ein, reiste nach Rom und ließ sich dort zum Priester weihen. Auf der Heimreise besuchte er Loreto, von wo er eine Nachbildung des dortigen Gnadenbilds nach Landshut mitbrachte. 1627 erfolgte die Umwandlung in ein Kloster für Kapuzinerinnen, das 1802 im Zuge der Säkularisation aufgehoben wurde. 1835 zogen Franziskaner in das ehem. *Kapuzinerinnenkloster Loreto* ein. An die barocke *Loretokapelle,* die schon 1671 vergrößert worden war, fügte man 1840/41 eine große neuromanische Kirche an, die nach 1918 erneut vergrößert wurde. Beim Luftangriff vom 19. März 1945 wurden Kloster und Kirche schwer beschädigt. Nach dem Wiederaufbau in romanisierenden Bauformen gehen heute eigentlich nur noch die Umfassungsmauern auf den alten Baubestand zurück.

Marienplatz 11. *Hans-Leinberger-Gymnasium,* dreigeschossige schloßähnliche Anlage mit Mittelrisalit und zwei Eckrisaliten, Ende 19. Jh.

Marienplatz 9, Franziskanerkirche

Marienplatz 11, Hans-Leinberger-Gymnasium

Marienplatz 8, Staatl. Fachschule für Keramik

Marienplatz 9, Franziskanerkloster mit Kirche, Nordwestansicht

Maistraße 2

Marienplatz 7

Marienplatz 11, Hans-Leinberger-Gymnasium

Martinsfriedhof

Der Platz um die Martinskirche wird 1331 im Salbuch dieses Gotteshauses als «in dem freithof» bezeichnet. Der hier angelegte *Friedhof der Stadtpfarrei* wurde zu Beginn des 19. Jhs. mit der Anlage des neuen Städtischen Hauptfriedhofs an der Friedhofstraße 1 (vgl. oben!) aufgelöst.

Martinsfriedhof 220. *Frauen- oder Engelkapelle,* im Kern spätgotisch, Mitte 15. Jh., barock verändert; mit Ausstattung.

Die spätgotische Kapelle wurde 1706 von Maurermeister Wolfgang Eheham umgestaltet. Nach dem durchgreifenden Umbau wurde sie reich stuckiert. Das Deckengemälde des Freisinger Hofmalers Franz Josef Lederer bezieht sich auf den Spanischen Erbfolgekrieg. Im Rokoko-Hochaltar steht die kostbare spätgotische Marienfigur des Landshuter Bildschnitzers Heinrich Helmschrot, die der Zeit um 1490 angehört. Die beiden lebensgroßen Seitenfiguren der Hll. Joachim und Anna werden dem Landshuter Bildhauer Christian Jorhan d. Ä. zugeschrieben. Unter der Orgelempore das Rotmarmorepitaph für den vermögenden Kaufmann Walther vom Feld d. Ä. († 1491), ein Werk des Augsburger Bildschnitzers Hanns Peurlin d. M.

Martinsfriedhof 221–222. *Mesner- und Kooperatorenhaus zu St. Martin,* dreigeschossig, Satteldach, im Kern um 1500, sonst 19. Jh. Hierzu Mauerrest des ehem. Stiftskastens von St. Martin, 15. Jh.

Schon im Steuerbuch von 1493 wird an dieser Stelle das «Meßnhaus scti. Martini» bezeugt. Unter den Mesnern, die hier im Laufe von über fünf Jahrhunderten wohnten, verdient Jörg Rot († 1552), der zugleich Bildschnitzer war, besondere Erwähnung. Sein schlichtes Epitaph ist noch an der Südaußenwand von St. Martin zu sehen.

Martinsfriedhof 223. *Wohnhaus,* zweigeschossig, mit zweifach geschweiftem, rundbogig abschließendem Giebel, 19. Jh.

Martinsfriedhof 224. *Wohnhaus,* zweigeschossig, siebenachsig, traufständig, wohl 1. Hälfte 19. Jh.

Martinsfriedhof 220, Frauen- oder Engelkapelle

Frauenkapelle, Epitaph des Handelsmanns Walther vom Feld d. Ä. († 1491), von Hanns Peurlin d. M.

Martinsfriedhof 220, Frauen- oder Engelkapelle

Frauenkapelle, spätgot. Madonna, von Heinrich Helmschrot

Frauenkapelle, Hl. Anna,
von Christian Jorhan d. Ä.

Frauenkapelle, Hl. Joachim,
von Christian Jorhan d. Ä.

Häusergruppe am Martinsfriedhof, Blick vom Turm der Martinskirche aus

Martinsfriedhof 225. Sog. *Sandstadel,* nach modernem Umbau jetzt Pfarrzentrum St. Martin, dreigeschossiger Bau mit Aufzugshäuschen, Mitte 17. Jh.; im Erdgeschoß Allerseelenkapelle, barock, 1706; mit Ausstattung; unter der Kapelle Gruft mit Ossarium.

Das Stift St. Martin und Kastulus ließ den Neubau des «*Sandstadels*» 1596 an der Stelle dreier Häuser durch den Landshuter Hofmaurermeister Franz Franculos aufführen. Den Umbau von 1706 besorgte der Stifts- und Stadtmaurermeister Wolfgang Eheham, wobei auch der Freisinger Hofmaler Franz Josef Lederer eingeschaltet wurde. Letzterer führte 1707 das Altarblatt mit der Darstellung der Armen Seelen aus. – Die *Allerseelenkapelle* besitzt ein durch Stuckbänder in drei Querfelder unterteiltes Tonnengewölbe mit Grisaille-Gemälden, die die Allegorien des Todes und die Strafen des Fegfeuers erkennen lassen. Unter der Kapelle befindet sich eine zweischiffige Gruft, in der seit der Restaurierung von 1977 zahlreiche von den Außenwänden von St. Martin abgenommene Epitaphien geborgen wurden. Die Kapelle selbst dient seit 1978 als «*Schatzkammer von St. Martin*» mit einer Dauerausstellung liturgischer Gewänder und Geräte. Zur Ausstattung zählen auch zwei bedeutende Stadtansichten von Landshut, und zwar ein Altargemälde des kurfürstlich-bayerischen Hofmalers Johann Caspar Sing und ein gesticktes Antependium, beide vom Schutzengelaltar der St.-Martins-Kirche stammend, der 1703 von Landshuter Bürgern zum Dank für die glückliche Abwehrung des Angriffs der österreichischen Truppen gestiftet worden war.

Martinsfriedhof 225, sog. Sandstadel mit Allerseelenkapelle

Maximilianstraße

Sie führt vom Regierungsplatz zur Podewilsstraße. Die Benennung erfolgte in Erinnerung an König Maximilian II. von Bayern. Der westliche Teil des Straßenzugs hieß einstmals «die Froschau».

Maximilianstraße 8–10. Zusammenhängender *Baukomplex* von 5:9:5 Achsen, in Traufstellung, dreigeschossig, Ende 19. Jh.

An der Fassade von Maximilianstraße 8 ist eine *Gedenktafel* angebracht. Die Inschrift lautet: «In diesem Haus wohnte 1917 und 1918 die Dichterin Lena Christ.» Die Bronzeplatte zeigt ihre Reliefbüste. Lena Christ schrieb in ihren beiden Landshuter Jahren einen Sammelband von Erzählungen unter dem Titel «Bauern» sowie den Anfang des Romans «Madam Bäurin».

Maximilianstraße 15. *Regierung von Niederbayern, Verwaltung des Bezirks,* zweigeschossiges *Amtsgebäude* mit Mittelrisalit und Walmdach, Fassade spätklassizistisch, erbaut 1885 von Baumeister Gschwendter; nordöstliche Begrenzung des Grundstücks durch Teilstück der mittelalterlichen Stadtmauer, z. T. noch etwa 4,5 m, sonst 3 m hoch, 14./15. Jh.

Maximilianstraße 15, Bezirk Niederbayern

Maximilianstraße 8–10

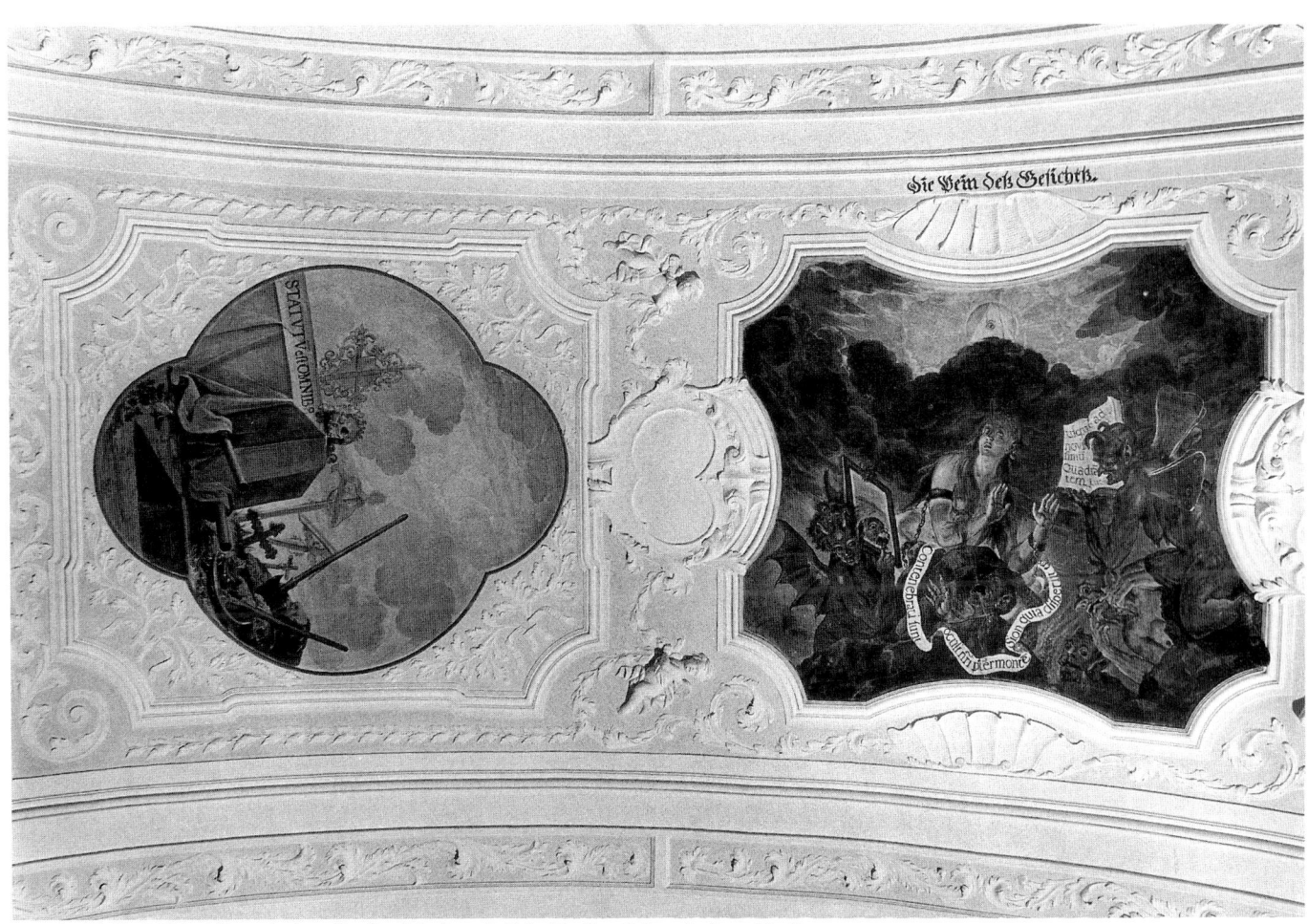

Martinsfriedhof 225, Allerseelenkapelle, Stuckdecke mit Grisaille-Gemälden, Anfang 18. Jh.

Martinsfriedhof 225, Allerseelenkapelle im sog. Sandstadel

Mühlenstraße 1. *Wohnhaus,* dreigeschossig, barockförmiger Giebel, letztes Viertel 19. Jh.

Den stattlichen Bau dürfte nach 1888 der Eisenhändler Joseph Seefelder errichtet haben. Im 16. Jh. stand hier ein *Haus mit Garten der Patrizierfamilie Plank von Essenbach.*

Mühlenstraße 3. *Wohnhaus,* zweigeschossig, mit Satteldach, wohl um 1800, geschnitztes Türblatt, bez. 1800.

Die klassizistische Haustür muß der Stärkemacher Xaver Grimminger, der 1790–1819 Eigentümer des Hauses war, in Auftrag gegeben haben.

Nahensteig 180. *Wohnhaus,* stattlicher dreigeschossiger Bau mit Erker und Volutengiebel, kreuzgratgewölbte Tordurchfahrt, im 1. Obergeschoß Räume mit spätgotischen Balkendecken; geschnitzte Barocktüren, um 1700, Anbau zweigeschossig, im Kern spätgotisch, 15. Jh., sonst barock, 18. Jh.

Das Haus, das sich vom letzten Viertel des 15. Jhs. bis 1615 im Besitz der Familie von Preysing befand, zählte seit alters zu den gefreiten Adelshäusern der Stadt. Ein Rokokosaal aus diesem Haus, und zwar aus der Zeit als der kurfürstliche Regierungsrat Baron Stromer Eigentümer war, befindet sich heute im Bayerischen Nationalmuseum in München.

Nahensteig 181. *Wohnhaus,* dreigeschossig, traufständig, erbaut angeblich nach Brand von 1667/68.

Nahensteig 182. *Komplex von drei Häusern,* die bis etwa 1622 getrennt waren. Haus A: Wohnhaus, dreigeschossig, mit Giebelzinnen; Haus B: Wohnhaus, dreigeschossig, mit Giebelzinnen; Haus C: Wohnhaus, zweigeschossig, sechsachsig, traufständig, um 1730.

Anstatt des mittelalterlichen «*Judenbads*» wurde hier anscheinend nach 1622 von Tobias Pfundtner, des Inneren Rats und Bürgermeister, ein älterer Bau errichtet, der sich dann 1683–1725 im Besitz der angesehenen Landshuter Ratsfamilie der Wämpl befand. Der heutige Bau entstand um 1730 und wurde von den Jesuiten als Seminar genutzt.

Nahensteig, Blick auf die Martinskirche

Nahensteig 180, barocke Haustür

Nahensteig 189

Mühlenstraße 1

Nahensteig 180

Nahensteig 181 u. 182

Nahensteig 180, Galerien an der Hofseite

Mühlenstraße 3

Nahensteig 182

Nahensteig 185. *Wohnhaus,* zweigeschossig, giebelständig, im Kern wohl noch 17. Jh.

Das Haus gehörte im 16. Jh. zur angesehenen Priesterbruderschaft des St. Katharinen-Altars bei St. Martin. Laut eines Eintrags im Briefprotokoll der Stadt Landshut vom 8. Juni 1622 soll sich damals hier ein gemauertes «rundgewölbtes Brünnl» befunden haben.

Nahensteig 186. *Wohnhaus,* zweigeschossig, barockförmiger Giebel, 1888.

Unter den Inwohnern dieses Hauses für das Jahr 1581 wird der Bildhauer Hans Werner genannt.

Nahensteig 187. *Wohnhaus,* zweigeschossig, vierachsig, geschweifter Giebel mit Dreiecksaufsatz, 1878.

An der Stelle des heutigen Baus standen im 15. und 16. Jh. noch die *«zway Caplanheuser gen Hof»*. Nach dem Sandtnermodell von 1571 handelte es sich dabei um ein Doppelhaus mit zwei Eingängen.

Nahensteig 188. *Wohnhaus,* zweigeschossig, erbaut bald nach 1630; angesetzte Schwibbögen.

Das Haus gehörte früher zum Ökonomiehof des angrenzenden Jesuitenklosters.

Nahensteig 188d. *Holzstadel,* früher zum Jesuitenkloster gehörig, Bemalung mit Schablonenmustern, 1. Viertel 19. Jh.

Der *«Ainmillerstadel»* ist nach seinem früheren Besitzer, dem Bierbrauer Max Ainmiller, benannt, dem der Stadel bis 1890 gehörte. Reizvoll sind die ausgesägten Lüftungsschlitze im Giebelfeld der Ostseite. Der Stadel wurde um 1985 durchgreifend saniert und umgebaut.

Nahensteig 189. *Gasthaus zum schwarzen Hahn,* dreigeschossiger Bau zu sieben Achsen an der Westseite, Giebel mit Schwalbenschwanzzinne, im Kern 16./17. Jh., Fassade 2. Hälfte 19. Jh.

Seit der Mitte des 19. Jhs. läßt sich hier der Betrieb einer Gastwirtschaft belegen. Der Name *«Zum schwarzen Hahn»* ist erst nach 1904 aufgekommen, als sich die Gastwirtschaft im Besitz der Brauereibesitzer Eugen und Fritz Fleischmann befand. Der im Kern ältere Bau geht noch auf jene Zeit zurück, als er noch im Eigentum der Freiherren resp. Grafen von Haunsperg war.

Neustadt

Entstanden im Zuge der Stadterweiterung der zweiten Hälfte des 13. Jahrhunderts. Sie verkörpert den Typus eines langgestreckten Straßenmarkts. Die Bebauung ist vorwiegend dreigeschossig, meist giebelständig und durchwegs ohne Erker an den Fassaden und Ecken. Ausnahmen davon betreffen Bauten des 19. Jahrhunderts, die sich dennoch meist harmonisch in das Platzensemble einfügen. Dasselbe gilt für die ehemaligen Palais und Stadthäuser des Adels und der gehobenen Beamtenschaft, die die sonst gleichförmige Reihe der Handwerkerhäuser an verschiedenen Stellen unterbrechen. Bis zum 19. Jahrhundert hat es hier noch auffallend viele Wein- und Bierwirte gegeben. Sie sorgten nicht nur für das leibliche Wohl der Bürgerschaft, sondern boten auch den zahlreichen Bauern und Handwerkern, die zu den Märkten kamen, eine Rast- und Ruhestätte und gaben darüber hinaus den mit der Kutsche oder zu Pferd anreisenden Gästen die

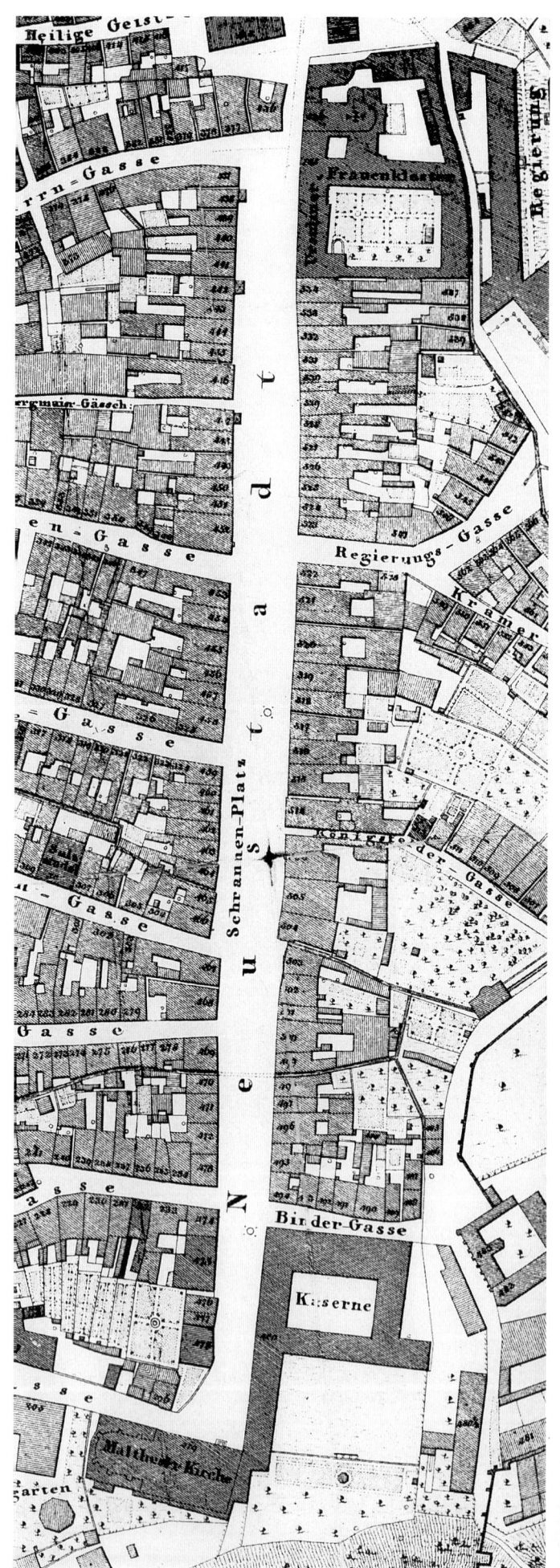

Straßenzug der Neustadt, Ausschnitt aus dem Katasterplan von 1847

Nahensteig 188 d

Nahensteig 189

Nahensteig 185

Nahensteig 186

Nahensteig 187

Nahensteig 188

Neustadt, Straßenbild

gesuchte Herberge. Am Nordende der Neustadt schiebt sich der umfangreiche Baukomplex des Ursulinenklosters in die Bürgerhausbebauung vor. Den städtebaulichen Gegenpol bildet das ehemalige Jesuitenkloster mit seiner Kirche St. Ignatius, über deren Dach sich der bewaldete Abhang des Hofbergs mit der bekrönenden Burg Trausnitz als malerische Kulisse aufbaut.

Neustadt 436. *Wohnhaus,* zweigeschossiges Eckhaus zu fünf Achsen, Treppengiebel mit Maßwerkblenden, 2. Hälfte 19. Jh.

Das stattliche Haus mit dem Treppengiebel in neugotischen Stilformen ließ wahrscheinlich Zinngießermeister Xaver Pruckner oder dessen Sohn Anton Pruckner erbauen. Bis Anfang des 19. Jhs. hatte an dieser Stelle ein Beckenhaus gestanden, ein Gewerbe, das hier bis 1493 zurückverfolgbar ist. Bei Kanalisierungsarbeiten im Jahr 1857 zeigten sich zwischen Neustadt 436 und dem Ursulinenkloster die Fundamentreste des früheren «*Zerrertors*».

Neustadt 437. *Gasthof zum Goldenen Löwen,* dreigeschossiges Eckhaus mit Zinnengiebel, 1878 und 1888, Fassade erneuert.

Das Schenkrecht auf diesem Haus läßt sich bis 1493 zurückverfolgen. Es gehörte früher zu den vornehmen Weinwirtschaften der Stadt. Über dem mittleren Fenster des 1. Obergeschosses eine *Inschrifttafel* zum Gedächtnis an die hier im Jahr 1806 erfolgte Gründung des Corps Bavaria.

Neustadt 438. *Wohnhaus,* dreigeschossig, mit rundbogig abschließenden Zinnen, 1. Viertel 20. Jh.

An dieser Stelle befand sich einstmals eine *Hufschmiede,* die 1475–1846 belegt ist. Nach 1904 dürfte hier der Neubau errichtet worden sein, in dem der Cafétier Michael Luginger das heute noch bestehende *Café* einrichtete.

Neustadt 440. *Wohnhaus,* zweigeschossig, Treppengiebel, 2. Hälfte 19. Jh.

Der phantasievoll gestaltete neugotische Ziergiebel verbirgt kein Grabendach sondern ein einfaches Satteldach.

Neustadt 441. *Gasthof Duschlbräu,* zweigeschossiger Bau zu vier Achsen, Giebel mit Zinnen, im Kern wohl 17. Jh.

Ein Schenkrecht auf dem Haus läßt sich bis in die Mitte des 16. Jhs. zurückverfolgen. Der Name «*Duschlbräu*» geht auf den Bierbrauer Nikolaus Duschl zurück, der den Gasthof 1791–1795 besaß.

Neustadt 443. *Wohnhaus,* zweigeschossig, Giebel in barocken Formen, Anfang 20. Jh.

Das Haus ließ wahrscheinlich der Essig- und Spirituosenfabrikant Ludwig Zierer bald nach 1903 erbauen. Vormals befand sich hier der «*Dirlingerbräu*».

Neustadt 444. *Gasthof Hoferbräu,* dreigeschossiger Bau zu vier Achsen, mit geschweiftem und gebogenem Giebel, um 1880.

Schon Mitte des 16. Jhs. läßt sich an dieser Stelle eine Gastwirtschaft belegen. Den Name «*Hoferbräu*» übertrug Mitte des 18. Jhs. der Bierbrauer Theobald Breiteneicher von Haus Neustadt 439 hierher.

Neustadt 437

Neustadt 441

Neustadt 436

Neustadt 443

Neustadt 444

Neustadt 436–441 (von rechts nach links)

Neustadt 438–440 (von rechts nach links)

Neustadt 445. *Wohnhaus* in Giebelstellung, dreigeschossig, mit Erker, 1878, Umbauten 1883 und 1898.

Das alte «*Regensburger-Botenhaus*» ließ 1878 der Schreinermeister Josef Ertl abbrechen und durch den jetzigen Bau ersetzen. Originell ist der Kastenerker am 2. Obergeschoß, der reich stuckierte Felder mit Renaissancedekor zeigt. Die Ähnlichkeit der Bauformen weist auf denselben Baumeister wie bei dem Nachbarhaus Neustadt 444 hin.

Neustadt 446. *Gasthaus zum Freischütz,* dreigeschossiger Bau zu sechs Achsen, mit Walmdach, im Kern 17. Jh., Fassade nach 1822.

Der stattliche Bau, der in der Zeilenbebauung der Neustadt mit ihren Giebelhäusern etwas fremdartig wirkt, erhielt vermutlich unter dem Freischütz-Wirt Andrä Galler bald nach 1822 die spätklassizistische Fassade. Der Name «*Freischütz-Wirt*» dürfte in Anlehnung an die von dem Komponisten Carl Maria von Weber im Jahr 1821 fertiggestellte Oper «Der Freischütz» entstanden sein. Im Erdgeschoß Fletz und Gastraum mit alter Holzbalkendecke und mächtigen Unterzügen. Der Treppenaufgang mit Geländer aus gedrechselten Balustern des 17. Jhs. Das Schenkrecht ruhte auf diesem Haus bereits seit der Mitte des 16. Jhs.; es befand sich von 1628 bis 1800 im Besitz der angesehenen Patrizierfamilie der Freinhuber, die im 18. Jh. in den Adelsstand erhoben wurde.

Neustadt 448. *Wohnhaus,* dreigeschossiger Bau zu vier Achsen, geschweifter Giebel mit Segmentbogenaufsatz, um 1900.

Neustadt 452. *Bayerische Vereinsbank,* stattliches Eckhaus von sechs zu acht Achsen, dreigeschossig, neubarocker Volutengiebel mit prächtiger Wappenkartusche, Fassade durch Pilaster gegliedert, Anfang 20. Jh.

Hier an der Einmündung der Rosengasse stand einstmals der *Weingasthof Zur Goldenen Sonne,* den noch bis 1802 der Ratsherr Franz Xaver Fahrmbacher besessen hatte. Fahrmbacher verlegte den Gasthof in diesem Jahr auf das Haus Neustadt 520. Den stattlichen Bau mit der noblen Fassade im neubarocken Stil ließ die *Bayerische Staatsbank* zu Beginn des 20. Jhs. errichten. Die Kartusche im Giebelfeld zeigt das Wappen des Königreichs Bayern mit zwei Löwen als Schildhaltern.

Neustadt 453. *Wohnhaus,* dreigeschossiges Eckhaus von vier zu neun Achsen, klassizistisch, erbaut von Johann Baptist Bernlochner, 1830; an der Hausecke Sandsteinfigur, Madonna mit Kind.

Der für den Seilermeister Matthias Schwarz errichtete Bau zählt zu den Frühwerken Bernlochners, der sich in Landshut 1827 niedergelassen hatte. Ein stuckiertes Feld am Erdgeschoß nach der Rosengasse zu trägt die Bauinschrift von 1830.

Neustadt 445

Neustadt 448

Neustadt 446, Gasthaus zum Freischütz, Fletz

Neustadt 446, Galerie am Flügelbau der Hofseite

Neustadt 442–446 (von rechts nach links)

Neustadt 453, Stuckrelief von 1830

Neustadt 453

Neustadt 452, Bayerische Vereinsbank

Neustadt 455. *Ehem. Patrizierhaus der Oberndorfer,* dann *Adelspalais,* jetzt *Marienapotheke,* dreigeschossiges Wohnhaus mit barockem Giebel, reiche Fassadengliederung durch Pilaster, Friese und Verdachungen an den Fenstern, wohl um 1680.

Als Bauherr dürfte Johann Peter Oberndorfer, des Inneren Rats und Bürgermeister, in Frage kommen. Im 18. Jh. werden die Freiherren von Pienzenau, dann die Fraunhofer zu Altfraunhofen, die Grafen von Törring zu Au, die Dachsberg und letztlich noch die Lerchenfeld auf Aham als Eigentümer des noblen Baus genannt. Nach 1873 wurde hier die «*Marienapotheke*» eingerichtet. Das Erdgeschoß des Hauses durch glatte Bänderrustika belebt, das Einfahrtstor von toskanischen Pilastern flankiert. Im 1. Obergeschoß eine klassizistisch umrahmte Nische mit einer Nachbildung des Altöttinger Gnadenbilds, Gauben mit Muschel- und Volutenaufsätzen.

Neustadt 457. *Wohnhaus,* zweigeschossig, Giebel mit Zinnen, Torbogen mit Volutengiebel, um 1600.

Das Schenkrecht der *ehem. Gastwirtschaft* ist bis in die Mitte des 16. Jhs. zurückzuverfolgen. Als Bauherr dürften der fürstliche Rat Dr. Sebastian Pollner oder Ernst Aicher zu Herrngiersdorf in Frage kommen.

Neustadt 458. *Wohnhaus,* viergeschossiger Bau zu fünf Achsen, mit Walmdach, 2. Hälfte 19. Jh.

Im ausgehenden 15. Jh. stand hier noch das *Patrizierhaus der Diener,* seit der Mitte des 16. Jhs. dann ein Gasthof, der im 19. Jh. unter dem Namen «*Zu den drei Kronen*» bzw. «*Gilmairbräu*» bekannt war.

Neustadt 459. *Wohnhaus,* dreigeschossiges Eckhaus mit Satteldach und Treppengiebel, 1. Viertel 18. Jh.

Ehemaliges Zinngießerhaus. Auf dem Sandtnermodell von 1571 werden hier noch zwei Hausteile, einer in der Neustadt und einer in der Grasgasse, unterschieden. Letzteres wurde 1717 aufgeteilt. Aus dem westlichen Teil ist damals das Haus Nr. 323 gebildet worden. Der östliche Teil wurde hingegen wieder in das Haus Nr. 459 einbezogen.

Neustadt 460. *Wohnhaus,* dreigeschossiger Bau mit geschweiftem Giebel, Fassadengliederung durch reichen Stuck im Stil des frühen Klassizismus, im Kern wohl noch 17./18. Jh., Fassade um 1800, einige Umbauten 1886.

1786 wurde in dem Haus die *kurfürstliche Trivialschule* eingerichtet, die dann hier bis 1826 als «Normalschule» bestanden hat.

Neustadt 461. *Ehem. Gastwirtschaft «Zum Pfauwirt»,* dreigeschossig, Giebel mit Zinnen, im Kern 1. Hälfte 16. Jh., Veränderungen 2. Hälfte 17. Jh.

Der Name geht auf Anton Reisberger zurück, dem die «*Bierwirtschaft beim Pfau*» 1784–1847 gehörte.

Neustadt 462. *Wohnhaus,* dreigeschossiges Giebelhaus mit Satteldach, 1885.

Bauherr war der Bäckermeister Johann Nepomuk Huber, der das Haus noch bis 1917 besaß.

Neustadt 455, ehem. Patrizierhaus der Oberndorfer

Neustadt 457

Neustadt 459

Neustadt 462

Neustadt 458

Neustadt 460, Fensterdetail

Neustadt 460 und 461 (von rechts nach links)

Neustadt 452 (Bayerische Vereinsbank) – 456 (von rechts nach links)

Neustadt 467. *Eckhaus,* dreigeschossig mit Walmdach, klassizistisch, um 1900.

Der Vorgängerbau war bis zur Mitte des 17. Jhs. im Besitz von Landshuter Ratsfamilien. Anschließend diente es verschiedenen Adelsgeschlechtern als Stadthaus, darunter den Leoprechting, Königsfeld, Wager von Vilsheim, Gugler, Berchem und Jonner. Den heutigen Bau dürfte die Bayer. Hypotheken- und Wechselbank nach 1899 errichtet haben. – An der Fassade im 1. Obergeschoß eine *Gedenktafel*: „Hier wohnte in den Jahren 1804–14 der berühmteste deutsche Kriminalist, Rechtslehrer Paul Johann Anselm von Feuerbach u. hier wurden auch seine Söhne geboren, die berühmten Philosophen Ludwig Feuerbach, 28. Juli 1804, Friedrich Feuerbach, 21. Oktober 1806.» – Am 2. Obergeschoß eine weitere *Gedenktafel* für Friedrich Karl von Savigny, der 1808–1810 dieses Haus bewohnte. Dessen Schwägerin, Bettina Brentano, nachmals verheiratete von Arnim, wohnte damals für längere Zeit bei Savigny.

Neustadt 468. *Wohnhaus,* viergeschossig, mit Mansarddach und Zwerchhaus, 1895.

Neustadt 470. *Wohnhaus,* dreigeschossig, mit Walmdach und vorkragender Traufe, 1. Hälfte 19. Jh.

Im ausgehenden Mittelalter stand hier ein *Plattnerhaus.* Das für Landshut bedeutende Gewerbe hielt sich auf diesem Anwesen noch bis zum Anfang des Dreißigjährigen Krieges.

Neustadt 479. *Ehem. Jesuitenkirche St. Ignatius,* einschiffiger Bau mit wenig eingezogenem Chor, erbaut 1631–Mitte 17. Jh. von Johannes Holl. Die Stukkaturen von Matthias Schmuzer 1640–1641; mit Ausstattung; Borgiaskapelle, im Obergeschoß eines Ausbaues, wohl Mitte 17. Jh.; mit Ausstattung.

Das Landshuter Jesuitenkolleg geht auf eine fromme Stiftung der Gräfin Magdalena von Haunsperg im Jahr 1621 zurück, die 56 000 Gulden aus dem Verkauf ihrer Hofmarken der oberdeutschen Provinz des Jesuitenordens vermachte. Verbunden war damit die Auflage, die Geldmittel für die Gründung eines Jesuitenkollegs in Bayern zu verwenden. Herzog Maximilian I. entschied sich für Landshut. Ab 1628 kaufte man zu diesem Zweck Häuser am Südende der Neustadt auf. Der Grundstein zum Kirchenbau wurde 1631 gelegt. 1640 folgte die Einwölbung des Chors und die Weihe des Gotteshauses. Im Jahr darauf wurde das Langhaus gewölbt. Der geplante Bau des Turms unterblieb (bis auf das Untergeschoß), da die Gelder erschöpft waren.

Neustadt 468

Neustadt 479, 480 und 480a, ehem. Jesuitenkloster, Ostansicht

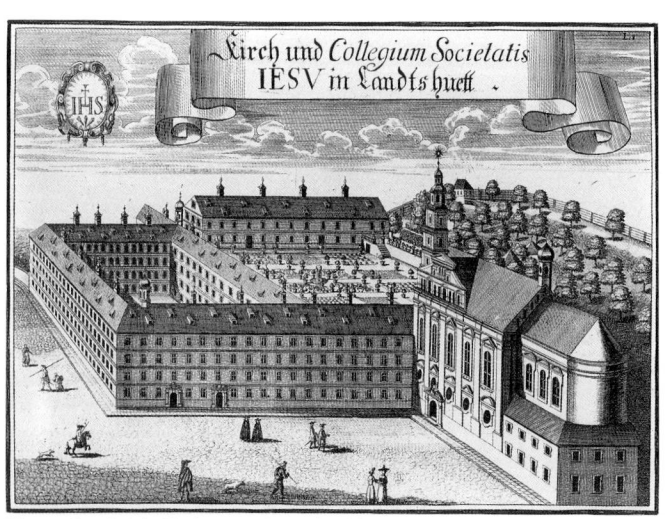

Ehem. Jesuitenkollegium und Jesuitenkirche,
Kupferstich von Michael Wening, 1723

Neustadt 480–480a, ehem. Jesuitenkloster, Westansicht

Neustadt 467

Neustadt 464–468 (von rechts nach links)

Neustadt 468, Hausmadonna

Neustadt 470

Neustadt 469–473 (von rechts nach links)

Neustadt 479, 480 und 480a, ehem. Jesuitenkloster mit Jesuitenkirche St. Ignatius, Blick auf die Klosteranlage vom Turm der Martinskirche aus

Die Jesuitenkirche ist ein einschiffiger Bau mit Seitenkapellen am Langhaus, über denen sich Oratorien hinziehen. Der wenig eingezogene Chor besitzt drei Joche und einen halbrunden Schluß. Das Langhaus hat vier Joche und ein schmäleres Emporenjoch mit Treppenanlagen in der Flucht der Langhauskapellen. Die Kirche, deren Altarraum ungewöhnlicherweise nicht im Osten, sondern im Westen angeordnet ist, besitzt eine doppelte Empore. Im Chor sowie im Emporengeschoß große Rundbogenfenster, in den Kapellen und über der Ostempore stehende Ovalfenster. Die Stuckierung der Raumschale erfolgte durch den Wessobrunner Meister Matthias Schmuzer, der nach Entwürfen von Johannes Holl arbeitete.

Der imposante Hochaltar stammt von 1663. Das Hochaltarblatt von dem Konstanzer Maler Johann Christoph Storer stellt die Erscheinung des kreuztragenden Heilands vor dem Hl. Ignatius dar. Das auf dem Altarbild angebrachte Wappen weist darauf hin, daß Kurfürst Ferdinand Maria 1000 Gulden zur Ausführung des Hochaltars gestiftet hatte. Bei der Empore großes Bronzekruzifix aus der Zeit um 1643. Die Kanzel und die überlebensgroße Johann-Nepomuk-Figur von 1731. Altarblätter für die Seitenaltäre malten Johann Christoph Storer und Joachim von Sandrart. Die Altarblätter des Kreuzaltars und des Marienaltars werden Caspar de Crayer zugeschrieben. Mit den Bildhauerarbeiten wurden die Landshuter Meister Hans Georg Weißenburger und Christoph Wolfhart betraut.

Die Landshuter Jesuitenkirche ist in ihrem Aufbau und System eine verkleinerte und vereinfachte Nachbildung der Münchner Jesuitenkirche St. Michael. Baumeister war Frater Johannes Holl, der mit diesem Kirchenbau sein bedeutendstes Werk schuf. Im Jahr 1648 wurde er als erster hier in der Gruft der Jesuitenkirche beigesetzt.

Neustadt 480-480a. *Ehem. Jesuitenkollegium,* dann Kaserne, jetzt Amtsgebäude, erbaut 1665-1691 von den Vorarlberger Baumeistern Michael Beer und Michael Thumb, dreigeschossige Vierflügelanlage mit einem geschlossenen Innenhof.

Die Konventgebäude nördlich der ehem. Jesuitenkirche kamen 1773 bei Aufhebung des Jesuitenordens zunächst an den Malteser-Ritterorden. In der Landshuter Universitätszeit gehörten die Klostergebäude zum «*Georgianum*», dem von Herzog Georg dem Reichen gestifteten Priesterseminar. Zwischen 1828 und 1919 diente der Bau als *Kaserne*. Jetzt sind hier verschiedene Ämter untergebracht. – Das ehem. Refektorium liegt im Südflügel des 1. Obergeschosses. Die Stuckierung gehört der Zeit um 1720 an. In dem großen Raum im Nordflügel könnte früher die Bibliothek untergebracht gewesen sein.

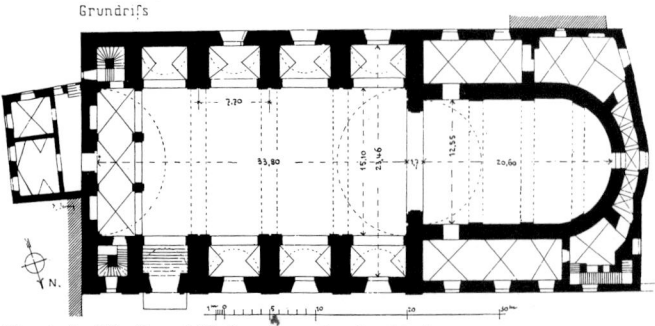

Neustadt 479, ehem. Jesuitenkirche

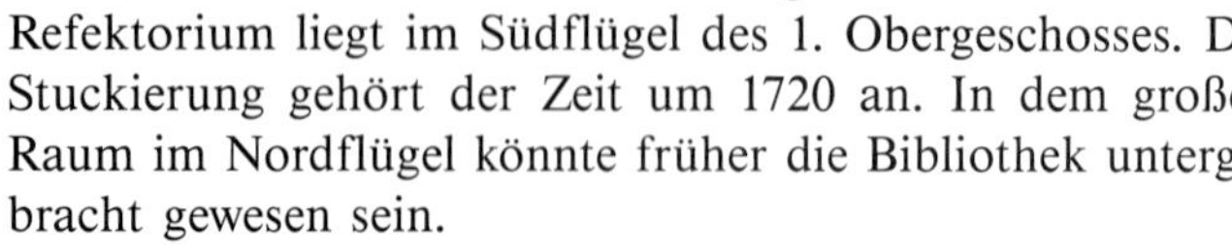

Neustadt 479, Grundriß der ehem. Jesuitenkirche

Neustadt 479, ehem. Jesuitenkirche, Sebastiansaltar

Neustadt 479, ehem. Jesuitenkirche

Neustadt 479, ehem. Jesuitenkirche

Neustadt 479, ehem. Jesuitenkirche St. Ignatius, Nordansicht

Neustadt 494. *Wohnhaus,* dreigeschossiges Eckhaus zu sechs Achsen, Giebel mit Scheitelzinne, 2. Hälfte 19. Jh.
Ehemaliges Goldschmiedehaus, ein Gewerbe, das sich hier von 1568 bis ins 19. Jh. nachweisen läßt.

Neustadt 495. *Wohnhaus,* dreigeschossiger Bau zu fünf Achsen, mit Walmdach, letztes Viertel 18. Jh.
Den stattlichen Bau dürfte nach 1780 der Stadtmaurermeister Thaddäus Leitner errichtet haben.

Neustadt 496. *Wohnhaus,* dreigeschossig, fünfachsig, mit Walmdach, 3. Viertel 18. Jh.
Als Bauherr käme der kurfürstliche Regimentsrat Maximilian von Mourath in Frage, der 1748-1775 Eigentümer des Hauses war.

Neustadt 497. *Wohnhaus,* zweigeschossig, dreiachsig, mit geschweiftem Giebel und Zinnen, im Kern 3. Viertel 17. Jh., Umbau Mitte 19. Jh.
Wahrscheinlich ließ der Apotheker Johann Paumgartner den Bau um 1660 errichten.

Neustadt 499. *Wohnhaus,* dreigeschossig, mit Knickgiebel, 1894.

Neustadt 500. *Ehem. Patrizierhaus der Closenberger, jetzt Gasthof zum Schwabl,* dreigeschossig, rechteckige Anlage, Volutengiebel, erbaut 1590, bauliche Veränderungen wohl um 1700, Fletz mit Rotmarmorsäulen und Kreuzgratgewölben noch aus der Erbauungszeit; Rückflügel mit zweigeschossigen Holzgalerien; Stallung mit Kreuzgratgewölben.
Der Name des Wirtshauses geht auf den Bierbrauer Franz Schwabl zurück, der 1849-1877 Eigentümer des Anwesens war. Erbaut wurde es jedoch laut einer *Inschrift* an den Säulen im Fletz im Jahr 1590 unter Bürgermeister Christoph Closenberger und seiner Gemahlin Sidonia, geborene Airnschmalz. 1877 erfolgte ein größerer Umbau. Seit 1921 ist an diesem Haus auch eine *Inschrifttafel* angebracht, die an die hier 1821 erfolgte Gründung des Corps Isaria erinnert.

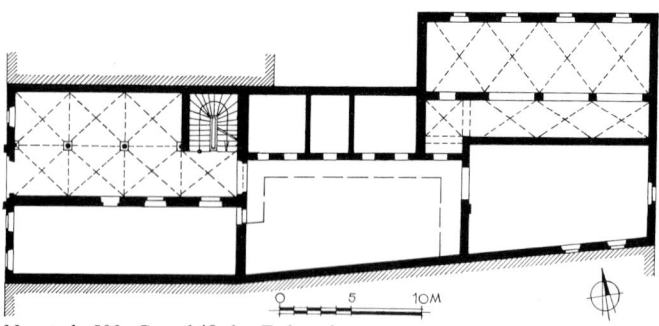

Neustadt 494

Neustadt 499

Neustadt 500, Grundriß des Erdgeschosses

Neustadt 501. *Wohnhaus,* in Giebelstellung, zweigeschossig, mit Schwalbenschwanzzinnen, im Kern z. T. um 1500, sonst 19. Jh.
Typisches *Handwerkerhaus.* Die stilgerechte Restaurierung ist seinem heutigen Besitzer, dem Bildhauer Professor Fritz König, zu verdanken.

Neustadt 500, Holzgalerien am Flügelbau

Neustadt 500, Gasthaus zum Schwabl, Fletz

Neustadt 495–497 (von rechts nach links)

Neustadt 499–501 (von rechts nach links)

Neustadt 502. *Wohnhaus,* dreigeschossiges Giebelhaus zu fünf Achsen, Giebel mit neugotischen Aufsätzen, 1856/57. Altes *Binderhaus* (Schäfflerhaus), ein Gewerbe, das hier seit 1582 ausgeübt wurde. Das Giebelfeld des Hauses läßt erkennen, daß es sich hierbei einstmals um einen «gestäbten Giebel» gehandelt hat, der sich von der Ingolstädter Bauweise ableitet.

Neustadt 503. *Wohnhaus,* zweigeschossig, fünfachsig, giebelständig, im Kern wohl noch 1. Hälfte 17. Jh., sonst 19. Jh.

Neustadt 504. *Wohnhaus,* schlichtes Giebelhaus zu vier Achsen, viergeschossig, 1881.

An dieser Stelle stand früher das «*Pichlbad*»; ein «Conradt der Pader» findet bereits 1456 Erwähnung.

Neustadt 505. *Ehem. Adelspalais, jetzt Gasthof Hofreiter,* dreigeschossiges Giebelhaus zu sechs Obergeschoßachsen, Volutengiebel, Fenster mit Segment- und Dreiecksverdachungen, Toreinfahrt mit Pilastern, Hausecken mit Rustikaeinfassung, erbaut letztes Viertel 17. Jh., gleichzeitig Treppenhaus.

Den Bau dürfte Dr. Johann Haill, Kanzler zu Straubing und kurfürstlicher Hofrat zu München, veranlaßt haben, der 1674–1711 Eigentümer des Palais war. Zu den späteren Besitzern gehören u. a. die Prälaten von Rohr, die Grafen Hörwarth und Lerchenfeld sowie der Baron Guggemoos auf Herrngiersdorf und Mirskofen. Der heutige Name geht auf den Weißbierbrauer Franz Hofreiter zurück, der das Haus 1919 von der Familie Fahrmbacher erworben hatte. *Das ehemalige Adelspalais zählt zu den schönsten Häusern von Landshut.*

Eine Besonderheit ist das gekuppelte Fenster im ersten Obergeschoß, das von einem gemeinsamen Stichbogengiebel überdacht wird, am kräftig profilierten Hauptgesims zwei Kartuschen und eine Maskenkonsole. Der noble Bau verrät die Hand eines Baumeisters, der im Kreis des kurfürstlichen Hofs in München zu suchen ist. Im Inneren enthält das seitlich zum Flur angelegte Treppenhaus eine dreiarmige Podesttreppe; im 2. Obergeschoß ein großer, jetzt unterteilter Raum mit Stuckdecke.

Neustadt 506. *Wohnhaus,* dreigeschossig, sechsachsig, traufständig, reicher Stuckdekor, 1866–1868.

An der Stelle eines *ehem. Adelspalais* wurde hier ein *Schrannenhaus* der Stadtgemeinde Landshut errichtet.

Neustadt 514. *Ehem. Palais Königsfeld, jetzt Wohn- und Geschäftshaus,* dreigeschossig, zu fünf Achsen; barocker Volutengiebel und Ädikula mit Muttergottesfigur, Fassade noch 18. Jh., sonst erneuert.

Das *Palais* war von der Mitte des 16. Jhs. bis 1790 im Besitz der Adelsfamilie der Königsfeld. Als weitere Eigentümer werden in der Landshuter Häuserchronik Georg Cajetan Graf von Closen zu Gern und Arnstorf sowie der kgl. Kämmerer Baron Guggemos auf Vilsheim genannt. Im Häuser- und Rustikalsteuerkataster von 1808 findet sich der Hinweis, daß hier eine nicht öffentliche Hauskapelle eingerichtet war. Diese «*Dreifaltigkeitskapelle*» mit einem Kaplan wird bereits in der Patronatsmatrikel des Bistums Freising, die aus der Zeit um 1540 stammt, erwähnt. Das Haus wurde am 29. April 1945 von einer Fliegerbombe getroffen. In den folgenden Jahren erfolgte die Wiederherstellung des Gebäudes.

Neustadt 514, ehem. Palais Königsfeld

Neustadt 505, ehem. Adelspalais, jetzt Gasthof Hofreiter

Neustadt 498–503 (von rechts nach links). Im Vordergrund das Kriegerdenkmal

Neustadt 504–506 (von rechts nach links)

Neustadt 515. *Ehem. Adelspalais,* Wohn- und Geschäftshaus, viergeschossig, zu fünf Achsen; barocker Dreiecksgiebel, Fassade noch 18. Jh., sonst erneuert.

Als Eigentümer des *Palais* werden im 17. Jh. u. a. die Freiherren von Seyboltsdorf und die Patrizier Glabsperger sowie im 18. Jh. die Grafen von Fraunhofen genannt.

Neustadt 516. *Wohnhaus,* dreigeschossig, giebelständig, Portal mit korbbogiger Öffnung, im Kern Ende 16. Jh., Fassade in der 2. Hälfte 19. Jh. umgestaltet.

Im Zuge eines Ladenumbaus wurde 1947 das wohl aus der Zeit um 1590 stammende Portal, das folgende Inschrift trug, ausgebaut: «Nergent Ainer Erfunden wiert, Der ain Haus Pauth Das Khainen Irtt.» (Portal derzeit im Bauhof des Städt. Bauamts gelagert). Von 1691 bis heute wird in diesem Haus das Zinngießerhandwerk ausgeübt.

Neustadt 517. *Wohnhaus,* dreigeschossig, fünfachsig, mit Walmdach und geschweiftem Dachhäuschen, unter der Traufe mächtiges Konsolgesims, 1888.

Der Advokat Dr. Dominikus Costa ließ den Bau 1888 an der Stelle eines älteren Weingasthofs errichten.

Neustadt 520. *Ehem. Palais Pfetten, jetzt Hotel Gaststätte Goldene Sonne,* stattliches dreigeschossiges Giebelhaus zu sieben Achsen, geschweifter Knickgiebel mit angesetzten Voluten, im Kern noch um 1700, bauliche Veränderungen 1876/81.

1802 kaufte der Ratsherr und Weingastgeb Xaver Fahrmbacher von dem kurfürstlichen Kämmerer Johann Ignaz Freiherr von Pfetten dessen *Adelspalais* und übertrug die Gerechtigkeit von Haus Neustadt Nr. 452 auf dieses Haus, das seither der *Gasthof «Zur Goldenen Sonne»* genannt wird. Im Inneren sind noch Teile des barocken Treppenhauses erhalten geblieben.

Neustadt 522. *Wohnhaus,* dreigeschossiges Eckhaus mit Neurenaissancegiebel, 1878.

Neustadt 523. *Ehem. Firmerbräu, jetzt Wohnhaus,* dreigeschossiges Eckhaus mit barockem Schweifgiebel, 18. Jh.

Bereits 1475 ist an dieser Stelle eine Bierschenke urkundlich nachweisbar. Die heutige Bezeichnung «*Gasthof Firmer*» ist eine Verballhornung und geht auf den Namen des Bierbrauers Thomas Viechtmayer zurück, der 1642–1661 Eigentümer war. An der Südseite im 1. Obergeschoß Nische mit einer Nachbildung der Gnadenmadonna von Altötting.

Neustadt 524. *Neustadt-Apotheke,* zweigeschossiger Bau mit Dreiecksgiebel, wohl Mitte 19. Jh.

Neustadt 525. *Fassade eines Wohnhauses,* im Aufbau dreigeschossig, vierachsig, geschweifter Giebel, Fassadengliederung neubarock, 1888.

Neustadt 526. *Wohnhaus,* dreigeschossig, geschweifter Knickgiebel, 1885.

Neustadt 527. *Wohnhaus,* dreigeschossig, dreiachsig, Zinnengiebel, Flacherker, 1857/58, Umbau 1885.

Neustadt 529. In der Erdgeschoßhalle eines Wohnhauses *Baureste* des 17. Jhs., sonst Neubau von 1945/46.

Neustadt 514, Hausmadonna

Neustadt 516

Neustadt 520, ehem. Palais Pfetten

Neustadt 522 und 523 (von rechts nach links)

Neustadt 523–528 (von rechts nach links)

Neustadt 515, ehem. Adelspalais

Neustadt 517

Neustadt 530. *Wohnhaus,* viergeschossig, mit geschweiftem, spitz abschließendem Giebel, 1881, Umbau um 1985.

Neustadt 532. *Wohnhaus,* dreigeschossig, vierachsig, Giebel mit eckig abschließender Scheitelzinne, 1889.

Neustadt 533. *Wohnhaus,* zweigeschossig, vierachsig, mit barockem Giebel, 2. Hälfte 18. Jh.

Neustadt 534–536. *Ursulinenkloster;* Ursulinenkirche, kleiner Bau mit halbrund geschlossenem Chor, im Langhaus Stichkappentonne, erbaut 1671–1679; mit Ausstattung; Klostergebäude: Einfache mehrgeschossige Barockanlage um zwei geschlossene Innenhöfe, zwei Gebäudeflügel erbaut 1671–1686, ein weiterer 1710–1715, Trakt zum Bischof-Sailer-Platz 1884, Aufstockung des Traktes an der Neustadt 1887; mit historischer Ausstattung.

Kurfürst Ferdinand Maria berief 1668 zehn Ursulinen nach Landshut, um für die Mädchen aus der Stadt die schulische Erziehung zu übernehmen. 1671–1686 wurde nach Plänen von Hofschreiner Augustin Kienle die Kirche und zwei Flügelbauten errichtet, die Kirche 1679 geweiht. Mit der Ausführung wurde ab 1673 Hofmaurermeister Wolfgang Hirschstetter, nach dessen Tod Georg Steinacher betraut. Wegen seines segensreichen Wirkens für die einheimische Bevölkerung entging das Kloster 1803 zunächst der allgemeinen Aufhebung und wurde erst 1809 eingezogen. Doch schon 1826 ließ König Ludwig I. von Bayern das Ursulinenkloster als «Schulkloster» wieder entstehen.

Das *Ursulinenkloster* ist eine schlichte Barockanlage um zwei Innenhöfe. Die Klosterkirche besitzt einen halbrund geschlossenen Chor unter einer Halbkuppel, in dem dreijochigen Langhaus eine Tonne mit Stichkappen. Auf der Nordseite des östlichen Langhausjochs die reich stuckierte Fortunatuskapelle, wo an Weihnachten die großartige Krippe aus der Biedermeierzeit aufgestellt wird. Die Westfassade der Kirche zur Neustadt zu verzichtet auf die sonst übliche Pilastergliederung. Das Portal von toskanischen Pilastern flankiert, über dem First ein gemauerter Dachreiter.

Von dem früheren barocken Hochaltar ist heute nur noch das ursprüngliche Altarblatt von Antonio Triva vorhanden: zwei Engel, die mit der Siegesfahne die heilige Ursula in den Himmel tragen. Neben dem Hochaltarbild zwei barocke Ovalbilder, rechts die heilige Angela von Merici (die 1535 den Ursulinenorden gründete), links Franziska von Bermond (Gründerin mehrerer französischer Ursulinenklöster). Seitlich des Altars lebensgroße Engel mit den Symbolen der

Ursulinenkloster, Front am Bischof-Sailer-Platz

Neustadt 535, Ursulinenkirche, Westansicht

Ursulinenkloster, Kupferstich von Michael Wening, 1723

Innenhof des Ursulinenklosters

Neustadt 529–533 (von rechts nach links)

Neustadt 534–536, Ursulinenkloster, Westansicht

Innenhof des Ursulinenklosters

Portal des Ursulinenklosters

Lauretanischen Litanei, in Silber gefaßte Arbeiten des Münchner Hofbildhauers Johann Baptist Straub, um 1745. Den Mittelpunkt des Altars bildet seit 1699 eine Kopie des Bildes der «Wiener Muttergottes mit dem geneigten Haupt», das im 18. Jh. zum Mittelpunkt der größten Wallfahrt der Stadt wurde. Zahllose Andachtsbilder erinnern noch an die einstigen Bittprozessionen. – Zur weiteren Ausstattung des Klosters gehört eine Marienfigur aus der Zeit um 1520 in der Art der Leinberger-Werkstatt, ein Hochrelief. Abschied Christi von Maria, eine Arbeit des Pfarrkirchner Bildhauers Johann Jakob Bendel von 1674, sowie zwei frühklassizistische Engel, die von dem Landshuter Bildhauer Christian Jorhan d. Ä. stammen dürften.

Neustadt. *Kriegerdenkmal,* Steinskulptur «Deutsche Eiche», nach einem Entwurf von Bildhauer Wilhelm Lechner aus Oberammergau, eingeweiht am 24. Juni 1928.

Nikolastraße 16. *Wohnhaus,* dreigeschossig, mit Mittelrisalit, um 1900.

Nikolastraße 18. *Gasthof Haindlgarten,* dreigeschossiger Bau mit Eckerker, reicher Neurenaissancestuckdekor und Walmdach, 1890.

Nikolastraße. *Bildstock am Hammerbach,* klassizistisch, um 1790, Holzfigur eines Hl. Johannes Nepomuk, vielleicht von Christian Jorhan d. Ä.

Nikolastraße 31. *Nikola Bierstüberl,* dreigeschossiger Bau mit Eckerker und Mansarddach, um 1900.

Nikolastraße 41. *Kath. Pfarrhaus St. Nikola,* zweigeschossiger Bau mit Treppengiebel, traufständig, Mitte 19. Jh.; mit historischer Ausstattung.

1852 wurde hier statt eines älteren Mesnerhauses ein *Schulhaus* erbaut, das seit 1879 als *Pfarrhof* verwendet wird.

Nikolastraße 43. *Kath. Pfarrkirche St. Nikola,* dreischiffige spätgotische Hallenkirche mit eingezogenem einschiffigen Chor, 14.–15. Jh., Erweiterungsbau, Mitte 20. Jh.; mit Ausstattung.

Bereits 1252 wird erstmals das *St.-Barthlmä-Leprosenhaus bei St. Nikola* erwähnt. Dieser Bau und die zugehörige *St. Bartholomäus-Kirche* existieren seit etwa 1800 nicht mehr. St. Nikola, 1433 noch Filiale von Ergolding, wird 1737 Pfarrkirche genannt und war dem Kloster Seligenthal inkorporiert. An der Stelle eines älteren Vorgängerbaus, der teilweise in den Neubau nach 1475 integriert wurde, entstand die heutige dreischiffige Anlage. Im Chorgewölbe an den Schlußsteinen das Wappen Herzog Georgs und seiner Gemahlin Jadwiga von Polen. Als Baumeister könnte Stefan Purghauser in Frage kommen, der damals oberster Werkmeister an der Bauhütte von St. Martin in Landshut war. Das Aufsetzen des Dachstuhls erfolgte laut Inschrift 1481 durch den Landshuter Stadtzimmermeister Conrad Günzkofer.

St. Nikola ist eine dreischiffige Hallenkirche mit einschiffigem Chor, der Turm an der Südseite. Der wenig eingezogene Altarraum hat dieselbe Höhe wie das Langhaus und einen Schluß in fünf Seiten des Achtecks. Die Netzgewölbe zeigen eine ähnliche Figuration wie die in der Heiliggeist-Spitalkirche in Landshut. Auch die Rundpfeiler finden dort ihre Entsprechung.

Neustadt 535, Ursulinenkirche

Neustadt 535, Portal der Ursulinenkirche

Neustadt, Kriegerdenkmal

Nikolastraße, Bildstock

Nikolastraße 31

Nikolastraße 18, Gasthof Haindlgarten

Nikolastraße 16

Nikolastraße 41, Kath. Pfarrhaus St. Nikola

Nikolastraße 43, Kath. Stadtpfarrkirche St. Nikola

Grundriß der Stadtpfarrkirche St. Nikola

Die spätgotische, die barocke und die neugotische Ausstattung sind verlorengegangen. Für den jetzigen Hochaltar verwendet man ein großes Kreuz von 1779, ein Werk des Landshuter Bildhauers Christian Jorhan d. Ä., das früher am Friedhof stand. Das bedeutendste Kunstwerk der Kirche ist jedoch die lebensgroße Holzskulptur «Christus in der Rast» des Landshuter Bildschnitzers Hans Leinberger, das der Zeit um 1523 angehört.

Nikolastraße 56. *Wohnhaus,* viergeschossiger Bau mit Eckerker und Mansarddach, Anfang 20. Jh.

Nikolastraße 58. *Wohnhaus,* viergeschossiger Bau mit Flacherker und Mansarddach, Anfang 20. Jh.

Orbankai

Die außerhalb der mittelalterlichen Stadtmauer längs der Isar angelegte Straße ist nach dem Jesuitenpater Ferdinand Orban, dem Wiederhersteller des Heiliggeist-Spitals, benannt.

Orbankai 3. *Teilstück der mittelalterlichen Stadtmauer* und restaurierter Wehrturm, 14./15. Jh. und um 1983.

Orbankai 4, 5. Teilstücke bzw. *Reste der mittelalterlichen Stadtmauer,* sägezahnartig angelegt, jetzt teilweise von Wohnhäusern überbaut, etwa 6 m hoch (vgl. Stadtbefestigung). – *Wandbrunnen* mit Delphinrelief, Mitte 19. Jh.

Papiererstraße 1. *Wohnhaus,* dreigeschossig, mit Eckerkern und Mansarddach, um 1900.

Papiererstraße 1a. *Wohnhaus,* dreigeschossig, mit Eckerkern, um 1900.

Papiererstraße 1b. *Wohnhaus,* dreigeschossig, mit Eckerker, 1897.

Papiererstraße 3. *Wohnhaus,* dreigeschossig, mit Erker, 1892.

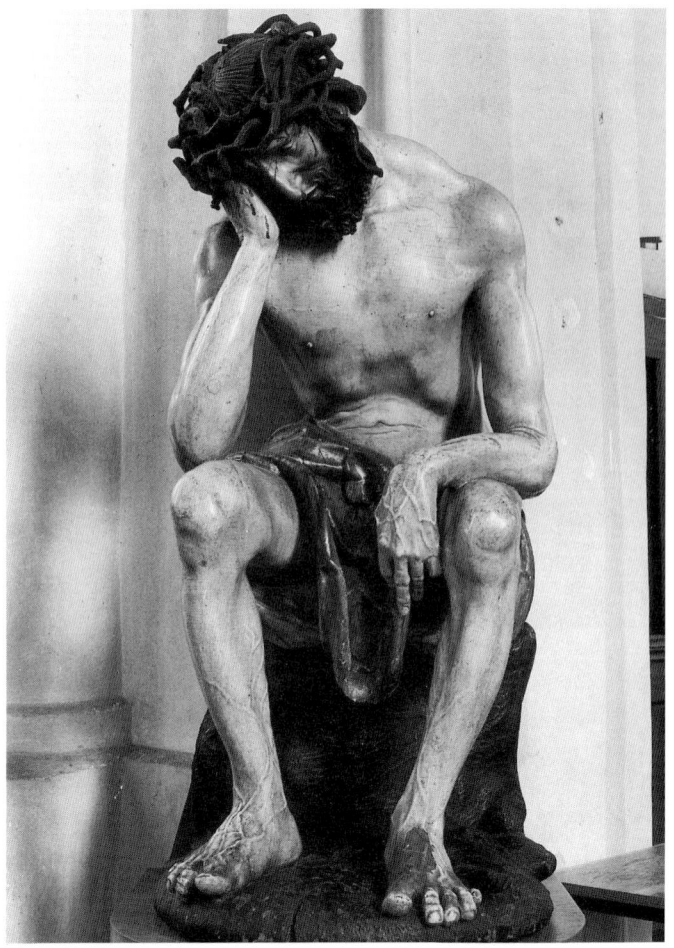

Nikolakirche, «Christus in der Rast», von Hans Leinberger

Nikolastraße 43, Kath. Stadtpfarrkirche St. Nikola

Papiererstraße 213

Orbankai, Blick vom linken Isarufer aus

Nikolastraße 56 und 58 (von rechts nach links)

Orbankai, Wandbrunnen

Papiererstraße 1 a

Papiererstraße 1

Papiererstraße 1 b

Papiererstraße 3

Papiererstraße 8. *Villa,* zweigeschossiger Bau mit Mittelerker, 1878.

Papiererstraße 16. *Wohnhaus,* dreigeschossig, mit Walmdach, Ende 19. Jh.

Papiererstraße 34a. *Villa,* erdgeschossiger Bau mit Mansarddach und Mittelrisalit, 1. Viertel 19. Jh.; links vom Hauseingang Keramiktafel mit Darstellung des Hl. Hubertus.

Pfettrachgasse 4. *Wohnhaus,* zweigeschossig, Ende 18. Jh. «*Pfahuber-Maurerhaus*», benannt nach dem Maurer Andrä Pfahuber, der 1807–1815 Eigentümer war und das Haus wohl auch selbst erbaute.

Pfettrachgasse 7. *Ehem. Bauernhaus,* erdgeschossiger Bau mit hohem Krüppelwalmdach, Anfang 19. Jh.

«*Brändlhaus*», benannt nach der Schuhmacherfamilie Brändl, die 1791–1854 Eigentümer war. 1887 ließ hier Jakob Geyer eine Dampfwaschanstalt einrichten, wobei es zum Neubau des Kessel-, Wasch- und Maschinenhauses kam.

Podewilsstraße 3. *Verwaltungsbau,* mit Walmdach und Eckrisaliten, um 1900.

Postplatz 395–397. *Postamt,* umfangreicher dreigeschossiger Gebäudekomplex, erbaut 1904/05 im Stil der Neurenaissance; eingemauertes Wappenrelief des Kanzlers Christoph Dorner, 15. Jh., vom Vorgängerbau an dieser Stelle stammend.

Das *Gebäude der Oberpostdirektion* wurde an der Stelle der *Neuen Kaserne (Isarkaserne),* einem Bau des 18. Jhs., der *Alten Kaserne (Roßkopfkaserne),* die 1707 erbaut und 1855 abgebrochen worden war, und eines Baumwollspinnerhauses errichtet. An der Südostecke ein spätgotisches Wappenrelief, das auf das einstmals hier stehende Haus des herzoglichen Kanzlers Christoph Dorner hinweist.

Regensburger Straße 1. *Gasthof Münsterer,* dreigeschossiges Eckhaus, um 1772, bauliche Veränderungen 1906.

«*Polland-Bräuhaus*», benannt nach dem Bierbrauer Anton Polland, der 1772–1785 Eigentümer des Hauses war. Der heutige Name ist auf Josef Münsterer zurückzuführen, der 1838–1861 Besitzer der Tafernwirtschaft gewesen ist.

Regensburger Straße 3. *Wohnhaus,* zweigeschossig, mit geschweiftem Knickgiebel, im Kern vielleicht noch Mitte 17. Jh., bauliche Veränderungen 1881 und 1897.

Der Hausname «*Brennergut*» leitet sich vom Gewerbe des Brandweinbrennens ab, das hier 1654 bis etwa 1830 ausgeübt wurde.

Papiererstraße 8

Papiererstraße 16

Papiererstraße 34a

Pfettrachgasse 4

Pfettrachgasse 7

Regensburger Straße 215

Podewilsstraße 3

Postplatz 395–397, Postamt

Postplatz 395–397, Treppe am Postamt

Wappenrelief des Kanzlers
Christoph Dorner

Regensburger Straße 1

Regensburger Straße 3

Regensburger Straße 5. *Wohnhaus* mit flachem Mittelerker, dreigeschossig, an der Fassade Neurenaissance-Stuckdekor, erbaut 1877, bauliche Veränderungen 1914.

Regensburger Straße 7. *Ehem. Bahnhof;* Hauptgebäude, zweigeschossiger Klinkerbau mit flachem Walmdach; Einsteighalle, erdgeschossiger Klinkerbau; beide Bauteile 1857/58 von Maurermeister Simon Pausinger nach einem Plan der Ostbahngesellschaft errichtet. Umbau 1978.

Im Jahr 1858 wurde die Eisenbahnstrecke von München nach Landshut in Betrieb genommen. Der *Alte Bahnhof* an der Regensburger Straße war dabei als Kopfbahnhof konzipiert worden. 1880 verlegte man den Bahnhof an seine heutige Stelle am Bahnhofsplatz. Derzeit ist hier das *Straßenbauamt* untergebracht.

Regensburger Straße 7, Alter Bahnhof

Alter Bahnhof, Stahlstich von 1854

Regensburger Straße 11

Regensburger Straße 11. *Villa,* zweigeschossig, mit Krüppelwalmdach, Anfang 20. Jh.

Um 1910 ließ die Erbengemeinschaft der Brotfabrikantenfamilie Bartmann die Villa errichten. Zuvor hatte hier die «Peterschwaige» gestanden.

Regierungsplatz und Regierungsstraße

Der Straßenzug, an dem heute die Regierung von Niederbayern im ehem. Dominikanerkloster eingezogen ist, führte früher die Bezeichnungen Predigergasse, Dominikanergasse, Universitätsgasse, Hochschulgasse und zeitweise auch Firmairgasse.

Regensburger Straße 5    Regierungsplatz 539

Regierungsstraße 539. *Wohnhaus,* dreigeschossig mit rundbogig abschließendem Giebel in barocken Formen, 1893.

Das Wohnhaus wurde 1893 an der Stelle eines Bräustadels errichtet, der zum «Serglbräu» in der Neustadt (Neustadt 531) gehört hatte.

Regierungsplatz 540–541. *Ehem. Dominikanerkloster,* mit Resten alter Ausstattung (zum Teil aus der fürstbischöflichen Residenz in Passau stammend). Gegründet 1271 von Herzog Heinrich d. Ä. von Niederbayern, aufgehoben 1802, von 1802–1826 bayerische Landesuniversität, 1839–1932 und seit 1956 wiederum Sitz der Regierung von Niederbayern. Dreigeschossige Dreiflügelanlage, die sich an die Nordseite der Kirche anschließt, erbaut ab 1699; ehem. Anatomisches Institut, jetzt Staatsoberkasse, klassizistischer Bau von

Regierungsplatz 540, Trakt des ehem. Dominikanerklosters

Regierungsplatz 217

Ehem. Dominikanerkloster, Westansicht

Regierungsplatz, ehem. Dominikanerklosterkirche

Ehem. Dominikanerkloster, Ostansicht

Regierungsplatz 541, ehem. Dominikanerklosterkirche, Südansicht

1803/04; sog. Ursulinenflügel des Regierungsgebäudes, einst Wirtschaftstrakt dieses Klosters, barock, um 1700; ehem. *Wehrturm der Stadtmauer* im Dominikanergarten, im Kern noch mittelalterlich, sonst Anfang 19. Jh., ausgebaut als Palmenhaus.

Ehem. Dominikanerklosterkirche, dreischiffige Basilika mit einschiffigem Chor und Dachreiter, im Kern frühgotisch, Umgestaltung des Inneren durch Johann Baptist Zimmermann 1747–1749. Westfassade klassizistisch verändert 1805; mit Ausstattung; Mariahilf-Kapelle, dient jetzt der griech.-orthodoxen Gemeinde als Raum für ihren Gottesdienst; mit Ausstattung; Magdalenenkapelle, im Kern gotisch, barock verändert, jetzt der russisch-orthodoxen Gemeinde überlassen; mit Ausstattung.

Die Dominikaner wurden 1271 nach Landshut gerufen und siedelten sich bei der Magdalenenkapelle an, die damals noch außerhalb der Stadtmauer lag. Schon bald nach der Niederlassung begann man mit dem Bau der Klosterkirche. Entsprechende Ablaßbriefe wurden 1288, 1292 und 1294 ausgestellt. Die Weihe der Kirche ist jedoch erst für das Jahr 1386 verbürgt. Der gotische Kirchenbau wurde seit 1747 im Stil des Rokoko umgestaltet.

Vom Klostergebäude weiß man, daß der Landshuter Maurermeister Jodok Auftrager um 1473 den Kreuzgang gebaut bzw. gewölbt hat. Seit 1699 wurden die Konventbauten im barocken Stil erneuert. 1802 fiel das Dominikanerkloster im Zuge der Säkularisation der Aufhebung anheim und die leerstehenden Bauten wurden der seit 1800 von Ingolstadt nach Landshut verlegten Landesuniversität überlassen. Während der Zeit der *Universität* legte man die den Klosterbereich an der Westseite abschließende Hofmauer nieder. Die Kirche erhielt nun eine Fassade im klassizistischen Stil. Nach der Verlegung der Universität nach München (1826) zog hier das *Appellationsgericht* ein, das dann 1839 der *Regierung von Niederbayern* Platz machte.

Die ehem. *Dominikanerklosterkirche,* die gemäß den Ordensvorschriften nur einen Dachreiter besitzt, ist eine dreischiffige Basilika mit einschiffigem Chor. Auf der Südseite des Langhauses die *Magdalenenkapelle* und die *Mariahilfkapelle,* auf der Nordseite die drei Flügel der Klo-

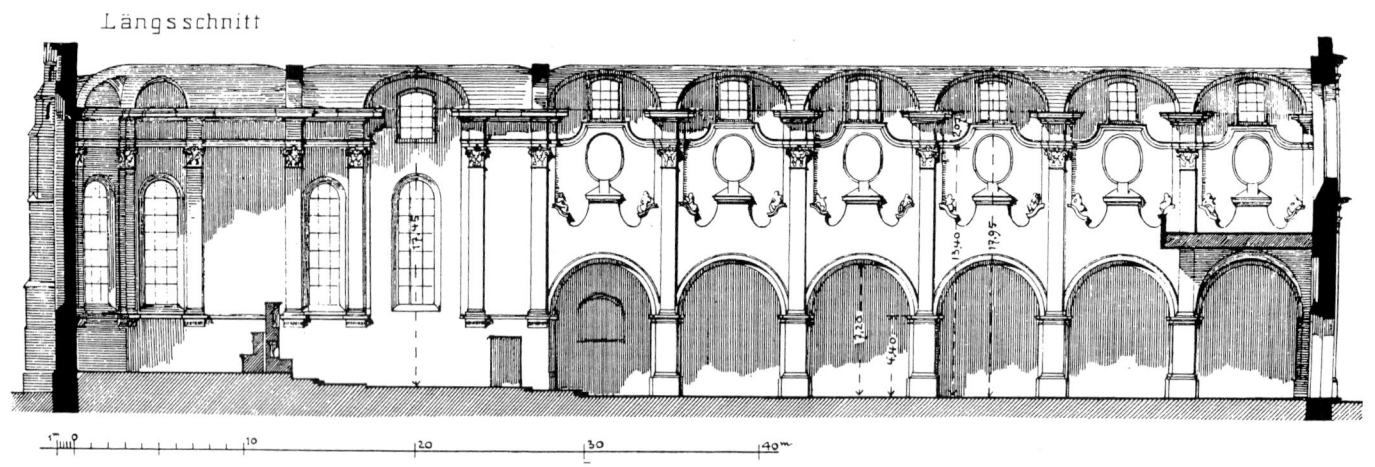

Ehem. Dominikanerklosterkirche, Längsschnitt

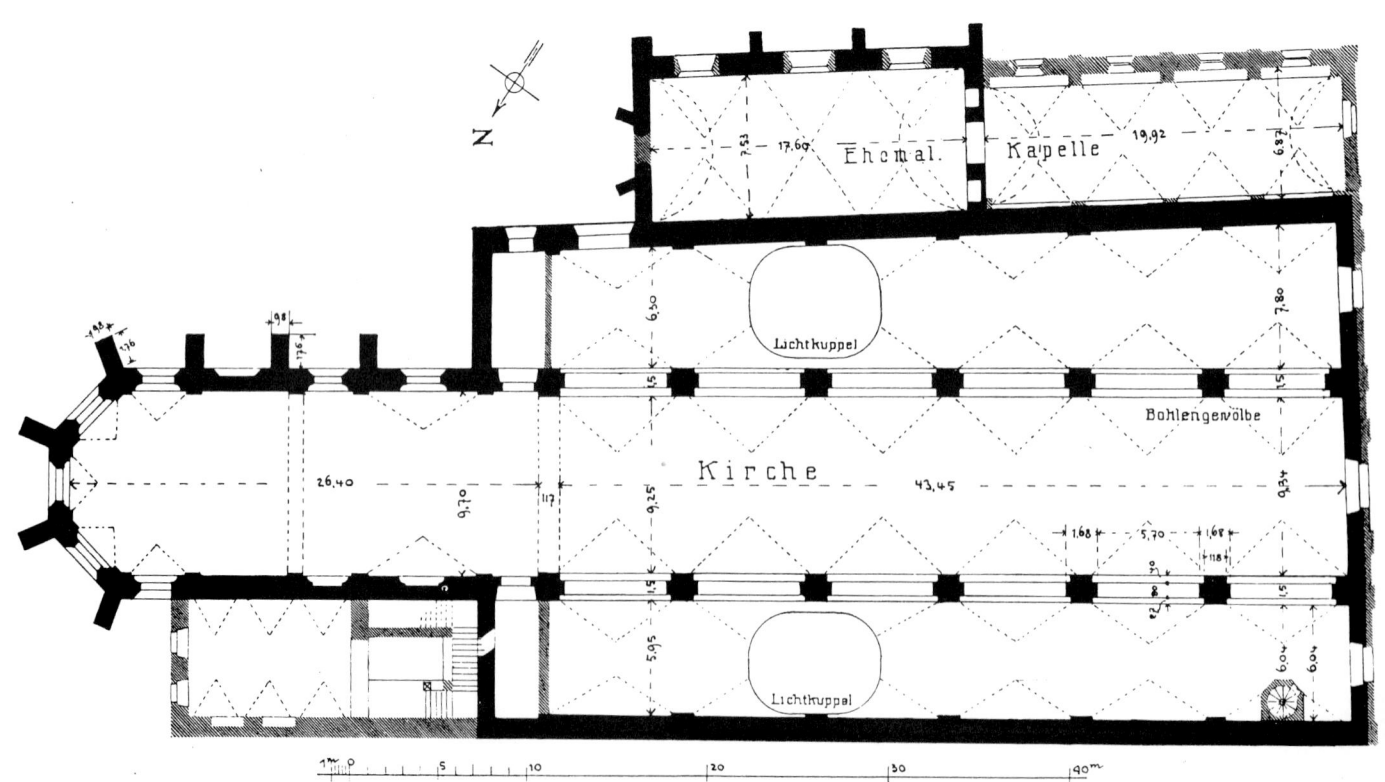

Ehem. Dominikanerklosterkirche, Grundriß

Regierungsplatz 219

Ausschnitt aus einem Ölgemälde in der ehem. Dominikanerklosterkirche

Regierungsstraße 541, ehem. Dominikanerklosterkirche

Ehem. Dominikanerklosterkirche, Deckenfresko im Langhaus, von Johann Baptist Zimmermann, 1749

Regierungsstraße 541, ehem. Dominikanerklosterkirche

stergebäude mit einem polygonalen Erker an der Nordostecke. Der Innenraum der frühgotischen Klosterkirche erhielt seine reiche Ausstattung durch Johann Baptist Zimmermann. Er fertigte die Entwürfe für die Stukkaturen und führte auch die Deckengemälde des Langhauses aus. Dem Mittelbild liegt der Text «In plenitudine sanctorum detentio mea» zugrunde (Ekkli 24). In einem Rokokogarten mit Springbrunnen sieht man Blumen pflückende Engel; in dem weiten, blauen Himmel, der sich über dem Garten wölbt, schweben Gruppen von Heiligen des Dominikanerordens. Das kleinere Deckenfresko gegen Westen stellt die Vermählung der Hl. Katharina im Beisein anderer Heiliger dar; die Szene spielt sich in einem Rokokohof ab. Das östliche Deckenfresko zeigt den Hl. Dominikus bei der Verbrennung seiner Bücher. Hier ist die Signatur «Zimmermann inv. et pinxit 1749» angebracht. Die Deckengemälde der Nebenschiffe, die Gesellen Zimmermanns zugeschrieben werden, zeigen verschiedene Heiligendarstellungen.

Die Ausstattung der ehem. Dominikanerklosterkirche stammt weitgehend aus der Zeit des Rokoko. Der Hochaltar besteht aus zwei Teilen, dem Mensaaltar und dem rückwärtigen Hochbau. Zwischen beiden Teilen liegt der frühere Psallierchor mit seinem kostbaren Chorgestühl. Das große Altarblatt, der Hl. Dominikus vor der Muttergottes, ist ein Hauptwerk Johann Baptist Zimmermanns. Die beiden Seitenfiguren stammen von der Hand des Griesbacher Bildhauers Wenzel Jorhan. Die Altarblätter der Seitenaltäre in den Nebenschiffen der Klosterkirche schufen Carl Loth, Johann Baptist Zimmermann, Carl Joseph Marabini, Matthias Daburger und Franz Xaver Wunderer. Zwei überlebensgroße Barockfiguren an der Rückwand der Klosterkirche neben dem Portal, die die Hll. Martin und Paulus darstellen, sind Arbeiten des Münchner Bildhauers Balthasar Ableitner und gehörten ursprünglich zum Hochaltar der Martinskirche.

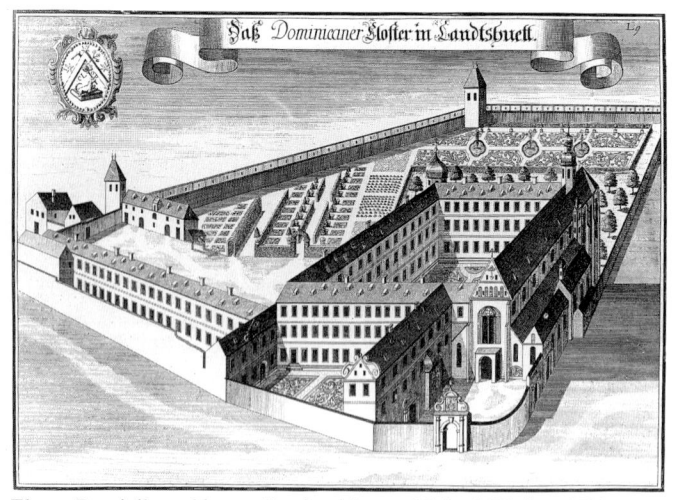

Ehem. Dominikanerklosterkirche, Pietà

Mariahilf-Kapelle

Magdalenen-Kapelle

Ehem. Dominikanerkloster, Kupferstich von Michael Wening, 1723

Mariahilf- und Magdalenen-Kapelle

Die ehemalige Dominikanerklosterkirche ist ein Bau von imposanter Innen- und Außenwirkung. Es besteht ein Zusammenhang mit der älteren Dominikanerklosterkirche in Regensburg, wenngleich sich im Detail deutliche Unterschiede erkennen lassen. Die Umgestaltung in der Zeit des Rokoko hat zu einer wesentlichen Bereicherung des Innenausbaus geführt.

Früheres Palmenhaus im Garten des ehem. Dominikanerklosters

Ehem. Dominikanerklosterkirche, St. Blasius, von Wenzel Jorhan

Ehem. Dominikanerklosterkirche, Kanzel

Ehem. Dominikanerklosterkirche, nördliches Seitenschiff

Ehem. Dominikanerklosterkirche, St. Albertus Magnus, von Wenzel Jorhan

Regierungsstraße 542. *Ehem. Evang. Kirche,* jetzt Gewerbehaus, zweigeschossige Anlage mit barockförmigem Volutengiebel und Segmentbogenaufsatz, 1848.

Eine protestantische Pfarrgemeinde bestand in Landshut erst seit 1836. An der Stelle eines Bräustadels wurde 1848 eine Evang.-Luth. Pfarrkirche erbaut. Nach dem Bau der großen Christuskirche jenseits der Luitpoldbrücke erwarb 1898 der Landshuter Gewerbeverein die Baulichkeiten und richtete hier im folgenden Jahr eine *Gewerbehalle* ein. Heute ist das Gebäude Sitz der Kreishandwerkerschaft.

Regierungsstraße 542a. *Ehem. Speicher* mit schlichtem Treppengiebel, wohl Mitte 19. Jh.

Regierungsstraße 542b. *Wohnhaus,* zweigeschossig, im Kern älterer Bau, der wohl im späten 19. Jh. umgebaut und mit Ecktürmchen versehen wurde.

Regierungsstraße 543. *Wohnhaus,* zweigeschossig, Giebel mit Zinnen, wohl Mitte 19. Jh.

Regierungsstraße 544. *Wohnhaus,* zweigeschossig, mit geschweiftem Giebel 1857/58 und 1885.

Das Haus wurde wahrscheinlich im Auftrag des Wagenfabrikanten Xaver Steiner errichtet.

Regierungsstraße 545. *Wohnhaus,* dreigeschossig, mit geschweiftem Knickgiebel, um 1900.

Regierungsstraße 562. *Wohnhaus,* dreigeschossiger Eckbau mit Walmdach, erbaut um 1830 von Johann Baptist Bernlochner.

Regierungsstraße 563. *Wohnhaus,* dreigeschossig, mit geschweiftem Giebel, 2. Hälfte 19. Jh.

Regierungsstraße 564. *Wohnhaus,* viergeschossig, um 1900.

Regierungsstraße 565. *Wohnhaus,* zweigeschossig, mit Zinnen, 2. Hälfte 16. Jh.

Die Fassade des Handwerkerhauses wurde um 1980 vorbildlich restauriert.

Regierungsstraße 566. *Wohnhaus,* dreigeschossig, 2. Hälfte 19. Jh.

Ehem. Branntweinbrennerei, ein Gewerbe, das sich auf diesem Anwesen seit 1685 nachweisen läßt.

Regierungsstraße 567. *Wohnhaus,* zweigeschossig, Giebel mit Zinnen, 1. Hälfte 17. Jh.

Regierungsstraße 568. *Gasthaus Wicklmayr,* Giebelhaus mit Scheitelzinne, 2. Hälfte 19. Jh.

Der Vorgängerbau gehörte von 1444 (erste urkundliche Erwähnung) bis 1801 der Bäckerbruderschaft. Nach der Inschrift an der Giebelzinne wurde der Bau 1873 restauriert.

Regierungsstraße 570. *Wohnhaus,* zweigeschossig, Giebel mit Zinnen. Fassade mit Rauhputzdekor, im Kern wohl 2. Hälfte 16. Jh.

Kein Handwerkerhaus im eigentlichen Sinn, sondern ein kleines Patrizierhaus, dessen Bauherr Johann Georg Fürbaß, des Inneren Rats und Bürgermeister, gewesen sein dürfte. Der für vornehme Landshuter Bürgerhäuser typische *Rauhputzdekor* dürfte von dem ortsansässigen Hofmaurermeister ausgeführt worden sein, dem auch die Planung und Ausführung des Baus zuzuschreiben ist. Die trefflich restaurierte *Fassade zählt zu den schönsten ihrer Art in Landshut.*

Regierungsstraße 542 und 542b

Regierungsstraße 542a

Regierungsstraße 543 und 544 (von rechts nach links)

Regierungsstraße 545

Regierungsstraße 562

Regierungsstraße 563

Regierungsstraße 564

Regierungsstraße 565

Regierungsstraße 566

Regierungsstraße 570

Regierungsstraße 567–572 (von rechts nach links)

Regierungsstraße 571. *Wohnhaus,* zweigeschossig, Giebel mit Zinnen, im Kern 16. Jh.

Als Eigentümer des Hauses wird 1624–1645 der Bildhauer Hans Dreismich genannt. Bei ihm wohnte von etwa 1634 bis 1644 auch sein Schwager, der Bildhauer Gregor Neu (Nay).

Regierungsstraße 572/73. *Wohnhaus,* dreigeschossiges Eckhaus mit Kastenerker und Mansarddach, Ende 19. Jh.

Das Gebäude wurde wohl um 1897/98 an der Stelle von zwei älteren Häusern errichtet.

Regierungsstraße 574. *Wohnhaus,* dreigeschossiger Eckbau mit Mansarddach, Erker mit Balkon, Anfang 20. Jh.

Brauereibesitzer Wittmann ließ das Haus mit zwei Zwerchgiebeln erbauen. Insbesondere an den Fenstern und den stehenden Dachgauben ist sparsamer Jugendstildekor erkennbar.

Bei Rennweg 118. *Kriegerdenkmal* mit Kruzifix, 2. Hälfte 19. Jh.

Richard-Schirrmann-Weg 6. *Ottonianum, jetzt Jugendherberge,* zweigeschossiger Walmdachbau, errichtet 1839 von Johann Baptist Bernlochner; mit Einfriedung (vgl. auch Alte Bergstraße 149).

Baumeister Bernlochner erbaute hier an der Stelle der alten *herzoglichen Gießhütte* für den Braumeister Josef Bals den «*Balskeller*», eine Gartenwirtschaft (Sommerkeller), die sich nicht zuletzt wegen ihres schönen Ausblicks auf die Stadt, die Burg Trausnitz und die Isarauen großer Beliebtheit erfreute. 1882 wurde dann der Bau der Biedermeierzeit zu einem Internat für auswärtige Realschüler umgebaut. Sein Name «*Ottonianum*» soll an Ottheinrich von der Pfalz, den Enkel Herzog Georgs des Reichen, erinnern.

Ehem. Balskeller, Stahlstich von 1854

Rosengasse

Eine «Rosenstrazze» findet erstmals 1369 urkundlich Erwähnung. Die Gasse verbindet die Altstadt mit der Neustadt.

Rosengasse 342. *Wohnhaus,* zweigeschossig, Giebel mit eckig abschließender Scheitelzinne, Mitte 19. Jh.

Rosengasse 343. *Wohnhaus,* dreigeschossig, vierachsig, geschweifter Giebel mit Dreiecksaufsatz, an der Fassade Schablonenverzierungen, 1872.

Rosengasse 344–345. *Doppelhaus,* dreigeschossig, mit je einem geschweiften Giebel in barocken Formen, 1878.

Rosengasse 346. *Wohnhaus,* dreigeschossig, vierachsig, giebelständig, 1876/88.

Rosengasse 347. *Wohnhaus,* dreigeschossig, sechsachsig, Giebel mit Scheitelzinne, Fensterumrahmungen mit neugotischen Maßwerkverzierungen, 2. Hälfte 19. Jh.

Ehemaliges Zinngießerhaus. Das Gewerbe wurde hier 1799–1899 ausgeübt. Bauherr des stattlichen Neubaus dürfte der Zinngießermeister Karl Sämmerer gewesen sein.

Rosengasse 348. *Wohnhaus,* dreigeschossig, vierachsig, traufständig, mit Mezzaningeschoß, 19. Jh.

Regierungsstraße 571

Regierungsstraße 572/573

Regierungsstraße 574

Rennweg 118, Kriegerdenkmal

Richard-Schirrmannweg 6, Ottonianum

Rosengasse 343

Rosengasse 342

Rosengasse, Blick gegen Westen

Rosengasse 344/345

Rosengasse 346

Rosengasse 347

Rosengasse 348

Rosengasse 351. *Wohnhaus,* dreigeschossig, vierachsig, neugotischer Ziergiebel, 2. Hälfte 19. Jh.

Rosengasse 352. *Wohnhaus,* dreigeschossig, vierachsig, mit Giebel in Barockformen, 1878.

Rosengasse 354. *Wohnhaus,* dreigeschossig, fünfachsig, mit Walmdach, 1. Hälfte 19. Jh.
Schon seit dem letzten Viertel des 15. Jhs. ist hier ein Gasthaus nachweisbar. Den jetzigen Bau könnte der Weingastgeb «*Zum Schwarzen Hahn»,* Joseph Pfister(er), oder sein Besitznachfolger, der Poststallmeister Alexander von Brentano-Mezzegra, in Auftrag gegeben haben.

Schirmgasse

Der alte Straßenname «Schergengasse» ist in dieser Form seit 1369 festzustellen. Erst im 18. Jh. bürgerte sich die Bezeichnung Schirmgasse ein. Die Schergenstube befand sich 1397 wohl in dem Haus Schirmgasse 264. Das sog. «Schergenbad» ist hingegen im Haus Neustadt 468 zu lokalisieren.

Schirmgasse 264. *Ehem. Palais Pettenkofer, dann Hofbräuhaus,* dreigeschossiger Bau zu sechs Achsen, reicher Fassadenschmuck, im Kern 1. Hälfte 17. Jh., sonst um 1770.
Das *Palais* befand sich seit dem Beginn des 17. Jhs. bis um 1870 in Adelsbesitz. Bauherr dürfte Eberhard Adolf von Muggenthal gewesen sein, der 1626–1655 als Eigentümer genannt wird. Die noble Rokokostuckfassade hat Johann Wilhelm von Pettenkofer, Herr zu Bruckberg, der mit einer Kammerloher zu Irnsing vermählt war, anbringen lassen (Allianzwappen über dem Portal). Nach 1870 wurde das Palais in das Gasthaus zum Hofbräuhaus umgewandelt.

Schirmgasse 268. *Ehem. Handelshaus,* im Kern 15. Jh., dreigeschossiger Giebelbau zu vier Achsen; Relief mit Markuslöwe, bemalte Terrakotta, 15. Jh.; das Fletz und ein Raum im Erdgeschoß mit spätgotischen Kreuzrippengewölben; teilweiser Umbau des Hauses 1874.

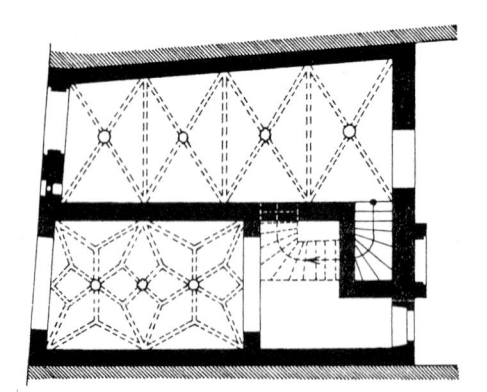

Schirmgasse 268, Grundriß des Erdgeschosses

Das frühere *Patrizierhaus der Kreidenweiß* besitzt in dem die ganze Haustiefe einnehmenden erdgeschossigen Fletz ein Kreuzrippengewölbe zu vier Jochen; die einzelnen Rippen auf polygonalen Spitzkonsolen. Von den Schlußsteinen sind zwei in Form von Vierpässen, die anderen beiden als Tellersteine ausgebildet. An den Hausflur schließt sich ein Raum mit einem gedrückten Sterngewölbe zu drei Jochen an. Im 1. Obergeschoß Raum mit spätgotischer Holzdecke.

Rosengasse 354   Rosengasse 352 und 351

Schirmgasse 264, ehem. Palais Pettenkofer

Schirmgasse 264, barockes Portal

Schirmgasse 268, «Markuslöwe» aus Terrakotta

Schirmgasse 268

Schirmgasse 268, Fletz

Schirmgasse 268, spätgotisches Portal

Schirmgasse 268, Fletz im Erdgeschoß mit spätgotischem Kreuzrippengewölbe

Schirmgasse 270. *Wohnhaus,* stattlicher viergeschossiger Giebelbau zu sechs Achsen, Giebel mit Scheitelzinne, 1883.

Schirmgasse 271. *Wohnhaus* in Traufstellung, dreigeschossig, Fenster z.T. mit verzierten Putzrahmungen, 1. Hälfte 19. Jh.

Schirmgasse 272. *Wohnhaus,* dreigeschossig, traufständig, 1. Hälfte 19. Jh.

Schirmgasse 275. *Wohnhaus,* viergeschossig, 19. Jh.

Schirmgasse 276. *Wohnhaus,* dreigeschossig, traufständig, Mitte 19. Jh.

Schirmgasse 277. *Wohnhaus,* zweigeschossig, Giebel mit Eckzinnen und Scheitelzinne, um 1900.

Schirmgasse 278. *Wohnhaus,* dreigeschossig, traufständig, Mitte 19. Jh.

Das Bäckergewerbe auf dem «*Schirmbäck-Haus*» läßt sich von 1493 bis zum heutigen Tag nachweisen.

Schirmgasse 280. *Wohnhaus* in Giebelstellung, zweigeschossig, 1878.

Das Haus wurde für Schlossermeister Anton Gehrer errichtet.

Schloßgasse 166. *Wohnhaus,* dreigeschossig mit Satteldach, traufständig, wohl Anfang 19. Jh.

Das einfache *Taglöhnerhaus* ist von großer Schlichtheit.

Schönbrunner Straße 15. *Villa,* mit Mansarddach und geschmiedetem Balkongitter, 1895.

Schützenstraße 2. *Wohnhaus,* viergeschossiger Klinkerbau, 2. Hälfte 19. Jh.

Schwestergasse 8. *Wohnhaus* in Traufstellung, zweigeschossig, bis 1718 zum Kloster Seligenthal gehörig, im Kern romanisch, um 1230; der Überlieferung nach die erste Behausung der Laienschwestern von Kloster Seligenthal.

Das «*Mooserhaus*» ist *das älteste Wohnhaus Landshuts.* Als um 1940 der Putz an der Fassade abgeklopft wurde, konnte man deutlich ein «deutsches Band» unter der Traufe sowie die vermauerten rundbogigen Fenster erkennen. Stadtarchivar Theo Herzog stellte fest, daß es sich wohl um jenes Haus handeln müsse, das der Überlieferung nach den Laienschwestern des Zisterzienserinnenklosters Seligenthal als erste Behausung nach der Gründung des Klosters und vor dem Bau der Ordensniederlassung gedient hatte. Das Haus müßte demnach um 1232 erbaut worden sein.

Schirmgasse, Straßenschild

Schirmgasse 270

Schirmgasse 271

Schirmgasse 272

Schirmgasse 275

Schirmgasse 276

Schirmgasse 277

Schirmgasse 278

Schirmgasse 280

Schloßgasse 166

Schönbrunner Straße 15

Schützenstraße 2

Schwestergasse 8, nach Entfernung des Verputzes im Jahr 1937

Schwestergasse 8, Zustand um 1985

Schwestergasse 26 b. Sogenannte *Römervilla,* herrschaftlicher Bau, zweigeschossig, mit Mansarddach, 2. Hälfte 19. Jh.; *Parkanlage* mit Einfriedungsgittern aus der Erbauungszeit.

Schwimmschulstraße 1. *Wohnhaus,* dreigeschossig, Anfang 20. Jh.

Schwimmschulstraße 3. *Wohnhaus,* dreigeschossig, Anfang 20. Jh.

Schwimmschulstraße 5. *Wohnhaus,* dreigeschossig, Anfang 20. Jh.

Seligenthaler Straße 2. *St.-Nikola-Apotheke,* zweigeschossige Villa mit zwei Erkern, erbaut 1894.

Bauherr war anscheinend der aus Augsburg zugezogene Max Pfister, der den heutigen Bau 1894 an der Stelle einer vor 1805 zum Kloster Seligenthal gehörigen Hofstatt aufführen ließ.

Seligenthaler Straße 9. *Wohnhaus,* zwei- bzw. dreigeschossig, erbaut 1904.

Seligenthaler Straße 13. *Wohnhaus* mit Mittelrisalit und Zwerchhaus, dreigeschossig, um 1900.

Seligenthaler Straße 14. *Ehem. Schwaige,* zweigeschossiger Bau mit Krüppelwalmdach, 18. Jh.

Seligenthaler Straße 15. *Wohnhaus,* dreigeschossig, mit Mansarddach, Anfang 20. Jh.

Seligenthaler Straße 19. *Wohnhaus,* dreigeschossig, mit reichem Ornamentfries in Renaissanceformen, um 1900.

Seligenthaler Straße 21. *Wohnhaus,* dreigeschossig, mit zwei geschmiedeten Balkongittern, um 1900.

Seligenthaler Straße 23. *Wohnhaus,* dreigeschossig, um 1900.

Schwestergasse 26 b, sog. Römervilla

Schwimmschulstraße 1

Schwimmschulstraße 3

Schwimmschulstraße 5

Seligenthaler Straße 9

Seligenthaler Straße 2, St.-Nikola-Apotheke

Seligenthaler Straße 2, Hausheiliger

Seligenthaler Straße 15

Seligenthaler Straße 13

Seligenthaler Straße 14

Seligenthaler Straße 19

Seligenthaler Straße 21 und 23

Seligenthaler Straße 19, Ornamentfries unter der Traufe

Seligenthaler Straße 29. *Mietshaus,* dreigeschossig, Anfang 20. Jh.

Seligenthaler Straße 29a. *Mietshaus,* dreigeschossig, mit rundbogig abschließendem Ziergiebel, erbaut 1906.

Seligenthaler Straße 36/38. *Doppelwohnhaus,* zweigeschossig, mit neubarocken Ziergiebeln und polygonalen Eckerkern, um 1900.

Seligenthaler Straße 40. *Papierwerk Landshut,* Hauptgebäude, um 1925.

Die Landshuter Papierfabrik wurde um 1890 gegründet. Das langgestreckte *Fabrikationsgebäude* ist vom Stil des Bauhauses geprägt.

Seligenthaler Straße 56. *Wohnhaus,* viergeschossig, mit zwei Flacherkern, um 1910.

Seligenthaler Straße 58. *Mietshaus,* viergeschossig, mit Erker auf Balustersäule fußend, Anfang 20. Jh.

Sigmund-Schwarz-Straße 4a. *Aufseher- bzw. Sattelmeisterhaus* (früher Gastwirtschaft) des ehem. Landgestüts Landshut (vgl. Gestütstraße 5), zweigeschossiger Putzbau mit Zwerchhäuschen, wohl Mitte 19. Jh.

Spiegelgasse

In dem 1331 angelegten Salbuch von St. Martin heißt es: «Da selb bei der gazzen von einem haus, waz Heinrich dez Spiegelar.» Es wäre denkbar, daß die Gasse damals nach diesem Heinrich (Spiegelmacher?) ihren Namen erhielt. Nach den Landshuter Steuerbüchern kommt der Straßenzug 1493 auch unter der Bezeichnung «Schulgasse» und 1556 als «Gasse oberhalb St. Martin» vor. Der Charakter der Gasse wurde früher durch die verschiedenen zum Kollegiatstift St. Martin und Kastulus gehörigen Häuser bestimmt.

Spiegelgasse 199. *Wohnhaus,* zweigeschossig, geschweifter Giebel mit Dreiecksaufsatz, letztes Viertel 18. Jh.; stuckiertes Madonnenrelief.

Als Bauherr könnte Chorregent Matthias Wagner in Frage kommen, der 1776 den Vorgängerbau, eine Weißbierwirtschaft, «als einen Steinhaufen» um 170 fl ankaufte und wohl schon bald darauf den Neubau errichten ließ.

Spiegelgasse 200. *Wohnhaus* in Giebelstellung, zweigeschossig, 19. Jh.

Spiegelgasse 207. *Eckhaus,* zweigeschossig, zu sieben Achsen, Walmdach und Aufzugserker, im Kern vielleicht noch spätmittelalterlich, Umbau wohl zu Anfang des 19. Jhs.

Im 15. und 16. Jh. befand sich hier ein Haus, das zum Besitz der Adelsfamilien der Staudacher, Seyboltsdorfer und Zenger sowie der Freiherren von Gumppenberg gehörte. 1596–1804 wird es *«Kapitelhaus»* genannt. Anschließend war hier das *kgl. Land- und Amtsgerichtsgefängnis,* die *«Fronveste»,* untergebracht. 1914 ging der Besitz an die Stadtgemeinde Landshut über.

Seligenthaler Straße 29

Seligenthaler Straße 56

Seligenthaler Straße 29a

Seligenthaler Straße 40

Seligenthaler Straße 36/38  Seligenthaler Straße 58  Spiegelgasse 199

Seligenthaler Straße, Blick gegen Nordwesten

Spiegelgasse 207, ehem. Fronveste  Sigmund-Schwarz-Straße 4a

Spiegelgasse 208. *Giebelhaus,* zweigeschossig, 17./19. Jh.; bis 1415, Wohnhaus des Baumeisters Hanns Purghauser, genannt Meister Hanns von Burghausen.

1406 verlieh Herzog Heinrich der Reiche Hanns Purghauser, dem Werkmeister am Kirchenbau von St. Martin, ein Haus an dieser Stelle. Dieser veräußerte seinen Besitz bereits 1415 wieder an die Schneiderbruderschaft, die es bis 1596 als *Meßstiftungshaus* nutzte. 1596–1805 befand sich das Haus dann im Besitz des Kollegiatstifts St. Martin und Kastulus. Eine *Gedenktafel* an der Nordseite des Hauses erinnert an den großen Kirchenbaumeister, der hier noch fälschlich als «Hans Stethaimer» bezeichnet wird.

Spiegelgasse 214. *Mesnerhaus zu St. Martin,* dreigeschossig, Satteldach, im Kern um 1500, sonst 19. Jh., spätgotischer Hauseingang mit Spitzbogen und Oberlicht, geschnitzte Holzdecke mit Kerbschnittmustern und zwei Wappen im Fletz des ersten Obergeschosses.

Spiegelgasse 215. *Wohnhaus,* zweigeschossig, 19. Jh.

Steckengasse

In der Landshuter Ratschronik wird bereits unter dem Jahr 1358 eine «Stekchenstraße» erwähnt. Sie verbindet die Altstadt mit der Neustadt.

Steckengasse 290a. *Wohnhaus,* dreigeschossig, Giebel mit Scheitelzinne, Mitte 19. Jh.

Steckengasse 304. *Wohnhaus,* dreigeschossig, traufständig, von 1856/57.

Steckengasse 305. *Wohnhaus,* zweigeschossig, Giebel mit kleinen Zinnen, im Kern wohl noch 17. Jh.

Steckengasse 307. *Wohnhaus,* dreigeschossig, giebelständig, 1883; im Hausflur Ölgemälde des 18. Jhs.

Steckengasse 308. *Ehem. «Herzogskasten»,* auch «Salzstadel» genannt, dreigeschossiger Ziegelbau mit Schopfwalm, zu beiden Seiten des Torbogens aufgemalte Wappenschilde, 15. Jh. Der «*Herzogskasten*» wird erstmals im Steuerbuch von 1549 erwähnt. Er diente zur Lagerung von Getreide und seit der 2. Hälfte des 19. Jhs. auch als Hopfenhalle. Heute gehört der Kasten zum städtischen Bauhof. Im Inneren haben sich die alten hölzernen Getreideböden, die in vier Geschossen übereinander angeordnet sind, noch weitgehend original erhalten. Durchgreifende Renovierung des Baus um 1986/87.

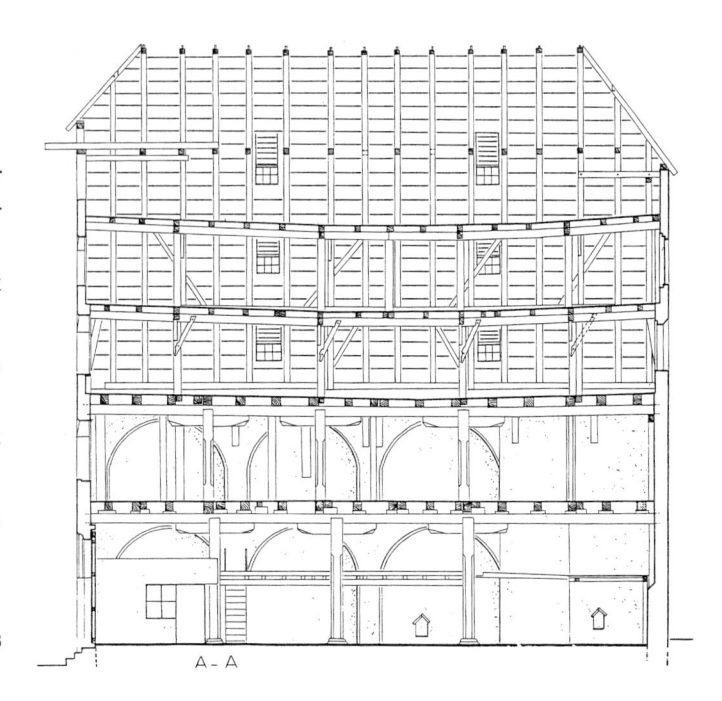

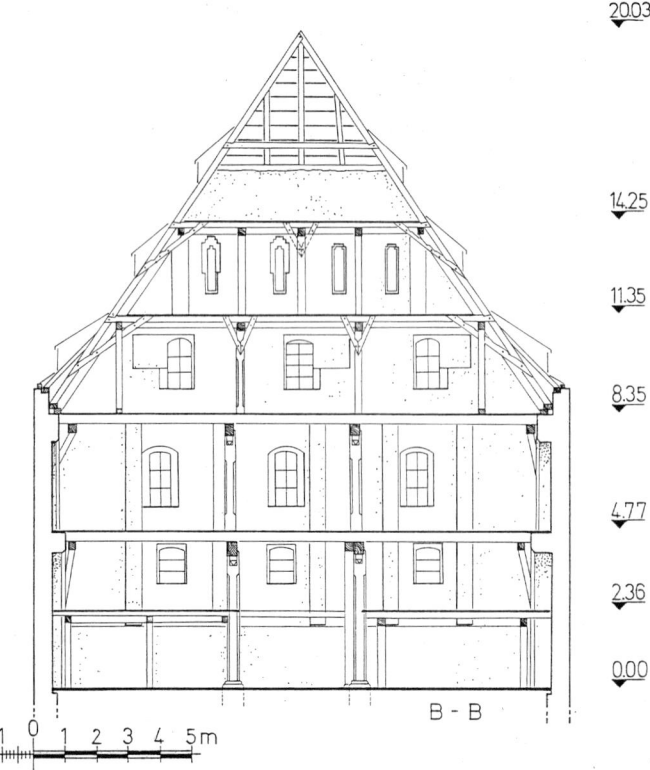

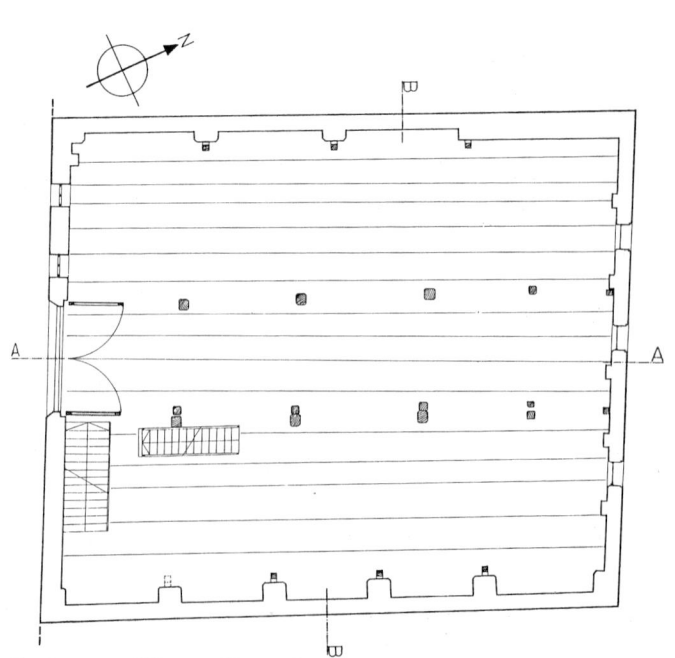

Steckengasse 308, sog. Herzogskasten, Grundriß

Steckengasse 308, sog. Herzogskasten, Quer- und Längsschnitt

Spiegelgasse 208    Steckengasse 304    Spiegelgasse 214    Spiegelgasse 214

Spiegelgasse 215    Steckengasse 305    Steckengasse 307

Steckengasse 308, sog. Herzogskasten    Steckengasse, Blick gegen Osten

Steckengasse 309. *Wohnhaus,* zweigeschossiger Bau zu drei Achsen, mit Satteldach und Treppengiebel, 3. Viertel 17. Jh., Keller tonnengewölbt mit Stichkappen, Fletz im Erdgeschoß mit Holzbalkendecke.

Nach einem Eintrag im Steuerbuch von 1673 ist das Haus in diesem Jahr neu erbaut worden. Bauherr war wohl der Wagmeister und Visierer Johann Heinrich Schönner, der den Bauplatz von der Stadtgemeinde erworben hatte.

Steckengasse 311. *Ehem. städt. Zeughaus,* zuvor städt. Weinstadel, erbaut angeblich 1493, an der Fassade bez. 1913.

Stethaimer Straße 29. Ehem. Verwaltungsbau des städt. Schlachthofes, villenartiger Bau mit Jugendstilelementen, Anfang 20. Jh.; Turm im Schlachthofgelände, mehrgeschossiger Baukörper mit hohem Walmdach, Anfang 20. Jh.

Steckengasse 309   Steckengasse 311

Theaterstraße

Die verkehrsreiche Theaterstraße verbindet die Altstadt mit dem Ländtorplatz und der Isarpromenade. 1493 hieß sie «Ländgaßl», 1556 «Gasse bei der Weineckerin», 1730 «Geisenhausergasse» und zuletzt noch um 1800 «Schönfüßlgasse». Seit dem Bau des Stadttheaters im Jahr 1841 bürgerte sich die Bezeichnung «Theaterstraße» ein.

Theaterstraße 59/60. *Wohnhaus,* dreigeschossig, sechs Obergeschoßachsen, zweistöckiger Mittelerker, mit Mansarddach und rundbogig abschließendem Zwerchgiebel, 1894.

Theaterstraße 61. *Wohnhaus,* viergeschossig, zu fünf Obergeschoßachsen, mit Flacherker und reich stuckierter Fassade. Ende 19. Jh.

Theaterstraße 62. *Wohnhaus,* viergeschossig, mit zweigeschossigem Flacherker und Walmdach, reich stuckierte Fassade, Ende 19. Jh.

Theaterstraße 66. *Wohnhaus,* dreigeschossig, mit neubarockem Ziergiebel, Anfang 20. Jh.

Theaterstraße 67. *Wohnhaus,* viergeschossig, mit reichem Stuckdekor, frühes 19. Jh.

Das Haus mit seinem klassizistischen Dekor dürfte der Handelsmann Leopold Herrmann bald nach 1808 errichtet haben. Er erwarb den Vorgängerbau von Baron Vieregg auf Gerzen.

Ursulinengäßchen

Die schmale Gasse verbindet den Regierungsplatz mit dem Bischof-Sailer-Platz. Westwärts grenzt die Rückfront des Ursulinenklosters und ostwärts das frühere Dominikanerkloster an.

Stethaimer Straße 29, Turm im Schlachthof

Stethaimer Straße 29

Theaterstraße, Blick durch das Ländtor

Theaterstraße 61, Fassadendetail

Theaterstraße 59/60

Theaterstraße 61

Theaterstraße 62

Theaterstraße 66

Ursulinengäßchen, Blick gegen Norden

Wagnergasse 2. *Wohnhaus,* erdgeschossig, Renaissancegiebel mit Giebelzinnen, 16./17. Jh., im Innern wohl im 19. Jh. verändert.

In dem «*Bäckerhaus*» in der Wagnergasse läßt sich das Bäckergewerbe schon seit 1549 nachweisen.

Wagnergasse 4. *Wohnhaus,* zweigeschossig, mit Giebelzinnen in Renaissanceformen, wohl um 1900.

Das «*Kaiser-Metzgerhaus*» führt seinen Hausnamen auf den Metzgermeister Bartholomäus Kaiser zurück, der dieses Anwesen seit 1804 besaß und 1835 an seinen Sohn Benno weitervererbte.

Wagnergasse 6. *Wohnhaus,* zweigeschossig, giebelständig, im Kern noch 17./18. Jh.

Die Bezeichnung «*Huber-Färberhaus*» leitet sich von den Gebrüdern Jakob und Josef Huber ab, die als Färber das Haus 1811–1851 besaßen.

Wagnergasse 9. *Gasthaus zum Kochwirt,* Haupttrakt dreigeschossig, Anbau zweigeschossig, um 1900.

Das «*Michelwirts-Bräuhaus*» wurde 1834 umgebaut, wobei auf der Südseite ein Pferdestall angegliedert wurde. Eine Brauerei mit Gastwirtschaft läßt sich an dieser Stelle bereits 1549 nachweisen. Der heutige Name «*zum Kochwirt*» hat die älteren Bezeichnungen «*Michlwirt*» und «*Karlwirt*» (seit etwa 1851) verdrängt.

Wagnergasse 13. *Wohnhaus,* dreigeschossig, Giebel neubarock, um 1900.

Das Haus wurde an der Stelle des früheren «*Stärkmachergütls*» errichtet.

Wittstraße. *Rundpavillon,* Anfang 20. Jh.

Der *Pavillon* steht inmitten einer kleinen Parkanlage am rechten Ufer der Isar, dem «*Kindergarten*». Dieser Musikpavillon wurde zur Eröffnung der ersten niederbayerischen Gewerbeschau von 1903 errichtet.

Zweibrückenstraße

Sie ist die von den beiden Isarbrücken begrenzte Hauptstraße des Stadtteils Zwischen den Brücken und verband einstmals die Landshuter Altstadt mit der Klosterhofmark Seligenthal.

Zweibrückenstraße 674. *Wohnhaus* in Traufstellung, dreigeschossig, Anfang 19. Jh.

Zweibrückenstraße 675. *Wohnhaus,* dreigeschossig, 1. Viertel 19. Jh.

Die Häuser Zweibrückenstraße 674 und 675 ließ wahrscheinlich der Handelsmann Lorenz Himmelstoß, früher Handlungsführer der Hagenauerischen Handlung in Salzburg, bald nach 1812 erbauen. An Zweibrückenstraße 675 ist eine *Gedenktafel* zu Ehren des hier am 21. April 1809 gefallenen bayerischen Generalmajors Friedrich von Zandt angebracht.

Zweibrückenstraße 677. *Wohnhaus,* zweigeschossig, Giebel mit Scheitelzinne, 1894.

Zweibrückenstraße 680. *Wohnhaus,* dreigeschossig, mit abgetrepptem Schweifgiebel, 1885.

Zweibrückenstraße 681. *Wohnhaus,* dreigeschossig, mit neubarockem Schweifgiebel, Anfang 20. Jh., Kernbau wohl älter.

Altes *Fragnerhaus,* ein Gewerbe, das sich hier bis 1493 zurückverfolgen läßt.

Zweibrückenstraße 682. *Wohnhaus,* zweigeschossig, Giebel mit Eckzinnen und Scheitelzinne, wohl 19. Jh.

Zweibrückenstraße 683. *Wohnhaus* in Giebelstellung, zweigeschossig, im Kern vielleicht noch 17./18. Jh.

Zweibrückenstraße 684. *Wohnhaus,* dreigeschossig, sieben Achsen, mit Walmdach und Zwerchhaus, wohl Anfang 19. Jh.

Zweibrückenstraße, Ausschnitt aus dem Katasterblatt von 1847

Zweibrückenstraße   239

Wagnergasse 2    Wagnergasse 4    Wagnergasse 6    Wagnergasse 9

Wagnergasse 13    Wittstraße, Rundpavillon von 1903

Zweibrückenstraße 674    Zweibrückenstraße 675    Zweibrückenstraße 677    Zweibrückenstraße 680 und 681

Zweibrückenstraße 682 und 683    Zweibrückenstraße 684

Zweibrückenstraße 685. *Eckhaus,* zweigeschossig, mit neubarocken Schmuckelementen, heutiges Erscheinungsbild durch den Umbau von 1895 bestimmt, im Kern sonst noch Bausubstanz des ehemaligen Armenpflegehauses St. Sebastian von etwa 1618.

Zweibrückenstraße 717. *Ehem. Reichardtbräu,* dreigeschossiges Eckhaus zu sieben Achsen, im Erdgeschoß kreuzgratgewölbtes Fletz, wohl Anfang 19. Jh., durchgreifender Umbau 1983/84.

Schon seit dem 15. Jh. bestand an dieser Stelle ein Gasthaus, das nach dem Steuerbuch von 1549 den Namen «*Hasen-Weinschenke*» führte. Die heutige Bezeichnung leitet sich von dem Bierbrauer Sebastian Reichardt her, der 1672–1689 Eigentümer des Gasthofs war.

Zweibrückenstraße 718/719. *Wohnhaus* in Traufstellung, dreigeschossig, wohl um 1830.

Zweibrückenstraße 720. *Wohnhaus* in Traufstellung, Umbau oder Fassadenänderung 1886, im Kern jedoch wesentlich älter.

Der ehem. Gasthof läßt sich an dieser Stelle bereits in der Mitte des 16. Jhs. urkundlich belegen.

Zweibrückenstraße 721. *Wohnhaus,* dreigeschossig, mit abgewalmtem Satteldach und Blendgiebel, 1897.

Auch der frühere *Anglerbräu* ist ein Haus mit Schenkrecht, das hier schon ab 1570 nachweisbar ist.

Zweibrückenstraße 725. *Wohnhaus,* zweigeschossig, Giebel mit Zinnen, wohl um 1900. Zugehörig Rückgebäude, Mitte 19. Jh., im Erdgeschoß großer Raum mit Mittelstütze und vierteiligem böhmischen Kappengewölbe.

Der gewölbte Raum diente früher wohl zum Seifensieden. Dieser Handwerkszweig läßt sich auf diesem Haus bis 1750 zurückverfolgen.

Zwerggasse 291. *Stadel,* gemauert, wohl 1. Hälfte 19. Jh.

Zweibrückenstraße 685

Zweibrückenstraße 685, Gedenktafel

Zweibrückenstraße 717, ehem. Reichardtbräu

Zweibrückenstraße 718–720 (von rechts nach links)

Zweibrückenstraße 721

Zweibrückenstraße 725

Zweibrückenstraße 679–683

Zwerggasse 291

Zweibrückenstraße, Blick gegen Nordwesten

Ortsteile von Landshut

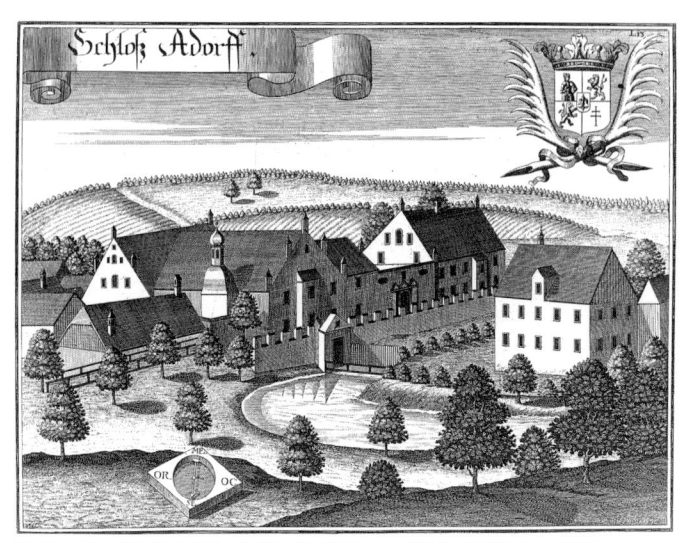

Hofmarksschloß Achdorf, Kupferstich von Michael Wening, 1723

Achdorf

Die Hofmark Achdorf vor den Toren der Stadt Landshut gehörte früher zum Pfleggericht Erding. Hier stand einstmals der Stammsitz des Adelsgeschlechts der Achdorfer. Nachdem diese Familie ausgestorben war, fiel der Besitz an den Lehensherrn zurück. 1583 wurden dann Schloß und Hofmark an Stephan Schleich zu Haarbach, der zuvor Rentmeister des Rentamtes Landshut gewesen war, verliehen. Die späteren Inhaber dieses Niedergerichtsbezirks sind die Planck von Planckenberg und ab 1723 Johann Wolfgang Freiherr von Diernitz zu Henhardt, kurfürstlicher Regimentsrat zu Straubing, gewesen.

Äußere Münchner Straße 59. *Ruffinischlößchen,* freistehender zweigeschossiger Bau mit Ziergiebel, wohl 2. Hälfte 17. Jh., Saal mit Stukkaturen, Wand- und Deckengemälden des frühen Rokoko.

Der schöne Rokokosaal im ersten Obergeschoß des Schlößchens wurde leider im Zweiten Weltkrieg zerstört.

Äußere Münchner Straße 76. Am Obergeschoß der Westseite des Wohnhauses Statuette des Hl. Johann Nepomuk, volkstümliche Arbeit, 19. Jh.; vom früheren Brückenpfeiler vor dem Haus stammend.

Anstaltsgäßchen 7. Ehem. *Volksschule,* dreigeschossiger Bau mit Walmdach, Mitte 19. Jh.

Bachstraße 12. Im Giebelfeld des Wittmann Bräustüberls, Nische mit *Figur des Hl. Sebastian,* wohl 2. Hälfte 19. Jh.

Bachstraße 46. Ehem. *Bauernhaus,* erdgeschossig, um 1800.

Bachstraße 59. *Wohnhaus,* zweigeschossig, mit Satteldach, Anfang 19. Jh.

Das straßenseitige Greddach ist typisch für die ländliche Bauweise im Landshuter Raum und verkörpert den Typ des «Hallertauer Bauernhauses».

Bachstraße 61. *Wohnhaus,* zweigeschossig, mit Satteldach, um 1800.

Hagengasse 1. *Kath. Pfarrkirche St. Margareta,* neubarock, 1910–12, erbaut nach Plänen des Regensburger Architekten Heinrich Hauberrisser; mit Ausstattung.

Hofmarksschloß Achdorf, Ausschnitt aus dem Hochaltargemälde der Alten Pfarrkirche

Äußere Münchner Straße 59, sog. Ruffinischlößchen

Äußere Münchner Straße 76, Hausfigur des Hl. Nepomuk

Anstaltsgäßchen 7

Bachstraße 12, Hausfigur des Hl. Sebastian

Bachstraße 46

Bachstraße 59 und 61

Hagengasse 1, Kath. Pfarrkirche St. Margareta, Orgelempore

Hagengasse 1, Kath. Pfarrkirche St. Margareta

Hagengasse 1, Kath. Pfarrkirche St. Margareta

246   Achdorf, Hagengasse

Hagengasse. *Alte Pfarrkirche St. Margareta,* spätgotischer Bau um 1440, in der Barockzeit teilweise verändert; Friedhofskapelle, um 1500; mit Ausstattung; Friedhofsmauer und schmiedeeiserne Grabkreuze.

Bei der Restaurierung der Kirche 1971 wurden die drei spätgotischen Hochaltarfiguren Maria, Barbara und Katharina in einem neuen Schrein zusammengefaßt. Die zwei barocken Seitenaltäre stammen aus der Expositurkirche Gundihausen. Bemerkenswert ist vor allem eine Alabasterfigur der Hl. Margaret aus der Zeit um 1440. Einige alte Grabsteine zieren die Außenwände des Gotteshauses. Auch schmiedeeiserne Grabkreuze weisen darauf hin, daß sich hier früher der Friedhof des Pfarrdorfes Achdorf befand.

Ruffinistraße 9. *Ehem. Hofmarksschloß Achdorf,* zweigeschossige zweiflügelige Anlage von 19 zu 17 Achsen, mit Walmdach, 1. Hälfte 18. Jh.; einen dritten Flügel bilden die Nebengebäude.

Das Altarblatt des barocken Hochaltars der *alten Pfarrkirche St. Margaret* zeigt die Hofmark Achdorf in der Mitte des 18. Jhs. mit der Kirche, dem Hofmarksschloß und dem Edelsitz (Ruffinischlößchen). Der Wassergraben, der einstmals die mittelalterliche *Burg Achdorf,* den Stammsitz des Adelsgeschlechts der Achdorfer umgab, ist längst eingeebnet.

Berg ob Landshut

Die Hofmark Berg gehörte früher zum Pfleggericht Erding und grenzte an das Areal der herzoglichen Burg Trausnitz sowie an den Burgfrieden der Stadt Landshut. Der Weinbau spielte hier ehemals eine wichtige Rolle, wenngleich der gekelterte Wein wegen seines hohen Säuregehalts nur als mittelmäßig galt.

Burg Trausnitz, *Burganlage,* bestehend aus Georgskapelle, 1. Drittel 13. Jh., Fürstenbau, Dürnitzbau, Söller, Damenstock und Torbau, alle Bauteile im Kern mittelalterlich, sonst vielfach dem 16. Jh. angehörend; mit Ausstattung; Pfaffenstöckl und Schloßpflegerhaus, 1555. Brunnenhaus, wohl 15. Jh.; Brunnen mit eisernem Schöpfwerk, bez. 1525; Wittelsbacherturm, 1. Hälfte 13. Jh.–15. Jh. Befestigungsanlage, bestehend aus Zwinger, Löwengraben, Brücke, Hühnergraben, Falken-, Waffen-, Münz-, Pulver-, Hunger- und Wasserturm (erbaut 1577) sowie einer Reihe weiterer Mauertürme ohne eigene Bezeichnung, ferner Wehrmauern und Wehrgänge, sog. Schwedentor und Äußeres Burgtor, alle im Kern größtenteils mittelalterlich; Hofstall, wohl 16. Jh. Kellergebäude, erbaut 1558 unter Verwendung eines älteren Kellers von 1541/42; ursprüngliche Zufahrt zur Burg Trausnitz, angelegt im 13. Jh., unter Herzog Ludwig dem Reichen im Bereich des sog. «Überreitertors» teilweise verlegt.

Der Chronist Veit Arnpeck geht davon aus, daß zunächst ein hölzernes Blockhaus errichtet wurde. Die Aufführung einer gemauerten Burg begann nach einem Bericht des Abtes Hermann von Niederaltaich erst 1204. Die Burg hatte die Aufgabe, die Land- und Wasserwege der Gegend zu schützen, wovon sich der Name «Landshut» ableitet. Der andere Name der Burganlage, der «Trausnitz» lautet, wurde erst in der Mitte des 16. Jhs. gebräuchlich.

Baunachrichten für das 13. und 14. Jh. fehlen. Die Schloßkapelle, der Dürnitzflügel, der Fürstenflügel, der

Hagengasse 9, Alte Pfarrkirche St. Margareta

Hochaltar   Grabdenkmäler

Ruffinistraße 9, ehem. Hofmarksschloß

Burg Trausnitz, Ansicht von Süden

Bergfried, genannt «*Wittelsbacher Turm*», sowie das *Burgtor* gehen im Kern auf das 13. Jh. zurück. Auch die große Vorburg wird in ihrem Umfang noch in die Gründungszeit datiert.

Bei der Landesteilung von 1255 wurde die Burg zur Residenz der jüngeren Herzogslinie ausersehen. Die große Zeit der Hofhaltung endete mit dem Aussterben der Linie Bayern–Landshut, d. h. mit dem Tod Herzog Georgs des Reichen im Jahr 1503. 1516–1543 nahm dann der kunstliebende Renaissancefürst Ludwig X., dem die Verwaltung der Rentämter Landshut und Straubing im Rattenberger Vertrag überlassen worden war, Wohnung auf der Burg. Der Herzog ließ 1517 die Georgskapelle einwölben, 1528 den sogenannten «Pfaffenstock» zwischen dem Torbau und dem Wittelsbacher Turm erbauen und schließlich noch 1541/42 den großen dreischiffigen Keller unter dem Kellergebäude der Vorburg errichten. Nach der Fertigstellung seines neuen Renaissancepalastes inmitten der Altstadt (siehe Altstadt 79) zog auch Herzog Ludwig X. aus der mittelalterlichen Burg aus.

Herzog Albrecht V. gab 1558 den Auftrag zur Ausführung des Kellerbaus. Sein Sohn, Herzog Wilhelm V., verbrachte dann von 1568 bis zu seinem Regierungsantritt 1579 die ersten Ehejahre mit seiner Gemahlin Renata von Lothringen in der Burg. Auf seine Veranlassung hin wurden viele Räume der Burg sowie der Burghof im Renaissancestil umgestaltet. Dieser Bauzeit gehören u. a. die zweigeschossigen Laubengänge des Fürsten- und des Dürnitzbaus an. Neben dem Fürstenbau ließ Herzog Wilhelm V. noch den «*Italienischen Anbau*» aufführen. Er gab auch den Auftrag für die Ausmalung der berühmten «*Narrentreppe*».

Bei der Belagerung durch die Schweden im Jahr 1634 wurden große Teile der Baulichkeiten der Vorburg zerstört. 1762–1771 war in der Burg die *kurfürstliche Wollzeugfabrik* untergebracht, die aber wegen Unrentabilität schon bald wieder stillgelegt wurde. 1805/06 diente die Burg schließlich als *Kaserne und Lazarett*. Um 1870 ließ König Ludwig II. für sich die Zimmer im 2. Stock des Fürstenbaus einrichten.

Bereits im 17. Jh. wurde die Burg unter anderem auch für Registraturzwecke der Regierung benutzt. Hier waren vor allem die Rechnungsbücher aus der Verwaltung der bayerischen Rentämter eingelagert. Aus diesem Depot der Münchner Hofkammer entwickelte sich seit der Mitte des 18. Jhs. das *Staatsarchiv für Niederbayern*. Beim Brand der Trausnitz am 21. Oktober 1961 fielen alle Räume des Fürstenbaus, wozu vornehmlich die im Renaissancestil ausgestalteten Zimmer Herzog Wilhelms V. im ersten Obergeschoß zählten,

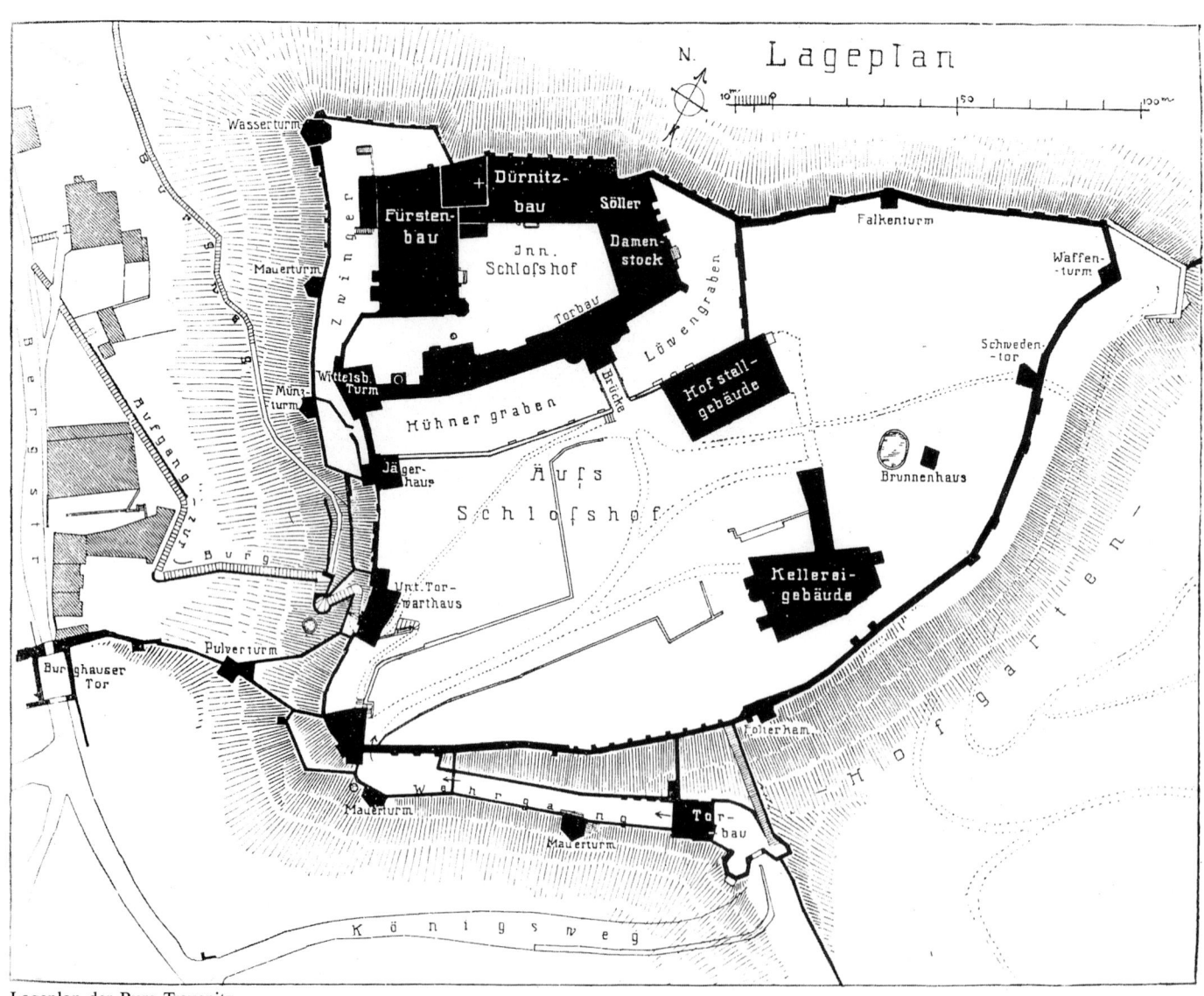

Lageplan der Burg Trausnitz

Berg, Burg Trausnitz 249

Alte Auffahrt zur Burg Trausnitz

Sog. Königsweg zur Burg Trausnitz

Burg Trausnitz, Ansicht von Südosten

Alte Zufahrt zur Burg Trausnitz

Sog. Überreitertor

den Flammen zum Opfer. Von den Beständen des Staatsarchivs wurden insbesondere die Briefprotokolle der niederbayerischen Ämter und Gerichte vernichtet. Nach dem Großbrand entstand durch den Einzug von feuerhemmenden Stahlbetondecken ein modernes Archiv-Magazin für die Amtsbücher, Rechnungen, Akten und Urkunden des Regierungsbezirks Niederbayern. Nur noch Teile der Burg, wozu vor allem die Burgkapelle mit ihrer reichen Ausstattung, der frühgotische Dürnitzsaal und der Georgs-Rittersaal zählen, werden heute den Besuchern bei den Führungen gezeigt.

Die alte Auffahrt zur Burg Trausnitz wurde bereits zu Beginn des 13. Jhs. angelegt (vgl. Linienführung A–B des Plans). Unter Herzog Ludwig dem Reichen erfolgte im Bereich des Überreitertors (vgl. Linienführung A–C des Plans) eine teilweise Verlegung. Heute ist die Zufahrt von der Edmund-Jörg-Straße her möglich. Der kürzeste Fußweg von der Altstadt zur Burg ist die alte Reitertreppe (Fürstentreppe), das sogenannte *Ochsenklavier*. Dieser Fußweg zweigt von der Alten Bergstraße ab und endet vor der Brücke zum *Torbau*. Ein zweiter Fußweg, der «*Königsweg*», führt von der Alten Bergstraße direkt zum *Überreitertor*. Auch durch den *Hofgarten* gelangt man über einen Fußweg von der Altstadt zur Burg Trausnitz.

Vorburg. Vor den *Äußeren Torbau* schiebt sich eine Barbakane, gesichert durch einen Graben mit einer früheren Zugbrücke. Daran schließt sich nach Westen das *Äußere Torwartshaus* («*Überreiterturm*») an. Es folgt der *Zwingerweg*, nach Süden zu durch eine hohe Mauer mit hölzernem, überdachtem *Wehrgang* gesichert. Diese Mauergasse endet beim «*Hungerturm*», einem viergeschossigen Bau mit Zeltdach. Daneben steht das *frühere Gerichtsdienerhaus*. Die Zufahrt macht einen scharfen Knick und führt von hier aus zum *Äußeren Burghof*.

Vom *Burghauser Tor* der Landshuter Stadtbefestigung zieht ein Mauerzug den Hang in östlicher Richtung hinauf. Hier steht der mit Absicht von der Burganlage abgerückte frühere *Pulverturm*. Er wird durch ein Mauerdreieck mit dem Bering der Burg verbunden. Die Backsteintreppe des «*Ochsenklaviers*» mündet beim *Inneren Torwartshaus*, das um 1495/96 als «*Wildbad*» bezeichnet wird. Durch eine kleine Pforte gelangt man in den Äußeren Burghof.

In den Bering des Äußeren Burghofs sind neben dem *Jägerhaus* auch der *Folterturm*, das *Schwedentor*, der *Waffen-* und der *Falkenturm* einbezogen. Neben der sogenannten *Schwedenwiese* steht das *Kellereigebäude*, ein hochgiebeliger, unverputzter Backsteinbau. An den *Zwingergraben* vor der Hauptburg grenzt das *Hofstallgebäude*, ein zweigeschossiger Giebelbau. Der Zwinger vor der Burg ist in den *Hennen-, Hirsch-* und *Löwengraben* gegliedert. Nach Osten hin ist der sogenannte *Zwingergarten* vorgelagert.

Wehrgang der Burg Trausnitz

Wehrgang der Burg Trausnitz

Sog. Schwedentor

Zwinger an der Südost- und Nordostseite der Burganlage

Östlicher Teil des Berings mit dem Falkenturm

Ehem. Marstall, dahinter das Kellereigebäude

Torbau und ehem. Marstall

Burg Trausnitz, Südostansicht mit Torbau und Wittelsbacher Turm

Innerer Burghof. Das Erscheinungsbild des Binnenhofs wird durch die Baumaßnahmen unter Herzog Wilhelm V. geprägt. Der Zugang zu dem Inneren Schloßhof wird für den Besucher über den *Torbau* ermöglicht. An die mittelalterliche Wehrmauer, die sich von hier ab in westlicher Richtung erstreckt, schließen sich das «*Pfaffenstöckl*», ehemals die *Wohnung des Burgkaplans,* und das frühere *Wohnhaus des Schloßpflegers* an. Dieser Bau dient heute dem *Bayer. Staatsarchiv Landshut* als Verwaltungs- und Benützertrakt. Zwischen dem «*Hohen Turm*» (*Wittelsbacherturm*) und dem *Schloßpflegerhaus* ist das *Brunnenhaus* angeordnet. Der Schacht des *Brunnens* ist etwa 120 Meter tief und reichte früher bis zur Grundwassersohle im Tal. Heute ist der Brunnenschacht bis auf rund 50 Meter Tiefe eingestürzt. Das Schöpfwerk stammt von 1512. Daneben existiert noch eine *Zisterne* vor dem ehem. Schloßpflegerhaus, die am schmiedeeisernen Schöpfgerüst die Jahreszahl 1525 trägt. An der Südwestecke der Burganlage steht der stattliche «*Wittelsbacher Turm*». Er ist mit einer zweifach geknickten Mauer mit dem «*Fürstenbau*» verbunden.

Damenstock. Die Ostseite des Inneren Schloßhofs nimmt der «*Damenstock*» ein. Er entstand wohl erst um 1575/76 und beherbergte früher den weiblichen Hofstaat. Hier war früher im Erdgeschoß auch die *Hofküche* untergebracht. Das hohe abgewalmte Dach des Damenstocks übergreift im Nordostwinkel auch die 1520 von Hofmaurermeister Jakob Amberger aufgeführte *Söllerstiege*.

Fürstenbau. Die beiden Haupttrakte der Burg Trausnitz sind der *Fürstenbau* und der *Dürnitzbau,* die nach Plänen von Friedrich Sustris 1578 baulich durch ein «*Ganggebäude*» miteinander verbunden wurden. Der Fürstenbau gehört im Kern teilweise noch dem 13. Jh. an. Hier lagen einstmals die herzoglichen Wohnräume. Ein Erweiterungsbau, der insbesondere die neuen Zimmer der Herzogin umfaßte, ist für das Jahr 1451 belegt. Man verband diese Zimmer nun mit dem *Palas* unter einem gemeinsamen Dach.

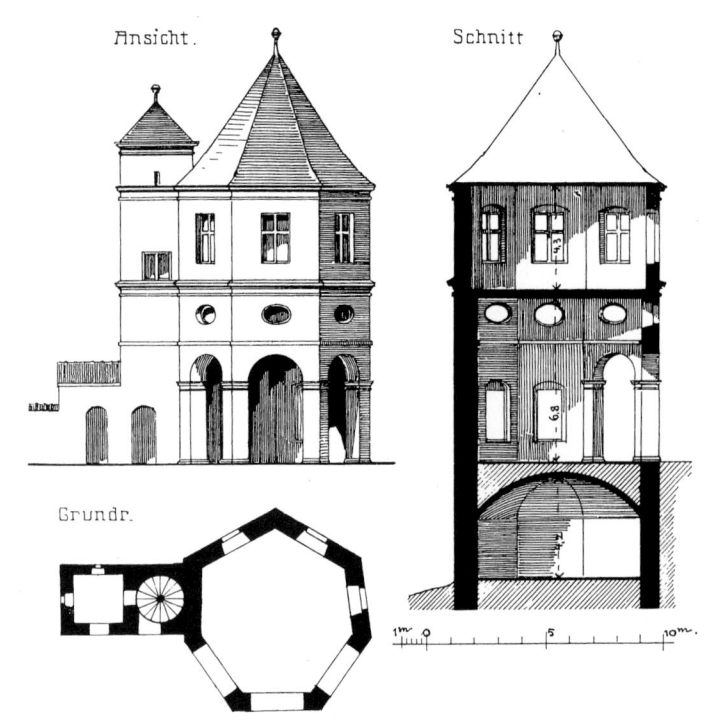

Burg Trausnitz, Wasserturm, Grundriß, Ansicht und Schnitt

Im zweiten Obergeschoß des Fürstenbaus sind drei Säle mit Wirkteppichen, die nach Entwürfen von Peter Candid zu Beginn des 17. Jhs. in Paris angefertigt und 1618 vollendet wurden. Diese Gobelins nehmen Bezug auf ruhmreiche Taten des Pfalzgrafen Otto von Wittelsbach, der 1180 mit dem Herzogtum Bayern belehnt wurde.

Italienischer Anbau und Narrentreppe. Das Kabinett des Italienischen Anbaus wurde von dem Baumeister Georg Stern d. J. 1575 errichtet. Die Kassetten mit dem Ter-

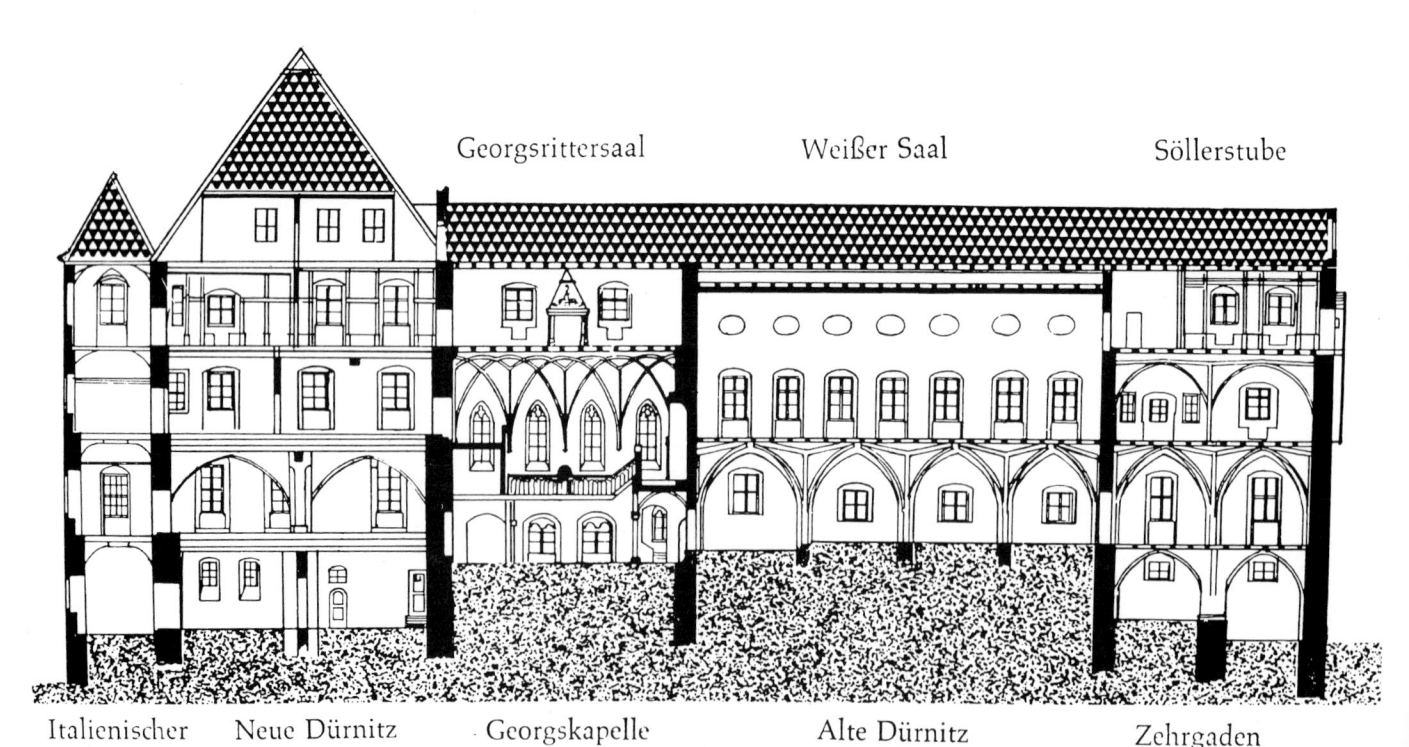

Burg Trausnitz, Längsschnitt

Innenhof der Burg Trausnitz, Blick gegen Südwesten

Innenhof der Burg Trausnitz, Blick gegen Südosten

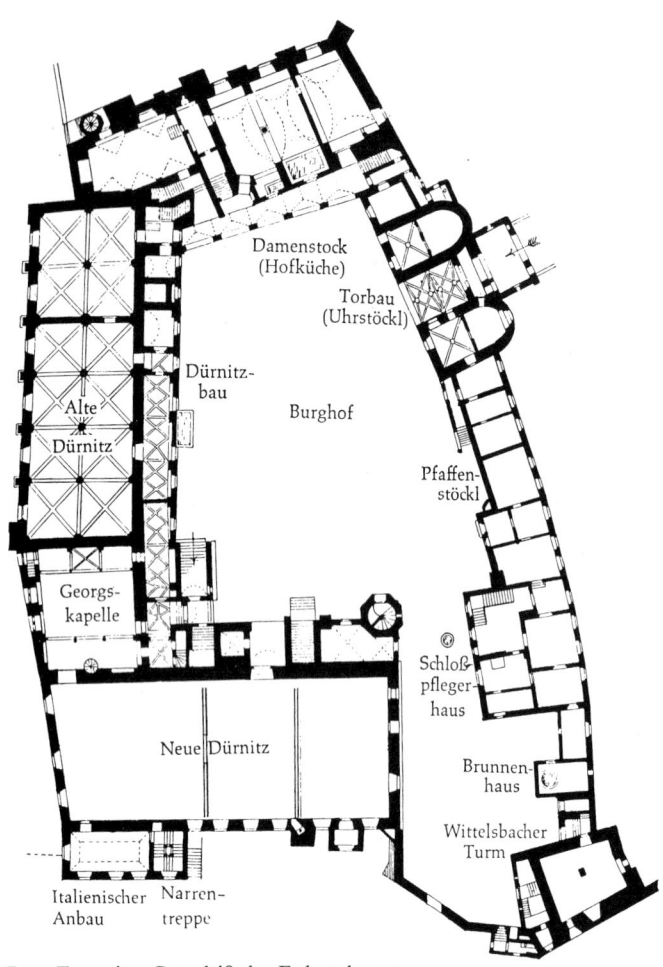

Burg Trausnitz, Grundriß des Erdgeschosses

Sog. Narrentreppe (Zustand vor dem Brand)

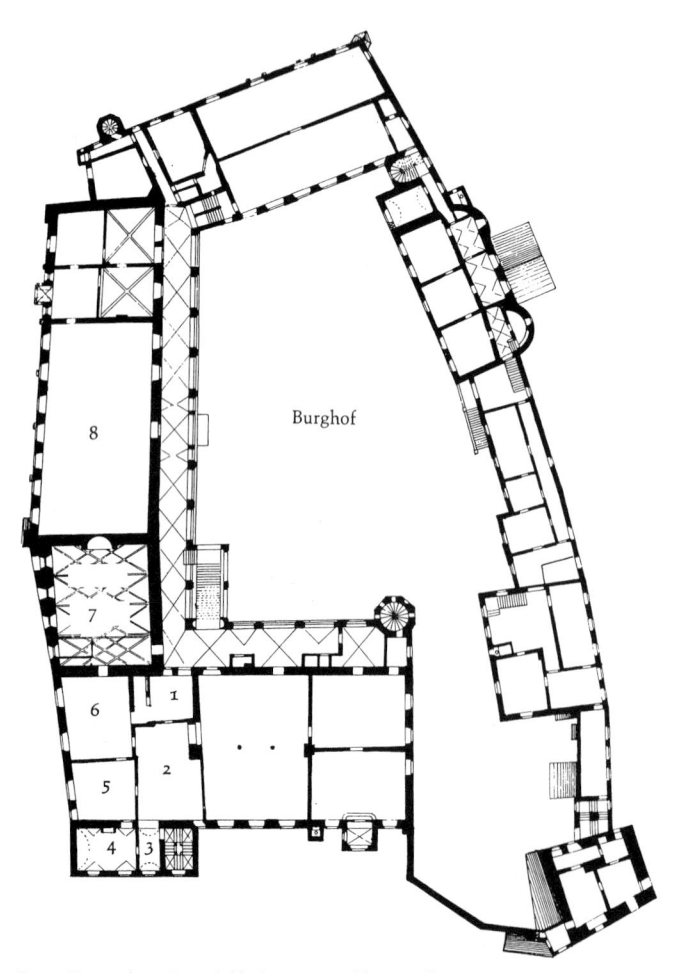

Burg Trausnitz, Grundriß des ersten Obergeschosses

Fensternische im Rittersaal (Zustand vor dem Brand)

Sog. Lauschkabinett (Zustand vor dem Brand)

Sog. Kleines Kabinett (Zustand vor dem Brand)

Rittersaal (Zustand vor dem Brand)

rakottadekor der Decke gehen auf Carlo Pallago zurück; den Malereien lagen wahrscheinlich Entwürfe von Friedrich Sustris zugrunde. Das Bildprogramm scheint auf allegorischen Bezügen moralisierender Art zu basieren. An der Wand zwei Bildnisse Herzog Wilhelms V. und seiner Gemahlin Renata von Lothringen, die dem aus Brüssel stammenden Hofmaler Engelhard de Pee zugeschrieben werden.

Nachdem Erbprinz Wilhelm an dem Stegreif-Possenspiel einer fahrenden italienischen Schauspieltruppe besonders Gefallen gefunden hatte, beauftragte er Friedrich Sustris mit Entwürfen für Wandmalereien im Treppenhaus, die der damals am herzoglichen Hof weilende Maler Alessandro Scalzi, gen. Padovano, 1578 ausführte. Die Szene beginnt am unteren Ende der *Narrentreppe,* wo Zanni das junge Herzogspaar in das Reich der Narrheit einführt. Als Hauptdarsteller erscheint Pantalone, meist in rotem Gewand, der ergraute Kavalier, ein Prahlhans, der zugleich Betrüger und Betrogener ist. Er ist in die Rolle eines venezianischen Kaufmanns geschlüpft. Daneben tritt Zanni auf, in zerlumpter Kleidung, der schlaue Diener mehrerer Herren. Er ist ein Spaßmacher von der derbsten Sorte und dabei stets auf seinen eigenen Vorteil bedacht. Daneben kommen noch Cortigiana, die Dienerin der Venus, sowie eine Kupplerin vor. Außerdem sind in das Spiel noch mehrere Nebenfiguren einbezogen, nicht zu vergessen der spanische Edelmann (Don Diego?) und die schöne Filomena.

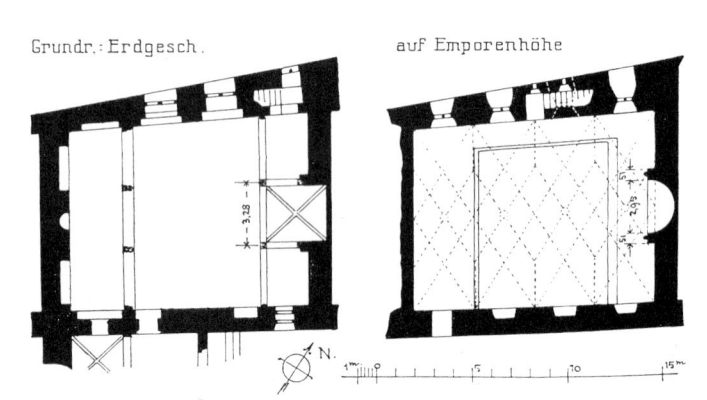

Georgskapelle, Grundrisse

Georgskapelle, spätromanisches Triumphbogenkreuz

Georgskapelle. Die noch ins 13. Jh. zurückreichende Kapelle weist die bauliche Form einer *Doppelkapelle* auf. Der obere Teil war für die Fürstlichkeiten bestimmt, der untere für Männer und Frauen aus dem Hofstaat, der Regierung und der Verwaltung. Im Mittelalter besaß die Kapelle noch eine flache Holzdecke, bis Herzog Ludwig X. durch seinen Hofmaurermeister Jakob Amberger ein spätgotisches Rippengewölbe einziehen ließ. Zu den romanischen Kunstwerken zählen die *Verkündigungsgruppe* in der Oberkirche links neben dem Altar als Ankündigung sowie die große Kreuzigungsgruppe als Vollendung des Heilsgeschehens, außerdem noch die Figuren der Hll. Katharina und Barbara zu den Seiten der Altarapsis. Die Brüstung der Empore zieren kleine Sitzfiguren von Gottvater mit Aposteln und Heiligen, die das Weltgericht versinnbildlichen. Es werden Bezüge zu ähnlichen Arbeiten an den Kathedralen von Chartres und Straßburg vermutet. Teilweise Ergänzungen des Programms stammen aus dem 19. Jh.

Georgskapelle, romanische Verkündigungsgruppe

Georgskapelle, Blick von der Empore auf den Altarraum

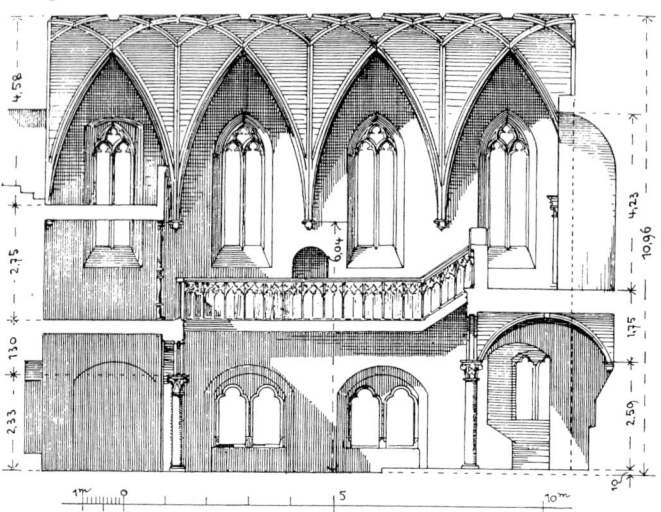

Georgskapelle, Längsschnitt

Die Altäre gehören dem 15. Jh. an. Der *Hauptaltar* ist eine Stiftung Herzog Heinrichs des Reichen aus der Zeit um 1425. Die Altarmensa ließ erst sein Sohn, Herzog Ludwig der Reiche, im Jahr 1474 aufstellen. Die Mitteltafel bringt die Totenklage Mariens und eine Wiedergabe der Heiligen Lanze aus dem Reichsschatz. Der *rechte Seitenaltar* mit der Anbetung der Hl. Drei Könige ist um 1430 entstanden. Der *linke Seitenaltar* wurde wohl vier Jahrzehnte später vollendet und weist an der Mitteltafel eine Kreuzigungsszene auf. Das *Sakramentshaus* links vom Hauptaltar ist eine Arbeit des Hofmaurermeisters Stefan Westholzer von 1473. Zur Ausstattung zählen auch noch zwei Holzskulpturen, ein Hl. Christophorus in der Art des Meisters des Dingolfinger Chorbogenkruzifixes und ein Hl. Georg, der dem Landshuter Bildschnitzer Stefan Rottaler zuzuschreiben ist.

Dürnitzbau. Dieser Bautrakt enthält im Erdgeschoß die *Alte Dürnitz,* eine zweischiffige Halle zu vier Doppeljochen. Die schweren Gurtrippen setzen über den achtseitigen Mittel- bzw. den Wandpfeilern an. Neben der Alten Dürnitz liegt noch ein architektonisch gleichartiger Vorraum mit Mittelpfeiler und zwei Doppeljochen. Beide Räume sind in die Zeit um 1260 zu datieren. Im 1. Obergeschoß des Dürnitzbaus ist der über zwei Stockwerke reichende «Weiße Saal». Er wurde beim Brand von 1961 zerstört, 1975 aber wiederhergestellt und wird jetzt für festliche Veranstaltungen genutzt. Der Laubengang vor der Südseite des Weißen Saals hat ein Kreuzgratgewölbe. Im 2. Obergeschoß des Dürnitzbaus ist der «*Georgs-Rittersaal*» sowie die «*Söllerstube*» mit dem Vorraum zum Söller. Im genannten Saal befand sich bis zum Brand von 1961 eine Renaissance-Holzkassettendecke der Zeit um 1535 mit dem eingelegten Wappen Herzog Ludwigs X. An den Wänden zwei Gobelins: Kaiser Friedrich Barbarossa belehnt Otto von Wittelsbach mit dem Herzogtum Bayern und Pfalzgraf Otto gründet die Stadt Landshut (in Wirklichkeit erfolgte dies jedoch erst durch dessen Sohn, Herzog Ludwig den Kelheimer).

Söllerbau. In der Anlage spätgotisch, verbindet der Söllerbau, erstmals 1493 erwähnt, den Dürnitzbau mit dem Damenstock. Das Gewölbe des Untergeschosses wurde 1520 eingezogen. Von der *Altane* aus bietet sich ein *großartiger Rundblick über die Altstadt von Landshut.*

Georgskapelle, Hl. Christophorus

Georgskapelle, Hauptaltar (geschlossen)

Berg, Burg Trausnitz 259

Georgskapelle, südl. Seitenaltar (geöffnet)

Georgskapelle, Hauptaltar (geöffnet)

Hofgarten. Hofgarten mit Ummauerung und sog. Haag unterhalb der Burg; *Hofgärtnerhaus,* zweigeschossig, mit Walmdach, im Kern angeblich noch 18. Jh.; *Steinfiale* mit verschiedenen Werkstücken, vom Turm der Martinskirche stammend, 1875 hierher übertragen.

Der *Hofgarten* erstreckt sich von der Stadtmauer und dem Bereich der Burg Trausnitz bis hin zur Bernlochner-Schlucht. Mit dem «*Haag*» wird der bewaldete Steilhang unterhalb der Burg bezeichnet. Er grenzt an den von der Alten Bergstraße zur Trausnitz führenden Fußweg, das sogenannte «*Ochsenklavier*» und an die Stadtmauer, die vom Hofgarten-Eingang beim Prantlgarten zum Schanzl hinaufführt. 1836 erwarb die Stadt Landshut den Hofgarten vom Staat und im Jahr darauf wurde er der Öffentlichkeit zur Benutzung freigegeben. – Anstelle der heute im Hofgarten aufgestellten Steinfiliale stand vor 1802 das «*Franziskaner-Lusthaus*». Vom Fialenplatz aus gelangt man am Hofgärtnerhaus vorbei zum Tiergehege, das die alte Tradition des *herzoglichen Tiergartens* fortsetzt.

Der **Herzogsgarten** geht im Kern auf den von Herzog Wilhelm V. 1578 angelegten «Lust- und Irrgarten» zurück. Klassizistische Umgestaltung nach Plänen von Friedrich Ludwig Sckell 1784.

Sog. *Herzogsschlößchen.* Erdgeschossiger Walmdachbau mit Mezzaningeschoß, vier zu vier Fensterachsen, erbaut ab 1782 von Stadtmaurermeister Thaddäus Leitner für Herzog Wilhelm von Zweibrücken–Birkenfeld–Gelnhausen; klassizistischer Pavillon, Rundbau mit Kuppeldach, wohl um 1784. Klassizistisches *Denkmal* für Friedrich Ludwig und Matthäus Sckell, von 1784.

Von dem ehemals abgeschlossenen, ummauerten Bezirk der Zeit um 1578/79 haben sich noch Teile der Umfassungsmauern erhalten. Unter Herzog Wilhelm von Zweibrücken-Birkenfeld-Gelnhausen, der 1780 seine Hofhaltung nach Landshut verlegte, kam es zu einer Umgestaltung des Gartens und zur Errichtung eines *Sommerschlößchens*. Durch Hinzufügung eines kleinen *Rundtempels* sowie eines *Einfahrtstores* mit vorgeblendeter Schaufassade in der Art eines antiken Triumphbogens wurde der Herzogsgarten zu neuem Leben erweckt. Eine *Gedenktafel* am Torbogen ist den beiden in Landshut geborenen Kindern Herzog Wilhelms, Pius (geboren 1786) und Maria Elisabeth Amalie Franziska (geboren 1784), gewidmet.

Die Planung für die Umgestaltung der *Parkanlage* im klassizistischen Sinn wurde dem Münchner Gartenbauarchitekten und späteren Hofgarten-Intendanten Friedrich Ludwig Sckell übertragen, wobei die eigentliche Ausführung aber in Händen seines jüngeren Bruders, des späteren königlich-bayerischen Hofgärtners Matthäus Sckell lag. Die Neuanlage des Parks wurde 1784 abgeschlossen. Da Herzog Wilhelm mit der Neugestaltung des Herzogsgartens überaus zufrieden war, ließ er den Gebrüdern Sckell unterhalb seines Sommersitzes ein kleines *Denkmal* aus Sandstein errichten, eine große, mit Festons geschmückte Vase auf einem Sockel. Die lateinische Inschrift am Sockel lautet ins Deutsche übertragen wie folgt: «Dem Schüler und Nacheiferer der Natur, der gütigen Mutter aller Dinge, dem Gestalter dieses Gartens, Friedrich Ludwig Sckell gewidmet, dem ersten, der sowohl in Bayern als auch in der Pfalz eine Anlage dieser Art schuf, und seinem Bruder, Matthäus Sckell, der sie ausführte.»

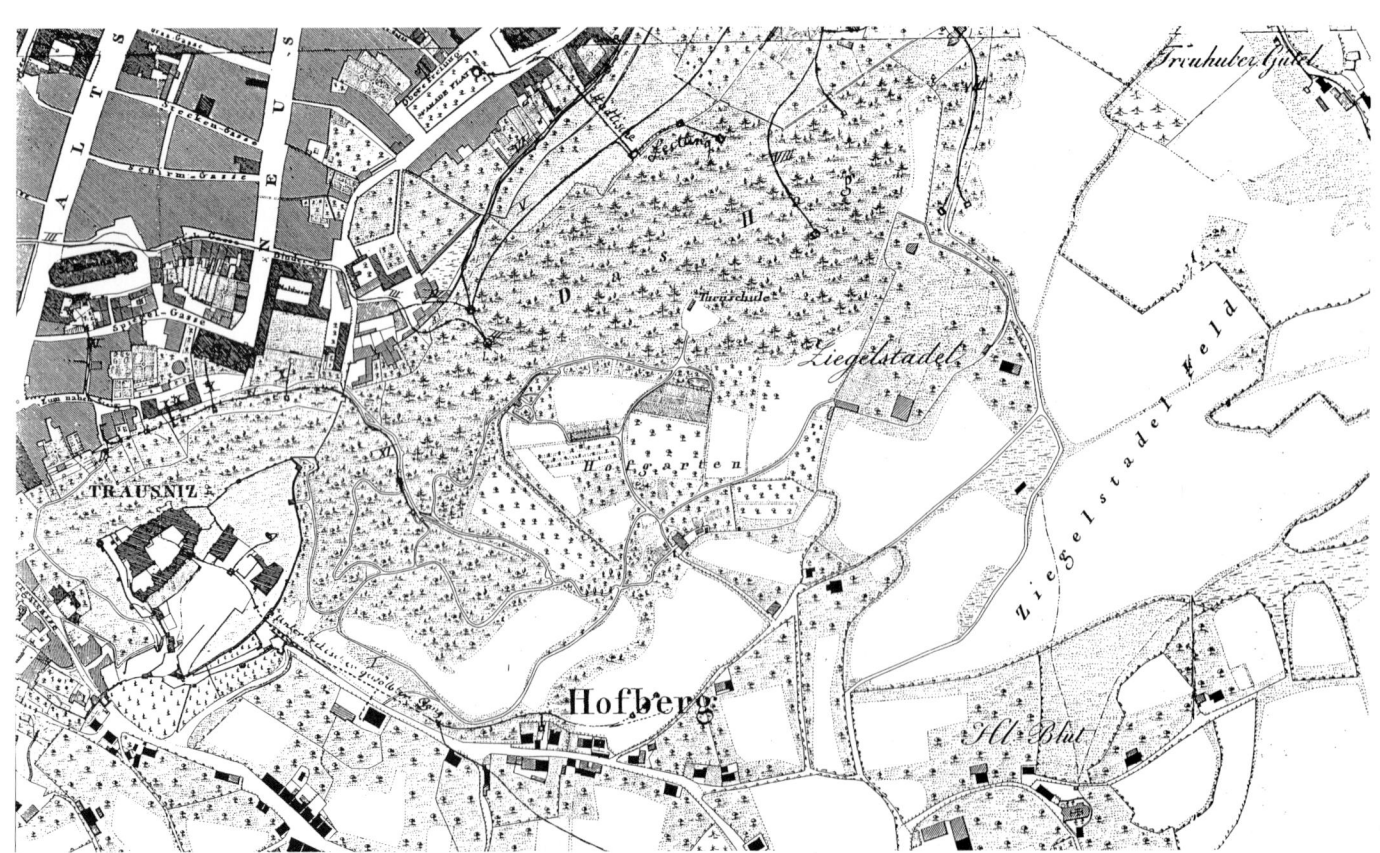

Hofgarten, Ausschnitt aus dem Katasterplan von 1868

Berg, Herzogsgarten   261

Herzogsgarten, klassizistischer Pavillon

Herzogsgarten, Torbau (Parkseite)

Hofgartenmauer an der Edmund-Jörg-Straße

Denkmal für Matthäus von Sckell

Herzogsgarten, Schlößchen des Herzogs Wilhelm von Zweibrücken-Birkenfeld-Gelnhausen

Denkmal für Friedrich Ludwig von Sckell

Adamweg (Annaberg). *Wasserturm-Zugangsturm;* Ziegelbau, zweigeschossig, erbaut um 1886/88.
Die Fenster und Türen haben Rundbögen und sind mit Abbacher Grünsandstein eingefaßt.

Adelmannstraße 2. *Adelmannschlößchen,* stattlicher dreigeschossiger Bau von sieben zu fünf Obergeschoßachsen, mit Walmdach, 2. Hälfte 17. Jh.; mit gemauerter Einfriedung.

Hofmarksschloß Berg («Adelmannschlößchen»), Kupferstich von Michael Wening, 1723

Die Inhaber des Edelsitzes waren ab 1682 die Freiherren von Leiden, von 1733 bis ins 19. Jh. die Herren von Chlingensperg, dann die Rummel und schließlich noch die Adelmann. Heute befindet sich hier ein *Teil des Städtischen Museums mit der Gemäldegalerie.*

Am Graben 14. *Wohnhaus,* zweigeschossig, mit Krüppelwalmdach, Anfang 19. Jh.
Typisches Handwerkerhaus in der Nähe der Burg Trausnitz. Das Krüppelwalmdach ist vom Holledauer Bauernhaus abgeleitet, das im Landshuter Raum vorherrscht.

Am Graben 15. *Wohnhaus,* zweigeschossig, siebenachsig, mit Krüppelwalmdach, 18. Jh.

Am Graben 17. *Wohnhaus,* erdgeschossig, im Giebelfeld spätgotischer Flacherker, wohl Anfang 16. Jh.
Das Haus zählt zu den schönsten und baugeschichtlich interessantesten Handwerkerhäusern Landshuts. Bemerkenswert ist vor allem der einstöckige Flacherker, der über einem profilierten Erkerfuß vorkragt. Diese Form des «*Landshuter Erkers*» kommt beispielsweise auch in Dingolfing (Steinweg 4), Erding (Münchner Straße 6) und Moosburg (Auf der Plan 8) vor, und zwar an Orten, die früher einmal zum Rentamt Landshut (älterer Ordnung) gehörten. An der Fassade befindet sich eine Gedenktafel, die auf einen Blitzschlag im Jahr 1790 Bezug nimmt.

Am Graben 18. *Wohnhaus,* erdgeschossig, mit Mansarddach, 1. Hälfte 19. Jh.

Adelmannstraße 2, Portal des Adelmannschlößchens

Adamweg, Wasserturm-Zugangsturm

Adelmannstraße 2, Adelmannschlößchen

Adamweg, Wasserturm-Zugangsturm

Am Graben 14

Am Graben 15 und 17

Am Graben 18

Am Graben 20. *Wohnhaus,* zweigeschossig, giebelständig, 1. Hälfte 19. Jh.
Schlichtes *Handwerkerhaus,* das durch die teilweise Erneuerung der Fenster und die Eternitplattenverkleidung von seiner Denkmaleigenschaft erheblich eingebüßt hat.

Am Graben 21. *Wohnhaus,* zweigeschossig, giebelständig, 1. Hälfte 19. Jh.

Am Graben 22. *Wohnhaus,* zweigeschossig, giebelständig, 1. Hälfte 19. Jh.

Am Graben 23. *Wohnhaus,* erdgeschossig, giebelständig, 1. Hälfte 19. Jh.

Am Graben 24. *Wohnhaus,* zweigeschossig, mit Balkon und Krüppelwalmdach, 1. Hälfte 19. Jh.
Die Bauform des Hauses mit dem vorgezogenen Giebelfeld und dem vorkragenden Krüppelwalmdach fußt in der ländlichen Bauweise dieser Gegend.

Am Graben 32. *Wohnhaus,* zweigeschossig, Krüppelwalmdach, wohl 19. Jh.

Am Graben 34. *Wohnhaus,* erdgeschossig, mit weit herabgezogenem Krüppelwalmdach, im Kern vielleicht 17. Jh.
Eines der ältesten Handwerkerhäuser in der Bebauung Am Graben.

Annabergweg 7. *Villa,* zweigeschossig, Mansarddach, 1891.
Über dem Treppenaufgang ein rundbogiges Jugendstil-Glasfenster.

Annabergweg 11. «*Dräxlmaierschlößchen*», zweigeschossiger Bau mit Walmdach und Mittelrisalit, spätklassizistisch, erbaut 1832 von dem Landshuter Baumeister Johann Baptist Bernlochner, mit alter Ausstattung; rechteckiger Pavillon, mit toskanischen Säulen umstellt (z. Zt. abgebaut und eingelagert); *Park,* teils im französischen, teils im englischen Gartenstil mit vielen seltenen Sträuchern und Baumarten.
Der Bau wurde ursprünglich als Sommerkeller genutzt. Die Umgestaltung zu einer prachtvollen Villa mit Park und *Aussichtspavillon* erfolgte erst nach und nach. Von der Stelle aus, wo früher der Pavillon stand, genießt man einen einzigartigen Blick auf die Stadt und die Burg Trausnitz.

Brühfeldweg. *Wegkreuz,* Ende 19. Jh.; bei Haus Nr. 36.

Am Graben 20

Am Graben 21

Am Graben 22 und 24

Am Graben 23

Am Graben 32

Am Graben 34

Annabergweg 7

Brühfeldweg, Wegkreuz

Annabergweg 11, sog. Dräxlmaierschlößchen

Brünnlweg 19. *Kath. Wallfahrtskirche Maria Brünnl,* kleiner Barockbau, 1719; mit Ausstattung.

Über die Entstehung der Wallfahrt gibt es eine Tradition: Der Landshuter Bürger und Riemer Thomas Amplatz soll am 30. September 1661 an dieser Stelle eine Quelle entdeckt haben. Vier Wochen darnach stellte er hier eine Kreuzsäule auf, an der er ein Abbild des Gnadenbilds von Maria Hilf in Passau befestigte. Über der Kreuzsäule erbaute man eine Holzkapelle, der 1666 eine solche aus Stein folgte. Den heutigen Bau ließ schließlich 1719 Georg Christoph Pexenfelder, Pfarrvikar zu Heilig Blut in Berg, errichten. 1720 erfolgte die Weihe des Gotteshauses. Im Laufe der Zeit kam es immer wieder zu Wunderheilungen.

Die Ausstattung der Kirche ist barock, der Hochaltar wurde 1726 und der Seitenaltar 1745 aufgestellt. Das Altarblatt des Seitenaltars und die Deckengemälde werden dem Landshuter Maler Georg Franz Fischer zugeschrieben. Das Hochaltarbild von 1764 ist eine Kopie des Passauer Maria-Hilf-Bildes. 1808 ließ der damalige Pfarrer von Heilig Blut die vielen Votivtafeln und Weihegaben als «allerhand alberne Sachen» entfernen. Auf seine Weisung hin wurden auch die barocken Wandmalereien übertüncht. Die drei Hauptgemälde im Gewölbescheitel sind erst bei der Restaurierung der Kirche 1968 wiederentdeckt und freigelegt worden.

Edmund-Jörg-Straße 4. *Ehem. Jägerhaus,* zweigeschossiger Bau mit Satteldach, im Kern 16./17. Jh.
Der stattliche Satteldachbau mit seinem an der Südostecke angesetzten Erkertürmchen steht neben der alten Auffahrt zur Burg Trausnitz.

Edmund-Jörg-Straße 14. *Wohnhaus,* erdgeschossig, mit Satteldach, 19. Jh.
Typisches *Taglöhnerhaus* in der Nähe der Burg Trausnitz.

Edmund-Jörg-Straße 15. *Wohnhaus,* erdgeschossig, barockförmiger Giebel, 2. Hälfte 19. Jh.

Edmund-Jörg-Straße 19. *Ehem. Schulhaus,* erdgeschossig, mit Satteldach, 2. Hälfte 18. Jh.
In Höhe des Alten Schulhauses erfährt die Edmund-Jörg-Straße eine starke Einschnürung. Der schlichte Bau mit dem verschalten Giebeldreieck und den angesetzten Stützpfeilern ist für die Ortsgeschichte der früher selbständigen Gemeinde Berg von Bedeutung.

Edmund-Jörg-Straße 21. *Wohnhaus,* erdgeschossig, mit Satteldach, 2. Hälfte 18. Jh.; mit Nr. 19 baulich verbunden.

Edmund-Jörg-Straße 28. *Wohnhaus,* erdgeschossig, mit Krüppelwalmdach, 18. Jh.

Brünnlweg, Kath. Wallfahrtskirche Maria Brünnl

Brünnlweg, Kath. Wallfahrtskirche Maria Brünnl

Kath. Wallfahrtskirche Maria Brünnl, Hl. Anna

Edmund-Jörg-Straße 14

Edmund-Jörg-Straße 15

Edmund-Jörg-Straße 19 und 21, ehem. Schulhaus

Edmund-Jörg-Straße 28

Edmund-Jörg-Straße 4, ehem. Jägerhaus zur Burg Trausnitz

Gerhart-Hauptmann-Straße 16. Sog. *Schreyer-Villa,* zweigeschossiger Bau mit viergeschossigem Eckturm und Walmdach, erbaut 1889 nach Plänen von Joseph Niederöcker aus Vilsbiburg

Grillweg 2. Ehem. *Kühbauernanwesen,* früher wohl Schmiede der Ziegelei, erdgeschossiger Bau mit Satteldach, Anfang 19. Jh.

Grillweg. *Torbau,* zweigeschossiger Putzbau mit Satteldach und klassizistischem Einfahrtstor, erbaut 1784.

Kalcherstraße 24. *Volksschule,* zweigeschossiger Putzbau mit neubarocken Ziergiebeln und Runderkertürmchen, erbaut 1907/08.

Die *Neue Volksschule* spiegelt im Vergleich zur Alten Volksschule (Edmund-Jörg-Straße 19) das starke Anwachsen der Bevölkerung in Berg seit dem Ende des 19. Jhs. wieder. Der Ort war nunmehr von einem alten Hofmarksdorf zu einem modernen Villenvorort von Landshut aufgestiegen.

Kalcherstraße 25. *Wasserturm,* erbaut laut Inschrift 1886/87, 1953 durch Umbau und Aufstockung bei gleichzeitiger Fassadenänderung weitgehend verändert.

Das Bauwerk überragt weithin sichtbar den Ortsteil Berg. Die Wasserstube kragt leicht vor und ist mit einem Zeltdach abgedeckt. Der Wasserturm ist in die Kategorie der technischen Baudenkmäler einzuordnen.

Kalcherstraße 30. *Gasthof zum Ochsenwirt,* zweigeschossiger Putzbau mit Giebelzinne und Satteldach, äußeres Erscheinungsbild 2. Hälfte 19. Jh., im Kern jedoch wohl noch 18. Jh., gewölbte Keller, Zisterne.

Die Zisterne ist typisch für die alten Wohnhäuser in Berg, die aufgrund ihrer Höhenlage über dem Isartal weder mit Quellwasser noch mit einem vom Grundwasser gespeisten Brunnen rechnen konnten. Erst mit dem Bau des Wasserturms (vgl. Kalcherstraße 25) wurde eine Besiedlung von Berg mit modernen sanitären Verhältnissen möglich.

Gerhart-Hauptmann-Straße 16, sog. Schreyer-Villa

Grillweg 2, ehem. Kühbauernanwesen

Grillweg 4, Torbau

Kalcherstraße 24, ehem. Knabenschule

Grillweg, Mauer am Herzogsgarten

Kalcherstraße 30, Gasthof zum Ochsenwirt

Kalcherstraße 25, Wasserturm

Pfarrgasse 7/9. *Wohnhaus,* langgestreckter, zweigeschossiger Bau, wohl 1. Hälfte 19. Jh.
Es handelt sich um ein *Doppelhaus* mit zwei getrennten Eingängen. Die alte Befensterung mit den Kreuzsprossen stammt noch aus der Erbauungszeit.

Pfarrgasse 11. *Kath. Pfarrkirche Hl. Blut,* einschiffige, gewölbte Anlage, spätgotisch, Mitte 15. Jh., an der Westseite Vorhalle und zwei runde Flankentürme; Friedhofsummauerung, im Kern wohl noch spätmittelalterlich; mit Ausstattung; Leichenhalle, 2. Hälfte 19. Jh. Grabmal des Pfarrers Anton Mayr, neugotisch, von Wilhelm Schweinberger, 1870; vor der Kirche Wasserbecken mit schmiedeeisernem Gitter, 19. Jh.

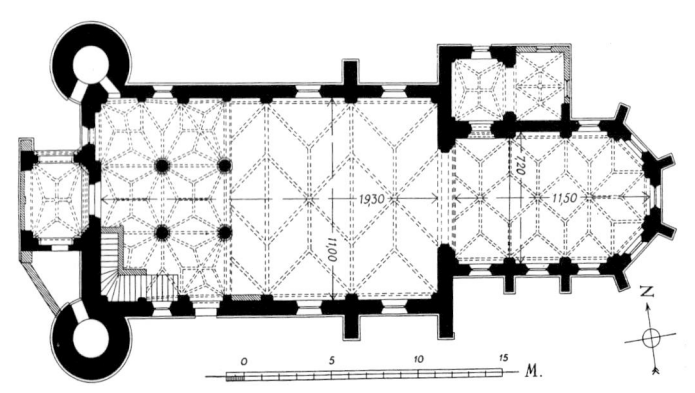

Pfarrgasse 7/9

Kath. Pfarrkirche Hl. Blut, Grundriß

Ein älterer Vorgängerbau wurde 1392 zur Pfarrkirche erhoben. Den jetzigen Bau dürfte Herzog Heinrich der Reiche veranlaßt haben; ein Gewölbeschlußstein in der Sakristei trägt sein Wappen. 1422, 1445 und 1449 stiftete der Bayernherzog fünf Benefizien in dieses Gotteshaus. An der Westseite des Langhauses zwei runde Flankentürme, die für Altbaiern einmalig sind. Das baugeschichtliche Rätsel ist bislang ungelöst; sein Vorbild ist wohl in den damals zum Herzogtum Bayern–Straubing gehörigen Provinzen in Holland zu suchen. Der nördliche Rundturm ist dabei älter als der südliche, der auch schlanker und durch Mauerabsätze viermal gegliedert ist.

Bemerkenswert ist ein gefaßter Kreuzpartikel, eine Arbeit des Nördlinger Goldschmieds Melchior Boos von 1505, die vermutlich nach Beendigung des Landshuter Erbfolgekriegs im Jahr 1504 in Auftrag gegeben wurde. Zu einigen aus gebranntem Ton bestehenden Grabdenkmälern der Spätgotik schreibt Alois Staudenraus in seiner 1835 erschienenen topographisch-statistischen Beschreibung der Stadt Landshut: «Auf dem Kirchhofe von Heilig Blut sind uralte Grabmäler zu beachten, und ihrer Seltenheit wegen verdienen sie allerdings den Freunden des Alterthums angerühmt zu werden. Sie bestehen aus gebrannten Ziegelplatten, mit erhabener Schrift, und sind, obgleich unter freiem Himmel, noch gut erhalten [...].»

Kath. Pfarrkirche Hl. Blut, Gewölbe unter der Empore

Brunnen vor der Kath. Pfarrkirche Hl. Blut

Pfarrgasse 11, Kath. Pfarrkirche Hl. Blut

Pfarrgasse 11, Kath. Pfarrkirche Hl. Blut

Kreuzpartikel, gefaßt von Melchior Boos, 1505

Spätgot. Grabplatte aus Ton, 1495

Grabplatte für Kaplan Georg Hirlhayder († 1481)

Pönaiergasse 8. *Ehemaliges Bauernhaus,* zweigeschossig, mit Krüppelwalmdach und aufgemalter Sonnenuhr, um 1800.

Das stattliche Bauernhaus bildet mit seinem Nebengebäude eine schutzwürdige Baugruppe. Das Wohnhaus zählt zweifelsohne zu den schönsten seiner Art im Bereich der Stadt Landshut.

Weinzierlstraße 17. *Sog. Scheidemandel-Villa,* zweigeschossiger Bau, angeblich um 1890 nach Plänen von Georg Hauberrisser erbaut.

Buchenthal

Haus Nr. 2. *Kath. Privatkapelle,* 2. Hälfte 19. Jh.; mit Ausstattung.

Das Innere ziert ein schmiedeeisernes Gitter. Zwei neugotische Glasgemälde sind den Hll. Erhard und Sebastian gewidmet.

Eisgrub

Haus Nr. 1. *Hausfiguren* des Hl. Stephan und eines heiligen Bischofs, Anfang 18. Jh.

Buchenthal, Kath. Privatkapelle bei Haus Nr. 2

Buchenthal, neugot. Glasgemälde in der Kapelle

Berg, Pönaiergasse 8

Eisgrub Nr. 1, Hausfigur eines Hl. Bischofs

Buchenthal, Kath. Privatkapelle bei Haus Nr. 2

Berg, Weinzierlstraße 17, Scheidemandel-Villa

Berg, Weinzierlstraße 17, Scheidemandel-Villa

Frauenberg

Kath. Kirche Mariae Heimsuchung, spätgotisch, Mitte 15. Jh.; mit Ausstattung.

Die Kirche mit eingezogenem Chor besitzt ein Langhaus zu vier Jochen und einen Turm an der Nordseite. Die Vorhalle und die Sakristei wurden erst in der 1. Hälfte des 20. Jhs. angefügt. Im Hochaltar von Veit Braunsberger (Vilsbiburg) aus der Zeit um 1760 steht eine lebensgroße Muttergottes auf der Mondsichel, die einstmals zum spätgotischen Hochaltar gehörte. An der Nordseite im Langhaus wurde aus verschiedenen Figuren, Reliefs und Tafelgemälden ein Altar zusammengefügt, von dem die Szenen aus dem Marienleben früher einmal gleichfalls Bestandteil des spätgotischen Hochaltars waren. Bei den Tafelgemälden des bislang unbekannten Meisters handelt es sich um Hauptwerke der Landshuter Malschule aus der Zeit um 1500.

Frauenberg, Kath. Kirche

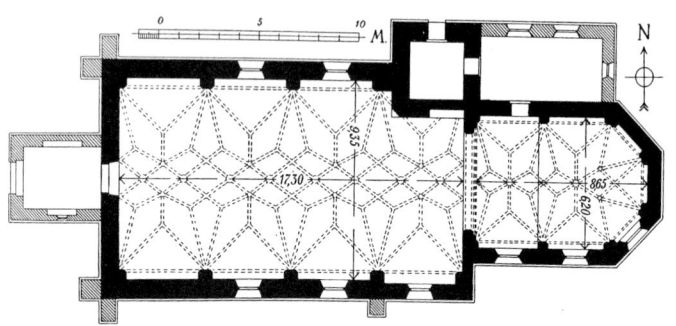

Kath. Kirche Mariä Heimsuchung, Grundriß

Frauenberg, Kath. Kirche

Spätgot. Hochaltarfigur

Außen, am südwestlichen Eckpfeiler der Kirche, der «*Erhardistein*». An ihn knüpft sich die Sage, daß der Missionar Erhard um das Jahr 800 bei seiner Flucht auf ihm über die Isar bei Altheim gesetzt haben soll.

Im Neubau eines *Heiligenhäuschens* die Figur eines Hl. Johann Nepomuk, 18. Jh.

Frauenberg, Kath. Kirche Mariä Heimsuchung

Frauenberg 275

Ehem. spätgotischer Hochaltar (geschlossen)

Ehem. spätgotischer Hochaltar (geöffnet)

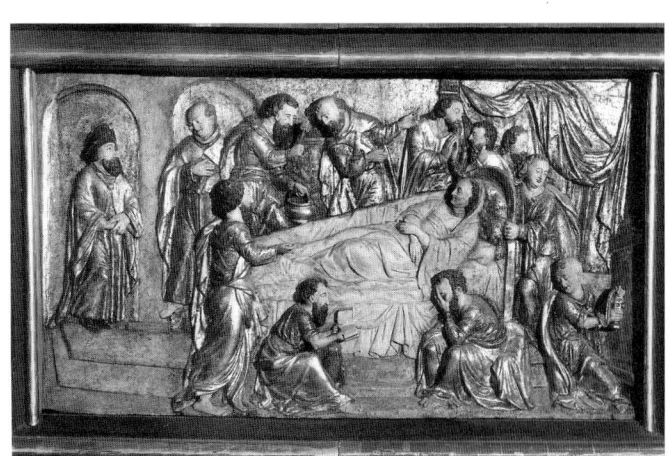

Spätgotisches Predellenrelief

Barocker Hochaltar mit spätgot. Marienfigur

Sog. Erhardistein

Frauenberg, Heiligenhäuschen

Gretlsmühle

Haus Nr. 13. *Blockbaustadel,* 18. Jh.

Moniberg

Haus Nr. 76. *Wasserturm,* erbaut 1923.
Der mehrgeschossige verputzte Turm kragt mit seiner Wasserstube etwas vor und besitzt ein Zeltdach mit Schleppgauben.

Pulverturmstraße 41. «*Monischlößchen»,* zweigeschossiger Bau von neun zu vier Achsen, achtseitiger Dachreiter, erbaut 1738 von Hofmaurermeister Johann Georg Hirschstetter; *ehem. Kapelle,* jetzt profaniert.

In einem Raum des Obergeschosses bemerkenswerter Kachelofen mit dem kurfürstlich bayerischen Wappen, wohl 17. Jh.

Münchnerau

Kath. Kirche St. Petrus, spätromanischer Bau des 12./13. Jhs., in der Barockzeit teilweise verändert; mit Ausstattung.

Es handelt sich dabei um den Typ einer «Freisinger Chorturmkirche» mit Bogenfriesgliederungen zwischen Lisenen. Der achtseitige Spitzhelm mit den vier aufgemauerten Giebeln wurde erst im 19. Jh. aufgesetzt. Einheitliche Ausstattung mit Hochaltar, zwei Seitenaltären, Kanzel und Gestühl im Stil des Rokoko.

Ehem. Seelenhaus, jetzt Leichenhaus, um 1730.
Die Flachdecke zeigt Stukkaturen des frühen Rokoko; Ölgemälde mit Darstellung des jüngsten Gerichts.

Haus Nr. 14. *Bauernhaus,* zweigeschossig, mit Altane im Holledauer Stil, 2. Hälfte 19. Jh.
Beispiel für ein Bauernhaus mit obergeschossigem Blockbau, Greddach und einem an der Trauf- und Giebelseite umlaufendem Schrot mit gedrechselten Balustern.

Gretlsmühle, Stadel bei Haus Nr. 13

Moniberg, Pulverturmstraße 41, Monischlößchen

Moniberg, Pulverturmstraße 41, Kachelofen im sog. Monischlößchen

Münchnerau, Kath. Kirche St. Petrus

Münchnerau, barockes Gemälde im Leichenhaus

Münchnerau, Kath. Kirche St. Petrus

Münchnerau, Haus Nr. 14, Bauernhaus

Moniberg, Wasserturm

Münchnerau, Leichenhaus

Haus Nr. 17. *Wohnstallhaus,* erdgeschossig, 1. Hälfte 19. Jh.

Haus Nr. 46. *Bauernhaus,* zweigeschossig, mit Balkon und Satteldach, 1. Hälfte 19. Jh.
An der Hofseite ein Greddach; teilweise noch die originale Befensterung erhalten, insbesondere im Obergeschoß.

Salzdorf

Kath. Kirche St. Ottilia, spätgotische Anlage, 2. Hälfte 15. Jh.; mit Ausstattung; Friedhofsummauerung.

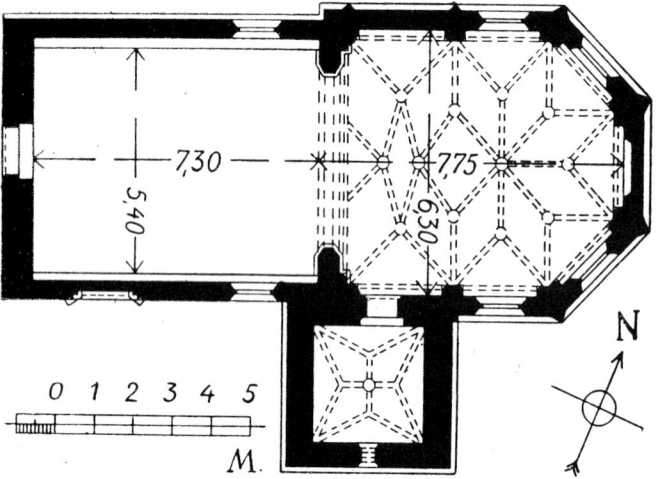

Kath. Kirche St. Ottilia, Grundriß

Im Chor spätgotisches Rippengewölbe mit Netzfiguration. Der mächtige, mit einem Satteldach abgedeckte Südturm ist bis heute unverputzt geblieben und läßt die für die Landshuter Bauweise typischen Spitzbogenblenden erkennen. Das Kirchenschiff, das früher wohl gleichfalls unverputzt war, zeigt heute einen Schlämmputz mit einem aufgemalten Maßwerkfries unter der Traufe. Unter der Ausstattung ist eine Schutzmantelmadonna aus dem ersten Viertel des 16. Jhs. sowie ein barocker Hl. Rochus hervorzuheben.

Schönbrunn

Schönbrunner Straße 1. *Ehem. Hofmarksschloß Schönbrunn,* jetzt Gast- und Tafernwirtschaft Obermeier, stattlicher zweigeschossiger Bau mit Walmdach, im Kern wohl noch 2. Hälfte 17. Jh., Saal mit allegorischen Deckengemälden nunmehr

Salzdorf, Schutzmantelmadonna in der Kath. Kirche

Münchnerau, Haus Nr. 17

Hofmarksschloß Schönbrunn, Kupferstich von Michael Wening, 1723

Münchnerau, Haus Nr. 46

Salzdorf, Kath. Kirche St. Ottilia

Salzdorf, Kath. Kirche St. Ottilia

Salzdorf, Kath. Kirche St. Ottilia, spätgot. Figuren im Hochaltar

Schönbrunn, ehem. Hofmarksschloß

Schönbrunn, Stadel beim ehem. Hofmarksschloß

Schönbrunn, Kachelofen im ehem. Hofmarksschloß

unterteilt, Fresken nur mehr fragmentarisch erhalten; gemauerte Einfriedung; *ehem. Schloßkapelle,* 18. Jh.; mit Ausstattung.

Kapelle, erbaut 1824; mit Ausstattung; am «Pfeifferberg». Zugehörig ehemalige, bereits im 17. Jh. erwähnte *Klause.* Verputzter erdgeschossiger Mauerwerksbau mit Kniestock und Satteldach, im Kern teilweise noch um 1824, sonst nach durchgreifender baulicher Erneuerung um 1985.
Die Kapelle besitzt einen rechteckigen Grundriß und ist flachgedeckt. Im Giebelfeld ein Limonenfenster und darüber ein vierseitiger Dachreiter mit schiefergedecktem geknicktem Zeltdach.
Als Besitzer der Hofmark und des Schlosses Schönbrunn werden in der Mitte des 17. Jhs. die Familie Pockmayr, ab 1690 die Grafen von Maxlrain zu Hohenwaldeck, dann 1726 der kurfürstlich bayer. Kanzler Joseph Mourath, schließlich 1780 der Regierungsrat Harscher und 1782 der Malteserorden genannt. Ihnen folgten bis zur Mitte des 19. Jhs. noch die Jesuiten, die Grafen von Törring und die Grafen von Preysing.
Im 1. Obergeschoß früher großer flachgedeckter Saal mit Darstellungen von Obstbau, Landwirtschaft, Gartenbau und Gewerbe. Die *Schloßkapelle,* im Obergeschoß des Schlosses, besitzt eine barocke Ausstattung.

Wolfsbacher Weg 8. *Bauernhaus,* erdgeschossiger Blockbau mit Kniestock und Satteldach, wohl noch 18. Jh.; zugehörig *Stadel,* gemauert, wohl Anfang 19. Jh.

Schönbrunn, ehem. Schloßkapelle

Schweinbach

Kath. Kirche St. Michael, erbaut um 1775; mit Ausstattung. Im Langhaus Deckengemälde zu Ehren des Hl. Michael. Links vom Chorbogen eine fast lebensgroße Stehende Muttergottes um 1530, die deutlich die Anlehnung an den Stil des Landshuter Bildschnitzers Hans Leinberger erkennen läßt.

Seethal

Haus Nr. 1. *Bauernhaus,* Anfang 19. Jh.
Das Wohnhaus des Dreiseithofs ist ein zweigeschossiger Blockbau mit zweistöckigem Giebelschrot und steilem Satteldach. Vor allem die Fenster im Obergeschoß der Giebelseite zeigen noch die alten Fensterstöcke sowie die kleinen Fensterläden mit dem aufgemalten Rautenmuster.

Schönbrunn, Deckenfresko im ehem. Schloß

Schweinbach, Kath. Kirche St. Michael

Schweinbach, Kath. Kirche St. Michael

Schweinbach, Kath. Kirche St. Michael

Schweinbach, Marienfigur in der Kirche

Schönbrunn, Haus Nr. 1, Hausfigur Hl. Nepomuk

Schönbrunn, Wolfsbacher Weg 8

Seethal, Haus Nr. 21

Siebensee

Haus Nr. 16. *Bauernhaus,* erdgeschossig, Anfang 19. Jh., der Giebel an der Traufseite erst in der 2. Hälfte des 19. Jhs. angefügt.

Das langgestreckte Bauernhaus verkörpert einen Bautyp, dessen Hauptverbreitungsgebiet im oberbayerischen Ampertal liegt. Man beachte die in das Satteldach eingeschnittene Toreinfahrt, die in der Volkskunde als «*Froschmaul*» bezeichnet wird.

Vogelherd

Am Vogelherd 1. *Villa Bellevue,* zweigeschossig, Anfang 20. Jh.

Malerischer Bau mit polygonalem Eckerker und Rundturm. Die ursprünglichen Kreuzsprossenfenster sind nur noch am Erker vorhanden.

Wolfstein

Haus Nr. 1. *Bauernhaus,* stattlicher zweigeschossiger Bau mit hohem Walmdach, Erdgeschoß gemauert, Obergeschoß verschlemmter Blockbau, erbaut wohl um 1800 unter Einbeziehung von Resten der früheren *Burg Wolfstein, der Geburtsstätte des letzten Stauferkaisers Konradin,* Keller tonnengewölbt, 16. Jh.; am Haus Gedenktafel von 1873; Stall, stattlicher langgestreckter Bau mit flacher Stichkappentonne, Anfang 19. Jh.

Die spärlichen Reste der *Burg Wolfstein* sind ein Geschichtsdenkmal von hohem Rang. Hier gebar Elisabeth, die Frau des Stauferkönigs Konrad IV., am 25. März 1252 ihren Sohn Konradin. König Konrad IV. starb, als Konradin erst zwei Jahre alt war. So wuchs der Knabe unter der Obhut des Bayernherzogs auf dessen Burg zu Wasserburg am Inn auf. Konradin verlor 1268 die Schlacht bei Tagliacozzo. Nach seiner Niederlage gegen Karl von Anjou nahm man den Staufer, der damals erst 16 Jahre alt war, auf der Flucht gefangen. Man verurteilte Konradin zum Tode und ließ ihn am 29. Oktober 1268 auf dem Marktplatz zu Neapel enthaupten. Mit ihm erlosch das Herrschergeschlecht der Staufer.

Wolfsteinerau

Haus Nr. 6. *Getreidekasten,* zweigeschossiger Blockbau mit Altane und hohem Walmdach, am Türsturz bez. 1794; das letzte Beispiel eines Getreidespeichers vom Typ des Holledauer Bauernhofs im Stadtbereich von Landshut.

Siebensee, Haus Nr. 16

Vogelherd, Am Vogelherd 1

Wolfstein, Haus Nr. 1, ehem. Burg und Gastwirtschaft, jetzt Bauernhaus

Wolfstein, Haus Nr. 1

Wolfsteinerau, Getreidekasten von 1794 (bei Haus Nr. 1)

Archäologische
Geländedenkmäler

Drei vorgeschichtliche **Grabhügel,** ca. 1080 m ö Straßengabel. [Schönbrunn Pl. Nr. 1025 NO 20-21]

Vier vorgeschichtliche **Grabhügel,** ca. 400 m n Haag. [Schönbrunn Pl. Nr. 1070 NO 20-20]

25 vorgeschichtliche **Grabhügel,** ca. 100-200 m ssw Haid. [Wolfsbach Pl. Nr. 884, 886 NO 21-22]

Grabhügel [NO 21-22]

Abschnittsbefestigung, ca. 300 m sw Straßengabel Schönbrunn. [Schönbrunn Pl. Nr. 1114 NO 20-20]

Turmhügel, NW-Rand Stallwang. [Frauenberg Pl. Nr. 454 NO 21-21]

Burgstall, ca. 200 m wnw Straßburg. [Frauenberg Pl. Nr. 619, 621 NO 21-21]

Turmhügel, W-Rand Sallmannsberg. [Hohenegglkofen Pl. Nr. 843 NO 19-19]

Burgstall, ca. 900 m sw Straßengabel Schönbrunn. [Schönbrunn Pl. Nr. 1088, 1088, 2 NO 20-20]

Burgstall, NW am Hof Neudeck. [Wolfsbach Pl. Nr. 932b NO 21-22]

Burgstall, ca. 200 m nw Neudeck. [Wolfsbach Pl. Nr. 932 NO 21-22]

Burgstall, ca. 100-300 m nw Schaumburg. [Wolfsbach Pl. Nr. 881, 882 NO 22-22]

Burgstall, um Hof Wolfstein. [Wolfsbach Pl. Nr. 706, 719, 720, 722 NO 22-22]

Abschnittsbefestigung in Schönbrunn

Turmhügel in Stallwang

Burgstall in Straßburg

Archäologische Geländedenkmäler 287

Turmhügel in Sallmannsberg

Burgstall in Neudeck

Burgstall in Straßburg

Burgstall in Wolfstein

Burgstall bei Wolfstein, Hs. Nr. 1

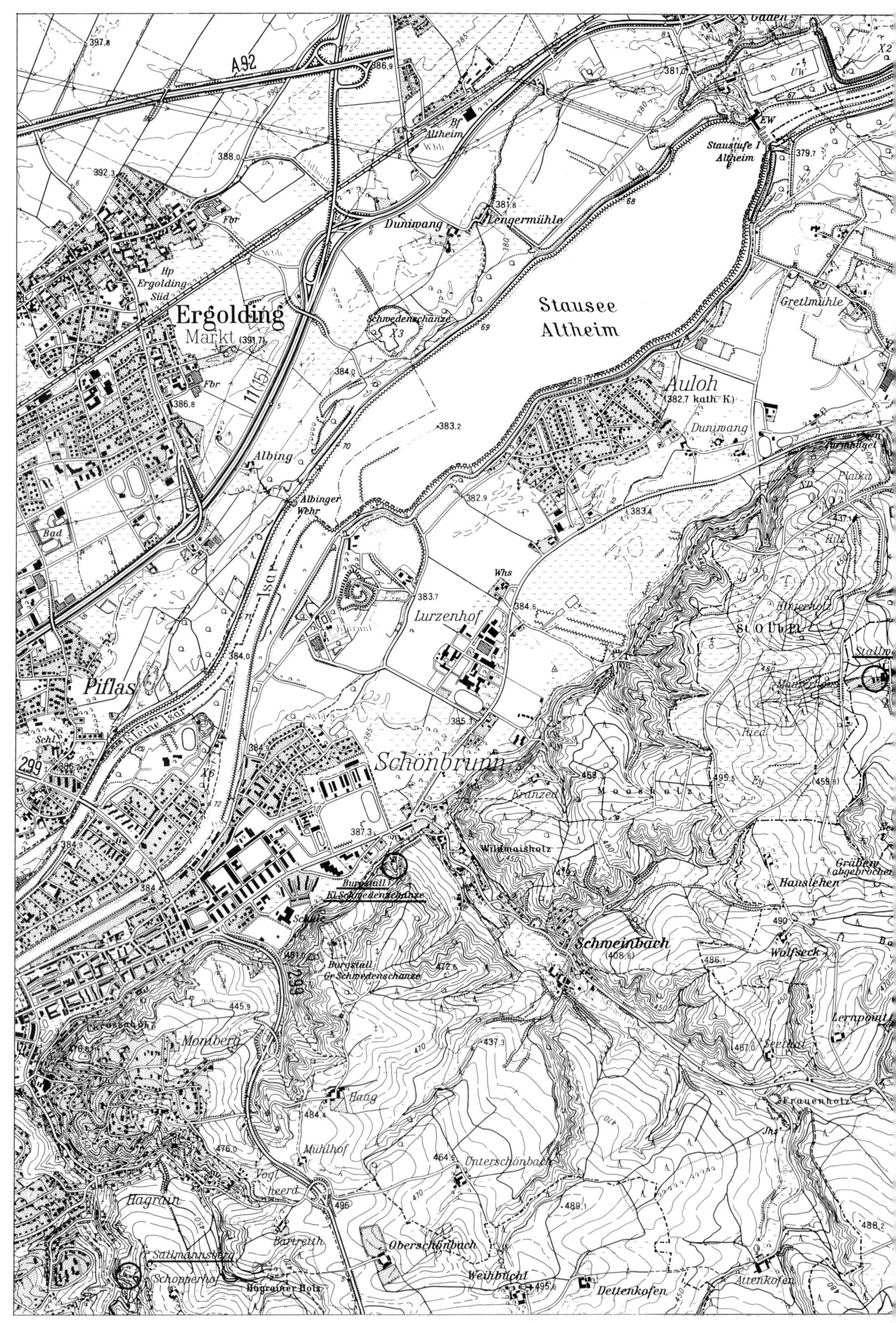

Übersichtskarte zu den archäologischen Geländedenkmälern im Stadtgebiet von Landshut (M 1 : 25 000)

Brand
Schießstand
Dirnauermühle
Dirnau
Wiesmann
Wolfstein
Burgstall
Wolfsbach
Stockhaus
Burgstall
Schaumburg
Hochholz
Reithof
Burgstall
Neudeck
Eisgrub
Zaitzkofen
Pöffelkofen
Sterneck
Straßburg
Ruhmannstall
Holzmüller
Sittlkofen
Weiher
Frauenberg
(488,8)
Beutelhausen
(473,0)
Unterbirnkofen
Mühlmann
Birnkofen
Point
Kalteneck
Deutenkofen
Schl
(487,6)
Beutelhauser Forst
Brunn
Martlhaid
Girglhaid
Schußrain
Blumberg
Öd
Holzen
Stöckl a. Eck
Santing
Baumgarten
Kleinreit
Adlkofen
(499,2)
Harskirchen
(437,7)
Roßberg
Eglberg
Wölflkofen
Aign
Riedenwies
Gersteneck
Hagerau
Setzensack
Reichersöd
Riedenberg
Patzing
Garsberg
Patzinger Linde
Läuterkofen
(501,3)
Kleineggikofen
Obermusbach
Engkofen
Riedenberg
Renau

Register

Verzeichnis der Künstler, Bau- und Kunsthandwerker

Ableitner, Balthasar, Hofbildhauer 220
Adam, Heinrich, Radierer 5
Altinger, Steinmetzmeister 94
Amberger, Jakob, Hofmaurermeister 92, 252, 256
Apian, Philipp, Kartograph XVI, 74
Ässlinger, Hans, Bildhauer 46
Asam, Cosmas Damian, Hofmaler 104
Asam, Egid Quirin, Hofbildhauer und Stukkator 98
Asam, Georg, Maler 124
Auftrager, Jodok, Werkmeister (= Steinmetz und Maurer) 218

Barth, Franz Xaver, Maler 34
Beer, Michael, Baumeister 200
Beham, Barthel, Maler 46
Beich, Joachim Franz, Maler XXVII
Bendel, Johann Jakob, Bildhauer 210, 212
Bernlochner, Johann Baptist, Baumeister 50, 82, 108, 128, 176f., 194, 222, 224, 260, 264
Bocksberger, Hans d.Ä., Maler 34, 46
Boos, Melchior, Goldschmied 270f.
Braunsberger, Veit, Kistler 274
Brugger, Friedrich, Bildhauer 114

Candid, Peter, Maler 252
Cormeau, Jacques, Baumeister 156
Crayer, Caspar de, Maler 200

Daburger, Matthias, Maler 122, 220
Deckelmann, Andreas, Maler 34
Donauer, Hans d.Ä., Hofmaler XIII
Doni, Viktor, Baumeister 86
Dreismich, Hans, Bildhauer 102, 120, 224

Ebner, Michael Christoph, Bildhauer 172
Eder, Hans, Goldschmied 172
Eheham, Martin, Stadtmaurermeister 52
Eheham, Wolf(gang), Stadt- und Stiftsmaurermeister 58, 184, 186
Erhard, Raphael, Goldschmied 172
Erhart, Michel, Bildschnitzer 66
Eyrainer, Stadtbaurat 94

Fischer, Georg Franz, Maler 266
Franculos, Franz, Hofmaurermeister 110, 186
Freydenfus, Asm (= Erasmus), Goldschmied 160
Fuegl, Andreas, Schreiner 46

Gehrer, Anton, Schlossermeister 228
Geiger, Adam, Maler 172
Geiger, Franz Joseph, Hofmaler 136
Gertner, Peter, Maler 46
Gleismüller, Sigmund, Maler 136
Grießemann, Frater Kaspar, Schreiner 100, 104
Gschwendter, Baumeister 186
Günzkofer, Conrad, Stadtzimmermeister 210
Gunezrhainer, Johann Baptist, Hofmaurermeister 94, 98

Häring, Thomas, Bildhauer 100
Haldner, Matthäus, Steinmetz 69f.
Haubenthaler, Andreas, Goldschmied 148
Hauberrisser, Prof. Georg Ritter von, Architekt 82, 272
Hauberrisser, Heinrich, Architekt 244
Heilmeier, Karl, Schlosser 140
Helmschrot, Heinrich, Bildschnitzer 72, 184f.
Hering, Loy, Bildhauer XVIII
Hering, Thomas, Bildhauer 46
Herz, Martin, Kunstmaler 150

Hiernle, Jonas, Bildhauer und Stukkator 176
Hirschstetter, Felix, Hofmaurermeister 30, 112, 160
Hirschstetter, Johann Georg, Hofmaurermeister 52, 92, 98, 160, 162, 276
Hirschstetter, Wolfgang, Hofmaurermeister 160, 208
Hoefnagel, Georg, Kupferstecher XX
Höhenperger, Conrad, Maler 148
Holl, Frater Johannes SJ, Baumeister 198, 200
Huber, Barthlmä, Goldschmied 172
Hueber, Andre, Goldschmied 56
Humbs, Paul, Maler 46

Jorhan, Christian d.Ä., Bildhauer XVIII, 24f., 40, 52, 118, 136, 139, 154, 176, 184f., 210, 212
Jorhan, Thomas, Bildhauer 126
Jorhan, Wenzel, Bildhauer XVIII, 52, 100, 220f.
Jorhan, Zacharias, Maler 122

Kaufmann Ignaz, Maler 122
Kienle, August, Hofschreiner 208
Klenze, Leo von, Architekt 50, 130
Knauf, Hans Georg, Maler 32
König, Prof. Fritz, Bildhauer 202
Kofler, Christoph, Bildhauer 67, 70, 174
Kofler, Melchior, Bildhauer 174
Krätz (Grätz, Krötz), Maler 34
Krätz (Grätz, Krötz), Malerfamilie 110
Krumenauer, Hanns, Werkmeister (Dombaumeister) 48, 60, 62, 70

Lechner, Wilhelm, Bildhauer 210
Lederer, Franz Josef, Hofmaler 184, 186
Lehrhuber, Zacharias, Maler 160, 178
Leick, Eduard, Lithograph XXXIV
Leinberger, Hans, Bildschnitzer XVIII, 18, 64, 66, 92, 155, 182f., 210, 280
Leitner, Thaddäus, Stadtmaurermeister 202, 260
Lemmes, Karl, Architekt 162, 180
Löfftz, Ludwig von, Maler 82
Loth, Carl, Maler 220

Maas, Hans, Steinmetz 79
Mair von Landshut (bzw. von Freising), Hanns, Kupferstecher XVII
Mannsteiner, Andre, Zinn- und Glockengießer 22, 56
Marabini, Carl Joseph, Maler 220
Marggraf, Architekt 80
Mayr, Theodor, Architekt 120
Mazzari, Francesco, Stukkator 124
Meister des Dingolfinger Chorbogenkruzifixes 258
Meister Hanns von Burghausen, siehe Purghauser, Hanns
Meister Sigismund von Mantua, welscher Baumeister 40, 42
Meister, Wolfgang, Bildschnitzer 160
Miller, Ferdinand d.Ä. von, Erzgießerei-Inspektor 114
Moll, Friedrich, Maler 56

Neu, Anton, Bildhauer 92
Neu (Nay), Gregor, Bildhauer 118, 148, 224
Neu, Matthias Joseph, Bildhauer 148
Niederöcker, Joseph, Baumeister 106, 116, 120, 180, 268
Niederöcker, Sigmund, Baumeister 146

Ölgast, Michel d.Ä., Maler 46

Pachmayr, Hans, Maler 32
Pallago, Carlo, Maler 256
Parler, Baumeisterfamilie 138
Pausinger, Simon, Maurermeister 216
Pee, Engelhard de, Hofmaler 56, 172, 256
Peurlin, Hanns d.M., Bildschnitzer 58, 70, 184f.
Pfahuber, Maurer 214
Pickreis, Martin, Goldschmied 92
Pildhauer, Hanns (gen. Hanns von Asch), Goldschmied 160
Plank, Philipp, Architekt 122, 124
Posthumus, Herman, Maler 46
Priester, Thomas, Illuminist 92
Pruckner, Anton, Zinngießermeister 192
Pruckner, Xaver, Zinngießermeister 192
Puille, Max, Bildhauer 82
Purghauser, Hanns, Kirchenbaumeister XVII, XXVI, 16, 60, 62, 68, 70, 132, 136, 139, 160, 234
Purghauser, Stefan, Werkmeister 60, 64, 70, 160, 210

Refinger, Ludwig, Maler 46
Reiser, Georg, Bildhauer 172
Riva, Antonio, Baumeister 58, 86
Rößler, Johann Friedrich, Kupferstecher XII
Rot, Jörg, Bildschnitzer 184
Rottaler, Stefan, Steinmetz und Bildschnitzer 18, 101f., 136, 139, 152f., 166, 258

Sämmerer, Karl, Zinngießermeister 224
Sandrart, Joachim von, Maler 200
Sandtner, Jakob, Drechsler XVII, XXII, XXIVff., 52, 82, 90, 110, 120, 174, 190, 196
Scalzi, Alessandro, gen. Padovano, Maler 256
Schöpfer, Hans d.Ä., Maler 46
Schmuzer, Johann, Stukkator 124
Schmuzer, Matthias, Stukkator 198, 200
Schweinizer, Malerfamilie 122
Seberum, Peter von, Hofschreiner 110
Seitz, Rudolf, Maler 82
Seiz, Ludwig, Goldschmied 172
Sickinger, Franz, Steinmetz 50, 70, 72, 101f.
Sing, Johann Caspar, Hofmaler 136, 186
Slevogt, Max, Maler 32
Spieß, August, Maler 82
Spreng, Sigmund, Goldschmied 160
Steinacher, Georg, Hofmaurermeister 160, 172, 208
Stern, Georg d.J., Baumeister 50, 252
Stethaimer, Hanns, Werkmeister (Maler und Steinmetz) 60, 64, 66, 68, 70, 78, 132f., 136, 234
Storer, Johann Christoph, Maler 200
Straub, Johann Baptist, Hofbildhauer 210
Sustris, Friedrich, Maler und Architekt 252, 256

Taubenpeck, Andre, Bildschnitzer 66
Thumb, Michael, Baumeister 200
Triva, Antonio, Maler 208

Umpach, Samuel, Maler 56
Ussar, Gustav, Schlosser 106

Valentin, Maler 34
Vorster (Forster), Oswald, Steinmetz und Bildhauer 148

Wagner, Matthias, Zimmermann 148
Wagner, Josef, Maurermeister 164
Walch, Anthoni, Maurerpolier 42

Walter, Johann, Maurer 168
Weigand, Karl, Maler 82
Weißenburger, Hans Georg, Bildhauer 200
Wening, Michael, Kupferstecher XVI, 15, 28, 48, 68, 92, 198, 208, 220, 244, 262, 278
Werner, Hans, Bildhauer 66, 69f., 190

Wertinger, Hans, Hofmaler XVII, 46, 136f., 166
Westholzer, Stefan, Steinmetz und Hofmaurermeister 92, 258
Wimmer, Hans, Bildhauer 124
Winhard, Georg, Goldschmied 172
Wolfhart, Christoph, Bildhauer 148, 200

Wolfhart, Georg, Bildhauer 118
Wolfhart, Hans, Bildhauer 118
Wunderer, Franz Xaver, Maler 160, 220

Zimmermann, Johann Baptist, Maler und Hofstukkator 18, 94, 98, 172, 218ff.
Zwitzel, Bernhard, Steinmetz (Baumeister) 40

Personenverzeichnis

Achdorf, von 244, 246
Achter, Michael 168
Adelmann, von 262f.
Äger, Hans Georg 110
Aicher, Ursula 36
Aicher von Herrngiersdorf 38
Aicher von Herrngiersdorf, Ernst 196
Ainmiller, Max 56, 190
Airnschmalz, Sidonia, siehe Closenperger, Sidonia
Albrecht V., Herzog von Bayern XVIII, 248
Alhartspeck 177
Altdorfer (Patrizierfamilie) 64
Altenhaus, Peter von 152f.
Altheimer, Hanns 136
Amalie, Kurfürstin von Sachsen XVIII
Amann, Franz 22
Amplatz, Thomas 266
Apian, Martin 74
Arco-Valley, Graf von 168
Arnim, Bettina von, siehe Brentano, Bettina von
Arnpeck, Veit 64, 66, 246
Asch, von und zu (Patrizierfamilie) 50
Asch, Conrad von 40
Asch, Wolf von und zu 66, 70
Attenkofer 126
Auer, Josef 58

Bachmair, Johann 146
Backhaus, Joachim 146
Bals, Josef 56, 224
Bartmann 216
Baumgartner, Doktor Augustin 67, 70, 166
Baumgartner, Johann 32
Baur-Breitenfeld, Josef von 130
Berchem, von 198
Bermond, Franziska von 208
Brändl 214
Breiteneicher, Theobald 192
Breitenstein, Ulrich von 136, 138
Brenner 214
Brentano, Bettina von (geborene von Arnim) 198
Brentano-Mezzegra, Alexander von 226
Brentano-Mezzegra, Anna von 158
Brentano-Mezzegra, Nannette von 158
Butz 126

Carl Theodor, Kurfürst von Bayern 36
Carossa, Hans XVIII, 124
Chlingensperg, von 262
Christ, Lena 186
Closen, Freiherren von 108, 114
Closen, Alban von 114
Closen, Georg Cajetan Graf von 204
Closenberger, Christoph 202
Closenberger, Sidonia 202
Costa, Dr. Dominikus 206

Dachsberg, von 196
Daum, Katharina 155
Deutter 126

Diener (Patrizierfamilie) 196
Diernitz, Johann Wolfgang Freiherr von 244
Dietmaurer, Doktor Ferdinand Franz Theodor 162
Dinges, Martin 120
Dirlinger 192
Dittmar, Carl XXIX, 176
Doblinger, Andreas 168
Dorner, Christoph 50, 214f.
Dräxlmair 132, 170, 174, 264f.
Dürnberger, Wolf 84
Duschl, Nikolaus 192

Eberl Johann 166
Eckart 126
Ecker von Kapfing, Friedrich 182
Edlinger, Josef von 156
Elisabeth, Herzogin von Bayern XVIII
Elsendorfer, Barbara 136
Engel 126
Ernst von Haagsdorf, Christoph Ludwig 152
Ertl, Josef 194
Escherich 170
Ettlinger 38
Etzdorf, Franz Freiherr von 172f.
Etzdorf, Graf von 18, 36

Fahrmbacher, Alois 40
Fahrmbacher, Xaver 204, 206
Fahrmbacher, Franz Xaver 194
Feiler, Prof. 158
Feirer, Franz 174f.
Feirer, Sebastian 174f.
Feld, Walther d. Ä. vom 58, 90, 184f.
Ferdinand Maria, Kurfürst von Bayern XVIII, 208
Feuerbach, Friedrich 198
Feuerbach, Johann Anselm 198
Feuerbach, Ludwig 198
Feuri, Franz Xaver von 112
Finsterer 126
Fischer 126f.
Fischer, Georg 50
Fleischmann, Eugen 190
Fleischmann, Fritz 190
Flitzinger, Caspar 70
Förchtl, Simon Thomas 174
Fränking, von 112
Fraunberg zum Haag, von 108, 112
Fraunhofen, Freiherren von (Neufraunhofen) 22, 38, 110, 196
Fraunhofen, Gottlieb Adam Freiherr von (Neufraunhofen) 38
Fraunhofen, Wilhelm von (Neufraunhofen) 24
Fraunhofen, Reichsgrafen von (Alt- und Neufraunhofen) 206
Fraunhofen, Carl von 24
Freinhuber (Patrizierfamilie) 194
Freinhuber, Johann 152f.
Freinhuber, Wilhelm 172
Freyberg, von 112
Freyberger, Blasius 108

Friedrich I. Barbarossa, Kaiser 258
Friedrich III., Kaiser XXVI, 40
Fürbaß, Johann Georg 222
Fugger, Anna Benedikta Maximiliane Gräfin von 38

Gabelsberger 128
Galiart, Johann Baptist 92
Galler, Andrä 194
Ganslmair, Alois 174
Gehebauer, Ignaz 92
Geiger, 127
Georg, der Reiche, Herzog von Niederbayern XVIII, XXIV, XXVI, 34, 40, 100, 124, 174, 176, 200, 210, 224, 248, 258
Georg Altdorfer, Bischof von Chiemsee 70f.
Gerl 126
Geyer, Jakob 214
Gilmair 130, 196
Glapsperger (Patrizierfamilie) 56, 206
Götz 50, 170
Gonzaga, Federigo 42
Grasberger 78
Gremmer 106
Grießenbach, Gottfried von 14
Grimminger, Xaver 188
Grünenbach, Agnes von 94
Guggemoos zu Vilsheim, Freiherr von 204
Guggenberger, Vinzenz 26
Gugler, von 198
Gumppenberg, Freiherren von 232
Gustav Adolf, König von Schweden 42

Hagengruber, Michael 112
Haill, Dr. Johann 204
Haindl 210
Hammerpeck (Patrizierfamilie) 70
Harscher 280
Haunsperg, Freiherren resp. Grafen von 190
Haunsperg, Magdalena Gräfin von 198
Haunsperg, Wolfgang Sigismund von 58
Hauser, Sabina 104
Hedwig (Jadwiga), Herzogin von Bayern (Gemahlin von Herzog Georg dem Reichen) XVIII, 40, 210
Hegnenberg, von 22, 112
Heinrich I., Herzog von Bayern XIII, XVI, 16, 164
Heinrich II., Herzog von Bayern 16
Heinrich IV., der Reiche, Herzog von Bayern XXXIV, 34, 40, 100, 132, 150, 258, 270
Hermann, Abt von Niederaltaich XIII, 246
Herrmann, Leopold 236
Herzog, Theo 228
Heigl 54
Heiß, Leonhard 174
Hilz 174
Himmelstoß, Lorenz 238
Hinterburger, Thomas 50
Hirlhayder, Georg 271
Hirthammer, Johann 120
Hochhut 50

Hörl 160
Hörwarth, Graf von 204
Hofer 192
Hofreiter, Franz 204
Holl, Johannes 198
Huber, Franz 148
Huber, Jakob 238
Huber, Johann Nepomuk 196
Huber, Josef 238
Hürnheim, von 112

Illinger 126
Imhoff, Katharina, siehe Mair, Katharina
Impéry, Hans 168

Jaquemode, Franz 36
Johann, Anna Maria 104
Jonner, von 198

Kärgl (Adelsfamilie) 94, 102
Kärgl, Georg 101f.
Kärgl, Karl 101f.
Kaiser, Bartholomäus 238
Kaiser, Benno 238
Kammerloher, von 226
Kammerloher, Albert von 34
Karl V., Kaiser 156
Karl, Herzog von Anjou 282
Karl, Erzherzog von Österreich 44
Kasimir IV., König von Polen XVIII
Kaufmann 126f.
Kaufmann, Bartholomäus 168
Keppen, Prof. von 158
Kettner 50
Klughaimer, Martin 80
Koch, Franz Seraph 88
Köck, Franz Paula Reichsfreiherr von 40
Königsfeld, von 198, 204
Kolberg, Graf von 166
Koller, Franz 86
Konrad IV., König 282
Konradin von Hohenstaufen 282
Kray, Gregor 76
Kreidenweiß 226
Krenkl, Xaver 54
Kröner 50
Krüll, Philipp 40
Kühbauer 268

Laiming, von 26
Lamberg, Maria Theresia Franziska Antonia Gräfin von 172
Langenmantel, Doktor Leonhard 102
Laun, Heinrich 36
Leiden, Freiherren von 262
Leiter (della Scala), Johann Dietrich von der 110
Leitgeb (Patrizierfamilie) 38
Leoman (Patrizierfamilie) 70
Leoman, Wilhelm 50
Leoprechting, von 198
Lerchenfeld, Freiherren resp. Grafen von 112, 196, 204
Lichtenwallner 116
Lidl, Korbinian 162
Linnbrunner 64
Löwenstein-Wertheim, Graf von 42
Lothringen, Renata von, siehe Renata Herzogin von Bayern
Luckner, Karl 82
Ludmilla, Herzogin von Bayern (Gemahlin von Herzog Ludwig I.) XIII, 16, 94, 98, 100
Ludwig I., der Kelheimer, Herzog von Bayern XIII, 16, 94, 98, 100
Ludwig II., der Strenge, Herzog von Bayern XIII

Ludwig IV., der Bayer, deutscher Kaiser 14, 34
Ludwig IX., der Reiche, Herzog von Bayern XIII, XVIII, 36, 50, 100, 108, 114, 124, 246, 250
Ludwig VII., der Gebartete, Herzog von Bayern 34
Ludwig X., Herzog von Bayern XIII, XVIII, XXIV, XXXIf., 18, 28, 34, 40, 42, 100, 248, 256, 258
Ludwig I., König von Bayern 34, 54, 96, 114, 178, 208
Ludwig II., König von Bayern 94, 248
Luginger, Michael 192
Luther, Martin XVIII

Mändl, Wolfgang Johann Joseph Freiherr von 38
Märi 84
Maierhofer 160
Mair, Katharina 34
Mair, Doktor Martin XXIV, 34, 69f., 166
Malvater, Anna 104
Mayer, Franz Xaver 162
Mayer, Thomas 162
Mayr, Anton 270
Mayrhofer 126
Maximilian I., Kurfürst von Bayern XVIII, 14, 92, 198
Maximilian I., Kaiser 40
Max II. Josef, König von Bayern 14
Maximilian II, König von Bayern 186
Maxlrain, Grafen von 280
Meidinger, Franz Sebastian 38
Meindl, Michael 82
Melchthal, Gustav Ehrne von 120
Merici, Angela von 208
Mitterwallner 126
Moni 276
Moni, Nikolaus 36
Mooser 228
Mourath, Joseph von 280
Mourath, Maximilian von 202
Moser, Kaspar 54
Moser, Max 112
Müller, Johann Matthias 38
Münsterer 126
Münsterer, Josef 214
Muggenthal, Eberhard Adolf von 226
Muggenthal, Franz Anton von 122

Napoleon I., Kaiser von Frankreich 44
Neuhauser, Josef 162
Neumair, Vinzenz 92
Neumayr 126
Nothaft 66
Nyß, Josef Maria Maurus, Graf von 14

Oberhofer, Karl 26
Obermeier 278
Oberndorfer (Patrizierfamilie) 74, 150, 153
Oberndorfer, Oswald 76
Oberndorfer, Peter 78, 196
Oberpaur 126
Oeschei, Martin 36
Oppenrieder, David 86
Orban, Ferdinand SJ 212
Oswald, Wilhelm 170
Otto I., Pfalzgraf, dann Herzog von Bayern 252, 258
Otto II., der Erlauchte, Herzog von Bayern XIII
Otto III., Herzog von Niederbayern 32
Ottheinrich von der Pfalz 224

Pader, Conradt der 204
Pätzinger (Patrizierfamilie) 130

Pätzinger, Bernhard 32
Pätzinger, Georg 36
Pappenberger 48
Paumgartner, Johann 202
Paur, Josef 84
Pausinger 126
Pecheder 126
Pettenkofer, Johann Wilhelm von 226
Pexenfelder, Georg Christoph 266
Pfeiffer 280
Pfetten, Johann Ignaz Freiherr von 206
Pfister(er), Joseph 226
Pfister, Max 230
Pfundtner, Marx 82
Pfundtner, Tobias 188
Pienzenau, Freiherren von 196
Planck von Planckenberg 244
Plank (Patrizierfamilie) XXVI, 50, 164f., 188
Plank, Caspar 166
Pocci, Franz Graf von 40
Pockmayr 280
Podewils, Konstantin, Freiherr von 146
Pösl, Friedrich von 14
Polland, Anton 214
Pollner, Dr. Sebastian 196
Portia und Brugnara, Graf von 48
Prätl 106
Prel, Baron du 22
Preysing, von (Freiherren resp. Grafen) 30, 56, 94, 102, 108, 110, 112, 188, 280
Preysing, Anna Gräfin von 104
Preysing, Arnold von XXXI
Preysing, Hans Albrecht von 76
Promperger, Melchior 22

Räbl 160
Reichardt, Sebastian 240
Reinbach, Apollonia von 104
Reisacher, Anna 98, 104
Reisberger, Anton 196
Reisner 160
Renata, Herzogin von Bayern (Gemahlin von Herzog Wilhelm V.) 248, 256
Riebl, Karl 124
Rieger 126
Röckl 146
Röckl, von 38
Rökl 50
Rorer 30, 66
Ruf, Franz Seraph 130
Ruffini, Freiherren von 244
Rummel, von 262

Sailer, Johann Michael 92
Saulburg, Elisabeth 102
Savigny, Karl von 198
Scala, Johann Dietrich della, siehe Leiter, von der
Schaaf, Gustav 120
Scharsacher (Patrizierfamilie) 30, 38, 50
Scharsacher, Wilhelm 80
Scheidemandel 273
Schilthack (Patrizierfamilie) 70
Schirmbäck 228
Schleich zu Achdorf und Haarbach, Stephan XXXIff., 244
Schmatzhauser 50
Schmidtner 126
Schmidtner, Leonhard 80
Schön 126
Schönner, Johann Heinrich 236
Schreyer 128
Schuhmacher, Leonhard 34
Schwabl, Franz 202
Schwaiger, Johann jun. 176
Schwarz, Josef 30

Schwarz, Matthias 194
Schweibermair (Patrizierfamilie) 70, 72
Schweiblmaier 176
Schweinberger, Wilhelm 270
Sckell, Friedrich Ludwig 260
Sckell, Matthäus 260
Sebald 50
Seefelder, Joseph 188
Seman, Johannes 102
Sergl 216
Seyboltsdorf, Freiherren resp. Grafen von und zu 22, 156, 160, 206, 232
Silbernagl, Josef 38
Sommer, F. J. 156
Sondermann 114
Spannagel 50, 74
Spiegelar, Heinrich der 232
Staudach, von 148, 232
Staudach, Albrecht von 80
Staudach, Heinrich von 152, 155
Staudenraus, Alois 72, 270
Steiner, Xaver 222
Strasser, Georg 54
Strasser, Margarete 148
Stromer, Freiherr von 56, 188
Stubenpöck, Johann Christoph 50

Stumbeck 126 f.
Swingkhaimer, Caspar 32

Therese, Königin von Bayern (Gemahlin von König Ludwig I.) 176
Thoman 126
Thurn zu Neubeuern und Au, von 22
Törring, Grafen von 58, 196, 260
Törring, Hans Veit von 67, 70
Trainer, Stefan 76
Tramitz, Julius 120

Vetter 100
Viechtmayr, Thomas 206
Viehbeck, Doktor Wolfgang 69 f., 166
Vieregg, Freiherren von 38, 236

Wämpl 188
Wager von Vilsheim 112, 198
Wagner 127
Wagner, Matthias 232
Weber, Carl Maria von 194
Wein, Dr. Xaver 158
Weinprecht, Hanns 110
Wernstorf(f)er, Han(n)s XXVI, 48, 50
Westendorfer, Caspar 152
Wicklmayr 222

Widerspacher zu Grabenstätt, Georg Wilhelm 170
Wieland, Josef 146
Wiesbeck, August 120
Wilhelm II., Herzog von Bayern-Straubing-Holland 34
Wilhelm IV., Herzog von Bayern XVIII, 50
Wilhelm V., der Fromme, Herzog von Bayern XVIII, 248, 252, 256, 260
Wilhelm, Pfalzgraf von Zweibrücken-Birkenfeld-Gelnhausen, Herzog in Bayern 44, 46, 48, 170, 260
Wimmer 6
Wimmer, Martin 140
Winkler, Georg XXXI
Wirth 126
Wittmann 224, 244
Wittmann, Franz 174, 176
Wittmann, Karl 174, 176
Wolfauer, Oswald 136, 139
Wurm 126

Zäch, Franz Xaver 176
Zandt, Friedrich von 238
Zenger, von 232
Zierer, Ludwig 192
Zöttl, Johann 132

Sachverzeichnis

Adelspalais, Burgen, Schlösser und Steuerbefreite Stadthäuser:
    Adelmannschlößchen (Berg, Adelmannstraße 2) 262 f.
    Adelspalais (Neustadt 455) 196 f.
    Adelspalais (Neustadt 505) 204
    Adelspalais (Neustadt 515) 206 f.
    Burg Achdorf 244, 246
    Dräxlmaierschlößchen (Berg, Annabergweg 11) 264 f.
    Edelsitz Isarau 14
    Fideikommißhaus der Grafen von Törring (Altstadt 216) 58 f.
    Hofmarksschloß Achdorf (Achdorf, Ruffinistraße 9) 244, 246
    Hofmarksschloß Berg (Berg, Adelmannstraße 2) 262 f.
    Hofmarksschloß Schönbrunn (Schönbrunn, Schönbrunner Straße 1) 278 f.
    Monischlößchen (Moniberg, Pulverturmstraße 41) 276
    Palais Etzdorf (Ländgasse 50) 18, 172 f.
    Palais Königsfeld (Neustadt 514) 204
    Palais Pettenkofer (Schirmgasse 264) 226
    Palais Pfetten (Neustadt 520) 206
    Ruffinischlößchen (Achdorf, Äußere Münchner Straße 59) 244, 246
    Stadthaus der Freiherren von Closen (Dreifaltigkeitsplatz 175) 114 f.
    Stadthaus verschiedener Adelsfamilien (Dreifaltigkeitsplatz 13) 112 f.
    Stadthaus verschiedener Adelsfamilien (Neustadt 467) 198 f.
    Steuerbefreite Stadthäuser des Adels:
        (Alte Bergstraße 145) 22 f.
        (Altstadt 81) 50
        (Altstadt 180) 56 f.
        (Dreifaltigkeitsplatz 8) 110 f.
        (Kirchgasse 241) 160 f.
        (Nahensteig 180) 188 f.
Alte Post (Altstadt 28) 32
Alter Bahnhof (Regensburger Straße 7) XX, 216
Apotheken:
    Altstadt-Apotheke (Altstadt 27) 32 f.
    Apotheke „beim schwarzen Bären" (Altstadt 68) 36 f.
    Einhorn-Apotheke (Altstadt 74) 38
    Hofapotheke (Altstadt 68) 36 f.
    Löwen-Apotheke (Altstadt 93) 50 f.
    Marien-Apotheke (Neustadt 455) 196
    Neustadt-Apotheke (Neustadt 524) 206 f.
    Rosen-Apotheke (Altstadt 339) 84 f.
    St.-Martins-Apotheke (Altstadt 68) 36 f.
    St.-Nikola-Apotheke (Seligenthaler Straße 2) 230 f.

Auerhaus (Altstadt 216) 58 f.
Ausgrabungen in der Altstadt XXXIII

Bibliothek des Historischen Vereins für Niederbayern (Altstadt 79) 44; (Ländgasse 51) 174
Bildstöcke, siehe Kirchen und Kapellen
Botenhäuser:
    Augsburger Botenhaus (Kirchgasse 248) 162 f.
    Burghauser Botenhaus (Kirchgasse 249) 162 f.
    Münchner Botenhaus (Alte Bergstraße 146) 22 f.
    Regensburger Botenhaus (Neustadt 445) 194
Brändlhaus (Pfettrachgasse 7) 214
Bräustadel (Bauhofstraße 2) 90 f.
Brauereien, siehe Gasthäuser
Brennergut (Regensburger Straße 3) 214 f.
Bürgerverein XX
Burg Wolfstein (Wolfstein, Haus Nr. 1) 282 f.
Burgen, siehe Adelspalais
Burgfrieden 4
Burgfriedenssteine 4 ff.
Burgställe, Abschnittsbefestigungen und Türmhügel 285 ff.

Denkmäler und Gedenksteine:
    Denkmal für Herzog Ludwig den Reichen (Dreifaltigkeitsplatz) 108, 114
    Gedenkstein für die bei der Einnahme Landshuts durch die Schweden am 22. Juli 1634 gefallenen Bürger (Bauhofstraße) 90
    Gedenktafel, die auf einen Blitzschlag im Jahr 1790 hinweist (Berg, Am Graben 17) 262
    Gedenktafel für die Dichterin Lena Christ (Maximilianstraße 8–10) 186
    Gedenktafel über den früheren Baubestand an der Stelle von Dreifaltigkeitsplatz 11 110
    Gedenktafel an die hier im Jahr 1806 erfolgte Gründung des Corps Bavaria (Neustadt 437) 192
    Gedenktafeln für Paul Johann Anselm von Feuerbach sowie dessen Söhne Ludwig und Friedrich Feuerbach (Neustadt 467) 198
    Gedenktafel für Friedrich Karl von Savigny und dessen Schwägerin Bettina von Brentano (Neustadt 467) 198
    Gedenktafel für die hier im Jahr 1821 erfolgte Gründung des Corps Isaria (Neustadt 500) 202
    Gedenktafel für den großen Kirchenbaumeister Hanns Purghauser, genannt „Meister Hanns von Burghausen" (Spiegelgasse 208) 234
    Gedenktafel zu Ehren des hier am 21. April 1809 gefallenen bayerischen Generalmajors Friedrich von Zandt (Zweibrückenstraße 675) 238

Gedenktafel zur Erinnerung an das frühere Armenpflegehaus St. Sebastian (Zweibrückenstraße 685) 240
Kriegerdenkmal von 1872 (Bismarckplatz) 94
Kriegerdenkmal von 1928 (Neustadt) 210 f.
Kriegerdenkmal (bei Rennweg 118) 224 f.

Ensembles **16 ff.**, 20 f., 29
Essig- und Likörfabrik Dinges (Freyung 615) 120

Fürstenkeller (Altstadt 300) 78 f.

Gasthäuser (auch Brauereien, Gasthöfe, Gaststätten und Schankwirtschaften):
  Gastwirtschaft Beim Schwarzen Adler (Kramergasse 550) 168 f.
  Gasthof Zum schwarzen Adler (Altstadt 392) 88
  Gasthaus Ainmiller (Altstadt 195–197) 56 f.
  Anglerbräu (Zweibrückenstraße 721) 240
  Balskeller (Richard-Schirrmann-Weg 6) 224 f.
  Gaststätte Bernlochner (Ländtorplatz 3) XXXIV, 176 f.
  Gaststätte zum Bierbrunnen (Jodoksgasse 588) 148
  Dirlingerbräu (Neustadt 443) 192
  Gasthof zur Domfreiheit (Kirchgasse 250) 162 f.
  Gasthof Duschlbräu (Neustadt 441) 192 f.
  Firmerbräu (Neustadt 523) 206
  Gasthaus zum Freischütz (Neustadt 446) 194
  Gaststätte Gabelsberger Hof (Gabelsbergerstraße 19) 128
  Hacklberger Bierstüberl zum Maxwehr (Isargestade 742) 146
  Gasthaus Zum schwarzen Hahn (Nahensteig 189) 190 f.
  Weingasthof Zum schwarzen Hahn (Rosengasse 354) 226
  Gasthof Haindlgarten (Nikolastraße 18) 210 f.
  Hasen-Weinschenke (Zweibrückenstraße 717) 240
  Heiglbräu (Altstadt 102) 54
  Gasthof Heißbräu (Ländgasse 136) 174 f.
  Gasthof drei Helmen (Dreifaltigkeitsplatz 15) 112 f.
  Gastwirtschaft zum Hilz (Ländgasse 115) 174 f.
  Hirschenwirt (Alte Bergstraße 145) 22 f.
  Gasthaus zum Hofbräuhaus (Schirmgasse 264) 226
  Gasthof Hoferbräu (Neustadt 444) 192, 195
  Gasthof Hofreiter (Neustadt 505) 204 f.
  Gasthaus zur Insel (Badstraße 6) 90
  Gasthaus Jägerwirt (Karlstraße 6) 156
  Karlwirt (Wagnergasse 9) 238 f.
  Gasthof zum Kochwirt (Wagnergasse 9) 238 f.
  Gasthof Kochwirt (Altstadt 388) 88
  Gasthof Kollerbräu (Altstadt 362/363) 86
  Gasthof zum Krenkl (Altstadt 107) 54
  Gasthof Zu den drei Kronen (Neustadt 458) 196 f.
  Gasthaus Lindenhöhe (Innere Münchner Straße 10) 142 f.
  Gasthof zum Goldenen Löwen (Neustadt 437) 192
  Gasthaus zum wilden Mann (Altstadt 102) 54
  Michelwirt resp. Michlwirtsbräuhaus (Wagnergasse 9) 238 f.
  Gasthaus Drei Mohren (Altstadt 69) 36 f.
  Gasthof Moserbräu (Altstadt 107) 54
  Gasthof Münsterer (Regensburger Straße 1) 214 f.
  Nikola-Bierstüberl (Nikolastraße 31) 210 f.
  Gast- und Tafernwirtschaft Obermeier (Schönbrunn, Schönbrunner Straße 1) 278 f.
  Gasthof zum Ochsenwirt (Berg, Kalcherstraße 30) 268 f.
  Gastwirtschaft Zum Pfauwirt (Neustadt 461) 196 f.
  Poland-Bräuhaus (Regensburger Straße 1) 214 f.
  Reichardtbräu (Zweibrückenstraße 717) 240
  Gasthaus zum Rieblwirt (Freyung 631) 124
  Gasthaus zur Schenke (Bismarckplatz 8) 94
  Sebaldbräu (Altstadt 94–95) 50 f.
  Gasthof Silbernagel (Altstadt 72) 28, 38 f.
  Hotel Gaststätte Goldene Sonne (Neustadt 520) 206
  Weingasthof Zur Goldenen Sonne (Neustadt 452) 194
  Gasthof Zur goldenen Traube (Altstadt 195–197) 56
  Gaststätte Zum Vitztumb (Ländgasse 51) 174
  Gasthaus Wicklmayr (Regierungsstraße 568) 222 f.
  Wittmann Bräustüberl (Achdorf, Bachstraße 12) 244
Gedenksteine, siehe Denkmäler
Gefreite Stadthäuser, siehe Adelspalais
Getreidekasten (Wolfsteinerau, Haus Nr. 6) 282 f.
Gewerbehalle (Regierungsstraße 542) 222
Grasbergerhaus (Altstadt 300) 78 f.

Haus zum Kronprinzen (Altstadt 29) 34 ff.
Heiligenhäuschen, siehe Kirchen und Kapellen
Helmschrothaus (Altstadt 257) 72 f.
Herzoglicher, kurfürstlicher, königlicher oder staatlicher Besitz:
  Amtsgerichtsgefängnis, siehe kgl. Landgerichtsgefängnis
  Anatomisches Institut der Universität (Regierungsplatz 540) 216
  Apellationsgericht (Regierungsplatz 540) XVIII, 218
  Aussichtspavillon und Badhaus zur Stadtresidenz (Isarpromenade) 146 f.
  Begräbnisstätten der Wittelsbacher in der Zisterzienserinnenklosterkirche Seligenthal (Bismarckplatz 14) XVIII, 16, **100**
  Bezirksamt (Altstadt 218) 58 f.
  Bezirksgericht (Ländgasse 51) 174
  Burg Trausnitz VIII, XIII, XVI f., XXII f., XXVII, 16, 29, 108, **246 ff.**
  Exerzierhalle der abgebrochenen Max II. –, später Schweren Reiterkaserne (Friedhofstraße 6) 126 f.
  Filialgalerie der Bayer. Staatsgemäldesammlungen in der Stadtresidenz (Altstadt 79) 46
  Fronveste (Spiegelgasse 207) 232 f.
  Gießhütte, herzogliche (bei Richard-Schirrmann-Weg 6) 224 f.
  Harnischhaus, herzogliches (Ländgasse 51) 132, 172,
  Hauptwache, kgl. (Altstadt 87) 50 f.
  Hofgarten 260
  Hofkasten (Hauptkasten), herzoglicher (Dreifaltigkeitsplatz 177) XXVI, XXXIV, 29, **114 f.**
  Herzogsgarten 260 f.
  Herzogskasten (Spiegelgasse 234) 234 f.
  Herzogsschlößchen im Herzogsgarten 260 f.
  Isarkaserne, siehe (Neue) Kaserne
  Jägerhaus zur Burg Trausnitz (Berg, Edmund-Jörg-Straße 4) 266 f.
  Jugendherberge (Richard-Schirrmann-Weg 6) 224 f.
  Kanzlei, herzogliche resp. kurfürstliche (Altstadt 29) XXIV, 28, **34 ff.**
  Kaserne, Alte (Roßkopfkaserne) 214
  Kaserne im ehem. Malteserkloster (Neustadt 480–480a) 200
  Kaserne, Neue (Isarkaserne) 214
  Kreis- und Stadtgericht (Altstadt 218) 58 f.
  Landesuniversität, siehe Universität
  Landgericht (Dreifaltigkeitsplatz 177) 108, 114 f.
  Landgericht (Ländgasse 51) 174
  Land- und Amtsgerichtsgefängnis, kgl. (Spiegelgasse 207) 232 f.
  Landgestüt Landshut (Gestütstraße 5, 5a und Sigmund-Schwarz-Straße 4a) 128 f.
  Landratsamt Landshut (Altstadt 218) 58 f.
  Landschaftshaus (Altstadt 28) XXIV, 18, 28, 32 ff.
  Münze, herzogliche XVIII, 18
  Polizeiamt (Ländgasse 51) 174
  Postamt mit Oberpostdirektion (Postplatz 395–397) 214 f.
  Regierung, (Ländgasse 51) 174
  Regierung, kurfürstliche (Altstadt 29) 34 ff.
  Regierung, österreichische (Altstadt 79) 40
  Regierung von Niederbayern (Regierungsplatz 540) XX, **216 ff.**; Verwaltung des Bezirks (Maximilianstraße 15) 186
  Regierungskanzlei (Altstadt 29) 34 ff.
  Rentamt, kgl. (Altstadt 80) 48 f.
  Rentamtskanzlei (Ländgasse 51) 174
  Rentmeisterei (Altstadt 80) 48 f.
  Rentschreiberei (Altstadt 80) 48 f.
  Rentstube, kurfürstliche (Altstadt 80) 48 f.
  Roßkopfkaserne, siehe (Alte) Kaserne
  Salzstadel, siehe Herzogskasten
  Sitz des Landschaftspräsidenten (Ländgasse 41–42) 170 f.
  Staatsanwaltschaft (Ländgasse 51) 174
  Staatsoberkasse (Regierungsplatz 540) 216
  Stadtgericht, siehe Kreis- und Stadtgericht
  Stadtgerichtskanzlei, kurfürstliche (Altstadt 315) 80
  Stadtresidenz (Altstadt 79) mit „Hinterneubau" (Ländgasse 127) und Badhaus (Isarpromenade) XVIII, XIX, XXIV f., XXXII, 18, 28, **40 ff.**, 146 f., 174
  Stadtwohnung der Herzöge von Niederbayern (Ländgasse 51) 132, 172
  Straßenbauamt Landshut (Regensburger Straße 7) 216
  Torbau am Herzogsgarten (Berg, Grillweg 4) 260 f., 268
  Universität (Regierungsplatz 540) XVIII, 216 ff.
  Vicedom- oder Kanzlerhof (Ländgasse 51) 172
  Zahlamt, kurfürstliches (Altstadt 29) 34 ff.
  Zollhaus, herzogliches (Altstadt 79) 40
Hirschstetter-Haus (Altstadt 18–20) 30 f.; (Kirchgasse 234) 160; (Kirchgasse 238) 160

Sachverzeichnis

Hofmarken im Stadtgebiet 14 f.
Huber-Färberhaus (Wagnergasse 6) 238 f.

Jorhan-Haus (Freyung 603) 118
Jüdische Synagoge (Dreifaltigkeitsplatz) 108
Judenbad (Nahensteig 182) 188

Kaiser-Metzgerhaus (Wagnergasse 4) 238 f.
Kaiserschwaige (Karlstraße 156)
Kaminkehrerhaus (Dreifaltigkeitsplatz 14) 112 f.
Kanzler-Dorner-Haus (Altstadt 88) 50 f.
Kanzler-Mair-Haus (Altstadt 29) 34 f.
Kirchen und Kapellen (auch Bildstöcke und Heiligenhäuschen):
   Abteikapelle im Zisterzienserinnenkloster Seligenthal (Bismarckplatz 14) 104
   Afrakapelle im Zisterzienserinnenkloster Seligenthal (Bismarckplatz 14) 96 f.
   Allerseelenkapelle im Sandstadel (Martinsfriedhof 225) 186 f.
   Altdorferkapelle (Antoniuskapelle) in der kath. Stadtpfarr- und Stiftskirche St. Martin und Kastulus 64, 71, 73
   Antoniuskapelle, siehe Altdorferkapelle
   Annakapelle in der kath. Stadtpfarrkirche St. Jodok (Jodoksgasse 592) 150
   Asch- oder Maria-Einsiedelkapelle in der kath. Stadtpfarrkirche St. Jodok (Jodoksgasse 592) 150, 153
   St.-Bartholomäus-Kirche (Nikolastraße 43) 210
   Bildstock am Hammerbach (Nikolastraße) 210 f.
   Büßerkapelle der Jungfer Märi (Altstadt 336) 84
   Burgkapelle St. Georg in der Burg Trausnitz (Berg) 256 ff.
   Dreifaltigkeitskapelle (Neustadt 514) 204
   Dreifaltigkeitskirche (Dreifaltigkeitsplatz) XXII, XXVI, XXX, 108
   Engelkapelle, siehe Frauenkapelle
   Erlöserkirche, siehe Evang.-Luth. Stadtpfarrkirche
   Evang. Kirche (Regierungsstraße 542) 222
   Evang.-Luth. Stadtpfarrkirche (Erlöserkirche) (Luitpoldstraße 1) 180 f.
   Frauen- oder Engelkapelle (Martinsfriedhof 220) 184 f.
   Friedhofskapelle (Friedhofstraße 1) 126 f.
   Griechisch-Orthodoxe-Kirche, siehe Magdalenenkapelle an der Dominikanerkirche
   Hauskapelle im Auer-Haus (Altstadt 216) 58
   Hauskapelle im Harnischhaus (Ländgasse 51) 174
   Hauskapelle im Heiliggeist-Spital (Altstadt 97) 52
   Hauskapelle im Magdalenenheim (Christoph-Dorner-Straße 8) 106 f.
   Kath. Pfarrkirche Heilig Blut (Berg, Pfarrgasse 11) 270 f.
   Heiligenhäuschen in Frauenberg 274 f.
   Kath. Spitalkirche Heiliggeist (Heiliggeistgasse 394) 132 ff. XVII, XXIV, XXVI, XXVIII, 16 ff., 28 f., 89, **132 ff.**
   Kath. Stadtpfarrkirche St. Jodok (Jodoksgasse 592) XVI f., XXV, 16, 116 f., 119, **150 ff.**
   Johanniskapelle, siehe Afrakapelle
   Kärglkapelle, siehe Preysingkapelle
   Kapelle im Italienischen Bau der ehem. Stadtresidenz (Altstadt 79) 45 f.
   Katharinenkapelle in der Heiliggeist-Spitalkirche (Heiliggeistgasse 394) 132, 134
   Krankenkapelle im Heiliggeist-Spital (Altstadt 97) 52
   Loretokapelle (Marienplatz 9) 182
   Magdalenenkapelle an der Dominikanerkirche (Regierungsplatz 541) 218, 220
   Magdalenenkapelle in der kath. Stadtpfarr- und Stiftskirche St. Martin und Kastulus (Altstadt 219) 70
   Pfarrkirche (Alte) St. Margareta (Achdorf, Hagengasse) 246
   Kath. Pfarrkirche St. Margareta (Achdorf, Hagengasse 1) 244 f.
   Kath. Wallfahrtskirche Maria Brünnl (Berg, Brünnlweg 19) 266 f.
   Maria-Einsiedelkapelle, siehe Aschkapelle
   Kath. Kirche Mariae Heimsuchung (Frauenberg) 274 f.
   Mariahilfkapelle an der Dominikanerkirche (Regierungsplatz 541) 218, 220
   Kath. Stadtpfarr- und Stiftskirche St. Martin und Kastulus (Altstadt 219) VIII, XIII, XV, XVII f., XXII, XXVI ff., 14, 16 f., 28 f., **60 ff.**, 73, 138, 157, 166, 172, 188
   Kath. Kirche St. Michael (Schweinbach) 280 f.
   Kath. Pfarrkirche St. Nikola (Nikolastraße 43) XVII, 210 ff.
   Oberndorferkapelle in der kath. Stadtpfarrkirche St. Jodok (Jodoksgasse 592) 150, 153
   Kath. Kirche St. Ottilia (Salzdorf) 278 f.
   Passauerkapelle im Zisterzienserinnenkloster Seligenthal (Bismarckplatz 14) 104
   Kath. Kirche St. Petrus (Münchnerau) 276 f.
   Plankkapelle im Kreuzgang des früheren Franziskanerklosters (Kolpingstraße 482) 164 ff.
   Portenkapelle im Zisterzienserinnenkloster Seligenthal (Bismarckplatz 14) 104
   Preysing – mit ehem. Kärglkapelle an der Zisterzienserinnenklosterkirche Seligenthal (Bismarckplatz 14) 94, **100 ff.**
   Kath. Privatkapelle in Buchenthal (Buchenthal, bei Haus Nr. 2) 272 f.
   St.-Rochus-Kapelle mit früherem Blatternhaus (Bauhofstraße 3 d) 16, 90 f.
   Russisch-Orthodoxe-Kirche, siehe Mariahilfkapelle
   Sakramentskapelle in der kath. Stadtpfarrkirche St. Jodok (Jodoksgasse 592) 150
   Schloßkapelle Schönbrunn (Schönbrunn) 280
   St. Sebastianskirche (Sebastianikirche) (Litschengasse 716) XVII, XXIV, XXVIII, **176 ff.**
   Taufkapelle in der kath. Stadtpfarr- und Stiftskirche St. Martin und Kastulus (Altstadt 219) 64, 70 f.
   Theklakapelle (Alte Bergstraße 155) XVIII, 23 ff.
   Veitskapelle in der kath. Stadtpfarrkirche St. Jodok (Jodoksgasse 592) 150, 154 f.
Kirchlicher Hausbesitz (ohne Kirchen und Kapellen):
   Alumnen-Institut der Bartholomäer (Ländgasse 41–42) 170
   Benefiziatenhaus zur Theklakapelle (Alte Bergstraße 157) 26
   Evang.-Luth. Gemeindeamt (Klötzmüllerstraße 2) 162 f.
   Grab-Christi-Bruderschaftshaus (Altstadt 217) 58 f.
   Kapitelhaus zu St. Martin (Spiegelgasse 207) 232 f.
   Kapitelhaus zu St. Martin (Spiegelgasse 213) 14
   Kaplanhaus zur Burg Trausnitz (Alte Bergstraße 171) 26
   Kaplanhäuser zur Burg Trausnitz (Nahensteig 187) 190
   Kaplanhaus zur Heilig-Dreikönig-Meßstiftung (Kirchgasse 242/243) 160 f.
   Kollegiatstift St. Martin und Kastulus 156, 158
   Kolpinghaus (Freyung 619–620) 116, 120 f.
   Kooperatorenhaus zu St. Jodok (Kramergasse 558–559) 168 f.
   Küster- oder Mesnerhaus zu St. Jodok (Freyung 627) 122
   Mesnerhaus zu St. Martin (Spiegelgasse 214) 14, 234 f.
   Mesner- und Kooperatorenhaus zu St. Martin (Martinsfriedhof 221–222) 184 f.
   Meßstiftungshaus der St. Johannes- und der Frühmesse bei St. Martin (Kirchgasse 247) 162
   Meßstiftungshaus der Schneiderbruderschaft bei St. Martin (Spiegelgasse 208) 234 f.
   Musikanten- oder Choralistenhaus bei St. Jodok (Freyung 612) 120
   Pfarrhof, Alter (Spiegelgasse 204, 205) 14
   Pfarrhof von St. Jodok (Freyung 629) 116 f., 122
   Pfarrhof von St. Martin (Kirchgasse 232) 14, 116 f., 122
   Pfarrhaus von St. Nikola (Nikolastraße 41) 210 f.
   Priesterbruderschaftshaus zum St.-Katharinen-Altar bei St. Martin (Nahensteig 185) 190 f.
   Propstei (Neue) des Kollegiatstifts St. Martin und Kastulus (Altstadt 218) 14, 58 f.
   Propstgarten 14
   Sandstadel (Martinsfriedhof 225) 186 f.
   Stiftskasten (Spiegelgasse 215) 14
   U. L. Frauen-Himmelfahrtsmeß-Haus des Dominikanerklosters (Kolpingstraße 485) 166
Klöster und Stifte:
   Dominikanerkloster (Regierungsplatz 540–541) XVI, XVIII, 18, 29, **216 ff.**
   Franziskanerkloster St. Peter und Paul (Kolpingstraße 482) XVI, XVIII, XXV, 16, 18, **164 f.**
   Franziskanerkloster (Marienplatz 9) 18, **182**
   Franziskanerinnenkloster Heilig Kreuz (Freyung 630) XVII, 18, 116, **122 ff.**
   Jesuitenkloster (Neustadt 479, 480–480 a) XVIII, XXVI, 18, 29, 190, **198 ff.**
   Kapuzinerinnenkloster bei Maria Loreto (Marienplatz 9) XVIII, 18, **182**
   Kapuzinerkloster (Bauhofstraße 6) 18, **92 f.**
   Kollegiatstift St. Martin und Kastulus XVIII, 14, 232
   Malteserritterorden, siehe Jesuitenkloster
   St.-Barthlmä-Leprosenhaus bei St. Nikola 210

Ursulinenkloster (Neustadt 534–536) XVIII, 18, 29, **208 ff.**
Zisterzienserinnenkloster Seligenthal (Bismarckplatz 14) XIII f., XVII f., 14 f., 16, 18, **94 ff.**, 228 f.
Kühbauernanwesen (Berg, Grillweg 2) 268

Landshuter Erker 26 f.
(am Haus Alte Bergstraße 171) XXXII
(am Haus in Berg, Am Graben 17) XXXI, 262 f.
Landstände 32
Leinberger-Haus (Bindergasse 492) 92 f.

Märkte:
 Holzmarkt XXVI
 Kornmarkt XXVI
 Kühmarkt XXVI
 Schweinemarkt XXVI
 Speismarkt XXVI
 Tandlmarkt XXVI
 Taubenmarkt XXVI
Mooserhaus (Schwestergasse 8) 228 f.

Ottonische Handfeste 32

Papierwerk Landshut (Seligenthaler Straße 40) 232
Pappenbergerhaus (Altstadt 81) 48 ff.
Parkbank beim Friedhof (Friedhofstraße 1) 126
Patrizierhäuser:
 Closenberger (Neustadt 500) 202 f.
 Diener (Neustadt 458) 196
 Fürbaß (Regierungsstraße 570) 222 f.
 Glabsperger (Altstadt 195–197) 56
 Kray (Altstadt 295, 295¹/₂–296) 74 ff.
 Kreidenweiß (Schirmgasse 264) 226 f.
 Leitgeb (Altstadt 72) XXIV, 38
 Leoman (Altstadt 87) 50 f.
 Oberndorfer (Altstadt 260) 74 f.
 Oberndorfer (Altstadt 299) 76 f.
 Oberndorfer (Altstadt 300) 78 f.
 Oberndorfer (Neustadt 455) 196 f.
 Pätzinger (Altstadt 28) 32, 36
 Pätzinger (Grasgasse 330) 130 f.
 Pfundtner (Altstadt 335) 82
 Rorer (Altstadt 18–20) 30 f.
 Scharsacher (Altstadt 18–20) 30 f.
 Scharsacher (Altstadt 70) 38 f.
 Schweibermair (Altstadt 255) 72
 Spannagel (Altstadt 259) 74 f.
Peterschwaige (Regensburger Straße 11) 216
Pfahuber-Maurerhaus (Pfettrachgasse 4) 214
Pichlbad (Neustadt 504) 204
Purghauser-Haus (Kirchgasse 236) 160

Rauhputzfassaden 18
Römervilla (Schwestergasse 26 b) 230
Romanisches Portal der abgebrochenen Klosterkirche Münchsmünster (Friedhofstraße 1) 126
Rundpavillon der Gewerbeschau von 1903 (Wittstraße) 238 f.

Scheidemandel-Villa (Berg, Weinzierlstraße 17) 272 f.
Schirmbäck-Haus (Schirmgasse 278) 228 f.
Schleifmühle (Badstraße 3) 90; (Christoph-Dorner-Straße 4) 106
Schlösser, siehe Adelspalais
Schreyer-Villa (Gerhart-Hauptmann-Straße 16) 268
Schulen:
 Fachschule für Keramik, Staatliche (Marienplatz 8) 182
 Georgianum (Priesterseminar) (Neustadt 480–480 a) 200
 Hans-Carossa-Gymnasium (Freyung 630) 122
 Hans-Leinberger-Gymnasium (Marienplatz 11) 182 f.
 Lyceum XVIII
 Normalschule (Neustadt 460) 196 f.
 Ottonianum (Internat für auswärtige Realschüler) (Richard-Schirrmann-Weg 6) 24, 224 f.
 Trivialschule, kurfürstliche (Neustadt 460) 196 f.
 Schulhaus in Berg (Berg, Edmund-Jörg-Straße 19) 266 f.
 Schulhaus bei St. Martin (Spiegelgasse 201) 14
 Studienseminar, Staatliches (Freyung 630) 122

Volksschule in Achdorf (Achdorf, Anstaltsgäßchen 7) 244 f.
Volksschule in Berg (Berg, Kalcherstraße 24) 268 f.
Sebastiani-Pavillon (Litschengasse 708) 146, 176
Städtischer Besitz:
 Armenpflegehaus St. Sebastian (Zweibrückenstraße 685) 240
 Asyl, siehe St.-Jodoks-Stift
 Bauhof (Bauhofstraße 6) 92 f.
 Bischofsstäbe (= gußeiserne Lichtmasten) 30
 Brothaus (Altstadt 334) 82
 Burgfriedenssteine 4 ff.
 Finanzamt (Isargestade 736) 146 f.
 Frauenhaus (Ludwigstraße) 178
 Hauptfriedhof (Friedhofstraße 1) 126 f.
 Heiliggeist-Spital (Altstadt 97) XIII, XXIV, 16, **52 f.**, 212
 Krankenhaus (Ländgasse 170) 170 f.
 Liebsbundkrankenhaus, siehe Magdalenenheim
 Magdalenenheim (Liebsbundkrankenhaus) (Christoph-Dorner-Straße 8) 106 f.
 Magistratische Kanzlei, siehe Rathaus
 Rathaus (Altstadt 315) XXV, 28, **80 ff.**
 St.-Jodoks-Stift (Freyung 596–599) 118 f.
 Schergenstube (Schirmgasse 264) 226
 Schlachthof (Stethaimer Straße 29) 236
 Schrannenhaus (Neustadt 506) 204
 Stadtarchiv (Altstadt 79) 44, 82
 Stadt- und Kreismuseum (Altstadt 79) 44 f. (Berg, Adelmannstraße 2) 262
 Stadt-Offiziershaus (Altstadt 87) 50 f. (Bindergasse 491) 92 f.
 Stadttheater (Ländtorplatz 3) **176 f.**, 236
 Stock- und Amtshaus (Altstadt 315) 80
 Tanzhaus (Altstadt 315) 80
 Wasserturm mit Brunnenhaus (Dreifaltigkeitsplatz 2) 8, 10, **109**
 Wasserturm am Annaberg (Berg, Adamweg) 262 f.
 Wasserturm in Berg (Berg, Kalcherstraße 25) 268 f.
 Wasserturm am Moniberg (Moniberg, bei Haus Nr. 76) 276 f.
 Weinstadel, siehe Zeughaus
 Zeughaus (Steckengasse 311) 236
Stadtbefestigung (mit Stadttoren und Wachttürmen):
 Äußeres Isartor XVII, XXIV
 Banngraben 6
 Bannwall 6
 Burghauser Tor (Huetertor) (Alte Bergstraße 161) 8 f., 16, 22, **26 f.**
 Blauer Turm, siehe Inneres Isartor
 Fischmeisterturm, siehe Röcklturm
 Hagraintor XVIII
 Inneres Isartor (Blauer Turm) XVI, XXIV, XXVIII, 10, 28
 Judentor (Altes) XIII, XVI
 Judentor (Neues), siehe Münchner Tor
 Ländtor (Ländtorplatz 6) XVI, 8 f., 12, 16, **176 f.**
 Münchner Tor (Neues Judentor) XVI, XXIV, 8, 12, 22, **108**
 Röcklturm (Fischmeisterturm) (Isarpromenade 2) 8, 10, 146
 Spitaltor XIII, XVI, XXIV
 Stadtmauer (bzw. Stadtbefestigung) XVI f., **8 ff.**, 16, 18, 90, 112, 122, 124, 164, 166, 212 f.
 Tor bei St. Jobst 120
 Zerrertor XVI, 192
Stadterweiterungen 16 ff., 150
Stadtmodell von Landshut XXI ff.
Stainacher-Haus (Kirchgasse 234) 160
Stethaimer-Haus (Spiegelgasse 208) 234 f.
Straßburg XIII
Straßenpflasterung 22
Straßenschild der Schirmgasse 228

Tabakfabrik Gremmer (Christoph-Dorner-Straße 4) 106

Villa Bellevue (Vogelherd, Am Vogelherd 1) 282 f.

Wämpl-Haus (Nahensteig 182) 188 f.
Wandbrunnen am Orbankai 212 f.
Wegkreuz (Berg, Brühfeldweg) 264 f.
Werkhalle der Maschinenfabrik Sommer (Karlstraße 28) 156
Wertinger-Haus (Kirchgasse 228) 156 f.

Zinngießerhäuser (Neustadt 459) 196 f.; (Neustadt 516) 206

Orte außerhalb des Stadtgebiets von Landshut:
Burghausen, Stadtmodell   XXI, XXIV
Dingolfing,
    herzoglicher Kastenhof   130
    kath. Stadtpfarrkirche St. Johannes Bapt. und Evang.   138
    Steinweg 4   262
Erding, Münchner Straße 6   262
Freising, Philosophisch-Theologische Hochschule   XX

Ingolstadt, Stadtmodell   XXI, XXIV
Meran (Südtirol) Spitalkirche   138
Moosburg (Auf der Plan 8)   262
München, Stadtmodell   XXI, XXIV
Pischelsdorf am Engelbach (Oberösterreich), kath. Pfarrkirche   136f.
Prag (ČSSR), Dom St. Veit   138
Schrobenhausen, kath. Stadtpfarrkirche   138
Straubing, Stadtmodell   XXI

Anhang

Literaturverzeichnis

Franz Sebastian Meidinger: Beschreibung der kurfürstlichen Haupt- und Universitätsstadt Landshut (1785 und 1805)
Alois Staudenraus: Chronik der Stadt Landshut, 3 Bände (1832)
Alois Staudenraus: Topographisch-statistische Beschreibung der Stadt Landshut und ihrer Umgebung (1835)
Anton Wiesend: Topographische Geschichte der Kreishauptstadt Landshut (1858)
Friedrich Haack: Die gotische Architektur und Plastik der Stadt Landshut (1894)
Hans Buchheit: Landshuter Tafelgemälde des XV. Jahrhunderts und der Landshuter Maler Hans Wertinger, genannt Schwabmaler (1907)
Anton Eckardt: Die Kunstdenkmäler von Niederbayern, Bd. II Bezirksamt Landshut (1914)
Max Frankenburger: Die Landshuter Goldschmiede, in: Oberbayer. Archiv, Bd. 59 (1915)
Weber-Marschall: Landshuter Stadtchronik 1834–1908 (1916)
Felix Mader: Die Kunstdenkmäler von Niederbayern, Bd. XVI, Stadt Landshut (1927)
Georg Lill: Hans Leinberger, der Bildschnitzer von Landshut (1942)
Anton Reß: Studien zur Plastik der Martinskirche in Landshut, in: Verhandlungen des Hist. Vereins für Niederbayern, Bd. 81 (1956), S. 7–88
Franz Dambeck: Hans Stethaimer und die Landshuter Bauschule, in: Verhandlungen des Hist. Vereins für Niederbayern, Bd. 82 (1957)
Theo Herzog: Landshuter Häuserchronik, Bd. 1 (1957), Bd. 2 (1971)
Hans Weindl: Geschichte der Stadt Landshut (1959)
Theo Herzog: Landshuter Urkundenbuch, Bd. I und Bd. II (1963)
Theo Herzog: Zur Geschichte des Bauhandwerks in Landshut vom 14.–19. Jh. (1963)
Sebastian Hiereth: Herzog Georgs Hochzeit zu Landshut im Jahr 1475 (1965)
Alexander Frhr. v. Reitzenstein: Die alte bairische Stadt in den Modellen des Drechslermeisters Jakob Sandtner, gefertigt in den Jahren 1568–1574 im Auftrag Herzog Albrechts V. von Bayern (1967)
Herbert Brunner: Die Trausnitzkapelle ob Landshut (1968)
Hans Thoma: Herbert Brunner u. Theo Herzog, Stadtresidenz Landshut, amtlicher Führer der Bayer. Verwaltung der staatlichen Schlösser, Gärten und Seen (1969)
Theo Herzog: Die Baugeschichte des St. Martinsmünsters und anderer Landshuter Kirchen im Lichte der Jahrring-Chronologie, in: Verhandlungen des Hist. Vereins für Niederbayern, Bd. 95 (1969), S. 36–53
Theo Herzog: Landshut im 19. Jh. (1969)
Volker Liedke: Bernhard Zwitzel, der Meister des sog. «Deutschen Baus» an der Stadtresidenz in Landshut, in: Verhandlungen des Historischen Vereins für Niederbayern, Bd. 97 (1971), S. 90–99
Erich Stahleder: Die drei Reichen Herzöge, in: Große Niederbayern, hrsg. v. H. Bleibrunner (1972), S. 27–42
Fritz Markmiller: Christian Jorhan, in: Große Niederbayern, hrsg. v. H. Bleibrunner (1972), S. 83–92
Volker Liedke: Hans Wertinger und Sigmund Gleismüller, zwei Hauptvertreter der Altlandshuter Malschule, in: Ars Bavarica, Bd. 1 (1973), S. 50–83
Georg Spitzlberger: Stadtmauer, Obere Länd 42 bis Dreifaltigkeitsplatz 11, (1973) (= Historische Bauwerke in Landshut, Heft 1)

Hans Bleibrunner: Landshut – Ansichten der Stadt aus fünf Jahrhunderten (1974)
Theo Herzog: Landshut, in: Bayerisches Städtebuch, Teil 2 (1974). S. 317–325
Hans-Peter Rasp: Die Landshuter Stadtresidenz – Stilcharakter und Baugeschichte der italienischen Trakte, in: Verhandlungen des Hist. Vereins für Niederbayern, Bd. 100 (1974), S. 108–184
Georg Spitzlberger: Cistercienserinnenabtei Seligenthal, 2. völlig neubearbeitete Auflage (1975) (= Schnell, Kunstführer Nr. 583 von 1953)
Erich Stahleder: Die Frauenkapelle bei St. Martin in Landshut (1975)
Herbert Brunner u. Elmar Dionys Schmid: Landshut, Burg Trausnitz (5. Auflage, 1975) (= Amtlicher Führer der Bayer. Verwaltung der staatlichen Schlösser, Gärten und Seen)
Volker Liedke: Die Baumeister- und Bildhauerfamilie Rottaler (1480–1533), Diss. München 1974 (1976)
Georg Spitzlberger: Die Burgfriedenssäulen (1976) (= Historische Bauwerke in Landshut, Bd. 2)
Erich Stahleder: Maria-Ach, genannt Theklakapelle – ein altes Marienheiligtum in Landshut, Neue Veröffentlichungen des Instituts für Ostbairische Heimatforschung Nr. 36, Passau 1976
Hans Bleibrunner: Die Ursulinen in Landshut (1979)
Erich Stahleder: Ehemalige Jesuitenkirche St. Ignatius in Landshut, 1. Auflage (1979) (= Schnell, Kunstführer Nr. 1200)
Volker Liedke: Landshuter Tafelmalerei und Schnitzkunst der Spätgotik (1979)
Hans Bleibrunner: Niederbayern, Kulturgeschichte des bayerischen Unterlandes, Bd. I (1979), Bd. II (1980)
Georg Spitzlberger: Kirchen der Stadtpfarrei Achdorf, 1. Auflage (1981) (= Schnell, Kunstführer Nr. 1280)
Georg Spitzlberger: Landshut, 1. Auflage (1981) (= Große Kunstführer 79)
Georg Spitzlberger: Heiliggeist in Landshut, 2., völlig neubearbeitete Auflage (1981) (= Schnell, Kunstführer Nr. 964)
Tilmann Breuer: Die bayerische Denkmalliste am Beispiel Landshut, in: Jahrbuch der Bayerischen Denkmalpflege, Bd. 36 (1982), S. 55–76
Erich Stahleder: St. Martin in Landshut, Kirchenführer, neunte Auflage (1982) (= Schnell, Kunstführer Nr. 212 von 1937)
Erich Stahleder: Ehem. Dominikanerkirche St. Blasius in Landshut, Kirchenführer erste Auflage 1982 (= Schnell, Kunstführer Nr. 1333)
Georg Spitzlberger: Kirchen der Stadtpfarrei St. Nikola in Landshut, Kirchenführer, erste Auflage (1983) (= Schnell, Kunstführer Nr. 1382)
Volker Liedke: Die Landshuter Maler- und Bildhauerwerkstätten von der Mitte des 16. bis zum Ende des 18. Jahrhunderts (1983)
Volker Liedke: Das Bürgerhaus in Altbaiern (1984)
Hans Bleibrunner: Landshut, die altbayerishe Residenzstadt, ein Führer zu ihren Sehenswürdigkeiten, 4. Auflage (1985)
Volker Liedke: Meister Hanns von Burghausen, Teil I (1985)
Hans Bleibrunner: Landshuts Stadtbefestigungen nach dem Sandtnermodell, o. J.
Volker Liedke: Meister Hanns von Burghausen, Teil II (1986)
Otto Schmidt: Christian Jorhan d. Ä. (1727–1804), (1986)
Eberhard Zorn: Landshut, Entwicklungsstufen mittelalterlicher Stadtbaukunst (o. J.)

Abbildungsnachweis

Die Photos zu den Abbildungen wurden fast durchwegs von Joachim Sowieja (Bayerisches Landesamt für Denkmalpflege) aufgenommen. Darüber hinaus haben freundlicherweise noch folgende staatlichen Ämter, Archive, Bibliotheken, Museen und Sammlungen sowie verschiedene Privatpersonen Photos beigesteuert:

S. XII	Stadt- und Kreismuseum Landshut
S. XIII	Bayerische Verwaltung der staatlichen Schlösser, Gärten und Seen, München
S. XVI	Bayerisches Landesvermessungsamt, München
S. XVII	Bayerisches Nationalmuseum, München
S. XX	Bayerisches Landesvermessungsamt, München
S. XXI	Bayerisches Nationalmuseum, München
S. XXII	Bayerisches Nationalmuseum, München
S. XXIV	Bayerisches Nationalmuseum, München
S. XXV	Bayerisches Nationalmuseum, München
S. XXVII	Bayerische Verwaltung der staatlichen Schlösser, Gärten und Seen, München
S. XXVIII	Bayerisches Nationalmuseum, München
S. XXIX	Universitätsbibliothek Erlangen
S. XXXIII	Dr. Georg Spitzlberger, Landshut
S. XXXIV	Stadt- und Kreismuseum Landshut
S. 5	Franz Högner, Landshut
S. 12	Stadtbauamt Landshut
S. 15	Bayerisches Landesvermessungsamt, München
S. 25	Schloßarchiv Neufraunhofen
S. 28	Bayerisches Landesvermessungsamt, München
S. 32	Bayerisches Landesvermessungsamt, München
S. 40	Bayerisches Landesvermessungsamt, München
S. 60	Bayerisches Landesvermessungsamt, München
S. 66	Aus: J. Sighart, Geschichte der Bildenden Künste im Königreich Bayern, München 1862, S. 434
S. 68	Bayerisches Landesvermessungsamt, München
S. 81	Stadt- und Kreismuseum Landshut
S. 82	Max Ziegenaus, Landshut
S. 89	Dr. Volker Liedke, München
S. 92	Bayerisches Landesvermessungsamt, München
S. 126	Bayerische Staatsbibliothek, München
S. 136	Staatsarchiv Landshut
S. 198	Bayerisches Landesvermessungsamt, München
S. 208	Bayerisches Landesvermessungsamt, München
S. 216	Staatliche Graphische Sammlung, München
S. 220	Bayerisches Landesvermessungsamt, München
S. 224	Staatliche Graphische Sammlung, München
S. 244	Bayerisches Landesvermessungsamt, München
S. 262	Bayerisches Landesvermessungsamt, München
S. 278	Bayerisches Landesvermessungsamt, München

Luftbildaufnahmen

Bayerisches Landesamt für Denkmalpflege, Luftbildarchäologie, Aufnahmen Otto Braasch, freigegeben durch die Regierung von Oberbayern

S. IX	Landshut, Blick auf die Altstadt mit der Martinskirche und der Burg Trausnitz. Photo: Max Prugger, München. Freigabe-Nr. G 30/12840
S. XI	Landshut, Blick auf die Altstadt mit St. Martin, der Stadtresidenz und der Heiliggeist-Spitalkirche. Objekt-Nr. 7538/60, 31, Freigabe-Nr. GS 300/8687 – 81
S. 17	Ensemble Stadt Landshut. Objekt-Nr. 7538/60, 31, Freigabe-Nr. GS 300/8687 – 81
S. 19	Ensemble Stadt Landshut. Objekt-Nr. 7538/31, 60, Freigabe-Nr. GS 300/8687 – 81
S. 20	Ensemble Seligenthaler Straße. Objekt-Nr. 7538/60, Freigabe-Nr. GS 300/8687/81
S. 21	Ensemble Gabelsbergerstraße. Objekt-Nr. 7538/60, Freigabe-Nr. GS 300/8687/81
S. 21	Ensemble Luitpoldstraße. Objekt-Nr. 7538/60, Freigabe-Nr. GS 300/8687/81

Karten und Pläne

S. 2	Bayerisches Landesvermessungsamt, München
S. 4	Bayerisches Landesvermessungsamt, München. Die handschriftlichen Eintragungen von Dr. Volker Liedke
S. 14	Bayerisches Landesvermessungsamt, München
S. 15	Bayerisches Landesvermessungsamt, München
S. 28	Bayerisches Landesvermessungsamt, München
S. 48	Ursula Liedke, München
S. 52	Bayerisches Landesvermessungsamt, München
S. 76	Ursula Liedke, München
S. 78	Ursula Liedke, München
S. 86	Ursula Liedke, München
S. 92	Bayerisches Landesvermessungsamt, München
S. 108	Bayerisches Landesvermessungsamt, München
S. 114	Ursula Liedke, München
S. 116	Bayerisches Landesvermessungsamt, München
S. 122	Bayerisches Landesvermessungsamt, München
S. 144	Bayerisches Landesvermessungsamt, München
S. 158	Bayerisches Landesvermessungsamt, München
S. 190	Bayerisches Landesvermessungsamt, München
S. 200	Bayerisches Landesvermessungsamt, München
S. 202	Ursula Liedke, München
S. 226	Ursula Liedke, München
S. 234	Dipl.-Ing. Helmut Strehler, Gammelsdorf
S. 238	Bayerisches Landesvermessungsamt, München
S. 260	Bayerisches Landesvermessungsamt, München

Kartenanhang: Bayerisches Landesvermessungsamt, München und Städt. Bauamt Landshut

Alle übrigen Pläne stammen aus dem Planarchiv des Bayerischen Landesamts für Denkmalpflege, München.

Topographische Karte 1 : 100 000

1 : 100 000 (1 cm der Karte = 1 km in der Natur)

Herausgegeben vom Bayer. Landesvermessungsamt München

Ausgabe 1985

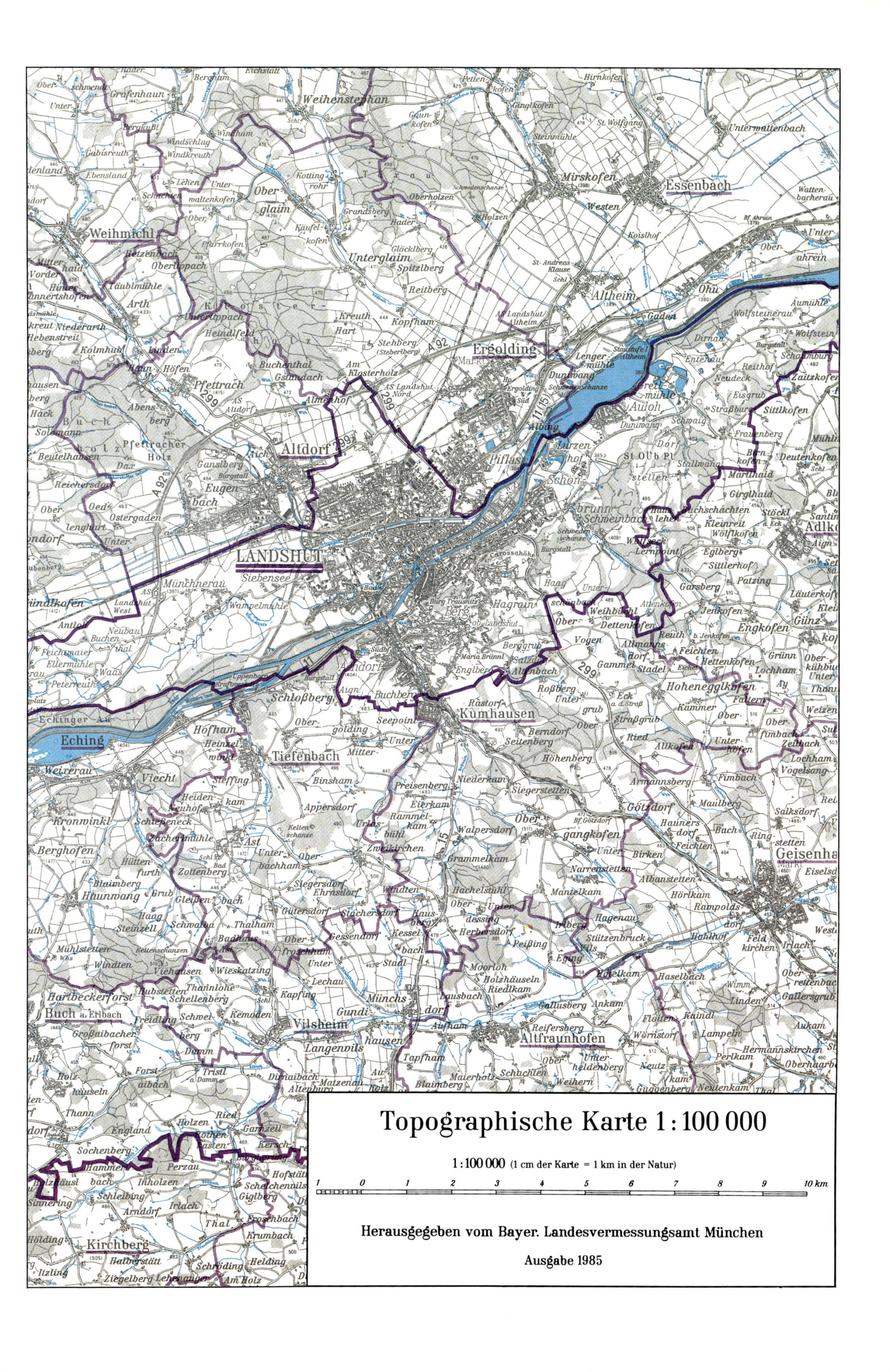

Topographische Karte 1:25000

1:25000 (4 cm der Karte = 1 km in der Natur)

Herausgegeben vom Bayer. Landesvermessungsamt München 1970

Ausgabe 1984

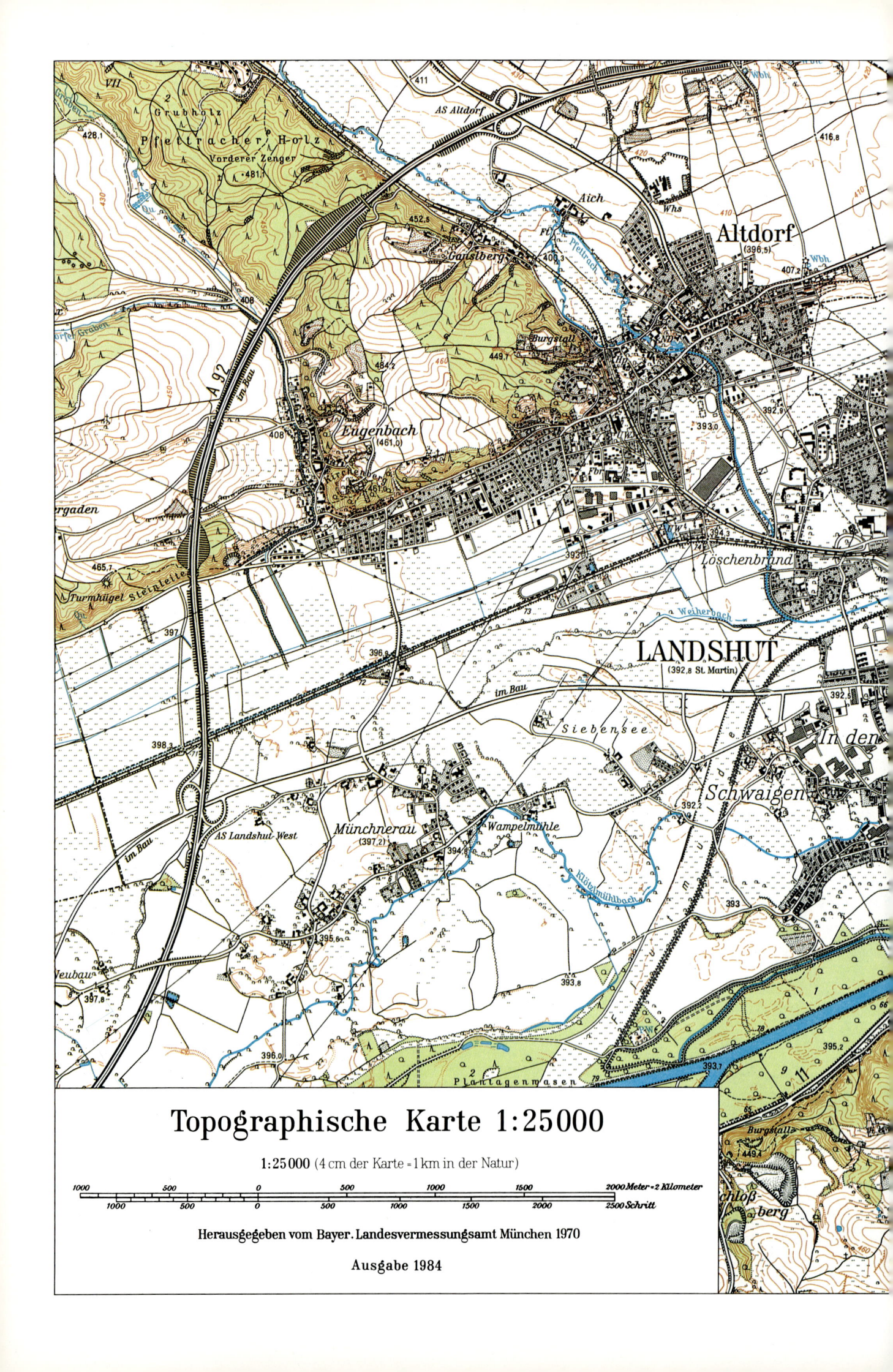

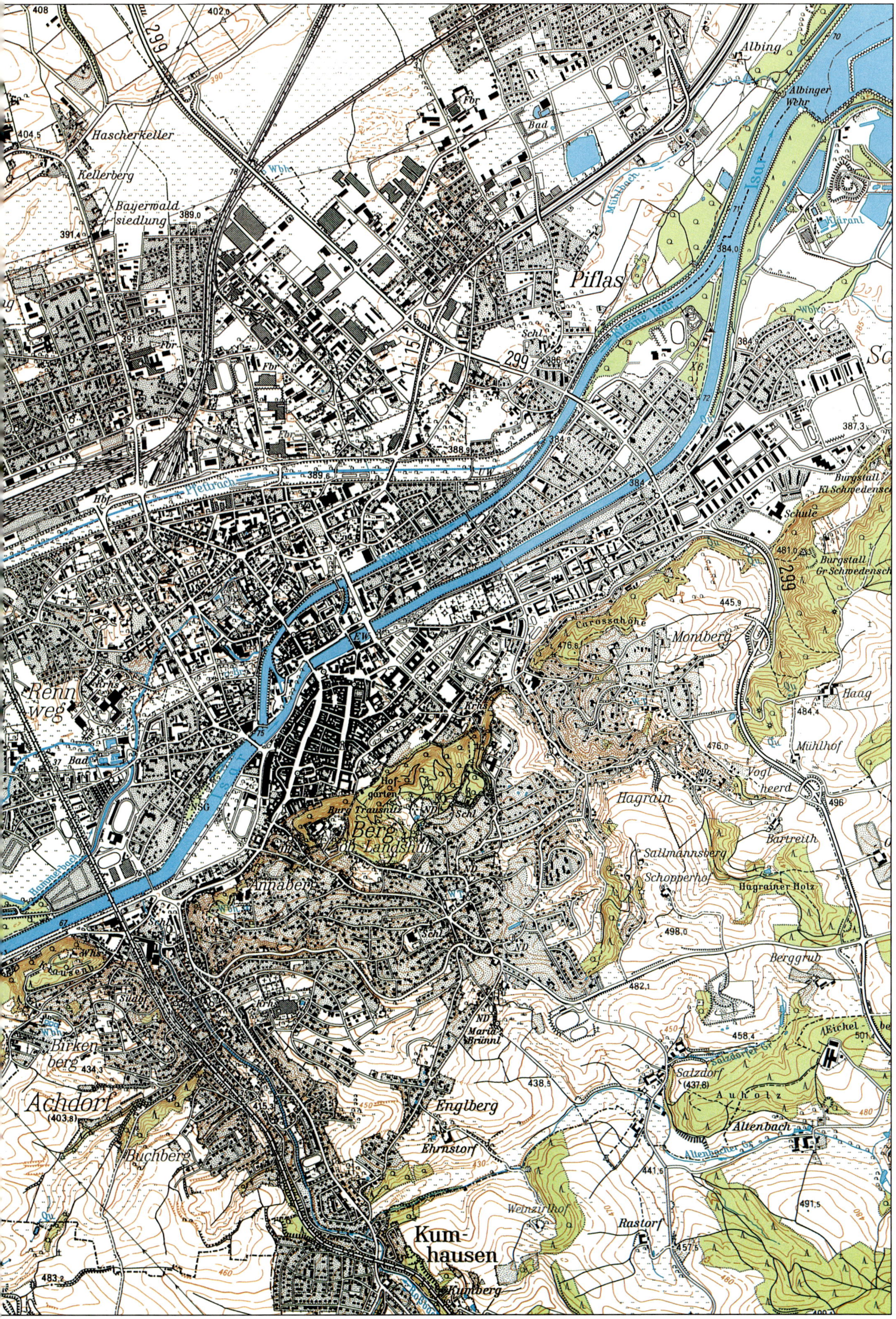

Hascherkeller
Kellerberg
Bayerwald siedlung
Albing
Albinger Wehr
Isar
Kläranl
Piflas
Mühlbach
Pfettrach
Rennweg
Burgstall Kl. Schwedensch
Burgstall Gr. Schwedensch
Schule
Carossahöhe
Montberg
Haag
Mühlhof
Vogl herd
Hagrain
Hofgarten
Burg Trausnitz
Berg ob Landshut
Annaberg
Sallmannsberg
Schopperhof
Bartreith
Hagrainer Holz
Berggrub
Birkenberg
Achdorf
Buchberg
Englberg
Ehrnstorf
Salzdorf
Auholz
Altenbach
Weinzierlhof
Rastorf
Kumhausen
Kumberg
Mariä Brünnl

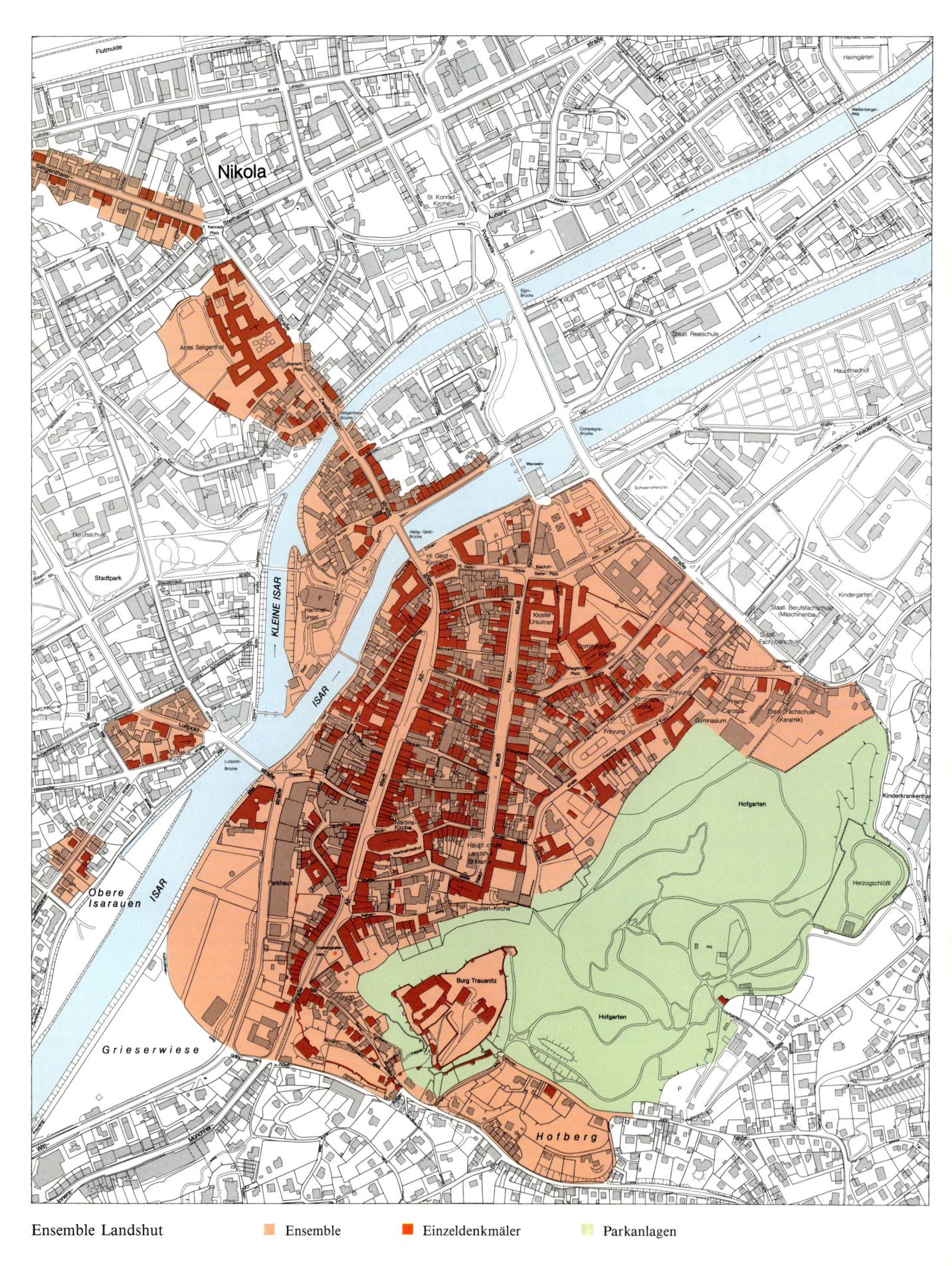

Ensemble Landshut   ■ Ensemble   ■ Einzeldenkmäler   ■ Parkanlagen

Die vorliegende Karte, die einen Überblick über die Ensembles und die Einzeldenkmäler der Stadt Landshut gibt, beinhaltet keine rechtsverbindliche Aussage zur topographischen Situation und zur Denkmaleigenschaft der einzelnen Objekte.

Verwaltungsbezirksgliederung Bayerns

Rhön-Grabf 80
Bad Kissingen 75
Aschaffenburg 74
71
72
Schweinfu 81
Miltenberg 79
73
Kitzingen 77
WÜRZBURG 82
Neustad Bad V
ANS

DDR
HESSEN
UNTERFRANKEN 6
OBERFRANKEN 4
TSCHECHOSLOWAKEI
MITTELFRANKEN 5
OBERPFALZ 3
BADEN-WÜRTTEMBERG
NIEDERBAYERN 2
SCHWABEN 7
München 1/1
OBERBAYERN 1/2
ÖSTERREICH

Günzbur 91
Neu-Ulm 93
Unteral 96
86
Memmingen
85
Kempten/Allgäu
Oberallgäu 94